JavaServer Faces 2.2

Michael Kurz studierte Informatik an der Technischen Universität Wien und hat sich seitdem in seiner beruflichen Tätigkeit dem Thema Webentwicklung verschrieben. Seit seinem Wechsel zu IRIAN beschäftigt er sich vorrangig mit JSF, und ist im Unternehmen als Webentwickler für mehrere JSF-Projekte tätig. Weiter leitet er JSF-Schulungen, hält Vorträge auf internationalen Konferenzen und ist Apache MyFaces Committer. Neben der Arbeit als Softwareentwickler schreibt er gerne über JSF und verwandte Themen – unter anderem auf seinem Blog *http://jsflive.wordpress.com*.

Martin Marinschek absolvierte das Studium der Internationalen BWL und der Computertechnik in Wien. Seither leitet er als Geschäftsführer der Firma IRIAN.at verschiedene Software-Engineering-Projekte und bietet Schulungen und Consulting im J2EE-Bereich an. Seit 2003 ist er Mitglied des MyFaces-Projekts und seit 2004 Committer der Apache Software Foundation. Er realisierte eine Vielzahl von großen Webprojekten mit JavaServer Faces, insbesondere mit Apache MyFaces. Gleichzeitig unterrichtet er an Fachhochschulen und Universitäten in Wien Web- und Software-Engineering. Als Mitglied der JSF 2.2 Expertgroup ist Martin Marinschek auch ein Co-Autor der aktuellen JSF-Spezifikation.

Michael Kurz · Martin Marinschek

JavaServer Faces 2.2

Grundlagen und erweiterte Konzepte

3., vollständig überarbeitete Auflage

Michael Kurz
michael.kurz@irian.at

Martin Marinschek
martin.marinschek@irian.at

Lektorat: Dr. Michael Barabas
Copy-Editing: Ursula Zimpfer, Herrenberg
Satz: Michael Kurz
Herstellung: Frank Heidt
Umschlaggestaltung: Helmut Kraus, www.exclam.de
Druck und Bindung: M.P. Media-Print Informationstechnologie GmbH, 33100 Paderborn

Bibliografische Information der Deutschen Nationalbibliothek
Die Deutsche Nationalbibliothek verzeichnet diese Publikation in der Deutschen Nationalbibliografie;
detaillierte bibliografische Daten sind im Internet über http://dnb.d-nb.de abrufbar.

ISBN 978-3-86490-009-9

3., vollständig überarbeitete Auflage 2014
Copyright © 2014 dpunkt.verlag GmbH
Wieblinger Weg 17
69123 Heidelberg

Die vorliegende Publikation ist urheberrechtlich geschützt. Alle Rechte vorbehalten. Die Verwendung der Texte und Abbildungen, auch auszugsweise, ist ohne die schriftliche Zustimmung des Verlags urheberrechtswidrig und daher strafbar. Dies gilt insbesondere für die Vervielfältigung, Übersetzung oder die Verwendung in elektronischen Systemen.
Es wird darauf hingewiesen, dass die im Buch verwendeten Soft- und Hardware-Bezeichnungen sowie Markennamen und Produktbezeichnungen der jeweiligen Firmen im Allgemeinen warenzeichen-, marken- oder patentrechtlichem Schutz unterliegen.
Alle Angaben und Programme in diesem Buch wurden mit größter Sorgfalt kontrolliert. Weder Autor noch Verlag können jedoch für Schäden haftbar gemacht werden, die in Zusammenhang mit der Verwendung dieses Buches stehen.
5 4 3 2 1 0

Inhaltsverzeichnis

1	**Einführung in JavaServer Faces**	**1**
1.1	Kurzgeschichte der Webentwicklung	1
	1.1.1 Geschichte der Webentwicklung mit Java	2
	1.1.2 Entstehung von JavaServer Faces	5
1.2	JSF 2.0 und 2.1 im Überblick	6
1.3	JSF 2.2 im Überblick	7
1.4	Das Ökosystem von JavaServer Faces	8
1.5	Das erste JSF-Beispiel	8
	1.5.1 Softwareumgebung	9
	1.5.2 Projektstruktur mit Maven	10
	1.5.3 *Hello World*: das erste JSF-Projekt	10
	1.5.4 Starten der Anwendung mit Maven	13
	1.5.5 Entwicklung mit Eclipse	14
1.6	*MyGourmet 1*: Einführung anhand eines Beispiels	17
2	**Die Konzepte von JavaServer Faces**	**23**
2.1	Aufgaben der JSF-Technologie	23
2.2	JavaServer Faces in Schlagworten	24
2.3	*MyGourmet 1*: Schlagworte im Einsatz	26
2.4	Managed-Beans	29
	2.4.1 Managed-Beans – die Grundlagen	29
	2.4.2 Konfiguration von Managed-Beans	31
	2.4.3 Managed-Properties	33
	2.4.4 Die Rolle von Managed-Beans	35
2.5	Die *Unified Expression Language*	36
	2.5.1 *Unified-EL* in *MyGourmet 1*	37
	2.5.2 Die *Unified-EL* im Detail	38
	2.5.3 Erweiterungen der *Unified-EL* in *Java EE 6*	40
2.6	Lebenszyklus einer HTTP-Anfrage in JSF	41
	2.6.1 Ändern des Lebenszyklus – immediate-Attribut	47
	2.6.2 *MyGourmet 2*: immediate-Attribute	50
2.7	Navigation	51

2.8	Ereignisse und Ereignisbehandlung		55
	2.8.1	Value-Change-Events	57
	2.8.2	Action-Events	59
	2.8.3	*MyGourmet 3*: Ereignisse	60
	2.8.4	System-Events	63
	2.8.5	Phase-Events	66
	2.8.6	*MyGourmet 4*: Phase-Listener und System-Events	68
2.9	Seitendeklarationssprachen		73
	2.9.1	Vorteile von Facelets gegenüber JSP	74
	2.9.2	Seitendeklarationssprachen im Einsatz	75
2.10	Verwendung des ID-Attributs in JSF		76
2.11	Konvertierung		77
	2.11.1	Standardkonverter	79
	2.11.2	Benutzerdefinierte Konverter	81
	2.11.3	*MyGourmet 5*: Konvertierung	84
2.12	Validierung		86
	2.12.1	Bean-Validation nach JSR-303	87
	2.12.2	Standardvalidatoren	91
	2.12.3	Benutzerdefinierte Validatoren	93
	2.12.4	*MyGourmet 6*: Validierung	95
2.13	Nachrichten		98
2.14	Internationalisierung		101
	2.14.1	Ermittlung des Lokalisierungscodes	101
	2.14.2	Internationalisierung der JSF-Nachrichten	102
	2.14.3	Internationalisierung der Anwendungstexte	104
	2.14.4	*MyGourmet 7*: Internationalisierung	105
3	**Standard-JSF-Komponenten**		**109**
3.1	Basisfunktionen der *Core-Tag-Library*		111
3.2	Formularkomponente		114
3.3	Befehlskomponenten		115
3.4	DataTable-Komponente		115
	3.4.1	Erweiterte Konzepte von h:dataTable	117
	3.4.2	Styling von h:dataTable	119
3.5	Ausgabekomponenten		120
	3.5.1	Textausgabekomponenten	120
	3.5.2	Bildausgabekomponente	123
3.6	Eingabekomponenten		124
	3.6.1	Texteingabefeld h:inputText	125
	3.6.2	Passworteingabefeld h:inputSecret	125
	3.6.3	Mehrzeiliges Texteingabefeld h:inputTextarea	126
	3.6.4	Verstecktes Eingabefeld h:inputHidden	126
	3.6.5	Dateiuploadfeld h:inputFile	126

3.7	Auswahlkomponenten	128
	3.7.1 Boolesche Auswahl	128
	3.7.2 Einfache Auswahl	129
	3.7.3 Mehrfache Auswahl	130
	3.7.4 Definition der Auswahlmöglichkeiten	133
3.8	Panel-Komponenten	136
3.9	UIViewRoot	138
3.10	Nachrichtenkomponenten	139
3.11	Komponenten zur GET-Navigation	140
3.12	Ressourcenbezogene Komponenten	141
3.13	Verhaltens-Interfaces	143
3.14	*MyGourmet 8*: Standardkomponenten	143
3.15	*MyGourmet 9*: UIData und Detailansicht	145
4	**Advanced JSF**	**149**
4.1	Project-Stage	149
4.2	Advanced Facelets	151
	4.2.1 Wiederverwendung von Inhalten mit Facelets	151
	4.2.2 Tag-Bibliotheken mit Facelets erstellen	153
	4.2.3 *MyGourmet 10*: Advanced Facelets	157
4.3	Templating	158
	4.3.1 Mehrstufiges Templating	161
	4.3.2 Mehrere Templates pro Seite	162
	4.3.3 *MyGourmet 11*: Templating mit Facelets	163
4.4	Bookmarks und GET-Anfragen in JSF	165
	4.4.1 Navigation mit h:link und h:button	166
	4.4.2 View-Parameter	167
	4.4.3 View-Actions	169
	4.4.4 *MyGourmet 12*: GET-Unterstützung	173
4.5	Die JSF-Umgebung: Faces-Context und External-Context	174
4.6	Konfiguration von JavaServer Faces	177
	4.6.1 Die Webkonfigurationsdatei web.xml	177
	4.6.2 Die JSF-Konfigurationsdatei – faces-config.xml	182
	4.6.3 Konfiguration der *Unified-EL*	184
5	**Verwaltung von Ressourcen**	**185**
5.1	Identifikation von Ressourcen – Teil 1	185
5.2	Ressourcen im Einsatz	187
5.3	Positionierung von Ressourcen	188
5.4	Identifikation von Ressourcen – Teil 2	189
5.5	Ressourcen in *MyGourmet 12*	191
5.6	Resource-Library-Contracts	192
	5.6.1 Ein erstes Beispiel	192

	5.6.2 Ressourcen aus Resource-Library-Contracts	194
	5.6.3 Zuordnung von Resource-Library-Contracts	195
	5.6.4 Resource-Library-Contracts in Jar-Dateien	197
	5.6.5 *MyGourmet 12* mit Resource-Library-Contracts	197
6	**Die eigene JSF-Komponente**	**199**
6.1	Kompositkomponenten	200
	6.1.1 Eine erste Kompositkomponente	200
	6.1.2 Der Bereich cc:interface	203
	6.1.3 Der Bereich cc:implementation	207
	6.1.4 Ressourcen in Kompositkomponenten	208
	6.1.5 Die Komponente mc:panelBox	208
	6.1.6 Die Komponente mc:dataTable	210
	6.1.7 Die Komponente mc:collapsiblePanel	212
	6.1.8 Die Komponente mc:inputSpinner	214
	6.1.9 Fallstricke in der Praxis	215
6.2	Klassische Komponenten	218
	6.2.1 Vorarbeiten: Komponentenfamilie, Komponententyp und Renderertyp definieren	219
	6.2.2 Komponentenklasse schreiben	222
	6.2.3 Rendererklasse schreiben	225
	6.2.4 Registrieren der Komponenten- und der Rendererklasse	232
	6.2.5 Tag-Definition schreiben	234
	6.2.6 Tag-Behandlungsklasse schreiben	235
	6.2.7 Tag-Bibliothek einbinden	237
6.3	Kompositkomponenten und klassische Komponenten kombinieren	237
6.4	Alternativen zur eigenen Komponente	240
	6.4.1 Austausch der Rendererklasse	240
	6.4.2 Austausch der Komponentenklasse	242
	6.4.3 Benutzerdefinierte Komponente aus den *Backing-Beans* – Component-Binding	242
6.5	*MyGourmet 13*: Komponenten und Services	244
6.6	Die eigene Komponentenbibliothek	246
6.7	*MyGourmet 13* mit Komponentenbibliothek	248
7	**Ajax und JSF**	**249**
7.1	Einführung in Ajax – »Asynchronous JavaScript And XML« . .	250
7.2	Ajax ab JSF 2.0	251
	7.2.1 Ein erstes Beispiel mit f:ajax	252
	7.2.2 f:ajax im Einsatz	254
	7.2.3 Ereignisse und Listener in Ajax-Anfragen	259

		7.2.4	JavaScript-API	260
		7.2.5	Partieller JSF-Lebenszyklus	263
		7.2.6	Ajax-Queue kontrollieren	265
		7.2.7	Eingabefelder zurücksetzen	265
	7.3	Ajax in Kompositkomponenten		267
	7.4	Eigene Ajax-Komponenten		269
		7.4.1	Die Kompositkomponente mc:ajaxStatus	269
		7.4.2	Die Kompositkomponente mc:ajaxPoll	271
	7.5	*MyGourmet 14*: Ajax		273
	7.6	Werkzeuge für den Ajax-Entwickler		275
		7.6.1	Firebug	275
		7.6.2	HTTP-Debugger	279
		7.6.3	Web Developer Toolbar	280
8		**JSF und HTML5**		**281**
8.1		Verarbeitungsmodi für Facelets-Dateien		281
8.2		HTML5 Pass-Through-Attribute		282
8.3		HTML5 Pass-Through-Elemente		284
8.4		*MyGourmet 15*: HTML5		288
9		**JSF und CDI**		**289**
9.1		Beans und Dependency-Injection mit CDI		289
		9.1.1	Managed-Beans mit CDI	290
		9.1.2	Producer-Methoden	293
9.2		Konfiguration von CDI		295
9.3		*MyGourmet 16*: Integration von CDI		296
9.4		Konversationen mit JSF		297
9.5		Apache MyFaces CODI		298
		9.5.1	Konversationen mit CODI	299
		9.5.2	View-Config und Page-Beans	303
		9.5.3	*MyGourmet 17*: Apache MyFaces CODI	306
10		**PrimeFaces – JSF und mehr**		**309**
10.1		PrimeFaces – ein Überblick		309
10.2		Komponenten		310
		10.2.1	Erweiterte Standardkomponenten	311
		10.2.2	Auswahl einiger *PrimeFaces*-Komponenten	313
10.3		Themes		321
10.4		PrimeFaces und Ajax		324
		10.4.1	Erweiterungen im Vergleich zu Standard-JSF	325
		10.4.2	Ajax-Komponenten	326
		10.4.3	Komponenten mit Ajax-Unterstützung	327

10.5		MyGourmet 18: PrimeFaces	327
	10.5.1	Integration von PrimeFaces	328
	10.5.2	Umstellung auf PrimeFaces-Komponenten	328
	10.5.3	Benutzerdefiniertes Theme	330

11 Faces-Flows **331**
11.1 Ein erstes Beispiel 332
11.2 Definition von Flows 333
      11.2.1 Typen von Flow-Knoten 333
      11.2.2 Definition mit XML 334
      11.2.3 Definition mit Java 336
11.3 Flow-Scope 338
      11.3.1 Managed-Beans im Flow-Scope 338
      11.3.2 Direkter Zugriff auf den Flow-Scope 339
11.4 Faces-Flows in Jar-Dateien 339
11.5 Beispiel Faces-Flows 340

12 MyGourmet Fullstack – JSF, CDI und JPA mit CODI kombiniert **343**
12.1 Architektur von MyGourmet Fullstack 343
      12.1.1 Entitäten 344
      12.1.2 Datenzugriffsschicht 345
      12.1.3 Serviceschicht 347
      12.1.4 Präsentationsschicht 348

Anhang **351**

A Eine kurze Einführung in Maven **351**
A.1 Installation von Maven 352
A.2 Maven und MyGourmet 353
A.3 Erstellen eines JSF-Projekts 355

B Eclipse **357**
B.1 Installation von Eclipse mit Maven-Unterstützung 357
B.2 Eclipse und MyGourmet 359
B.3 Apache Tomcat 7 in Eclipse einrichten 360

Stichwortverzeichnis **361**

1 Einführung in JavaServer Faces

JavaServer Faces (JSF) ist eine moderne Technologie zur Entwicklung von Webanwendungen. Allerdings steht sie nicht allein auf weiter Flur – es gibt Dutzende als Open Source veröffentlichte und Hunderte proprietäre Frameworks für die Entwicklung von Webapplikationen alleine im Java-Bereich, andere Programmiersprachen außer Acht gelassen. Der Elefant unter diesen Frameworks im Java-Bereich ist sicher Apache Struts, aber auch Apache Wicket und Apache Tapestry sind sehr erfolgreich. Die erste Frage ist also, warum sich solch eine Vielfalt von Frameworks entwickelt hat und weshalb die Notwendigkeit für die Spezifizierung der *JavaServer Faces*-Technologie entstand – immerhin gibt es doch mit der Servlet- und JSP-Technologie schon eine solide Basis für die dynamische Erstellung von Webseiten. Die Beschreibung der geschichtlichen Entwicklung der Webprogrammierung wird hier zum Verständnis beitragen.

Vielfalt der Technologien

1.1 Kurzgeschichte der Webentwicklung

Alles begann mit der Übertragung der ersten Seite in Hypertext Markup Language (HTML) über das Hypertext Transfer Protocol (HTTP) im August 1991. Nur wenige Visionäre ahnten damals, welche Entwicklung das World Wide Web über die Jahre nehmen würde. Exponentielles Wachstum war dem World Wide Web in die Wiege gelegt worden – dies galt für die Verbreitung genauso wie für die technologische Entwicklung. Anfangs war HTML eine einfache Sprache zur Bedeutungsauszeichnung von Textteilen. Durch die vielfache Anwendung in den verschiedensten Bereichen wurde HTML immer mehr hin zur Layoutsprache erweitert. Dem daraus entstandenen Wildwuchs an Auszeichnungselementen für die unterschiedlichsten Zwecke wurde die Layoutsprache CSS (Cascading Style Sheets) entgegengesetzt. Begleitend zu diesen statischen Sprachen wurde auch das dynamische Element durch die Verwendung von JavaScript im Webbrowser immer wichtiger.

HTML und HTTP

Zur selben Zeit war eine ähnliche Revolution der Sprachen und Skriptsprachen am Server im Gange – unzählige serverseitige Techno-

Server

logien kämpften um die Gunst der Webentwickler, Perl, Phyton, PHP, Ruby und natürlich Java sind nur einige Beispiele. Kein Wunder, dass durch diese hohe Anzahl an involvierten Technologien die Entwicklung von großen, hochdynamischen Webanwendungen immer komplexer wurde – die Entwickler mussten bei der Bewältigung dieser Komplexität unterstützt werden.

1.1.1 Geschichte der Webentwicklung mit Java

Servlets

Im Java-Bereich war die Entwicklung der Servlet-Technologie 1997 der erste Schritt zur dynamischen Generierung von HTML-Seiten am Server. Im Wesentlichen beruht diese Technologie darauf, dass in den Java-Code Befehle eingebunden werden, die zur Erzeugung von HTML dienen. Praktisch bedeutet das den Aufruf der Funktion `println` auf einem `OutputStream` wie in Listing 1.1.

Listing 1.1
Beispiel für ein einfaches Servlet. Hier wird die GET-Methode der HTTP-Anfrage behandelt.

```
1  public class BeispielServlet extends HttpServlet {
2    public void doGet(HttpServletRequest req,
3                     HttpServletResponse res)
4      throws ServletException, IOException {
5      String name = req.getParameter("name");
6      String text = req.getParameter("text");
7
8      res.setContentType("text/html");
9
10     ServletOutputStream out = res.getOutputStream();
11     out.println("<html><head><title>");
12     out.println(name);
13     out.println("</title></head><body>");
14     out.println(text);
15     out.println("</body></html>");
16     out.flush();
17   }
18 }
```

Sie können sich leicht vorstellen, dass diese Erzeugung von HTML aus normalem Java-Code bei langen HTML-Passagen schwer verständlich und unübersichtlich wird. In einem zweiten Schritt entstanden daher Hilfsklassen, die das Schreiben von HTML-Tags durch den Aufruf gewisser Methoden erleichterten. Die Erstellung von HTML beschränkte sich somit auf den Aufruf dieser Methoden, wie Listing 1.2 zeigt.

JSP

Für komplexe HTML-Seiten war auch diese Vorgehensweise nicht optimal, was zur Entwicklung der *JavaServer Pages*-(JSP-)Technologie führte. Ein Beispiel in dieser Sprache findet sich in Listing 1.3. Hier ist HTML die treibende Kraft und in die einzelnen Tags der HTML

```
 1  public class ServletUtility {
 2    private HttpServletResponse res;
 3    public ServletUtility(HttpServletResponse res) {
 4      this.res = res;
 5    }
 6    public void startTag(String tagName) {
 7      res.print("<");
 8      res.print(tagName);
 9    }
10    public void endTag(String tagName) {
11      res.print("</");
12      res.print(tagName);
13      res.print(">");
14    }
15    ...
16  }
```

Listing 1.2
Beispiel für eine einfache (jedoch unvollständige) Hilfsklasse zum Schreiben von HTML-Code in Servlets

sind in sogenannten Scriptlets die Aufrufe der Java-Methoden zur Ausgabe der dynamischen Teile der HTML-Seite eingebunden. Dieser Ansatz erleichterte die Erstellung von komplexen HTML-Seiten mit viel eingebautem JavaScript-Code und einer hohen Anzahl an CSS-Auszeichnungen ungemein.

```
1  <%@ page language="java" %>
2  <html>
3    <head>
4      <title><%=request.getParameter("name");%></title>
5    </head>
6    <body>
7      <%=request.getParameter("text");%>
8    </body>
9  </html>
```

Listing 1.3
Ein einfaches JSP-Beispiel

Alles, was »benutzt« werden kann, kann allerdings auch »missbraucht« werden, und genau dieser Fall trat für die JSP-Technologie ein. Die Entwickler begannen, immer mehr Code in die einzelnen JSP-Seiten aufzunehmen, bis erneut eine hochkomplexe Mischung aus HTML-Tags und Java-Code entstand. Diese Mischung war genauso schlecht wartbar wie die in Servlet-Code eingebaute HTML-Generierung. Ein weiterer Kritikpunkt an der Verwendung von JSP war, dass der eingebaute Sourcecode erst zum Zeitpunkt des Anwendungsstarts im Applikationsserver kompiliert wurde, und viele Fehler, die normalerweise bei der Erstellung von Java-Klassen aus dem Sourcecode bereits beseitigt worden waren, erst zur Laufzeit auftraten. Die Bedeutung dieses Problems steigt selbstverständlich mit der Menge des in die JSP-Seite eingebundenen Sourcecodes.

Webframeworks Zur Lösung dieses Problems traten Webframeworks auf den Plan. Der Entwickler wird bei Benutzung eines Frameworks dazu angehalten, möglichst große Teile der Layoutbeschreibung in einer Seitendeklarationssprache wie JSP zu erstellen und gleichzeitig möglichst wenig Funktionalität im Sinne von Anwendungslogik zwischen die Elemente der Seitendeklarationssprache einzufügen.

Model-View-Controller (MVC) Ein klarer Schnitt zwischen den Bereichen Modell, Ansicht und Steuerungslogik ist also notwendig – dieses Entwicklungsmuster wird auch Model-View-Controller-Muster (kurz MVC) genannt und ist in Abbildung 1.1 dargestellt.

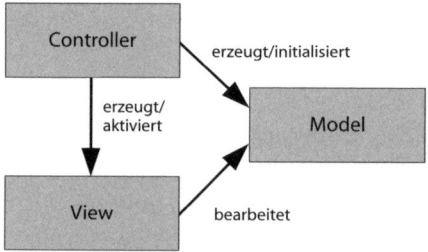

Abbildung 1.1
Das Model-View-Controller-Prinzip

Model2 – MVC für das Web Bei der Webentwicklung mit Java hat sich eine spezielle Form dieses Entwurfsmusters mit dem Namen *Model2* etabliert. Der Begriff *Model2* stammt aus der Spezifikation des JSP-Standards und beschreibt die Übertragung des MVC-Ansatzes in die Welt der Webentwicklung mit Java. Diese Form ist dem zugrunde liegenden MVC-Muster sehr ähnlich, einzig die verschiedenen Ausprägungen von Model, View und Controller werden hier genauer definiert, wie Abbildung 1.2 zeigt. Für fast alle mit Java arbeitenden Webframeworks dient das Model2-Pattern als Grundlage der Architektur. Als Steuerungslogik (Controller) wird dabei ein Servlet verwendet und meist ist das Modell in Form von Java-Klassen, häufig als Beans oder POJOs (Plain Old Java Objects), ausgeführt. Für die Deklaration der Ansicht gibt es allerdings viele Möglichkeiten – bei Turbine dient hierzu Velocity, bei Cocoon ein XML-Dialekt und bei Struts und JSF vor Version 2.0 *JavaServer Pages* (JSPs). Ab Version 2.0 setzt JSF standardmäßig auf Facelets (XHTML) als Seitendeklarationssprache.

Komponenten Anfangs stand diese Trennung der einzelnen Schichten einer Applikation als höchste Priorität auf der Aufgabenliste der einzelnen Webframeworks. Alle oben genannten Frameworks haben dieses Problem im Bereich der Webentwicklung auf ihre Art und Weise gelöst. Im Laufe der Zeit war diese Aufteilung allerdings nicht mehr die einzige Notwendigkeit in der Webentwicklung und andere Aspekte wie die Wie-

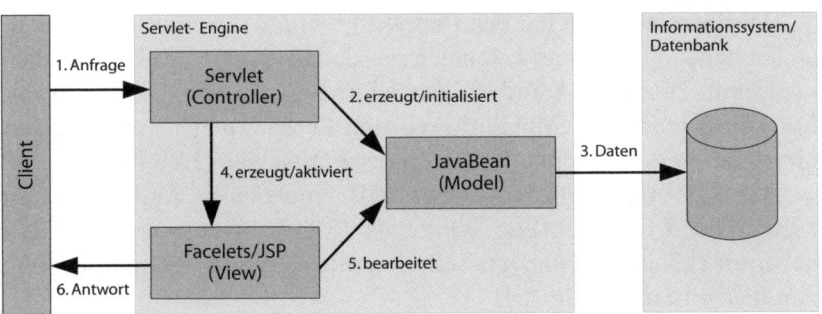

Abbildung 1.2
Das Model2-Prinzip als Spezialisierung der Model-View-Controller-Architektur

derverwendbarkeit von Komponenten rückten in den Vordergrund. Die Zeit war also mehr als reif für *JavaServer Faces* (JSF) als Basis für eine komponentenorientierte Entwicklung.

1.1.2 Entstehung von JavaServer Faces

JavaServer Faces (JSF) wurde nicht zuletzt als Technologie entwickelt, um die vielfältigen Ansätze zur Entwicklung von Webanwendungen unter Java zu standardisieren. Diese Standardisierung wird im Rahmen des Java Community Process (JCP) durchgeführt.

JSF als Standard

Der Java Community Process definiert die Rahmenbedingungen für die Entwicklung von Spezifikationen zur Erweiterung der Java-Plattform. Vorschläge für Spezifikationen werden dort in Form von Java Specification Requests (JSRs) mit einer fortlaufenden Nummer eingebracht und von einer Expert-Group bearbeitet. Jeder JSR durchläuft dabei einen mehrstufigen Prozess, bis eine finale Version vorliegt.

Die Spezifikation der Version 1.0 von *JavaServer Faces* (JSR-127) wurde 2004 veröffentlicht und nur wenige Monate später durch die fehlerbereinigte Version 1.1 ersetzt. Im Jahr 2006 folgte Version 1.2 der JSF-Spezifikation (JSR-252) als Teil von *Java EE 5*. Version 1.1 und Version 1.2 legten den Grundstein für den Aufstieg von *JavaServer Faces* zur wichtigsten Technologien in der Java-Webentwicklung – speziell JSF 1.2 war über mehrere Jahre sehr stark vertreten.

Mit der Einführung von Version 2.0 (JSR-314) im Jahr 2009 als Teil von *Java EE 6* wurde ein neues Kapitel der JSF-Entwicklung aufgeschlagen. In den drei Jahren zwischen der Veröffentlichung von Version 1.2 und Version 2.0 haben viele neue Trends und Technologien das Licht der Welt erblickt. Mit der steigenden Popularität von JSF hatte sich außerdem eine sehr aktive Community entwickelt. In zahlreichen Projekten wurden neue Komponentenbibliotheken, Bibliotheken zur Integration neuer Technologien oder Lösungen für Unzulänglichkeiten und nicht adressierte Bereiche in der Spezifikation entwickelt.

Die Expert-Group hat beim Entwurf von *JavaServer Faces* 2.0 einige der neuen Features an Lösungen aus damals populären Bibliotheken angelehnt. Durch die Standardisierung verbesserte sich die Kompatibilität von Komponentenbibliotheken und Erweiterungen verschiedener Hersteller, was wiederum das Leben der Entwickler vereinfachte.

JSF 2.1 brachte im November 2010 nur kleinen Änderungen an existierenden Features. Erst JSF 2.2 (JSR-344) brachte im Mai 2013 neben einer Vielzahl von Detailverbesserungen wieder eine ganze Reihe von neuen Features mit sich.

So viel zur geschichtlichen Entwicklung von JavaServer Faces. Wenn Sie bereits mit älteren JSF-Versionen Erfahrungen gesammelt haben, können Sie in den folgenden Abschnitten gezielt nach Informationen suchen. Abschnitt 1.2 zeigt Neuerungen von JSF 2.0 und 2.1 auf und Abschnitt 1.3 Neuerungen von JSF 2.2. In Abschnitt 1.5 geht es dann mit dem ersten Beispiel so richtig los.

1.2 JSF 2.0 und 2.1 im Überblick

In diesem Abschnitt fassen wir kurz die wichtigsten Neuerungen in JSF 2.0 und 2.1 mit Referenzen auf die entsprechenden Stellen im Buch zusammen.

- Facelets ist seit JSF 2.0 Teil des Standards (siehe Abschnitt 2.9). Abschnitt 4.2 zeigt weiterführende Informationen zu Facelets und in Abschnitt 4.3 finden Sie eine Einführung in Templating.
- Kompositkomponenten ermöglichen ab JSF 2.0 das Erstellen von eigenen Komponenten, ohne eine Zeile Java-Code zu schreiben. Wie das funktioniert, wird in Abschnitt 6.1 erläutert. Für Kompositkomponenten gibt es in JSF 2.1 einige kleinere Verbesserungen, die in den Abschnitten 6.1.4 und 6.1.9 näher erklärt werden.
- Die Integration von Bean-Validation erlaubt eine metadatenbasierte Validierung. Informationen dazu finden Sie in Abschnitt 2.12.1.
- Ajax wurde in den Standard integriert. Eine ausführliche Einführung finden Sie in Kapitel 7.
- Eine Reihe neuer Annotationen macht die Konfiguration von JSF-Anwendungen so einfach wie nie zuvor.
- Mit der Project-Stage kann die aktuelle Phase des Projekts im Entwicklungsprozess ermittelt werden. Abschnitt 4.1 zeigt die Details.
- JSF 2.0 standardisiert die Verwaltung von Ressourcen wie Skripte oder Stylesheets. Wie Sie davon profitieren, zeigt Kapitel 5.
- System-Events bieten die Möglichkeit, auf spezielle Ereignisse im Lebenszylus zu reagieren. Details finden Sie in Abschnitt 2.8.4.

❏ Die erweiterte Unterstützung von GET-Anfragen verbessert die Möglichkeit, Bookmarks zu setzen. Abschnitt 4.4 liefert die Details.
❏ JSF 2.0 vereinfacht das Navigieren mit impliziter Navigation. Näheres dazu finden Sie in Abschnitt 2.7.
❏ Partial-State-Saving optimiert das Speichern des Zustands von Ansichten. Details dazu finden Sie in Abschnitt 6.2.2.
❏ Mit dem View-Scope gibt es einen neuen Gültigkeitsbereich für Managed-Beans. Mehr dazu erfahren Sie in Abschnitt 2.4.

1.3 JSF 2.2 im Überblick

In diesem Abschnitt fassen wir kurz die wichtigsten Neuerungen in JSF 2.2 mit Referenzen auf die entsprechenden Stellen im Buch zusammen.

❏ Bei den Annotationen `@FacesValidator` und `@FacesComponent` ist das Element `value` jetzt optional und wird durch eine Namenskonvention ergänzt (siehe Abschnitt 2.12.3 und 6.2.4).
❏ Die Namensräume der JSF-Tag-Bibliotheken beginnen jetzt mit `http://xmlns.jcp.org` anstatt mit `http://java.sun.com`, wie unter anderem Kapitel 3 zeigt.
❏ `h:dataTable` unterstützt ab JSF 2.2 `java.util.Collection` als Typ, wie Abschnitt 3.4 zeigt.
❏ Die neue Komponente mit dem Tag `h:inputFile` ermöglicht endlich den Upload von Dateien (siehe Abschnitt 3.6.5).
❏ Die Unterstützung von GET-Anfragen in JSF wird mit View-Actions weiter vervollständigt. Details dazu finden Sie in Abschnitt 4.4.3.
❏ Das Verzeichnis, in dem JSF-Ressourcen in der Webapplikation aufgelöst werden, lässt sich jetzt konfigurieren (siehe Abschnitt 5.1).
❏ Mit Resource-Library-Contracts wurde die Grundlage für austauschbare Templates geschaffen, wie Abschnitt 5.6 zeigt.
❏ Tags für eigene Komponenten können mit JSF 2.2 direkt über `@FacesComponent` definiert werden (siehe Abschnitt 6.2.5).
❏ Mit JSF 2.2 können Sie in Tag-Bibliotheken Tags für einzelne Kompositkomponenten definieren, wie Abschnitt 6.6 zeigt.
❏ JSF 2.2 ermöglicht das Zurücksetzen von Eingabekomponenten mit `f:resetValues` (siehe Abschnitt 3.1) und dem Attribut `resetValues` von `f:ajax` (siehe Abschnitt 7.2.7).
❏ Mit dem neuen Attribut `delay` von `f:ajax` ermöglicht JSF eine genauere Kontrolle der Ajax-Queue (siehe Abschnitt 7.2.6).
❏ JSF unterstützt ab Version 2.2 mit Pass-Through-Attributen und Pass-Through-Elementen offiziell HTML5 (siehe Kapitel 8).

- JSF stellt ab Version 2.2 den View-Scope für CDI zur Verfügung. Mehr dazu erfahren Sie in Abschnitt 9.1.
- Mit Faces-Flows ermöglicht JSF die Gruppierung mehrerer Seiten zu wiederverwendbaren Modulen. Details finden Sie in Kapitel 11.

1.4 Das Ökosystem von JavaServer Faces

Wenn wir bisher von *JavaServer Faces* gesprochen haben, war immer die Spezifikation der Technologie gemeint. Zum Erstellen einer Applikation wird aber immer eine konkrete Implementierung dieser Spezifikation benötigt. Zurzeit gibt es mit *Apache MyFaces* und *Mojarra* – der Referenzimplementierung von *Oracle* – zwei frei verfügbare JSF-Implementierungen. Beide Projekte bieten den kompletten Funktionsumfang des JSF-Standards, unterscheiden sich jedoch in Details. Der größte Unterschied ist der Entwicklungsprozess: *MyFaces* wird komplett von einer Open-Source-Community entwickelt, wohingegen die Arbeit an *Mojarra* federführend von *Oracle* vorangetrieben wird.

Die JSF-Implementierung bietet nur ein beschränktes Set an Komponenten an. Im Laufe der letzten Jahre ist daher eine ganze Reihe von Komponentenbibliotheken entstanden, die neben einem erweiterten Angebot von Komponenten auch noch andere Konzepte zur Verfügung stellen, um die Entwicklung so einfach wie möglich zu gestalten.

Eine ausführliche Übersicht aller Komponentenbibliotheken würde den Rahmen dieses Buches sprengen. In Kapitel 10 dreht sich daher alles um den Einsatz von *PrimeFaces* – der wohl zurzeit populärsten Komponentenbibliothek für JSF. Hier noch eine Liste der bekanntesten Komponentenbibliotheken:

- *PrimeFaces*: http://www.primefaces.org
- *JBoss RichFaces*: http://www.jboss.org/richfaces
- *Apache MyFaces Tobago*: http://myfaces.apache.org/tobago
- *Apache MyFaces Tomahawk*: http://myfaces.apache.org/tomahawk
- *Apache MyFaces Trinidad*: http://myfaces.apache.org/trinidad
- *ICEfaces*: http://www.icefaces.org

1.5 Das erste JSF-Beispiel

Nichts ermöglicht einen besseren Einblick in eine Technologie als ein kurzes Beispiel. Daher werden wir den Einstieg in JavaServer Faces direkt mit einem *Hello World*-Beispiel beginnen. In einem ersten Schritt beschreibt Abschnitt 1.5.1 die für die Buchbeispiele relevante Softwareumgebung. Nachdem alle Beispiele sehr ähnlich aufgebaut sind, werfen wir danach in Abschnitt 1.5.2 einen Blick auf die grundlegende Projektstruktur. In Abschnitt 1.5.3 geht es dann mit dem Beispiel *Hello World* richtig zur Sache. Den kompletten Quellcode aller Buchbeispiele finden Sie unter `http://jsfatwork.irian.at`.

1.5.1 Softwareumgebung

Als Grundlage für alle Beispiele und eingesetzten Tools muss ein Java Development Kit (JDK) in Version 6 oder 7 auf dem Rechner installiert sein.

Für einen einfachen Start mit JSF basieren alle unsere Beispiele auf dem weitverbreiteten Build-Werkzeug *Apache Maven*. *Maven* ist ein äußerst hilfreiches Mittel, um Java-basierte Projekte zu verwalten. Neben einer standardisierten Beschreibung von Projekten im *Project Object Model* (`pom.xml`) und einem standardisierten Build-Prozess bietet *Maven* außerdem eine automatische Auflösung von Abhängigkeiten zu anderen Projekten und Bibliotheken.

Eine detaillierte Einführung in die grundlegenden Konzepte von *Maven* würde den Rahmen dieses Kapitels sprengen – aber keine Sorge, wir lassen Sie nicht im Regen stehen. In Anhang A finden Sie allerhand Wissenswertes zu *Maven* inklusive einer Installationsanleitung. Dort zeigen wir Ihnen auch, wie Sie den Vorgang der Projekterstellung mit *Maven* automatisieren können.

Mit *Maven* ist die Webapplikation auch von der Kommandozeile startbar – außer einem simplen Editor ist theoretisch keine Entwicklungsumgebung notwendig. Leichter geht es allemal mit einer Entwicklungsumgebung wie *IntelliJ IDEA*, *Eclipse* oder *NetBeans*, zumal alle drei mittlerweile direkt mit *Maven*-Projekten umgehen können. Wir konzentrieren uns in diesem Buch auf *Eclipse* – nicht weil es die beste, sondern weil es die am weitesten verbereitete Entwicklungsumgebung für Java ist. *Eclipse* bietet mit der Erweiterung *Web Tools Platform (WTP)* sogar eine brauchbare Unterstützung für die Entwicklung von JSF-Anwendungen an. Details zur JSF-Entwicklung mit *Eclipse* finden Sie in Abschnitt 1.5.5 und in Anhang B.

Bei JSF-Anwendungen handelt es sich um klassische Java-Webapplikationen nach dem Servlet-Standard. Die Buchbeispiele benötigen als Laufzeitumgebung einen Servlet-Container, der mindestens Servlet 3.0 unterstützt wie *Apache Tomcat 7* oder *Jetty 8*. In Abschnitt 1.5.4 zeigen wir Ihnen, wie Sie das Beispiel mit *Maven* direkt von der Kommandozeile mit *Jetty 8* starten. In Abschnitt 1.5.5 finden Sie eine Anleitung zum Starten der Beispiele mit *Apache Tomcat 7* aus *Eclipse* heraus.

1.5.2 Projektstruktur mit Maven

Für *Maven* gilt das Motto: »Kennen Sie ein Projekt, kennen Sie alle«. Der Grund dafür ist, dass *Maven* per Konvention eine Struktur definiert, die von allen Projekten eingehalten werden sollte. Der Aufbau dieser Projektstruktur läuft also immer nach demselben Schema ab.

Im Projektverzeichnis wird neben der Beschreibung des Projekts in der Datei pom.xml noch das Verzeichnis src mit dem Unterverzeichnis main angelegt. Dort legen wir den Quellcode unseres Projekts in drei weiteren Unterverzeichnissen ab. Sämtliche Java-Klassen kommen ins Unterverzeichnis java, alle Ressourcen wie .properties-Dateien kommen ins Unterverzeichnis resources und alle für die Webapplikation relevanten Dateien ins Unterverzeichnis webapp. In Abbildung 1.3 sehen Sie die komplette Projektstruktur des *Hello World*-Beispiels.

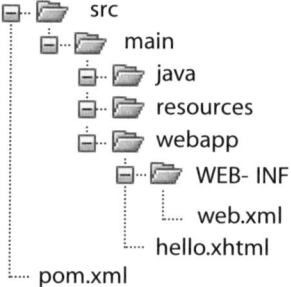

Abbildung 1.3
Struktur des
Hello-World-Projekts

1.5.3 *Hello World*: das erste JSF-Projekt

Wenn Sie ein neues JSF-Projekt starten, sollten Sie sich zu Beginn für eine der beiden Implementierungen entscheiden. Wir möchten hier keine klare Empfehlung abgeben, da diese Entscheidung von vielen Faktoren abhängt. Nur so viel: Sie können sowohl mit *MyFaces* als auch mit *Mojarra* tolle JSF-Anwendungen bauen.

Dank *Maven* gestaltet sich das Einbinden der JSF-Implementierung als Kinderspiel. Sie muss lediglich als Abhängigkeit zur Beschreibung des Projekts in der Datei pom.xml hinzugefügt werden. Die komplette Datei finden Sie im Quellcode der Anwendung, für uns ist momentan nur der Teil mit der JSF-Implementierung interessant. Listing 1.4 zeigt die Abhängigkeiten für *Apache MyFaces* in Version 2.2.0-SNAPSHOT. SNAPSHOT signalisiert, dass es sich noch um eine Entwicklungsversion handelt – zur Zeit der Drucklegung dieses Buches stand die Version 2.2.0 kurz vor der Veröffentlichung. Die Bibliothek mit der Artifact-

1.5 Das erste JSF-Beispiel

ID `myfaces-api` beinhaltet die standardisierte API von JSF 2.2 und die Bibliothek mit der Artifact-ID `myfaces-impl` die Implementierung.

```xml
<dependencies>
    <dependency>
        <groupId>org.apache.myfaces.core</groupId>
        <artifactId>myfaces-api</artifactId>
        <version>2.2.0-SNAPSHOT</version>
        <scope>compile</scope>
    </dependency>
    <dependency>
        <groupId>org.apache.myfaces.core</groupId>
        <artifactId>myfaces-impl</artifactId>
        <version>2.2.0-SNAPSHOT</version>
        <scope>compile</scope>
    </dependency>
</dependencies>
```

Listing 1.4 Abhängigkeiten zu Apache MyFaces in der pom.xml

Listing 1.5 zeigt als Alternative die Abhängigkeiten für *Mojarra* in Version 2.2.2. Die Bibliothek mit der Artifact-ID `jsf-api` beinhaltet die standardisierte API von JSF 2.2 und die Bibliothek mit der Artifact-ID `jsf-impl` die konkrete Implementierung von *Mojarra*.

```xml
<dependencies>
    <dependency>
        <groupId>com.sun.faces</groupId>
        <artifactId>jsf-api</artifactId>
        <version>2.2.2</version>
        <scope>compile</scope>
    </dependency>
    <dependency>
        <groupId>com.sun.faces</groupId>
        <artifactId>jsf-impl</artifactId>
        <version>2.2.2</version>
        <scope>compile</scope>
    </dependency>
</dependencies>
```

Listing 1.5 Abhängigkeiten zu Mojarra in der pom.xml

Standardmäßig verwenden alle Beispiele *Mojarra*. Wenn Sie zu Testzwecken die JSF-Implementierungen ändern wollen, müssen Sie dazu nicht die Datei pom.xml editieren. Alle *MyGourmet*-Beispiele definieren Profile für *Mojarra* (ist standardmäßig aktiv) und für *MyFaces*. Wie Sie diese Profile verwenden können, zeigt Anhang A.

Jetzt kommen wir zum wichtigsten Teil unserer Anwendung: Wie es sich für eine *Hello World*-Anwendung gehört, wollen wir auf der

Deklaration der Ansicht

Startseite unserer Anwendung den Text »Hello JSF 2.2-World« ausgeben. Dazu legen wir im Verzeichnis `webapp` die JSF-Seitendeklaration `hello.xhtml` an (siehe Listing 1.6).

Listing 1.6
Die Seitendeklaration hello.xhtml

```
1  <!DOCTYPE html PUBLIC "-//W3C//DTD XHTML 1.0 Transitional//EN"
2    "http://www.w3.org/TR/xhtml1/DTD/xhtml1-transitional.dtd">
3  <html xmlns="http://www.w3.org/1999/xhtml"
4    xmlns:h="http://xmlns.jcp.org/jsf/html">
5  <head>
6    <title>Hello World</title>
7  </head>
8  <body>
9    <h:outputText value="Hello JSF 2.2-World"/>
10 </body>
11 </html>
```

Das Grundgerüst dieser Seite ist ein gewöhnliches XHTML-Dokument mit einem im `body`-Element eingebetteten `h:outputText`-Tag zur Ausgabe der Meldung. Dieses von JSF zur Verfügung gestellte Tag gibt den im Attribut `value` angegebenen Text aus. Das Präfix `h:` ist dabei mit dem in JSF 2.2 neu definierten Namensraum `http://xmlns.jcp.org/jsf/html` verbunden und kennzeichnet die HTML-Tag-Bibliothek von JSF. Sie enthält neben dem Tag `h:outputText` noch eine Reihe weiterer Tags für Standard-JSF-Komponenten und ihre Darstellung als HTML-Ausgabe – doch dazu später mehr in Kapitel 3.

web.xml Im zweiten Schritt erstellen wir die Webkonfigurationsdatei `web.xml` im `/WEB-INF`-Verzeichnis unserer Webanwendung[1] so, dass auf die JSF-Technologie zugegriffen werden kann. Das geschieht durch die Einbindung des JSF-Servlets in Form einer Servlet-Definition und eines Servlet-Mappings, wie es Listing 1.7 zeigt. Durch das angegebene `servlet-mapping`-Element werden sämtliche Anfragen mit der Endung `.xhtml` von genau diesem JSF-Servlet bearbeitet.

Über den Kontextparameter `javax.faces.PROJECT_STAGE` wird die Project-Stage auf `Development` gesetzt. Damit teilen wir JSF mit, dass wir uns aktuell in der Entwicklungsphase des Projekts befinden. Welche Auswirkungen das mit sich bringt, erfahren Sie in Abschnitt 4.1.

Zu guter Letzt definieren wir noch die Seite `hello.xhtml` als Welcome-File der Anwendung. Damit ist gewährleistet, dass die Seite immer dann angezeigt wird, wenn ein Benutzer im Browser die URL der Anwendung ohne Angabe einer speziellen Seite eingibt.

Herzlichen Glückwunsch – Sie haben soeben Ihre erste Webanwendung mit *JavaServer Faces* verfasst! Im nächsten Abschnitt zeigen wir Ihnen,

---
[1] Die Datei `web.xml` wird auch *Deployment*-Deskriptor der Webanwendung genannt.

```xml
1  <web-app xmlns="http://java.sun.com/xml/ns/javaee"
2    xmlns:xsi="http://www.w3.org/2001/XMLSchema-instance"
3    xsi:schemaLocation="http://java.sun.com/xml/ns/javaee
4       http://java.sun.com/xml/ns/javaee/web-app_3_0.xsd"
5    version="3.0">
6    <description>JSF 2.0 - Hello World</description>
7    <servlet>
8      <servlet-name>Faces Servlet</servlet-name>
9      <servlet-class>
10        javax.faces.webapp.FacesServlet
11     </servlet-class>
12     <load-on-startup>1</load-on-startup>
13   </servlet>
14   <servlet-mapping>
15     <servlet-name>Faces Servlet</servlet-name>
16     <url-pattern>*.xhtml</url-pattern>
17   </servlet-mapping>
18   <welcome-file-list>
19     <welcome-file>hello.xhtml</welcome-file>
20   </welcome-file-list>
21   <context-param>
22     <param-name>javax.faces.PROJECT_STAGE</param-name>
23     <param-value>Development</param-value>
24   </context-param>
25 </web-app>
```

Listing 1.7
Die Konfigurationsdatei web.xml *mit der Spezifikation eines* FacesServlet *sowie des zugehörigen Servlet-Mappings*

wie Sie die Anwendung direkt mit *Maven* starten können. Dieses Beispiel war selbstverständlich erst der Einstieg, wenn Sie also noch Fragen haben, laden wir Sie zum Weiterlesen ein.

1.5.4 Starten der Anwendung mit Maven

Zum Starten der *Hello World*-Applikation kommt das *Jetty-Maven-Plug-in* zur Anwendung. *Jetty* ist ein Servlet-Container, der als Laufzeitumgebung für unsere JSF-Applikation dient und von der Konsole aus zu starten ist. Schnelles Prototyping für erste Versionen der Webapplikation kann hiermit perfekt zum Zug kommen. Der Befehl, um den Server zu starten, lautet:

```
mvn clean jetty:run
```

Eingegeben werden muss dieser ebenfalls wieder im Projektverzeichnis. Die benötigten Dateien werden durch *Maven* erneut automatisch in das lokale Repository geladen. Danach startet der Server und die Applikation kann in der Adresszeile des Browsers wie folgt aufgerufen werden:

```
http://localhost:8080/helloworld/
```

Der Build-Prozess des Projekts kann in weiterer Folge mit diesem Befehl neu angestoßen werden:

```
mvn install
```

Maven erstellt dabei den Unterordner target mit den kompilierten Klassen und dem .war-Archiv. Die .war-Datei enthält alle zur Ausführung der Webapplikation benötigten Bibliotheken, die *Maven* über die Abhängigkeiten in der pom.xml-Projektdatei eingefügt hat. Das Projekt wurde ins lokale Repository unter der Group-Id at.irian.jsfatwork und der Artifact-Id helloworld installiert. Abbildung 1.4 zeigt die Verzeichnisstruktur im lokalen Repository.

Abbildung 1.4
Anwendung im lokalen Repository

1.5.5 Entwicklung mit Eclipse

Mit *Maven* verfügen wir bereits über eine solide Basis für die einfache und effiziente Verwaltung von JSF-Projekten. Bis jetzt haben wir *Maven* allerdings nur von der Kommandozeile aus benutzt. Die tägliche Entwicklungsarbeit gestaltet sich jedoch mit einer Entwicklungsumgebung wie *IntelliJ IDEA*, *Eclipse* oder *NetBeans* erheblich einfacher. Zum Glück ist das mittlerweile kein Problem mehr, da alle oben genannten Entwicklungsumgebungen den direkten Umgang mit Maven-Projekten unterstützen.

Wir konzentrieren uns in diesem Abschnitt auf die JSF-Entwicklung mit *Eclipse*, da es frei verfügbar und sehr weit verbreitet ist. Eine ausführliche Anleitung, um *Eclipse* für die Arbeit mit JSF und den Buchbeispielen einzurichten, findet sich in Anhang B.

Arbeiten mit Eclipse

Nach dem Starten von *Eclipse* sollten Sie sich wie in Abbildung 1.5 gezeigt in der »Java EE«-Perspektive befinden. Falls dem nicht so ist, können Sie über Window|Open Perspective|Other... in diese Perspektive wechseln.

1.5 Das erste JSF-Beispiel

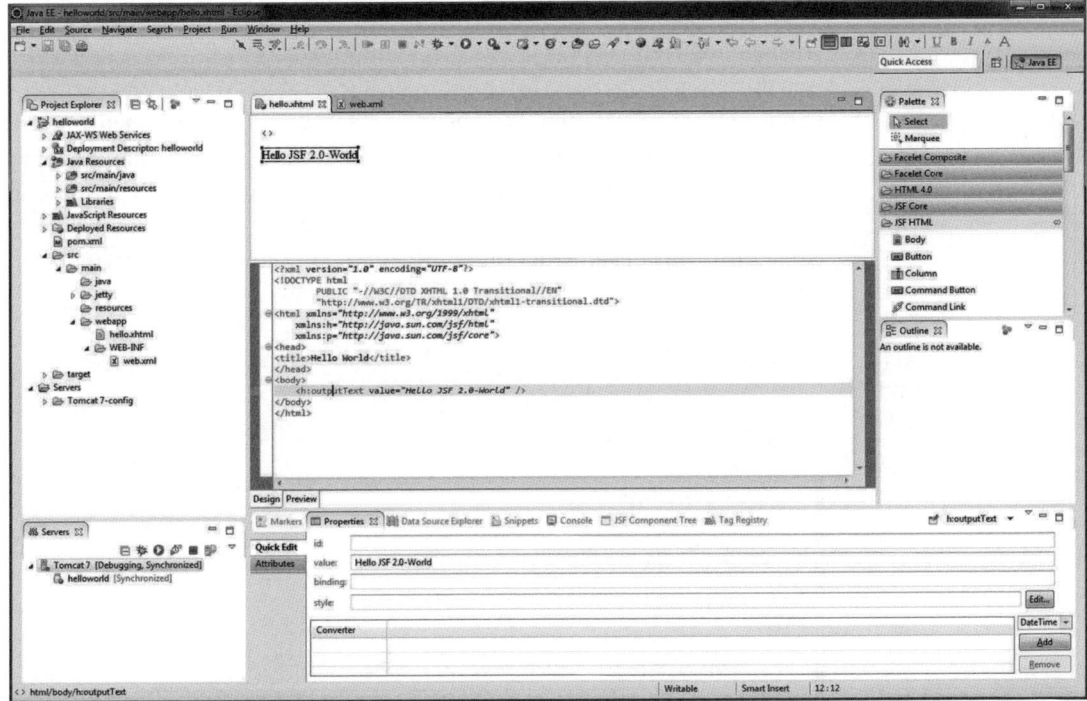

Abbildung 1.5
Eclipse mit geöffnetem Hello World-Projekt

Wie Abbildung 1.5 zeigt, stellt *Eclipse* mittlerweile einen Editor und eine WYSIWYG-Ansicht für die einzelnen JSF-Seiten zur Verfügung. Mit diesem Editor ist es kinderleicht, JSF-Seiten selbst zu erstellen und Komponenten auf diesen Seiten einzubinden. Der Editor wird über einen Doppelklick auf eine JSF-Datei gestartet. Dadurch öffnet sich der JSF-Editor mit einer Quellcode- und einer WYSIWYG-Ansicht. Von der Werkzeugleiste rechts im Bild können Komponenten direkt in den oberen oder unteren Teil gezogen werden, die entstandenen Komponenten werden dann automatisch von der WYSIWYG-Ansicht dargestellt.

Eine weiteres hilfreiches Feature ist das *Properties*-Tab. Dort finden Sie eine Auflistung aller Attribute der im Editor selektierten Komponente mit der Möglichkeit zum Bearbeiten der Werte. Sollte das *Properties*-Tab nicht angezeigt werden, können Sie es über Window|Show View|Properties einblenden.

Als Beispiel werden wir in unserer XHTML-Datei mit dem Namen hello.xhtml eine neue Komponente einfügen. Durch einen Doppelklick auf die Datei öffnet sich der Editor. Falls *Eclipse* die Datei in einem »normalen« Editor öffnet, müssen Sie den Editortyp im Kontextmenü über Open With|Web Page Editor umstellen. Selektieren Sie dann in der Komponentenpalette im Tab »JSF HTML« das Element »Output

Text« und ziehen Sie es in die Quellcodeansicht oder in die WYSIWYG-Ansicht. Mit einem Klick auf die Komponente im Editor werden die Attribute im *Properties*-Tab angezeigt. Geben Sie dort für das Attribut value beispielsweise den Wert »Hello again!« ein. Sie können zusätzlich das Aussehen der Komponente ändern, indem Sie für das Attribut style zum Beispiel den Wert »color: Red« eintragen. Die Darstellung in der WYSIWYG-Ansicht wird sofort angepasst. Abbildung 1.6 zeigt den Editor mit der hinzugefügten Komponente und deren Attribute im *Properties*-Tab.

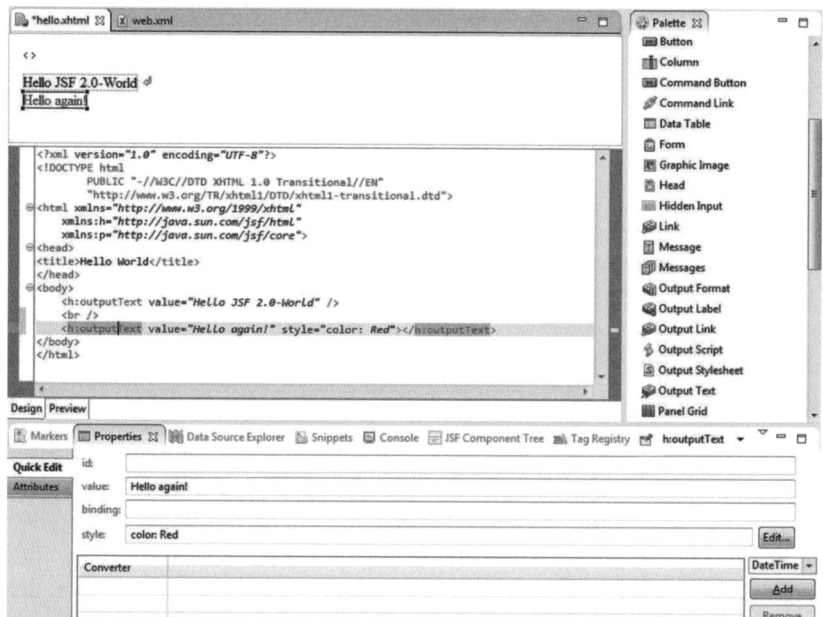

Abbildung 1.6
Eclipse WTP Property-Editor

Starten der Anwendung mit Eclipse

Aus *Eclipse* heraus können Sie JSF-Anwendungen direkt auf einer ganzen Reihe unterschiedlicher Server starten und debuggen. Dazu müssen Sie zuerst das zu startende Projekt im Projekt-Explorer selektieren und dann im Kontextmenü oder im Menü Run den Eintrag Run As|Run on Server auswählen. Zum Starten im Debug-Modus rufen Sie statt Run As|Run on Server den Menüeintrag Debug As|Debug on Server auf. Falls Sie noch keinen Server konfiguriert haben, öffnet *Eclipse* an dieser Stelle einen Assistenten zum Einrichten. Für die Buchbeispiele eignet sich *Apache Tomcat 7.0* besonders gut – eine detaillierte Anleitung zum Einrichten finden Sie im Anhang in Abschnitt B.3.

Beim Hochfahren des Servers werden sämtliche Logmeldungen in einem eigenen Konsolenfenster angezeigt. Nach erfolgreichem Start öffnet *Eclipse* standardmäßig ein Browserfenster mit der Applikation. Sie können die Webanwendung aber auch wie folgt in einem Browser Ihrer Wahl aufrufen:

```
http://localhost:8080/helloworld/
```

Der Port 8080 und der Kontextpfad `helloworld` beziehen sich dabei auf unser *Hello World*-Beispiel. Die konkrete Konfiguration eines Servers können Sie mit einem Doppelklick auf den entsprechenden Eintrag im *Servers*-Tab öffnen und bearbeiten.

Manchmal kann es trotz korrekten Codes zu unerklärlichen Fehlern in der JSF-Applikation kommen. In solchen Fällen ist es oft hilfreich, den Verteilungsprozess neu in Gang zu setzen, um Probleme durch unvollständig oder gar nicht neu verteilte Dateien zu lösen. Selektieren Sie dazu den betroffenen Server im *Servers*-Tab und wählen Sie `Clean...` im Kontextmenü.

Hilft auch diese Maßnahme nicht, bleibt in zweiter Instanz nur das Neustarten von Eclipse. Abhilfe kann auch das Löschen und Neuerstellen des *Server*-Eintrags im *Servers*-Tab schaffen.

Nach diesem Abstecher in die Welt der Build-Werkzeuge und Entwicklungsumgebungen widmen wir den nächsten Abschnitt der ersten Version unseres *MyGourmet*-Beispiels.

1.6 *MyGourmet 1*: Einführung anhand eines Beispiels

Im Laufe des Buches wird schrittweise eine kleine Beispielapplikation mit dem Namen *MyGourmet* aufgebaut. Die Anwendung soll einen Online-Bestellservice für lukullische Genüsse jeglicher Art darstellen. Der Fokus liegt dabei verständlicherweise weniger auf vollständiger Funktionalität oder perfektem Design, sondern auf der Vermittlung der Basiskonzepte von *JavaServer Faces*. Jeder Schritt erweitert *MyGourmet* um die im jeweiligen Kapitel vorgestellten Aspekte von JSF. Sie finden den Sourcecode für alle Beispiele dieses Buches unter der Adresse `http://jsfatwork.irian.at`.

Im ersten Schritt erweitern wir unser *Hello World*-Beispiel um ein einfaches Formular zur Eingabe der Daten eines Kunden. Es existiert ein Feld für die Eingabe des Vornamens und des Nachnamens und eine Absendeschaltfläche. Nach dem Betätigen der Schaltfläche werden die gerade eingegebenen Daten noch einmal dargestellt, und zwar in entsprechenden Ausgabefeldern mit einer zusätzlich eingeblendeten Erfolgsmeldung.

Zuerst sollten wir die Klassen unseres Datenmodells so fertigstellen, dass wir sie in der Webapplikation verwenden können. Das ist einfach – eine simple Java-Klasse `Customer` mit den zwei Klassenvariablen `firstName` und `lastName` und den dazugehörigen Zugriffsmethoden `getFirstName()`, `setFirstName(String firstName)`, `getLastName()` und `setLastName(String lastName)` reichen dazu aus. Die Klasse ist in Listing 1.8 dargestellt.

Listing 1.8
Die Klasse Customer

```
1  package at.irian.jsfatwork.gui.page;
2
3  import javax.faces.bean.ManagedBean;
4  import javax.faces.bean.SessionScoped;
5
6  @ManagedBean
7  @SessionScoped
8  public class Customer {
9    private String firstName;
10   private String lastName;
11
12   public String getFirstName() {
13     return firstName;
14   }
15   public void setFirstName(String firstName) {
16     this.firstName = firstName;
17   }
18   public String getLastName() {
19     return lastName;
20   }
21   public void setLastName(String lastName) {
22     this.lastName = lastName;
23   }
24  }
```

Managed-Bean

Der Zugriff auf das Datenmodell erfolgt in JSF über sogenannte Managed-Beans. In JSF versteht man darunter *JavaBeans*, die unter einem eindeutigen Namen in der Anwendung zur Verfügung stehen. Um eine Managed-Bean vom Typ `Customer` zu registrieren, genügt es ab JSF 2.0, die Klasse mit `@ManagedBean` zu annotieren. Der Name, unter dem die Bean zur Verfügung steht, wird vom Klassennamen abgeleitet und lautet in unserem Fall `customer`.

Die Bean ist dabei einem zeitlich eingeschränkten und auf den Benutzer bezogenen Gültigkeitsbereich zugeordnet. Mit der ebenfalls in

Version 2.0 eingeführten Annotation `@SessionScoped` weisen wir JSF an, die Managed-Bean einmal pro HTTP-Session neu zu erzeugen.

Jetzt kommen wir zum wichtigsten Teil unserer Anwendung: Irgendwo muss auf diese Managed-Bean zugegriffen werden, und das machen wir in einer Facelets-Seite[2]. In *MyGourmet 1* ist das die Seite `editCustomer.xhtml` zum Erfassen des Vor- und Nachnamens des Kunden. Das Grundgerüst der Seite ist wie schon beim *Hello World*-Beispiel ein HTML-Dokument mit eingebetteten JSF-Tags im `body`-Element.

Deklaration der Ansicht

Damit wir mit unserer Seite überhaupt Benutzereingaben verarbeiten können, brauchen wir ein Formular. JSF stellt dazu in der HTML-Tag-Bibliothek das Tag `h:form` zur Verfügung. Die Eingabefelder für den Vor- und den Nachnamen des Kunden werden mit dem Tag `h:inputText` innerhalb des Formulars in die Seite eingefügt. Damit Benutzer der Anwendung die Eingabefelder unterscheiden können, bekommen sie über das Tag `h:outputLabel` ein Label. Die Verbindung zwischen dem Label und dem Eingabefeld erfolgt, indem die ID des Eingabefelds in das `for`-Attribut von `h:outputLabel` eingetragen wird. Zum Ausrichten der einzelnen Elemente in einer tabellenförmigen Struktur kommt `h:panelGrid` zum Einsatz.

Interessant ist bei diesen Tags das `value`-Attribut von `h:inputText`. Es beinhaltet eine Value-Expression, über die der Wert einer Komponente mit einer Eigenschaft einer Managed-Bean verbunden werden kann. Das geschieht mit folgender Syntax: Nach einer Raute[3] folgt in geschwungenen Klammern der Name der Eigenschaft in der Form `bean.eigenschaft`. Allgemein ergibt das einen Ausdruck in der Form `#{managedBean.eigenschaft}` – wie in Listing 1.9 mehrfach zu sehen.

Diese Applikation können wir bereits ausführen, wir werden eine Seite mit den von uns definierten Eingabefeldern erhalten. Der nächste Schritt ist das Weiterleiten des Benutzers auf die Seite `showCustomer.xhtml`, was in unserem Fall durch eine Schaltfläche erfolgen soll. Wir fügen also eine Schaltfläche zu unserer XHTML-Seite hinzu. Das entsprechende JSF-Tag heißt `h:commandButton`. Diese Schaltfläche versehen wir mit dem Attribut `action`, das den Wert `/showCustomer.xhtml` erhält, und dem Attribut `value` mit der im Browser darzustellenden Beschriftung `Save`. Ein Klick auf die Schaltfläche bewirkt, dass JSF den Benutzer auf die im Attribut `action` angegebene Seite weiterleitet.

Vor JSF 2.0 musste die Navigation noch verpflichtend in der Konfigurationsdatei `faces-config.xml` in Form von Navigationsregeln defi-

---

[2] Facelets ist seit JSF 2.0 Teil des Standards und JavaServer Pages vorzuziehen, mehr dazu in Abschnitt 2.9.

[3] Ab JSF 1.2 darf auch ein »$«-Zeichen – wie in der früher definierten *JSP Expression Language* – verwendet werden.

niert werden. Ab JSF 2.0 kann dieser Schritt durch das direkte Angeben der Seite entfallen. Weiterführende Informationen zum Thema Navigation finden Sie in Abschnitt 2.7.

Der komplette Sourcecode der Seite editCustomer.xhtml ist in Listing 1.9 zu finden.

Listing 1.9
Die Datei editCustomer.xhtml

```
<!DOCTYPE html
    PUBLIC "-//W3C//DTD XHTML 1.0 Transitional//EN"
    "http://www.w3.org/TR/xhtml1/DTD/xhtml1-transitional.dtd">
<html xmlns="http://www.w3.org/1999/xhtml"
    xmlns:f="http://xmlns.jcp.org/jsf/core"
    xmlns:h="http://xmlns.jcp.org/jsf/html">
<head>
  <title>MyGourmet - Edit Customer</title>
</head>
<body>
  <h1><h:outputText value="MyGourmet"/></h1>
  <h2><h:outputText value="Edit Customer"/></h2>
  <h:form id="form">
    <h:panelGrid id="grid" columns="2">
      <h:outputLabel value="First Name:" for="firstName"/>
      <h:inputText id="firstName"
          value="#{customer.firstName}"/>
      <h:outputLabel value="Last Name:" for="lastName"/>
      <h:inputText id="lastName"
          value="#{customer.lastName}"/>
    </h:panelGrid>
    <h:commandButton id="save" value="Save"
        action="/showCustomer.xhtml"/>
  </h:form>
</body>
</html>
```

Abbildung 1.7 zeigt die Darstellung der Seite im Browser und den Zusammenhang zu den JSF-Komponenten in der XHTML-Datei.

Abbildung 1.7
MyGourmet 1: Komponenten und ihre Darstellung

Bevor wir auf die Seite showCustomer.xhtml (Listing 1.10) navigieren können, müssen wir sie zuerst erstellen. Die neue Seite soll ähnlich der ersten Seite aussehen, nur ersetzen jetzt h:outputText-Tags die h:inputText-Elemente und ein zusätzliches h:outputText-Tag gibt die Nachricht »Customer saved successfully!« aus.

Listing 1.10
Die Datei showCustomer.xhtml

```
1  <?xml version="1.0" encoding="UTF-8"?>
2  <!DOCTYPE html
3    PUBLIC "-//W3C//DTD XHTML 1.0 Transitional//EN"
4    "http://www.w3.org/TR/xhtml1/DTD/xhtml1-transitional.dtd">
5  <html xmlns="http://www.w3.org/1999/xhtml"
6    xmlns:f="http://xmlns.jcp.org/jsf/core"
7    xmlns:h="http://xmlns.jcp.org/jsf/html">
8  <head>
9    <title>MyGourmet - Show Customer</title>
10 </head>
11 <body>
12   <h1><h:outputText value="MyGourmet"/></h1>
13   <h2><h:outputText value="Show Customer"/></h2>
14   <h:panelGrid id="grid" columns="2">
15     <h:outputText value="First Name:"/>
16     <h:outputText value="#{customer.firstName}"/>
17     <h:outputText value="Last Name:"/>
18     <h:outputText value="#{customer.lastName}"/>
19   </h:panelGrid>
20   <h:outputText value="Customer saved successfully!"/>
21 </body>
22 </html>
```

Applikationslogik ausführen

Fertig! Die Applikation funktioniert bereits so wie gewünscht und leitet uns von der ersten Seite durch einen Klick auf die Schaltfläche weiter – auf der zweiten Seite werden die eingegebenen Daten angezeigt. In einer »realen« Applikation würden wir die Daten jetzt abspeichern, dazu müssen wir durch die von der Schaltfläche ausgelöste Aktion auf eine Methode der dahinterliegenden Managed-Bean zugreifen. Auch dieser Schritt ist unkompliziert, statt das Attribut action direkt auf eine Zeichenkette zu setzen, verwenden wir eine Method-Expression, die auf eine Methode in der dahinterliegenden Managed-Bean referenziert. Mit der gleichen Syntax, mit der wir vorher auf eine Variable in der Managed-Bean customer zugegriffen haben, können wir jetzt auch eine Methode referenzieren. Der geänderte Code der Schaltfläche sieht folgendermaßen aus:

```
<h:commandButton id="save"
  action="#{customer.save}" value="Save"/>
```

Action-Methode   Die referenzierte Methode darf keinen Übergabeparameter haben, muss eine Zeichenkette zurückliefern und zudem mit `public` deklariert werden. Die Methode wird beispielsweise einen Datenbankzugriff ausführen und die Daten des Kunden speichern. Wir stellen diesen Zugriff einfach als Kommentar dar. Schließlich liefert die Methode die Zeichenkette zurück, die wir zuvor direkt in die `action`-Eigenschaft aufgenommen haben, also /showCustomer.xhtml:

```
1  public String save() {
2    return "/showCustomer.xhtml";
3  }
```

Wenn die Speicherung der Kundendaten nicht erfolgreich gewesen ist, sollte eine andere Zeichenkette zurückgeliefert werden. Dadurch wird eine andere Navigation ausgelöst und beispielsweise wieder die Seite /editCustomer.xhtml angezeigt.

Im nächsten Kapitel erarbeiten wir gemeinsam die theoretischen Grundlagen zum Verständnis von JSF. Nach einem kurzen Einblick in die Aufgaben von JSF in Abschnitt 2.1 und der Definition einiger grundlegender Begriffe in Abschnitt 2.2 folgt ein zweiter Teil des Beispiels *MyGourmet 1* in Abschnitt 2.3. Dort wird das Verständnis der zuvor definierten Grundbegriffe im Praxiseinsatz vertieft.

2 Die Konzepte von JavaServer Faces

Auf der Basis des im letzten Kapitel erarbeiteten kleinen Beispiels wenden wir uns jetzt dem zu, was an Theorie hinter dem Quellcode steht. Dazu werden wir uns die einzelnen Bestandteile der *JavaServer Faces*-Technologie ansehen und die Unterstützung von JSF für den Aufbau einer modernen Webapplikation analysieren.

2.1 Aufgaben der JSF-Technologie

Fassen wir noch einmal zusammen, was die JSF-Spezifikation bedeutet – sie definiert ein Framework für die Entwicklung der Benutzerschnittstelle in Java-Webapplikationen. Die Spezifikation dient dazu, den Entwickler in folgenden Bereichen zu unterstützen:

- *Komponenten*:
  JSF erlaubt es, vollständige Webanwendungen in einfacher Form aus Komponenten aufzubauen. Darüber hinaus kann man Komponenten selbst erstellen und beliebig wiederverwenden.
- *Datentransfer*:
  JSF macht es sehr einfach möglich, Daten von der Applikation in die Benutzerschnittstelle (und wieder zurück) zu transferieren.
- *Zustandsspeicherung*:
  JSF ermöglicht die automatische Speicherung des Zustands der Applikation am Server oder am Client.
- *Ereignisbehandlung*:
  Vom Benutzer am Client generierte Ereignisse können am Server behandelt werden. Dazu werden Ereignisbehandlungsmethoden mit den einzelnen Komponenten verknüpft.

Durch die strikte Trennung der Schichten der Applikation im Sinne der MVC-Architektur können die einzelnen an der Applikation beteiligten Personen (z.B. Webdesigner, Komponentenentwickler und Applikationsentwickler) unabhängig voneinander arbeiten.

2.2 JavaServer Faces in Schlagworten

Wir werden im Verlauf dieses Buches sehr viele Begriffe aus der JSF-Technologie verwenden. Um einen Überblick zu geben, werden wir uns die Definition der wichtigsten Begriffe vorab kurz ansehen.

Komponente (auch `Component`, `UIComponent` oder `Control`) Eine Komponente ist ein eigenständiger und wiederverwendbarer Baustein, der zusammen mit anderen Komponenten zum Aufbau einer Seite in einer JSF-Anwendung eingesetzt wird. JSF bietet eine gute Auswahl an vordefinierten Komponenten. Die Palette reicht von einfachen Ausgabekomponenten für Texte oder Bilder über Komponenten zum Erfassen von Benutzereingaben bis hin zu komplexen Komponenten zur Darstellung von Tabellen.

Ansicht und Komponentenbaum Alle Komponenten einer Seite werden zusammen als Ansicht bezeichnet und sind in Form eines Komponentenbaums miteinander verknüpft. Die Wurzel dieses Baums bildet die `UIViewRoot`-Komponente, alle anderen Komponenten hängen als Kinder und Kinder dieser Kinder unter diesem Element. Alle JSF-bezogenen Vorgänge im Ablauf einer Anfrage an die Anwendung starten mit dem Aufruf einer Methode auf diesem `UIViewRoot`-Element, das den Aufruf rekursiv an seine Kinder weiterreicht.

Renderer Die eigentliche Ausgabe der Komponente und ihrer Daten und das Entnehmen der vom Benutzer am Client geänderten Daten wird vom `Renderer` erledigt. Eine Komponente kann dabei mit vielen Renderern verbunden werden – je nach Ausgabetechnologie wird ein bestimmter Renderer ausgewählt und so das Aussehen der Komponente verändert. Renderer sind optional – die Komponente kann auch selbst ihre Darstellung bestimmen und führt dann den Ausgabeprozess »selbstständig« durch.

Seitendeklarationssprache (auch View Declaration Language, VDL) Eine Seitendeklarationssprache (VDL) ist eine Syntax, um Ansichten beziehungsweise Seiten für JSF zu deklarieren. Dieses Konzept wurde in JSF 2.0 im Zuge der Integration von Facelets eingeführt, um von der eingesetzten Technologie zu abstrahieren. Der Standard unterstützt in Version 2.0 mit Facelets und JSP zwei konkrete Implementierungen einer VDL. JSP wird allerdings nur mehr aus Kompatibilitätsgründen unterstützt und bietet lediglich einen Teil der neuen Features.

Validator Die vom Benutzer eingegebenen Werte müssen nicht immer korrekt sein – beispielsweise könnte der Benutzer einen Wert in einem notwendigen Feld nicht eingegeben oder einen zu langen Wert in einem von der Länge her beschränkten Textfeld eingetragen haben. Für solche Fälle gibt es einfach zu verwendende Validatoren in JSF. Diese Validatoren überprüfen die Gültigkeit der eingegebenen Werte und unterbinden das Zurückschreiben von ungültigen Werten ins Modell.

Konverter Für Webanwendungen ist es notwendig, die von der Applikationslogik gelieferten Datentypen in eine Zeichenkette zu konvertieren, da der Browser nur Zeichenketten verarbeiten und anzeigen kann. Auch dafür gibt es eine Hilfestellung in der JSF-Technologie, die sich Konverter nennt. Sie konvertiert die von der Geschäftslogik verwendeten Datentypen in Zeichenketten und diese Zeichenketten nach der Veränderung durch den Benutzer wieder zurück in Java-kompatible Datentypen. Wenn ein Fehler in der Konvertierung auftritt, wird wie bei den Validatoren ein Zurückschreiben der Werte ins Modell verhindert.

Managed-Beans (auch *Backing-Beans* genannt) Hinter den Komponenten liegen Managed-Beans, die die eigentlichen Werte zum Befüllen der Komponenten liefern. Sie werden – wie bereits im ersten Beispiel gezeigt – zentral definiert und können entweder für jeden Benutzer getrennt oder zentral für die gesamte Applikation gültig sein. Managed-Beans sind simple Java-Klassen, auch *POJOs* (Plain Old Java Objects) genannt, die dem *JavaBeans*-Standard genügen müssen.

Unified Expression Language (auch *Unified-EL*) Die *Unified Expression Language* ist das Bindeglied zwischen den Komponenten einer Ansicht und den dahinterliegenden Managed-Beans. Mit Value-Expressions werden Eigenschaften von Managed-Beans mit Attributen von Komponenten verbunden – und das nicht nur zum Auslesen der Werte einer Bean, sondern auch zum Zurückschreiben von Benutzereingaben. Method-Expressions erlauben das Verknüpfen von Komponenten mit Methoden. Ein Konzept, das zum Beispiel bei der Validierung von Benutzereingaben und der Ereignisbehandlung eingesetzt wird.

Ereignisse und Ereignisbehandlung Ereignisse sind eines der zentralen Elemente der *JavaServer Faces*-Technologie. Ein Ereignis tritt in einer *JSF*-Anwendung beispielsweise auf, wenn eine Schaltfläche betätigt oder ein Wert geändert wird. Jede Komponente kann Ereignisse auslösen und jede Managed-Bean kann als Interessent für solche Ereignisse registriert werden. Neben den bereits für die Standardkomponenten definierten Ereignissen können neue Ereignisse (für angepasste Komponenten) in die Ereignisbehandlung von JSF aufgenommen werden.

Navigation und Aktionen (`navigation-rules, action`) Die Navigation in einer JSF-Applikation wurde vor JSF 2.0 ausschließlich über sogenannte Navigationsregeln in der `faces-config.xml` definiert. JSF verwendet den Rückgabewert spezieller Methoden, nämlich der »Action«-Methoden (die bei der Behandlung eines *Action*-Ereignisses aufgerufen werden), um eine Weiterleitung von einer auf die nächste Seite zu veranlassen. Dieser Rückgabewert kann der Name einer Navigationsregel oder ab JSF 2.0 direkt der Name der nächsten Seite sein.

Nachrichten Sollten bei der Abarbeitung von Methoden oder beim Validieren und Konvertieren von Werten Fehler auftreten, müssen diese Fehler dem Benutzer angezeigt werden. Validierungs- und Konvertierungsfehler werden in JSF in Nachrichten umgewandelt, die dann auf der Seite angezeigt werden können.

Das zeitliche Zusammenspiel dieser einzelnen Objekte in der JSF-Technologie ist genau geregelt, und zwar im »Request Processing Lifecycle« genannten Lebenszyklus einer HTTP-Anfrage. Diesen »Lifecycle« werden wir in Abschnitt 2.6 näher betrachten. Zunächst werden wir aber im folgenden Abschnitt den Zusammenhang zwischen einigen dieser Grundbegriffe anhand des Beispiels *MyGourmet 1* demonstrieren.

2.3 *MyGourmet 1*: Schlagworte im Einsatz

Im letzten Abschnitt wurden kurz die wichtigsten Grundbegriffe von *JavaServer Faces* erläutert. Nach dieser eher theoretischen Betrachtung wollen wir hier versuchen, diese Schlagworte mit dem bereits bekannten Beispiel *MyGourmet 1* in Verbindung zu bringen. Als Ausgangspunkt ist in Listing 2.1 nochmals der Code der Seitendeklaration `editCustomer.xhtml` abgebildet.

Wenn sich ein Benutzer diese Seite im Browser ansehen will, muss er `editCustomer.jsf` in die Adressleiste tippen. Wir haben aber bis jetzt immer XHTML-Dateien mit der Endung `.xhtml` erstellt. Woher kommt dieser Unterschied und warum erscheint im Browserfenster überhaupt eine Ausgabe? Diese Frage ist einfach beantwortet. Nach außen ist nur die JSF-Ansicht `editCustomer.jsf` sichtbar, die intern auf einer sogenannten Seitendeklaration aufgebaut wird. In »Standard«-JSF ist das eine XHTML-Datei für Facelets oder eine JSP-Datei mit dem gleichen Namen wie die entsprechende JSF-Ansicht. Die JSF-Implementierung weiß, wie der Pfad der zugehörigen Seitendeklaration relativ zum

```
1   <!DOCTYPE html PUBLIC "-//W3C//DTD XHTML 1.0 Transitional//EN"
2     "http://www.w3.org/TR/xhtml1/DTD/xhtml1-transitional.dtd">
3   <html xmlns="http://www.w3.org/1999/xhtml"
4     xmlns:f="http://xmlns.jcp.org/jsf/core"
5     xmlns:h="http://xmlns.jcp.org/jsf/html">
6   <head>
7     <title>MyGourmet - Edit Customer</title>
8   </head>
9   <body>
10    <h1><h:outputText value="MyGourmet"/></h1>
11    <h2><h:outputText value="Edit Customer"/></h2>
12    <h:form id="form">
13      <h:panelGrid id="grid" columns="2">
14        <h:outputLabel value="First Name:" for="firstName"/>
15        <h:inputText id="firstName"
16          value="#{customer.firstName}"/>
17        <h:outputLabel value="Last Name:" for="lastName"/>
18        <h:inputText id="lastName"
19          value="#{customer.lastName}"/>
20        <h:commandButton id="save" action="#{customer.save}"
21          value="Save"/>
22      </h:panelGrid>
23    </h:form>
24  </body>
25  </html>
```

Listing 2.1
MyGourmet 1:
Die Seite
editCustomer.xhtml

Kontext der Webapplikation aussieht – in unserem Fall /editCustomer.xhtml. Dieser Pfad der Seitendeklaration wird auch *View-Identifier* genannt.

Die Seitendeklaration bestimmt den Inhalt und die Struktur des Komponentenbaums und somit auch die Ansicht. Die Tags der XHTML-Seite werden von Facelets in Komponenten umgesetzt und im Komponentenbaum angeordnet. Abbildung 2.1 zeigt diese Umsetzung exemplarisch am Tag der Eingabekomponente für den Vornamen.

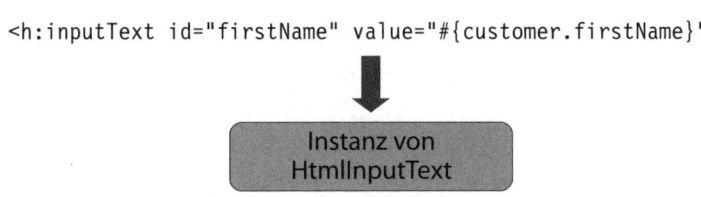

Abbildung 2.1
MyGourmet 1: Von der Seitendeklaration zur Komponente

Auf die gleiche Weise werden auch alle anderen Tags der Seite in Komponenten umgesetzt und in den Baum eingefügt. Der fertige Komponentenbaum der Ansicht editCustomer.jsf sieht dann in etwa wie in

Abbildung 2.2 aus. Die Namen der Knoten in der Abbildung sind die Namen der eingesetzten Komponentenklassen.

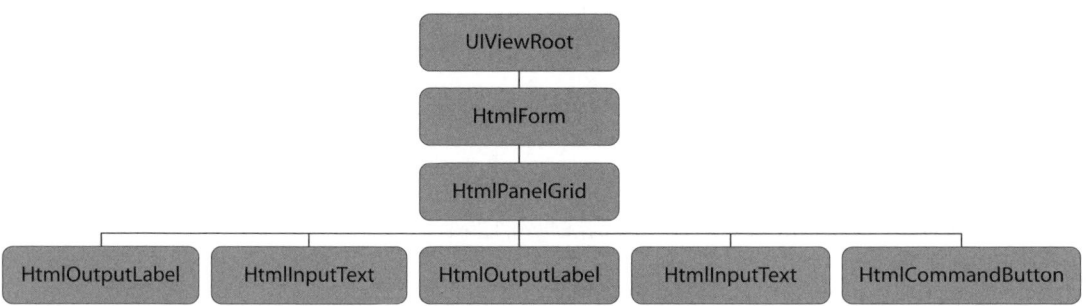

Abbildung 2.2
MyGourmet 1: Komponentenbaum

Der fertig aufgebaute Komponentenbaum kann jetzt von einem Renderer in eine Ausgabesprache umgesetzt und dem Benutzer angezeigt werden. In den meisten Fällen wird es sich bei der Ausgabe um HTML-Seiten handeln, durch das Austauschen des Renderers kann aber fast jede beliebige Ausgabetechnologie eingesetzt werden. Wir wollen uns allerdings für unser Beispiel momentan auf HTML beschränken. Der Renderer nimmt also die in der Komponenteninstanz gespeicherten Daten und gibt den entsprechenden HTML-Code für die jeweilige Komponente aus. Abbildung 2.3 zeigt zum Beispiel, wie die Eingabekomponente für den Vornamen in HTML umgesetzt wird.

Abbildung 2.3
MyGourmet 1: Von der Komponente zur HTML-Ausgabe

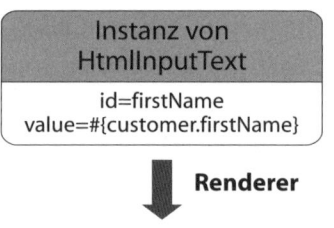

```
<input type="text" id="form:firstName" value="Michael"/>
```

Die Darstellung der komplett gerenderten Seite im Browser ist in Abbildung 2.4 zu sehen.

Die Zusammenhänge zwischen Seitendeklaration, Komponentenbaum und gerenderter Ausgabe dürften somit geklärt sein. Den konkreten Ablauf des gesamten Prozesses in Form des JSF-Lebenszyklus haben wir allerdings noch außen vor gelassen. Diese zeitlichen Zusammenhänge und Abläufe werden in Abschnitt 2.6 behandelt. Zuvor werfen wir jedoch in Abschnitt 2.4 noch einen genaueren Blick auf Managed-Beans und in Abschnitt 2.5 auf die Verbindung zwischen Modell und Ansicht mit der *Unified Expression Language*.

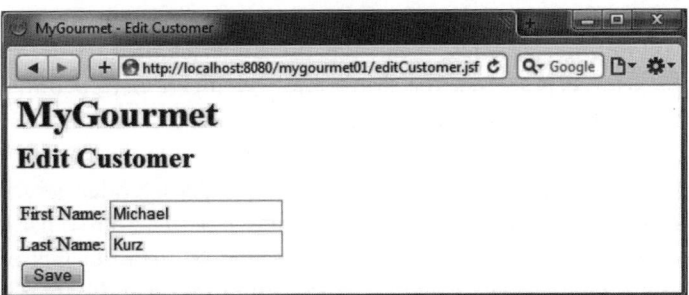

Abbildung 2.4
MyGourmet 1:
`editCustomer.xhtml`
im Browser

2.4 Managed-Beans

Die Managed-Beans sind ein zentraler Bestandteil der *JavaServer Faces*. Sie bilden in einer Anwendung das Modell beziehungsweise die Verbindung zum Modell und der Geschäftslogik. Im Hinblick auf eine strikte Trennung von Präsentation und Logik fällt ihnen damit eine sehr wichtige Rolle zu. In der Praxis sind die Aufrufe der Geschäftslogik in einer Anwendung komplett in den Managed-Beans gekapselt. Die Verbindung zu den Eigenschaften und Methoden einer Managed-Bean wird mit *Unified-Expression*-Ausdrücken realisiert.

Der Rest dieses Abschnitts geht auf die Grundlagen und Details von Managed-Beans ein. Detailliertere Informationen zur *Unified Expression Language*, dem Bindeglied zwischen Ansicht und Modell in JSF, finden sich in Abschnitt 2.5.

2.4.1 Managed-Beans – die Grundlagen

Wie muss eine Managed-Bean in JSF aussehen, damit sie eingesetzt werden kann? Die Anforderungen sind minimal: Managed-Beans sind simple Java-Klassen, auch *POJOs* (Plain Old Java Objects) genannt, die dem *JavaBeans*-Standard genügen müssen. Für die Klasse an sich bedeutet das nur, dass sie einen Konstruktor ohne Parameter mit Sichtbarkeit `public` haben muss.

Wie bereits erwähnt, wird in JSF auf die Eigenschaften der Managed-Beans zugegriffen, um Daten zu lesen und zu schreiben. Eine Eigenschaft hat einen Namen, einen Typ und Methoden zum Lesen und Schreiben des Werts. Die Namen dieser Methoden müssen folgender Konvention entsprechen: `getEigenschaftsName` ist der Name der Methode für den lesenden Zugriff und `setEigenschaftsName` der Name der Methode für den schreibenden Zugriff. Ob in der Methode auf eine private Variable der Klasse zugegriffen wird oder ob eine komplexe Operation der Geschäftslogik dahinter liegt, ist transparent und letztendlich egal. Nach außen ist in beiden Fällen nur die Eigenschaft der Bean sichtbar.

Listing 2.2 zeigt noch einmal die Klasse Customer aus unserem Beispiel *MyGourmet 1*. Diese Bean hat die Eigenschaften firstName und lastName vom Typ String, die durch die jeweiligen Getter- und Setter-Methoden definiert sind. Der Zugriff in der Ansicht erfolgt mit den Ausdrücken #{customer.firstName} und #{customer.lastName}. Je nachdem, ob der Wert in der zugreifenden Komponente gelesen oder geschrieben wird, kommt der entsprechende Getter oder Setter zum Einsatz. Die Namen der Eigenschaften leiten sich von den Namen der Getter- und Setter-Methoden ab. Die privaten Felder im Hintergrund haben keinerlei Einfluss auf den Namen – sie nehmen nur den Wert der Eigenschaft auf.

Die Methode save erfüllt einen anderen Zweck. Sie wird zur Behandlung von Ereignissen benutzt und ist keiner Eigenschaft zugeordnet – detailliertere Informationen zu diesem Thema finden sich in Abschnitt 2.8.

Listing 2.2
Managed-Bean-Klasse Customer aus MyGourmet 1

```
1  import javax.faces.bean.ManagedBean;
2  import javax.faces.bean.SessionScoped;
3
4  @ManagedBean
5  @SessionScoped
6  public class Customer {
7    private String firstName;
8    private String lastName;
9    public String getFirstName() {
10     return firstName;
11   }
12   public void setFirstName(String firstName) {
13     this.firstName = firstName;
14   }
15   public String getLastName() {
16     return lastName;
17   }
18   public void setLastName(String lastName) {
19     this.lastName = lastName;
20   }
21   public String save() {
22     return "/showCustomer.xhtml";
23   }
24 }
```

Eigenschaften von Beans müssen nicht unbedingt sowohl eine Getter- als auch eine Setter-Methode haben. Je nachdem, welche der beiden vorhanden ist, handelt es sich dann um eine Eigenschaft, die nur gelesen oder nur geschrieben werden kann.

Genau genommen haben wir in den letzten Absätzen lediglich von *JavaBeans* gesprochen. Zu Managed-Beans werden sie erst, wenn sie tatsächlich von JSF verwaltet werden. Wie das funktioniert, zeigt der nächste Abschnitt.

2.4.2 Konfiguration von Managed-Beans

Einer der Eckpfeiler von JSF ist die zentrale Stelle für die Behandlung von Managed-Beans – die *Managed Bean Creation Facility*. Mit diesem Instrument werden folgende Aufgaben durchgeführt:

- ❏ Deklaration sämtlicher Managed-Beans
- ❏ Festlegung der Lebensdauer der Managed-Beans
- ❏ Automatische Erzeugung, Initialisierung, Verwendung und Löschung der Managed-Bean-Instanzen
- ❏ Bereitstellung der Managed-Beans über die Expression Language (EL). Über Value-Expressions und Method-Expressions kann zum Beispiel auf Geschäftsobjekte referenziert werden.

Damit Managed-Beans in der Ansicht verwendet werden können, muss die JSF-Umgebung wissen, unter welchem Namen und unter welcher Klasse die jeweilige JavaBean zu finden ist. Seit JSF 2.0 gibt es zwei Varianten, um diese Registrierung durchzuführen. Im Einführungsbeispiel haben wir ja bereits gesehen, wie eine Managed-Bean über Annotationen deklariert wird. Listing 2.3 zeigt nochmals den relevanten Teil der Klasse. Alternativ können Managed-Beans auch in der `faces-config.xml` deklariert werden – in JSF-Versionen vor 2.0 war das noch die einzige Möglichkeit.

```
1  @ManagedBean
2  @SessionScoped
3  public class Customer {
4    ...
5  }
```

Listing 2.3
Konfiguration der Bean customer *aus MyGourmet 1 über Annotationen*

Listing 2.4 zeigt, wie die Konfiguration der Bean customer aus *MyGourmet 1* in der Datei `faces-config.xml` aussieht.

Die beiden in den Listings 2.3 und 2.4 vorgestellten Varianten führen zu demselben Ergebnis: Die Managed-Bean mit dem Namen customer wird definiert. Welche der beiden Sie in Ihrem Projekt einsetzen, ist zum Teil auch eine Geschmacksfrage. Wir haben uns in *MyGourmet* für Annotationen entschieden, um aufgeblähte Konfigurationsdateien zu vermeiden.

Listing 2.4
Konfiguration der Bean customer aus MyGourmet 1 in der faces-config.xml

```
1  <managed-bean>
2    <managed-bean-name>customer</managed-bean-name>
3    <managed-bean-class>
4      at.irian.jsfatwork.gui.page.Customer
5    </managed-bean-class>
6    <managed-bean-scope>session</managed-bean-scope>
7  </managed-bean>
```

In der `faces-config.xml` erfolgt die Deklaration einer Bean in einem Element namens `managed-bean`. Darin verschachtelt folgt im Element `managed-bean-name` zuerst der Name, unter dem die Bean in EL-Ausdrücken referenziert wird – in unserem Beispiel `customer`. Die Klasse der Bean wird im Element `managed-bean-class` festgelegt. Zuletzt folgt im Element `managed-bean-scope` mit `session` die Angabe der Lebensdauer der Bean.

Bei der Deklaration mit der Annotation `@ManagedBean` entspricht der Name der Managed-Bean laut Konvention dem Klassennamen mit einem kleinen Anfangsbuchstaben. In unserem Fall wird zum Beispiel aus der Klasse `Customer` die Bean `customer`. Wollen Sie einen anderen Namen verwenden, können Sie diesen im Element `name` der Annotation setzen. Listing 2.5 zeigt die bereits bekannte Bean mit dem expliziten Namen `customerBean`. Der Zugriff in der Ansicht erfolgt jetzt mit dem Ausdruck `#{customerBean.firstName}`.

Listing 2.5
Konfiguration der Bean customer mit alternativem Namen

```
1  @ManagedBean(name = "customerBean")
2  @SessionScoped
3  public class Customer {
4    ...
5  }
```

In Standard-JSF sind folgende Gültigkeitsbereiche (Scopes) für Beans definiert (in Klammer steht der Wert für die Konfiguration in der `faces-config.xml` und die entsprechende Annotation):

- *None-Scope* (none, `@NoneScoped`):
  Die Managed-Bean wird bei jedem Aufruf neu erstellt.
- *Request-Scope* (request, `@RequestScoped`):
  Die Managed-Bean lebt für die Zeitdauer einer HTTP-Anfrage.
- *View-Scope* (view, `@ViewScoped`):
  Die Lebensdauer der Managed-Bean ist an die Ansicht geknüpft, in der sie verwendet wird.
- *Session-Scope* (session, `@SessionScoped`):
  Die Managed-Bean lebt für die Dauer einer Sitzung, in der der Benutzer mit der Anwendung verbunden ist.

❑ *Application-Scope* (`application`, `@ApplicationScoped`):
Für die gesamte Lebensdauer der Anwendung ist nur eine für alle Benutzer gleiche Instanz dieser Managed-Bean vorhanden.

Abbildung 2.5 vergleicht die Lebensdauer der von JSF standardmäßig zur Verfügung gestellten Gültigkeitsbereiche.

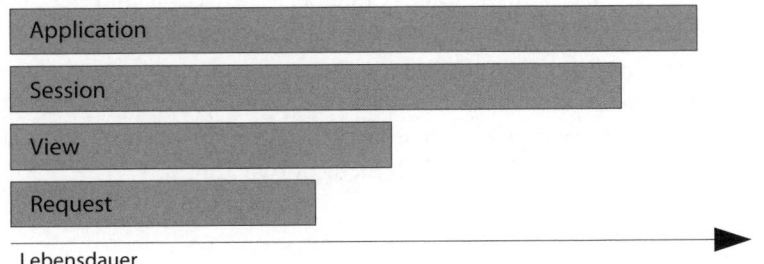

Abbildung 2.5
Vergleich der Lebensdauer unterschiedlicher Gültigkeitsbereiche

Nachdem Sie jetzt wissen, wie Managed-Beans deklariert werden, wollen wir Ihnen nicht vorenthalten, wie JSF diese verwaltet. Der interne Ablauf beim Zugriff auf eine Bean sieht wie folgt aus:

1. Beim ersten Zugriff auf die Bean wird diese automatisch durch die *Managed Bean Creation Facility* instanziiert. Ist die Instanz der Bean bereits vorhanden, wird sie zurückgegeben. Die Instanziierung kann nur erfolgen, wenn ein Konstruktor ohne Argumente verfügbar ist.
2. Nach dem Erzeugen der Bean werden alle Managed-Properties initialisiert. Genaueres dazu finden Sie in Abschnitt 2.4.3.
3. Zu guter Letzt wird die Managed-Bean unter der spezifizierten Lebensdauer gespeichert.

Das erfolgt in unserem Beispiel im Session-Scope, also solange eine logische Verbindung zwischen Benutzer und Applikation in Form einer Sitzung besteht. Verwenden Sie den Session-Scope nur, wenn unbedingt notwendig. Mit dem neuen View-Scope ist es jetzt relativ einfach möglich, Daten über mehrere Requests mitzunehmen. Zumindest so lange, bis auf eine neue Seite navigiert wird.

2.4.3 Managed-Properties

Die *Managed Bean Creation Facility* bietet die Möglichkeit, Eigenschaften von Managed-Beans nach dem Erstellen zu initialisieren (sogenannte Managed-Properties). Neben fixen Werten besteht über Dependency-Injection auch die Möglichkeit, Abhängigkeiten auf andere Beans für die Initialisierung zu verwenden.

Wie bei der Konfiguration der Beans selbst existieren auch für die Deklaration der Managed-Properties zwei Varianten. Mit der Annotation @ManagedProperty werden direkt die Felder der Eigenschaft in der Bean annotiert. Der initiale Wert steht bei dieser Methode im Element value. Alternativ kann dieselbe Deklaration auch in der faces-config.xml gemacht werden. Dazu kommt das Element managed-property zum Einsatz, wobei der Name der Eigenschaft und der zu setzende Wert in den Elementen property-name und value stehen.

Listing 2.6 zeigt den Java-Code einer annotierten Managed-Bean mit Managed-Properties. In Listing 2.7 ist die äquivalente Konfiguration in der faces-config.xml zu sehen. Die Annotationen in der Klasse Login sind in diesem Fall natürlich nicht notwendig.

Listing 2.6
Managed-Properties mittels Annotationen

```
@ManagedBean
@SessionScoped
public class Login {
    @ManagedProperty(value = "3")
    private int loginRetries;
    @ManagedProperty(
        value = "#{roleResolver.defaultResolver}")
    private RoleResolver roleResolver;
    ...
}
```

Listing 2.7
Managed-Properties in der Konfiguration

```
<faces-config>
  ...
  <managed-bean>
    <managed-bean-name>login</managed-bean-name>
    <managed-bean-class>
        at.company.webapp.model.Login
    </managed-bean-class>
    <managed-bean-scope>session</managed-bean-scope>
    <managed-property>
      <property-name>loginRetries</property-name>
      <value>3</value>
    </managed-property>
    <managed-property>
      <property-name>roleResolver</property-name>
      <value>#{roleResolver.defaultResolver}</value>
    </managed-property>
  </managed-bean>
  ...
</faces-config>
```

Nach der Initialisierung der Bean `login` besitzt deren Attribut `loginRetries` den Wert 3. Das Attribut `roleResolver` zeigt, dass als Wert auch eine Referenz auf eine andere Managed-Bean angeführt sein kann – über eine Value-Expression. Alle anderen Attribute besitzen ihre Standardwerte.

Der Einsatz von Managed-Beans zum Initialisieren von Managed-Properties unterliegt in JSF einer Einschränkung. Eine Managed-Property darf nicht mit einer Managed-Bean mit kürzerer Lebensdauer initialisiert werden. Es ist zum Beispiel nicht erlaubt, eine Bean im Request-Scope in eine Bean im Session-Scope zu injizieren. Die Erklärung dafür ist einfach: Da eine Session länger läuft als eine Anfrage, ist die injizierte Bean nach der ersten Anfrage nicht mehr aktuell. Beans im None-Scope können dagegen immer verwendet werden, da sie in keinem Gültigkeitsbereich abgelegt sind.

Die Initialisierung mit Referenzen über Dependency-Injection bietet einige Vorteile gegenüber der Auflösung von *Beans* im Code. Zum einen lassen sich damit statische Aufrufe im Code vermeiden und zum anderen steigen Wartbarkeit und Übersichtlichkeit durch die zentrale Konfiguration.

Die *Managed Bean Creation Facility* ist die von JSF zur Verfügung gestellte Möglichkeit zur Erstellung von Beans – aber bei Weitem nicht die einzig mögliche. Mit CDI und *Spring* gibt es Alternativen, die in Konfigurationsumfang und Erweiterbarkeit deutlich überlegen sind, ohne jedoch die Komplexität der Anwendung unnötig zu erhöhen. In Abschnitt 9.1 zeigen wir, wie Managed-Beans mit CDI verwaltet werden und welche Vorteile sich daraus ergeben.

2.4.4 Die Rolle von Managed-Beans

Bis jetzt sind wir davon ausgegangen, dass die Managed-Beans das Modell der Anwendung laut MVC-Entwurfsmuster bilden. Das muss nicht unbedingt so sein – in den meisten Fällen ist es sogar besser, wenn die Managed-Beans nicht direkt das Modell sind, sondern nur eine Vermittlerrolle zwischen Ansicht und tatsächlichem Modell einnehmen.

Wie kann man sich das vorstellen? Ein einfaches Beispiel, basierend auf *MyGourmet 1*, hilft, diesen Sachverhalt zu klären. In *MyGourmet 1* bildet die Managed-Bean das Modell der Anwendung, ein Zugriff auf den Vornamen des Kunden sieht folgendermaßen aus: `#{customer.firstName}`. Neben den Modelleigenschaften des Kunden beinhaltet die Bean hier auch die Action-Methoden zur Ereignisbehandlung. Der Nachteil dieser Variante ist die enge Kopplung von GUI-Logik und Modell, der sich besonders dann negativ auswirkt, wenn es zu Änderungen kommt.

Eine elegantere Lösung ist, die Modellklasse `Customer` komplett von JSF-Code freizuhalten und eine Managed-Bean `customerBean` einzuführen, die neben der GUI-Logik eine Eigenschaft vom Typ `Customer` besitzt. Ein Zugriff auf den Vornamen des Kunden sieht dann folgendermaßen aus: `#{customerBean.customer.firstName}`. Die Modellklasse kann in dieser Variante unabhängig von der Präsentationsschicht in einer tiefer liegenden Schicht der Anwendung erstellt werden. Die beiden Varianten sind in Abbildung 2.6 dargestellt.

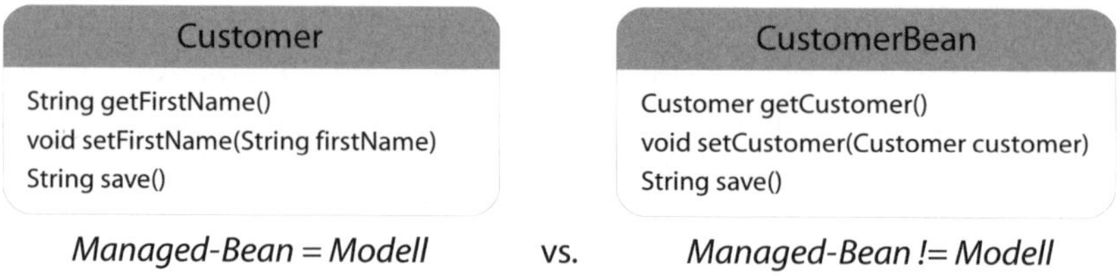

Abbildung 2.6
Die Rolle von Managed-Beans

Customer
String getFirstName()
void setFirstName(String firstName)
String save()

Managed-Bean = Modell

vs.

CustomerBean
Customer getCustomer()
void setCustomer(Customer customer)
String save()

Managed-Bean != Modell

In *MyGourmet* werden wir aus Gründen der Einfachheit vorerst dabei bleiben, die Klasse `Customer` direkt als Managed-Bean zu verwenden. Erst bei den etwas umfangreicheren Beispielen ab *MyGourmet 5* in Abschnitt 2.11.3 kommt eine eigene Klasse zum Einsatz.

2.5 Die *Unified Expression Language*

Ein Basiselement der JSF-Spezifikation ist die *Unified Expression Language* (kurz *Unified-EL*), die es ermöglicht, Komponenten der Benutzerschnittstelle und der Geschäftsdaten dahinter sehr dynamisch zu verbinden. Wir wollen ja Daten aus dem Modell lesen, aber auch Benutzereingaben ins Modell zurückschreiben. Des Weiteren muss definiert werden, welche Methoden welche Ereignisse behandeln. Mithilfe von Value-Expressions werden Komponentenattribute an Managed-Beans und ihre Eigenschaften gebunden und mit Method-Expressions werden Methoden referenziert. Wie das in *MyGourmet 1* erfolgt, sehen wir uns in Abschnitt 2.5.1 etwas genauer an.

Für die Definition eines EL-Ausdrucks ist eine Raute und eine geschwungene Klammer dem Ausdruck voran- und eine geschwungene Klammer dem Ausdruck nachzustellen. Was darf zwischen diesen Begrenzern stehen? Zwischen diesen Begrenzern können der Name von Managed-Beans oder »impliziten« Objekten, Eigenschaften dieser Objekte (von den Elternelementen mit Punkten getrennt) oder auch Operatoren angegeben werden. Dazu zählen sowohl arithmetische Operatoren wie »+« und »-« als auch Vergleichsoperatoren, sogar der »ternäre« Operator (`bedingung ? wenn_wahr : wenn_falsch`) ist erlaubt.

2.5 Die *Unified Expression Language*

Es lassen sich aber nicht nur Eigenschaften mit der *Unified Expression Language* auslesen, auch Methoden können mit dieser vereinheitlichten »Ausdruckssprache« aufgerufen werden – über die Angabe von Method-Expressions. Beispielsweise werden mit Konstrukten der *Unified Expression Language* Ereignisbehandlungsmethoden aufgerufen.

2.5.1 *Unified-EL* in *MyGourmet 1*

Im Beispiel *MyGourmet 1* haben wir bereits ausführlich von Value-Expressions Gebrauch gemacht, um Kundendaten anzuzeigen und Benutzereingaben abzuspeichern. Nehmen wir den Vornamen des Kunden als Beispiel: Mit dem Ausdruck #{customer.firstName} wird das Attribut value der Eingabekomponente mit der Eigenschaft firstName der Managed-Bean customer verbunden. In Abbildung 2.7 ist der Zusammenhang zwischen Tag, Komponente und Managed-Bean noch genauer dargestellt.

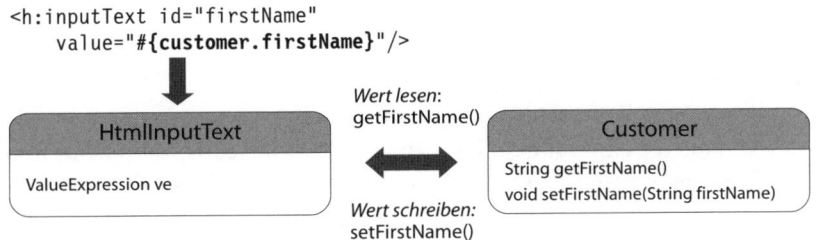

Abbildung 2.7
Value-Expression in Eingabekomponente

Eine Value-Expression wird erst beim tatsächlichen Lesen oder Setzen des Werts aufgelöst. Deswegen wird in der Komponente auch die Value-Expression selbst und nicht der Wert abgelegt. Eine genauere Betrachtung, warum das notwendig ist, folgt in Abschnitt 2.6 über den Lebenszyklus von JSF.

Die Daten werden beim Anzeigen der Seite bereits ordnungsgemäß gelesen und beim Abschicken des Formulars geschrieben. Es fehlt die Möglichkeit, benutzerdefinierten Code beim Bearbeiten der abgeschickten Seite aufzurufen – zum Beispiel um die Eingaben des Benutzers in der Datenbank zu speichern. Hier kommen Method-Expressions ins Spiel. Hat der Benutzer auf der Seite editCustomer.jsf die Schaltfläche zum Speichern betätigt, soll serverseitig die Methode save der Bean customer aufgerufen werden. Dazu gibt es bei Befehlskomponenten das Attribut action, das eine Method-Expression enthalten kann. In unserem Beispiel ist das der Ausdruck #{customer.save}. Die damit referenzierte Methode wird aufgerufen, wenn alle vom Benutzer eingegebenen Daten validiert wurden und gültig sind. Die zurückgelieferte Zeichenkette wird zur Navigation benutzt und bestimmt, welche Seite angezeigt

2 Die Konzepte von JavaServer Faces

wird. Abbildung 2.8 zeigt das Tag der Komponente und den Weg bis zum Aufruf der mit der Komponente verbundenen Methode.

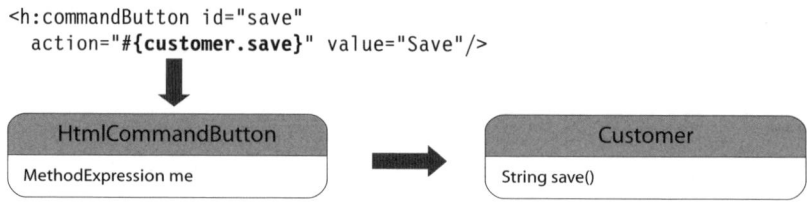

Abbildung 2.8
Method-Expression in Befehlskomponente

Ausführlichere Informationen zur *Unified-EL* finden sich im nächsten Abschnitt. Der Navigationsvorgang wird in Abschnitt 2.7 näher beleuchtet.

2.5.2 Die *Unified-EL* im Detail

Im Folgenden finden Sie einen kurzen Überblick über die Möglichkeiten, die die *Unified-EL* bietet.

- `value="#{user.username}"`
  Bindet ein Komponentenattribut an die Eigenschaft username der Managed-Bean mit dem Namen user. Das bedeutet, dass beim Rendern der Komponente der Wert über den Aufruf von getUsername() aus der Bean geholt wird und dass in der Aktualisierungsphase der Wert über den Aufruf von setUsername() wieder in die Bean zurückgeschrieben wird.
- `rendered="#{user.username != null}"`
  Bindet einen booleschen Wert (true oder false) an das Attribut der Komponente. Dies kann sehr gut dazu verwendet werden, um durch das Setzen des rendered-Attributs die Komponente ein- oder auszublenden[1]. Bei einem solchen Ausdruck wird keine Aktualisierung des Werts vorgenommen (es gibt ja keinen Setter) – daher kann ein zusammengesetzter Ausdruck auch nicht für das value-Attribut von JSF-Komponenten benutzt werden.
- `value="#{bill.sum * 13,7603}"`
  Wenn der Wert einer h:outputText-Komponente mit diesem Ausdruck versehen ist, wird in der Komponente immer der aktuelle Wert der Eigenschaft sum der Managed-Bean bill stehen, multipliziert mit 13,7603. Diese Form der EL-Ausdrücke sollte allerdings nur spärlich eingesetzt werden. Berechnungen jeglicher Art sind in der Geschäftslogik besser aufgehoben.

---

[1] Um Probleme zu vermeiden, ist das Verwenden des rendered-Attributs dem Einsatz von JSTL-<c:if/>-Tags vorzuziehen.

- ❏ `style="#{grid.displayed ? 'display:inline;' : 'display:none;'}"`
  Hier wird das Attribut `style` einer Komponente entweder auf `display:inline;` oder `display:none;` gesetzt, ein sehr häufig verwendeter Trick, um Bereiche einer Seite am Client für gewisse Attributwerte aus- oder einzublenden.
- ❏ `value="Hallo Benutzer #{user.username}"`
  Auch die Kombination von Zeichenketten und *Unified-EL*-Ausdrücken ist möglich. Auf diese Weise lassen sich sehr einfach dynamische Ausdrücke erzeugen. Diese Lösung hat allerdings einen gravierenden Nachteil: Bei der Kombination mit der Zeichenkette wird keine Konvertierung des Werts mehr durchgeführt, sondern einfach `toString()` aufgerufen.
- ❏ `action="#{user.storeUser}"`
  Hier wird die Aktion `storeUser` über eine Method-Expression aufgerufen. Die referenzierte Methode muss die Signatur `String storeUser()` aufweisen und als Rückgabewert die Zeichenkette liefern, die die Navigation zur nächsten Seite bestimmt.
- ❏ `value="#{mapBean['index']}"`
  Für den Zugriff auf Werte in Objekten, die das Interface Map implementieren, kann der Schlüssel in eckigen Klammern angegeben werden. Diese Notation ist prinzipiell äquivalent zur Punktnotation, es kann also auch mit der Punktnotation auf die Inhalte einer Map referenziert werden. Umgekehrt ist es möglich, mit der Notation der eckigen Klammern auch auf Eigenschaften normaler Beans zuzugreifen. Kleine Denkaufgabe: Warum kann die Notation mit eckigen Klammern in gewissen Situationen von Vorteil sein?
- ❏ `value="#{mapBean[user.username]}"`
  Hier die Auflösung der Aufgabe: Value-Expressions kann man auch schachteln und dabei lässt sich dann der Schlüssel für den Zugriff auf die Map oder der Eigenschaftsname für den Zugriff auf die Bean-Eigenschaft über eine Value-Expression angeben.
- ❏ `value="#{listBean[5]}"`
  Ein letztes Beispiel: Hier referenziert der Wert der Komponente auf den sechsten Eintrag einer Liste. Auch dieser Index kann wieder eine Value-Expression sein, so wie im obigen Beispiel.

Als Basis für die Auflösung der *EL*-Ausdrücke kann jede Managed-Bean dienen oder eine Liste von impliziten Objekten, die von JSF zur Verfügung gestellt werden. Die folgende Liste enthält die wichtigsten impliziten Objekte:

Implizite Objekte

- ❏ `requestScope`
  Zugriff auf die *Request-Map* des External-Contexts.

- viewScope
  Zugriff auf die *View-Map* des *View-Roots*.
- sessionScope
  Zugriff auf die *Session-Map* des External-Contexts.
- applicationScope
  Zugriff auf die *Application-Map* des External-Contexts.
- view
  Zugriff auf den *View-Root*.
- param
  Zugriff auf die *Request-Parameter-Map* des External-Contexts.
- paramValues
  Zugriff auf die *Request-Parameter-Values-Map* des External-Contexts (verhält sich gleich wie die Request-Parameter-Map, nur wird hier ein *String-Array* zurückgegeben).
- header
  Zugriff auf die Request-Header-Map des External-Contexts.
- headerValues
  Zugriff auf die Request-Header-Values-Map des External-Contexts (verhält sich gleich wie die Request-Header-Map, nur wird hier ein *String-Array* zurückgegeben).
- facesContext
  Zugriff auf den Faces-Context
- initParam
  Zugriff auf die *Init-Parameter-Map* des External-Contexts und damit auf Kontextparameter der Webapplikation.
- cookie
  Zugriff auf die Request-Cookie-Map des External-Contexts.

Beispiel Ein häufig verwendetes Beispiel für implizite Objekte: Mit dem Ausdruck #{param.myParam} kann auf den *Request-Parameter* namens myParam zugegriffen werden.

2.5.3 Erweiterungen der *Unified-EL* in *Java EE 6*

Java EE 6 bringt eine neue Version der *Unified-EL* mit einigen lang erwarteten Neuerungen. Mit der neuen Version können endlich in EL-Ausdrücken Methoden mit Parametern verwendet werden. Bislang war das nur für statische Methoden über EL-Funktionen (siehe Abschnitt 4.2.2) möglich.

Der Einsatz von Method-Expressions mit Parametern eröffnet eine Reihe interessanter Möglichkeiten in JSF. Im Beispiel *MyGourmet 9* in Abschnitt 3.15 sehen Sie, wie eine Action-Methode mit Parametern zum Löschen einer Adresse aus einer Liste eingesetzt werden kann.

Aber das ist noch nicht alles. Als weitere Neuerung sind Value-Expressions nicht mehr auf Eigenschaften von Beans beschränkt. Die neue *Unified-EL* erlaubt den Aufruf einer beliebigen Methode, deren Rückgabewert den Wert der Value-Expression bildet. Damit sind folgende *Unified-EL*-Ausdrücke möglich:

- `value="#{bean.list.size()}"`
  Mit diesem Ausdruck ist es endlich möglich, die Anzahl der Elemente einer Liste ohne Umwege auszulesen.
- `value="#{bean.text.replaceAll(':', '_')}"`
  Dieser Ausdruck ruft auf der Eigenschaft `text` vom Typ `String` die Methode `replaceAll()` auf, um alle Doppelpunkte durch Unterstriche zu ersetzen, und liefert das Ergebnis zurück.
- `value="#{bean.findOrders(otherBean.customer)}"`
  Der Wert dieses Ausdrucks wird über einen Aufruf der Methode `findOrders()` auf der Bean `bean` bestimmt. Als Parameter kommt dabei die Eigenschaft `customer` der Bean `otherBean` zum Einsatz – auch das ist ohne Probleme möglich.
- `value="#{bean.getName()}"`
  Diese Value-Expression bindet den Rückgabewert der Methode `getName()` an die Komponente. Im Gegensatz zum Ausdruck `#{bean.name}` kann mit `#{bean.getName()}` nur gelesen werden – auch wenn die Methode `setName()` existiert – und ist daher nicht für Eingabefelder geeignet.

Die neue Version der *Unified-EL* ist ein Teil von *Java EE 6* und kommt automatisch mit allen Servern, die Servlet 3.0 und JSP 2.2 unterstützen (dazu zählen zum Beispiel Tomcat 7 oder Jetty 8). Falls Sie einen älteren Server einsetzen, müssen Sie trotzdem nicht auf die wichtigsten Features der neuen *Unified-EL* verzichten. Abschnitt 4.6.3 zeigt die Verwendung der alternativen EL-Implementierung von *JBoss*.

2.6 Lebenszyklus einer HTTP-Anfrage in JSF

Aus einer HTTP-Anfrage heraus müssen in JSF einige Verarbeitungsschritte durchgeführt werden, um den Zustand der Applikation wiederherzustellen und die Vorbereitungen dafür zu treffen, dass die Applikationslogik aufgerufen werden kann. Diese Schritte betreffen einmal die Wiederherstellung des Komponentenbaums, das Auslesen der vom Benutzer veränderten Daten aus der HTTP-Anfrage und die Validierung dieser Daten sowie das Übertragen dieser validierten Daten in die Modellobjekte. Nach dem Aufruf von Aktionen in der Geschäftslogik bleibt dann noch der letzte Schritt – die Ausgabe der Antwort auf die

HTTP-Anfrage (das sogenannte »Rendering«). Dieser Ablauf ist in der *JavaServer Faces*-Spezifikation genau definiert und bildet eine essenzielle Grundlage für jede auf der JSF-Technologie basierende Anwendung. In Abbildung 2.9 ist der Ablauf dargestellt.

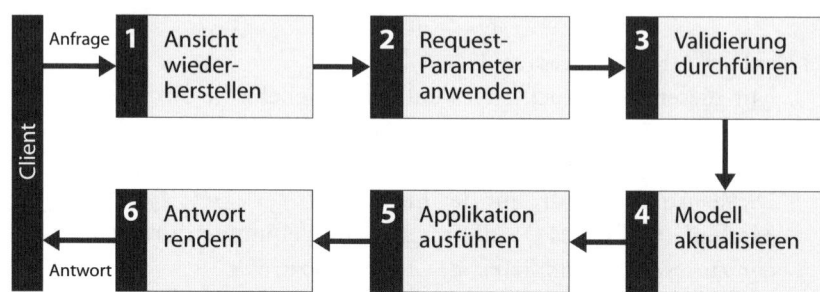

Abbildung 2.9
Der Lebenszyklus (»Lifecycle«) einer HTTP-Anfrage

Wir werden nun die einzelnen Verarbeitungsschritte genauer betrachten. Um das Ganze spannender zu gestalten, werden wir auch gleich auf die praktische Verwertbarkeit der Vorgänge in den einzelnen Phasen eingehen.

Phase 1: Ansicht wiederherstellen (*Restore View*) Jede Ansicht einer JSF-Anwendung besteht aus Komponenten, die in Form eines Komponentenbaums organisiert sind. Die Abarbeitung einer Anfrage beginnt in der ersten Phase des Lebenszyklus mit dem Aufbau des Komponentenbaums.

Trifft die erste Anfrage auf eine Ansicht ein, existiert der Komponentenbaum noch nicht und JSF baut ihn aus der Seitendeklaration neu auf. Kommt als Seitendeklarationssprache JSP zum Einsatz, leitet JSF die Anfrage an die hinter der Ansicht liegende JSP-Seite weiter. Diese wird abgearbeitet und bei jedem Antreffen eines neuen, noch nicht zu einer initialisierten Komponente gehörenden Tags wird eine neue Komponente erzeugt und mit den Attributwerten aus der JSP-Seite initialisiert. Facelets verfolgt eine ganz ähnliche Strategie und baut den Baum beim Parsen des zugrunde liegenden XHTML-Dokuments auf.

In einem zweiten Durchlauf durch den Komponentenbaum wird die Seite dann gerendert. Eine initiale Anfrage auf eine Ansicht durchläuft also nur die erste und die letzte Phase des Lebenszyklus. Abbildung 2.10 zeigt diesen Ablauf.

Wenn eine Anfrage das zweite Mal dieselbe Seite anfordert, wird in JSF-Versionen vor 2.0 der Komponentenbaum komplett aus dem zuvor am Server oder am Client gespeicherten Zustand wieder hergestellt. Zum Komponentenbaum gehören natürlich nicht nur die Komponenten selbst, sondern auch Validatoren, Konverter und die »alten« Werte sowie sämtliche anderen Eigenschaften der Komponenten.

2.6 Lebenszyklus einer HTTP-Anfrage in JSF

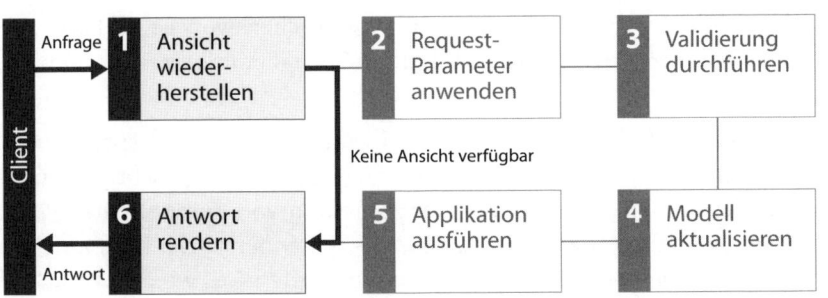

Abbildung 2.10
Initialzündung des Lebenszyklus

Ab JSF 2.0 gibt es an diesem Punkt einen entscheidenden Unterschied zwischen JSP und Facelets. Mit JSP wird der komplette Komponentenbaum aus dem Seitenzustand rekonstruiert. Beim Einsatz von Facelets baut JSF hingegen zuerst die Ansicht aus der Seitendeklaration neu auf und verarbeitet erst dann den gespeicherten Zustand. Dieser neue Ansatz – auch Partial-State-Saving genannt – bietet einige Vorteile bezüglich Performance und Größe des Seitenzustands. Erste Tests zeigen, dass sich bei aktiviertem Partial-State-Saving die Größe des Seitenzustands ungefähr um den Faktor 3 reduziert.

Phase 2: Request-Parameter anwenden (*Apply Request Values*) In dieser Phase wird der gesamte Komponentenbaum bearbeitet und die vom Benutzer eingetragenen Werte werden den einzelnen Komponenten zugewiesen. Das geschieht, indem am Wurzelknoten die Methode `processDecodes()` aufgerufen wird – der Wurzelknoten ruft dann die gleiche Methode auf seinen Kindknoten und diese wiederum auf ihren Kindknoten rekursiv auf.

Außerdem sucht sich beim Abarbeiten der Methode jede Komponente (oder genauer gesagt der der Komponente zugeordnete Renderer) aus der HTTP-Anforderung, und zwar aus den Parametern, HTTP-Kopfzeilen (Header) und Cookies, die Werte heraus, die diese Komponente betreffen, und speichert sie als »übermittelter« Wert (Submitted-Value). Dieser Prozess wird »decodieren« (engl. *decoding*) genannt. Der Submitted-Value ist allerdings noch nicht der Wert, der dann später tatsächlich ins Modell geschrieben wird – er muss zunächst noch in ein fürs Datenmodell geeignetes Format konvertiert und validiert werden. Außerdem kann das Zurückschreiben durch das Fehlschlagen der Konvertierung oder der Validierung noch verhindert werden.

Die Konvertierung und Validierung wird dann in der nächste Phase vorgenommen, allerdings kann diese Phase auch vorgezogen werden: Mit dem Setzen des `immediate`-Attributs wird die Komponente »angewiesen«, die Konvertierung und Validierung bereits in Phase 2 durchzuführen. Warum das in manchen Fällen wünschenswert ist und wie das genau funktioniert, wird in Abschnitt 2.6.1 näher erläutert.

> **Exkurs:** Der Submitted-Value ist auch in der Renderphase, speziell für das Schreiben von benutzerdefinierten Komponenten, wichtig. Wenn nämlich die Validierung oder Konvertierung von Komponenten der Seite nicht erfolgreich verläuft, muss beim Rendering der Komponenten der Submitted-Value herangezogen werden – es wäre nicht richtig, hier den »alten« Komponentenwert, der in der `value`-Eigenschaft gespeichert ist, heranzuziehen, weil sonst Informationen des Benutzers verloren gehen würden.

Phase 3: Konvertierung und Validierung durchführen (*Process Validations*) Der aus der HTTP-Anfrage ausgelesene Wert einer Komponente wird in dieser Phase konvertiert und validiert – natürlich wieder am Wurzelknoten startend für den ganzen Komponentenbaum. Die Konvertierung erfolgt vom zeichenkettenbasierten Submitted-Value auf die für das dahinterliegende Datenmodell notwendige Darstellung. Aus der Zeichenkette "01.01.2012" wird dann zum Beispiel eine Instanz der Klasse `java.util.Date`.

Standardkonverter
Diese Konvertierung wird standardmäßig durchgeführt, ohne dass der Entwickler aktiv werden muss, dazu wird einfach der im Framework für einen bestimmten Datentyp definierte Standardkonverter herangezogen.

Benutzerdefinierter Konverter
Ist das Verhalten des Standardkonverters nicht ausreichend oder unerwünscht (weil zum Beispiel eine spezielle Datumsklasse für die Geschäftsdaten verwendet werden soll), kann man eigene Konverter erstellen und einzelnen Komponenten zuweisen. Das Erzeugen von benutzerdefinierten Konvertern und deren Einbindung erläutern wir in Abschnitt 2.11 näher.

Sofort nach dem erfolgreichen Abschluss des Konvertierungsvorgangs wird der Wert der Komponente validiert; das erledigen sogenannte Validatoren.

Validatoren
Es gibt im JSF-Standard bereits einige vorgefertigte Validatoren (z.B. ein `LengthValidator` oder ein `DoubleRangeValidator`), *Apache MyFaces* liefert noch einige Validatoren mehr mit (siehe Abschnitt 2.12, beispielsweise gibt es Kreditkarten- und E-Mail-Validatoren). Das Einbinden dieser Validatoren erfolgt über das Hinzufügen von Kindelementen zu Komponenten. Darüber hinaus ist es sehr einfach, selbst Validatoren und auch Methoden, die eine Validierung übernehmen, zu erstellen. Validierungsmethoden können – ähnlich wie Konverter – mit dem Attribut

validator an die Komponente gebunden werden. Beim Validieren eines erforderlichen Werts liegt die Sache etwas anders: Hier wird kein Kindelement der Komponente hinzugefügt, sondern das Attribut required der Komponente auf true gesetzt. Weiterführende Informationen zur Validierung finden sich in Abschnitt 2.12.

Der nächste Schritt ist nun das Setzen des konvertierten und validierten Werts: Allerdings noch nicht in die Managed-Beans, sondern vorerst nur in die Eigenschaft value innerhalb der Komponente[2]. Gleichzeitig wird mit dem Setzen von localValueSet markiert, dass ein Wert in der Komponente selbst gespeichert wurde. Anschließend kommt auch die Ereignisbehandlung von *JavaServer Faces* ins Spiel: Hat sich der Wert der Komponente geändert, wird ein Value-Change-Event erzeugt und registriert. In der nächsten Ereignisbehandlungsphase werden die Behandlungsroutinen für dieses Ereignis aufgerufen.

Was passiert aber, wenn die Konvertierung und/oder die Validierung fehlschlägt? Ist dies der Fall, werden die entsprechenden Fehlermeldungen generiert und die aktuelle Seite wird inklusive Fehlermeldungen als Antwort gerendert. Das bedeutet, dass alle folgenden Phasen außer der »Antwort rendern«-Phase übersprungen werden – es gibt kein Übertragen der Werte in die Geschäftsdaten und kein Ausführen von Aktionen in der Geschäftslogik. Abbildung 2.11 stellt diesen Ablauf grafisch dar.

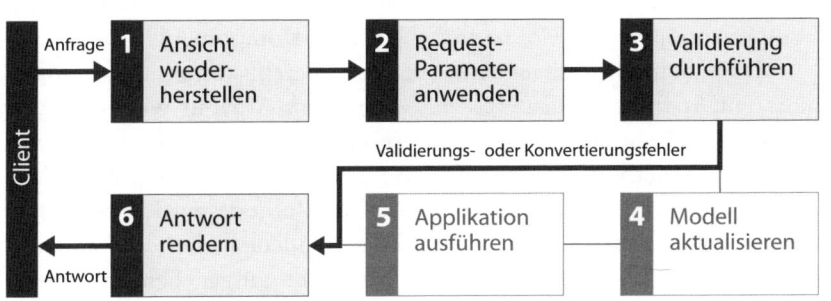

Abbildung 2.11
Lebenszyklus für fehlgeschlagene Validierung

Phase 4: Modell aktualisieren (*Update Model Values*) Unter der Voraussetzung, dass die abgesendeten Werte (Submitted-Values) richtig konvertiert, validiert und als *Local-Value* gespeichert werden konnten, werden diese Werte jetzt auf die von den einzelnen Komponenten referenzierten Eigenschaften der Geschäftsdaten übertragen. Dafür werden

---

[2] Eines der Grundkonzepte von JSF ist, dass die konvertierten und validierten Werte aller Komponenten gemeinsam in der Phase »Modell aktualisieren« in die Managed-Beans übernommen werden.

die Setter-Methoden aufgerufen, die notwendig sind, um das Modell mit den neuen Daten zu aktualisieren.

Wir haben schon bei der Analyse des Beispiels kurz besprochen, wie eine solche Referenz zwischen Komponente und Geschäftslogik aussehen kann: Üblicherweise wird dafür die `value`-Eigenschaft der Komponente mit einer Value-Expression an eine Eigenschaft der Geschäftslogik gebunden. Ein Beispiel hierfür ist der bereits bekannte Ausdruck `#{customer.firstName}` aus *MyGourmet*, mit dem die Eigenschaft `firstName` der *Managed-Bean* `customer` referenziert wird.

Nach dem Ausführen dieser Phase wurde ein konvertierter und validierter Wert in die dahinterliegenden Beans eingetragen – wir mussten dafür noch keine einzige Zeile Applikationslogik schreiben.

Phase 5: Applikation ausführen (*Invoke Application*) Der nächste Schritt ist das Ausführen von speziellen Ereignissen, den sogenannten Aktionen. Diese speichern beispielsweise geänderte Geschäftsdaten, lesen Geschäftsdaten auf der Basis geänderter Filterkriterien neu aus oder kommunizieren mit anderen Systemen. Jedenfalls bestimmen sie durch ihren Rückgabewert, wohin die Reise in der Anwendung gehen wird – welche Ansicht also als Nächstes aufgerufen wird.

Die Übergänge zwischen den einzelnen Ansichten haben wir durch die geeignete Definition der Navigation bereits vorher festgelegt. Wir registrieren Aktionen durch das Setzen des `action`-Attributs der Befehlskomponenten (von *UICommand* abgeleitete Komponenten).

Zusätzlich zum `action`-Attribut jeder Befehlskomponente gibt es auch ein Attribut `actionListener`. Mit diesem Attribut wird eine Verbindung zu Ereignisbehandlungsmethoden geschaffen, die knapp vor den Action-Methoden aufgerufen werden. Wozu benötigen wir solche Action-Listener? Im Gegensatz zur Action-Methode wird beim Aufruf einer mit dem Attribut `actionListener` gebundenen Methode ein Parameter vom Typ `javax.faces.event.ActionEvent` mitgegeben, und dieser Parameter enthält wiederum ein Element `component`. Damit kann also die Komponente, die diese Aktion ausgelöst hat, sehr schnell aufgefunden werden.

Weitere Informationen zu Ereignissen finden sich in Abschnitt 2.8. Die Navigation wird in Abschnitt 2.7 genauer betrachtet.

Phase 6: Antwort rendern (Render Response) In der letzten Phase wird der Komponentenbaum gerendert und die Ausgabe wird als Antwort der JSF-Anfrage zum Client geschickt. Des Weiteren speichert JSF den Zustand des Komponentenbaums für nachfolgende Anfragen auf dieselbe Ansicht.

Das Rendern des Komponentenbaums läuft im Prinzip in zwei Schritten ab:

1. Der Komponentenbaum wird aus der Seitendeklaration aufgebaut. Mit JSP passiert das durch einen Forward auf die JSP-Datei, in Facelets beim Parsen der XHTML-Datei.
2. Der in Schritt 1 erstellte Komponentenbaum wird durch einen Aufruf der Methode `encodeAll` auf dem Wurzelknoten gerendert.

In allen JSF-Versionen kommen beim Rendern der Werte der einzelnen Komponenten wieder die bereits erwähnten Konverter ins Spiel: Der Renderer holt den Wert der Komponente, ruft die Methode `getAsString()` auf dem Konverter auf und rendert das in eine Zeichenkette verwandelte Objekt zurück zum Client. Damit ist der Lebenslauf der Anfrage abgeschlossen.

Ausführlichere Informationen zum Thema Seitendeklarationssprachen finden Sie in Abschnitt 2.9.

2.6.1 Ändern des Lebenszyklus – immediate-Attribut

JSF wäre nicht JSF, wenn es nicht auch beim Ablauf des Lebenszyklus Möglichkeiten zur Einflussnahme gäbe. Bei der Beschreibung der Apply-Request-Values-Phase wurde bereits kurz die vorzeitige Konvertierung und Validierung von Eingabekomponenten über das `immediate`-Attribut erwähnt. Eine detailliertere Erläuterung dieses Themas holen wir jetzt nach.

Mit dem Attribut `immediate` kann das Verhalten von Eingabe- und Befehlskomponenten beim Ablauf des Lebenszyklus beeinflusst werden. Der Standardwert für `immediate` ist `false`, was einem normalen Ablauf des Lebenszyklus entspricht. Wird der Wert auf `true` gesetzt, ändert sich das Verhalten der Komponenten. Bei Eingabekomponenten bewirkt es die vorgezogene Konvertierung und Validierung des Werts der Komponente in der Apply-Request-Values-Phase. Das Verhalten für Befehlskomponenten wird dahingehend abgeändert, dass Aktionen und Action-Listener nicht nach der Invoke-Application-Phase, sondern bereits nach der Apply-Request-Values-Phase aufgerufen werden. Das gilt wohlgemerkt nur für Komponenten, deren `immediate`-Attribut tatsächlich den Wert `true` hat. Die Abarbeitung aller anderen Komponenten der Seite bleibt unverändert.

immediate-Attribut für Eingabekomponenten

Wann ist dieses Verhalten bei Eingabekomponenten erwünscht? Sehr häufig benötigt man die Validierung und Konvertierung nur eines Teils des Komponentenbaums und die Änderung der Seite (oder des Verhaltens der Seite) aufgrund dieser kleinen Änderung. Diese Änderung soll dann unabhängig von der Validierung der anderen Komponentenwerte auf jeden Fall durchgeführt werden. Beispielsweise soll bei der Auswahl einer Zahlung mit Kreditkarte ein neues Feld für den Kartentyp und die Kreditkartennummer eingeblendet werden – diese Einblendung soll natürlich auch erfolgen, wenn im E-Mail-Adressfeld noch keine gültige E-Mail-Adresse steht. Genau dieses Verhalten erreichen Sie, indem Sie das Attribut `immediate` der Komponente zur Auswahl der Zahlungsart auf true setzen.

Sehen wir uns dieses kleine Beispiel in der Praxis an: Dazu erstellen wir in einer Seite ein Eingabefeld für den Namen mit verpflichtender Eingabe, ein Auswahlfeld und ein Eingabefeld für den Kreditkartentyp, das nur bei selektiertem Auswahlfeld angezeigt wird. Listing 2.8 zeigt das Fragment.

Listing 2.8
Value-Change-Listener in der Ansicht

```
1  <h:inputText value="#{customer.lastName}" required="true"/>
2  <h:selectBooleanCheckbox onclick="this.form.submit()"
3      value="#{customer.useCreditCard}" immediate="true"
4      valueChangeListener="#{customer.useCreditCardChanged}"/>
5  <h:inputText value="#{customer.creditCardType}"
6      rendered="#{customer.useCreditCard}"/>
```

Die notwendige Logik zum Ein- und Ausblenden des Eingabefelds für den Kreditkartentyp befindet sich im Value-Change-Listener, der für die Komponente registriert ist. Diese Methode wird im Ablauf des Lebenszyklus aufgerufen, wenn sich der Wert der Komponente geändert hat. In unserem Fall wird in dieser Methode die Eigenschaft `useCreditCard` in der Managed-Bean auf den neuen Wert gesetzt. Die Eingabekomponente benutzt die gleiche Eigenschaft für das Attribut rendered und wird abhängig vom Wert der Eigenschaft dargestellt oder ausgeblendet.

Würde der Standardlebenslauf einer JSF-Anfrage abgearbeitet werden, könnte das letzte Textfeld nur dann ohne Fehlermeldungen angezeigt werden, wenn der Benutzer bereits einen Namen eingegeben hat. Ist der Name leer, erfolgt zwar die Umschaltung; es wird aber eine Fehlermeldung angezeigt.

Die Lösung ist, das `immediate`-Attribut des Auswahlfelds auf den Wert true zu setzen. Dadurch wird die Konvertierung und Validierung des Werts vorgezogen und der Value-Change-Listener wird vor der Konvertierung und Validierung der anderen Eingabekomponenten aufgerufen. Im Value-Change-Listener ist der Aufruf der Methode `FacesContext.getCurrentInstance().renderResponse()` notwendig, um die

Konvertierung und die Validierung der anderen Komponenten zu überspringen. Listing 2.9 zeigt den Code der Methode.

```
1  public void useCreditCardChanged(ValueChangeEvent ev) {
2    Boolean useCreditCard = (Boolean) ev.getNewValue();
3    if (useCreditCard != null) {
4      this.useCreditCard = useCreditCard;
5    }
6    FacesContext.getCurrentInstance().renderResponse();
7  }
```

Listing 2.9
Value-Change-Listener in der Bean

Damit funktioniert die Umschaltung ohne die aus der Konvertierung oder Validierung anderer Komponenten resultierenden Fehlermeldungen.

Abbildung 2.12 zeigt den Ablauf des Lebenszyklus für unser Beispiel. Durch den Aufruf von renderResponse() im Value-Change-Listener der Komponente wird die Ausführung nach der Apply-Request-Values-Phase direkt bei der Render-Response-Phase fortgesetzt. Alle dazwischenliegenden Phasen werden übersprungen.

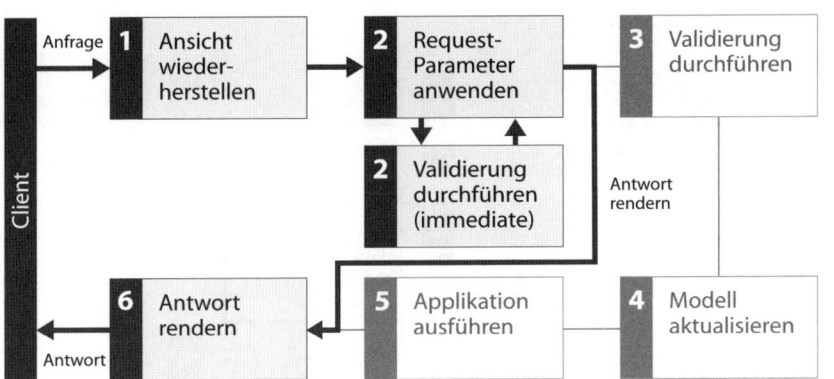

Abbildung 2.12
Lebenszyklus für immediate-Eingabekomponenten

Eine detailliertere Beschreibung der Funktionsweise von Value-Change-Ereignissen und deren Behandlung beim Ablauf des Lebenszyklus findet sich in Abschnitt 2.8.1 und in Beispiel *MyGourmet 3* in Abschnitt 2.8.3.

immediate-Attribut für Befehlskomponenten

Für Befehlskomponenten bewirkt das Setzen des immediate-Attributs auf true ebenfalls eine vorgezogene Behandlung der Komponente beim Ablauf des Lebenszyklus. Bei der Komponente registrierte Aktionen und Action-Listener werden dann bereits am Ende der Apply-Request-Values-Phase und nicht mehr nach der Invoke-Application-Phase ausgeführt. Die Validierung und das Update des Modells werden dabei übersprungen. Der Grund dafür ist schnell erklärt: Durch die Bearbeitung der Befehlskomponente wird die Navigation angestoßen und der darauf folgende Schritt im Lebenslauf ist immer die Render-Response-Phase.

Ein Beispiel für den Einsatz von `immediate`-Befehlskomponenten ist eine Abbrechen-Schaltfläche für Formulare. Das Setzen des Attributs `immediate` auf `true` verhindert in diesem Fall, dass der Benutzer alle verpflichtenden Felder eingeben muss, um die Bearbeitung des Formulars überhaupt abbrechen zu können. Mit einer normalen Befehlskomponente sieht der Lebenszyklus bei fehlenden verpflichtenden Eingaben wie in Abbildung 2.11 aus und die relevante Invoke-Application-Phase wird gar nicht mehr erreicht. Hier die zentrale Codezeile:

```
<h:commandButton action="/cancelled.xhtml"
    value="Cancel" immediate="true"/>
```

Wie man sieht, genügt die Attributdefinition `immediate=true` auf der Komponente, um die gewünschte Funktionalität zu erzielen. Die Codezeile entstammt dem Beispiel *MyGourmet 2*, das in Abschnitt 2.6.2 näher beschrieben wird. Abbildung 2.13 zeigt den Ablauf des Lebenszyklus für unser Beispiel.

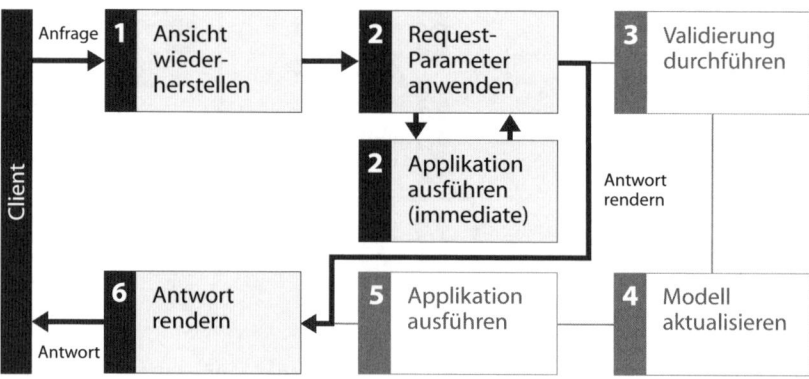

Abbildung 2.13
Lebenszyklus für immediate-Befehlskomponenten

Die Bearbeitung der `immediate`-Schaltfläche löst bereits in der Apply-Request-Values-Phase die Navigation aus und die Ausführung wird direkt mit der Render-Response-Phase fortgesetzt. Alle dazwischenliegenden Phasen werden übersprungen.

Details zu Action-Ereignissen und deren Behandlung beim Ablauf des Lebenszyklus finden Sie in Abschnitt 2.8.2.

2.6.2 *MyGourmet 2*: immediate-Attribute

MyGourmet 2 ist eine kleine Erweiterung des Beispiels *MyGourmet 1* aus Abschnitt 1.6. Die Eingabe des Vor- und Nachnamens ist von nun an verpflichtend und das Eingabeformular für die Kundendaten erhält eine zusätzliche Schaltfläche zum Abbrechen der Bearbeitung. Der Zweck der Übung ist die Demonstration des Zusammenhangs zwischen verpflichtenden Eingabekomponenten, deren Validierung und `immediate`-Befehlskomponenten. Nur wenn bei der Befehlskomponente `immediate` auf `true` gesetzt ist, kann die Bearbeitung des Formulars auch im Fall leerer verpflichtender Eingabefelder abgebrochen werden. Andernfalls wäre bei der Ausführung des Lebenszyklus bereits bei der Process-Validations-Phase Schluss und der Benutzer sieht statt einer neuen Seite erneut das Formular – diesmal allerdings mit Fehlermeldungen, wenn die Seite `h:messages`- oder `h:message`-Komponenten enthält. Ab JSF 2.0 wird automatisch eine `h:messages`-Komponente hinzugefügt, wenn die Project-Stage auf `Development` gesetzt ist (siehe Abschnitt 4.1).

Die notwendigen Änderungen an `editCustomer.xhtml` sind minimal. Bei den beiden `h:inputText`-Komponenten wird das Attribut `required` auf `true` gesetzt und die neue Schaltfläche wird eingefügt. Das Attribut `action` der neuen Befehlskomponente referenziert keine Ereignisbehandlungsmethode, sondern enthält mit der Zeichenkette `cancelled.xhtml` direkt die View-ID der anzuzeigenden Ansicht. Der komplette Sourcecode der modifizierten Seite ist in Listing 2.10 dargestellt.

An der zweiten Seite `showCustomer.xhtml` zum Anzeigen der gespeicherten Kundendaten hat sich nichts geändert. Neu ist allerdings die Seite `cancelled.xhtml` – sie wird dargestellt, wenn der Benutzer die Bearbeitung der Daten abbricht. Auf dieser Seite passiert außer der Ausgabe einer Nachricht nichts Aufregendes, weshalb wir auf eine eigene Abbildung verzichten.

2.7 Navigation

Ein wichtiger Teil jeder JSF-Applikation ist die Definition der Navigation zwischen den einzelnen Ansichten. Damit der Benutzer im Browser überhaupt von einer Ansicht der Anwendung zu einer anderen wechseln kann, muss die Seitendeklaration eine Befehlskomponente enthalten. Darunter versteht man eine Komponente, die das Absenden der aktuellen Seite an den Server veranlässt und somit die Abarbeitung des Lebenszyklus am Server anstößt. Von diesen Befehlskomponenten gibt es in JSF zwei: `h:commandButton` und `h:commandLink`. Wie der Name schon verrät, werden sie als Schaltfläche beziehungsweise Link in HTML ausgegeben.

Der ausschlaggebende Faktor für den Einsatz der Navigation ist das Attribut `action` der Befehlskomponenten. Darüber wird am Ende

Listing 2.10
MyGourmet 2: Die Seite editCustomer.xhtml

```
1  <!DOCTYPE html PUBLIC "-//W3C//DTD XHTML 1.0 Transitional//EN"
2       "http://www.w3.org/TR/xhtml1/DTD/xhtml1-transitional.dtd">
3  <html xmlns="http://www.w3.org/1999/xhtml"
4        xmlns:h="http://xmlns.jcp.org/jsf/html">
5  <head>
6    <title>MyGourmet - Edit Customer</title>
7  </head>
8  <body>
9    <h1><h:outputText value="MyGourmet"/></h1>
10   <h2><h:outputText value="Edit Customer"/></h2>
11   <h:messages showDetail="true" showSummary="false"/>
12   <h:form id="form">
13     <h:panelGrid id="grid" columns="2">
14       <h:outputLabel value="First Name:" for="firstName"/>
15       <h:inputText id="firstName" required="true"
16            value="#{customer.firstName}"/>
17       <h:outputLabel value="Last Name:" for="lastName"/>
18       <h:inputText id="lastName" required="true"
19            value="#{customer.lastName}"/>
20     </h:panelGrid>
21     <h:commandButton id="save" value="Save"
22          action="#{customer.save}"/>
23     <h:commandButton id="cancel" value="Cancel"
24          immediate="true" action="/cancelled.xhtml"/>
25   </h:form>
26 </body>
27 </html>
```

der Invoke-Application-Phase entschieden, welche Ansicht von JSF gerendert und zum Benutzer zurückgesendet wird.

Ab JSF 2.0 kann direkt die View-ID einer Ansicht im action-Attribut angegeben oder von der Action-Methode zurückgegeben werden – wir bezeichnen das als implizite Navigation. Sehen wir uns die Navigation in *MyGourmet* dahingehend noch einmal genauer an. Listing 2.11 zeigt die beiden Befehlskomponenten in der Ansicht editCustomer.xhtml. Die erste Schaltfläche löst eine Navigation zur Ansicht showCustomer.xhtml aus, da die Action-Methode save diese View-ID zurückgibt. Beim Betätigen der zweiten Schaltfläche landet der Benutzer auf der im Attribut action angegebenen Ansicht cancelled.xhtml.

Listing 2.11
Befehlskomponenten aus MyGourmet

```
1  <h:commandButton id="save" value="Save"
2       action="#{customer.save}"/>
3  <h:commandButton id="cancel" value="Cancel"
4       action="/cancelled.xhtml" immediate="true"/>
```

Die klassische Variante der Navigation beruht auf Navigationsregeln. Sie legen fest, wann welche Seite der Anwendung aufgerufen wird. JSF erlaubt die Definition einer beliebigen Anzahl von Navigationsregeln in der faces-config.xml. In einer Regel steht vor der Auflistung der einzelnen Navigationsfälle das Element from-view-id. Dieses Element bestimmt, von welcher Seite aus die folgenden Navigationsfälle gültig sind.

Listing 2.12 zeigt eine Navigationsregel für die Seitendeklaration mit der View-ID editCustomer.xhtml, die der aktuell mit impliziter Navigation umgesetzten Navigation in *MyGourmet* entspricht. Die einzelnen Navigationsfälle können nur aktiv werden, wenn sich der Benutzer auf dieser Ansicht befindet.

Listing 2.12 *Navigationsregel für MyGourmet*

```
<navigation-rule>
  <from-view-id>/editCustomer.xhtml</from-view-id>
  <navigation-case>
    <from-outcome>ok</from-outcome>
    <to-view-id>/showCustomer.xhtml</to-view-id>
  </navigation-case>
  <navigation-case>
    <from-outcome>cancel</from-outcome>
    <to-view-id>/cancelled.xhtml</to-view-id>
  </navigation-case>
</navigation-rule>
```

Im Gegensatz zum vorangegangenen Beispiel ist die Navigationsregel in Listing 2.13 global für alle Ansichten der Anwendung gültig. Das Element from-view-id enthält in solchen Fällen einen Ausdruck, um die zutreffenden View-IDs zu definieren. Im einfachsten Fall schließt der Wert * alle Ansichten mit ein. Genauso gut ist es aber beispielsweise möglich, die Regel mit /secure/* auf ein Verzeichnis innerhalb der Anwendung einzuschränken.

Listing 2.13 *Globale Navigationsregel*

```
<navigation-rule>
  <from-view-id>*</from-view-id>
  <navigation-case>
    <from-outcome>logout</from-outcome>
    <to-view-id>/home.xhtml</to-view-id>
  </navigation-case>
</navigation-rule>
```

Im Detailbereich der Navigationsregeln folgen dann ein oder mehrere Navigationsfälle. Diese Navigationsfälle definieren über Filter- und Zielelemente die Seitenübergänge. Die Zielseite ist über das Element to-view-id definiert. Die Filterelemente sind from-outcome und das seltener verwendete from-action.

Die Zeichenkette im from-outcome-Element der Navigationsregel muss dann dem Rückgabewert der Action-Methode entsprechen. Als Alternative kann direkt eine Zeichenkette im action-Attribut stehen, die dann dem Element from-outcome entsprechen muss.

Gibt es mehrere gleiche Rückgabewerte kann der Navigationsfall mit dem Element from-action noch weiter auf den Aufruf einer bestimmten Action-Methode eingeschränkt werden. Listing 2.14 zeigt einen entsprechenden Navigationsfall.

Listing 2.14
Navigationsfall mit from-action

```
1  <navigation-case>
2    <from-action>#{customer.save}</from-action>
3    <from-outcome>ok</from-outcome>
4    <to-view-id>/showCustomer.xhtml</to-view-id>
5  </navigation-case>
```

Einen Fall haben wir noch nicht berücksichtigt. Was passiert, wenn die Action-Methode null zurückliefert? Die Antwort darauf ist einfach (zumindest vor JSF 2.0): Die aktuelle Seite wird nochmals angezeigt. Ab JSF 2.0 kann dieses Verhalten durch die bedingte Navigation beeinflusst werden, doch dazu später mehr.

In manchen Fällen ist es erforderlich, die Navigation explizit über den Navigation-Handler von JSF anzustoßen, um etwa aus einem Action-Listener heraus auf eine andere Seite zu navigieren. In direkter Form ist das nicht möglich, da der Action-Listener keine Zeichenkette zurückliefert. Dazu muss zuerst eine globale Navigationsregel in der faces-config.xml definiert werden, bei der from-outcome auf eine Zeichenkette und to-view-id auf die gewünschte Zielseite gesetzt sind. Listing 2.15 zeigt den Aufruf, der die Navigation auf die Zielseite bewirkt. Ab JSF 2.0 ist es natürlich auch möglich, statt der globalen Navigationsregel direkt eine View-ID anzugeben.

Listing 2.15
Programmatische Navigation

```
1  FacesContext ctx = FacesContext.getCurrentInstance();
2  fc.getApplication().getNavigationHandler()
3    .handleNavigation(ctx, null, "cancel");
```

Seit Version 2.0 bietet JSF zusätzlich die bedingte Navigation. Mit dem Element if, das eine Value-Expression aufnimmt, die zu einem booleschen Wert evaluieren muss, können Navigationsfälle abhängig vom Ergebnis dieses Ausdrucks gemacht werden. Das Element if kann in Kombination mit from-outcome oder from-action oder als einzige Bedingung für einen Navigationsfall eingesetzt werden. So oder so müssen alle angegebenen Bedingungen erfüllt sein, damit der Navigationsfall eintreten kann.

Listing 2.16 zeigt eine Version der bereits bekannten Navigationsregel aus *MyGourmet* mit bedingter Navigation. Die Navigation nach Betätigen der Abbrechen-Schaltfläche ist in dem Beispiel von der Eigenschaft `customer.registered` abhängig. Ist der Benutzer bereits registriert und ändert er seine Daten nur, kommt er beim Betätigen der Schaltfläche auf die Übersichtsseite `/showCustomer.xhtml` zurück. Bricht er ab, bevor die Registrierung abgeschlossen ist, gelangt er auf die Ansicht `/cancelled.xhtml`.

***Listing 2.16** Bedingte Navigation im Einsatz*

```
1  <navigation-rule>
2    <from-view-id>/editCustomer.xhtml</from-view-id>
3    <navigation-case>
4      <from-outcome>ok</from-outcome>
5      <to-view-id>/showCustomer.xhtml</to-view-id>
6    </navigation-case>
7    <navigation-case>
8      <from-outcome>cancel</from-outcome>
9      <if>#{customer.registered}</if>
10     <to-view-id>/showCustomer.xhtml</to-view-id>
11   </navigation-case>
12   <navigation-case>
13     <from-outcome>cancel</from-outcome>
14     <if>#{not customer.registered}</if>
15     <to-view-id>/cancelled.xhtml</to-view-id>
16   </navigation-case>
17 </navigation-rule>
```

Die Einführung der bedingten Navigation beeinflusst auch das Verhalten der Navigation, wenn die Action-Methode `null` zurückliefert. In JSF-Versionen vor 2.0 wurde dadurch immer die aktuelle Seite nochmals angezeigt. Ab Version 2.0 prüft JSF in diesem Fall auch alle Navigationsfälle, die ein `if`-Element ohne `from-outcome` oder `from-action` haben.

2.8 Ereignisse und Ereignisbehandlung

Ein essenzieller Bestandteil jeder Webapplikation ist die Behandlung von Eingaben des Benutzers am Client. Wenn der Benutzer zum Beispiel einen Button anklickt oder einen Eintrag aus einer Liste auswählt, muss eine entsprechende Aktion ausgeführt werden. In *JavaServer Faces* kommen dazu Ereignisse (Events) zum Einsatz. Diese Ereignisse werden dann von Event-Listenern behandelt, die vorher bei einer Komponente für einen speziellen Ereignistyp registriert wurden. Als Beispiel dient die Schaltfläche zum Speichern aus *MyGourmet 2* in Listing 2.10.

Für diese Button-Komponente wird über die Method-Expression im Attribut `action` eine Ereignisbehandlungsmethode registriert. Klickt der Benutzer im Browser auf den Schalter, wird beim Abarbeiten des Lebenszyklus ein Event erzeugt und die registrierte Methode wird aufgerufen.

Die Behandlung der Events und der Aufruf der Event-Listener wird in JSF serverseitig durchgeführt. Beim Durchlaufen des Lebenszyklus können ab der Apply-Request-Values-Phase beim Abarbeiten der Phasen Events generiert und in eine Event-Queue eingefügt werden. Wenn die Phase fertig bearbeitet ist, werden für die Events in der Queue die registrierten Event-Listener aufgerufen. Das darf nicht früher geschehen, damit jeder Event-Listener denselben Status des Komponentenbaums sieht. Abbildung 2.9 bietet einen Überblick über den Lebenszyklus und die möglichen Stellen zur Behandlung von Ereignissen. Aus der Abbildung ist ersichtlich, dass es beim Abarbeiten der Events die Möglichkeit zur Beeinflussung des Lebenszyklus gibt. Event-Listener können mit der Methode `FacesContext.renderResponse()` direkt zur Render-Response-Phase springen oder mit der Methode `FacesContext.responseComplete()` die Ausführung des Lebenszyklus komplett abbrechen. Wie das konkret in einem Beispiel aussieht, zeigt *MyGourmet 3* in Abschnitt 2.8.3.

JSF definiert mehrere Arten von Events (und dazu passende Event-Listener), die durch Benutzeraktionen oder vom System ausgelöst werden. Folgende Events werden durch Benutzeraktionen ausgelöst:

- *Value-Change-Events* werden ausgelöst, wenn sich der Wert einer Eingabekomponente ändert. Details finden Sie in Abschnitt 2.8.1.
- *Action-Events* werden von Befehlskomponenten ausgelöst, wenn sie aktiviert werden. Details finden Sie in Abschnitt 2.8.2.

Folgende Events werden vom System ausgelöst:

- *System-Events* werden vom System zu bestimmten Zeitpunkten im Lebenszyklus ausgelöst. Details finden Sie in Abschnitt 2.8.4.
- *Phase-Events* werden vom System routinemäßig beim Abarbeiten des Lebenszyklus vor und nach jeder Phase ausgelöst. Details finden Sie in Abschnitt 2.8.5.

Eine detailliertere Beschreibung der einzelnen Ereignistypen folgt in den nächsten Abschnitten.

2.8.1 Value-Change-Events

Value-Change-Events werden von Eingabekomponenten ausgelöst, deren Werte sich beim Senden des Formulars geändert haben. Wählt der Benutzer zum Beispiel die Checkbox »Kreditkarte benutzen« aus, und sie war vorher nicht angewählt, wird beim Abarbeiten des Lebenszyklus nach dem Senden der Seite ein Value-Change-Event gefeuert und registrierte Event-Listener werden aufgerufen. Bleibt der Wert gleich, wird kein Event ausgelöst.

Event-Listener für Value-Change-Events können auf zwei Arten auf Komponenten registriert werden: über eine Method-Expression im Attribut valueChangeListener der Komponente oder mit dem Kindelement f:valueChangeListener. Sehen wir uns zuerst in Listing 2.17 an, wie das Registrieren eines Value-Change-Listeners über eine Method-Expression im Sourcecode aussieht.

```
<h:selectBooleanCheckbox onclick="this.form.submit()"
    value="#{customer.useCreditCard}" immediate="true"
    valueChangeListener="#{customer.useCreditCardChanged}"/>
```

Listing 2.17
Registrieren einer Ereignisbehandlungsmethode

Listing 2.18 zeigt die zugehörige Ereignisbehandlungsmethode in der Managed-Bean. Die Signatur einer solchen Methode muss den Rückgabewert void haben und einen Parameter vom Typ ValueChangeEvent aufnehmen. Der Name spielt keine Rolle.

```
1  public void useCreditCardChanged(ValueChangeEvent e) {
2    Boolean useCreditCard = (Boolean) e.getNewValue();
3    if (useCreditCard != null) {
4      this.useCreditCard = useCreditCard;
5    }
6    FacesContext.getCurrentInstance().renderResponse();
7  }
```

Listing 2.18
Code der Ereignisbehandlungsmethode

Sehen wir uns nun in Listing 2.19 an, wie das Registrieren eines Value-Change-Listeners über ein Kindelement der Komponente im Sourcecode aussieht.

```
1  <h:selectBooleanCheckbox onclick="this.form.submit()"
2    value="#{customer.useCreditCard}" immediate="true">
3    <f:valueChangeListener
4      type="at.irian.CreditCardChangeListener"/>
5  </h:selectBooleanCheckbox>
```

Listing 2.19
Registrieren einer Value-Change-Listener-Klasse

Der Unterschied ist offensichtlich: In den Kindelementen wird statt einer Method-Expression der Name einer Klasse verwendet, die das Interface javax.faces.event.ValueChangeListener implementiert. Diese Form der Registrierung bietet den Vorteil, dass mehrere Listener für eine Komponente registriert werden können. Die Reihenfolge der Aufrufe entspricht dabei der Reihenfolge der Kindelemente. Listing 2.20 zeigt den Java-Code des Event-Listeners.

Listing 2.20
Code des Value-Change-Listeners

```
1  public class CreditCardChangeListener
2    implements ValueChangeListener {
3    public void processValueChange(ValueChangeEvent e) {
4      Boolean useCreditCard = (Boolean) e.getNewValue();
5      FacesContext fc = FacesContext.getCurrentInstance();
6      if (useCreditCard != null) {
7        ELContext el = fc.getELContext();
8        Customer customer = (Customer) el.getELResolver()
9          .getValue(el, null, "customer");
10       customer.setUseCreditCard(useCreditCard);
11     }
12     fc.renderResponse();
13   }
14 }
```

Auf den ersten Blick sieht dieser Code komplizierter aus, was allerdings täuscht. Wenn der Value-Change-Listener als eigene Klasse implementiert ist, können wir nicht mehr direkt auf die Eigenschaften der Managed-Bean zugreifen. Das ist aber kein Beinbruch, da wir mithilfe des ELResolvers Managed-Beans auflösen können. In unserem Fall wird zuerst die Bean customer geholt und dann der Wert ihrer Eigenschaft useCreditCard auf den Wert aus dem Value-Change-Event gesetzt.

In beiden Varianten bekommt der Event-Listener das Ereignis als Instanz der Klasse javax.faces.event.ValueChangeEvent übergeben. Diese Klasse bietet folgende für die Bearbeitung des Ereignisses relevante Methoden:

❏ Object getNewValue() liefert den neuen, konvertierten und validierten Wert der Komponente zurück.
❏ Object getOldValue() liefert den alten Wert der Komponente aus der Managed-Bean zurück.
❏ UIComponent getComponent() liefert die Komponente zurück, die das Ereignis ausgelöst hat.

Stellt sich noch die Frage, wie JSF Value-Change-Events intern bearbeitet. Das Ereignis wird nur ausgelöst, wenn sich der neue Wert nach der Validierung tatsächlich vom alten Wert in der Managed-Bean unterscheidet. Value-Change-Events werden im Normalfall am Ende der

Process-Validations-Phase ausgelöst, nachdem die Werte aller Eingabekomponenten erfolgreich konvertiert und validiert wurden. Ist das `immediate`-Attribut der Komponente `true`, wird das Value-Change-Event bereits am Ende der Apply-Request-Values-Phase gefeuert.

2.8.2 Action-Events

Action-Events werden von Befehlskomponenten ausgelöst, wenn der Benutzer sie am Client betätigt. Im JSF-Standard sind zwei Befehlskomponenten vorgesehen: `h:commandButton` und `h:commandLink`, doch dazu mehr in Abschnitt 3.3. Wichtig ist hier, dass die Betätigung ein Senden der aktuellen Seite bewirkt. Beim dadurch angestoßenen Ablauf des Lebenszyklus wird dann ein Action-Event für die auslösende Komponente gefeuert.

Bei der Abarbeitung von Action-Events muss man zwischen Actions und Action-Listenern unterscheiden. Im Prinzip werden beide eingesetzt, um Action-Events zu bearbeiten, die von Komponenten ausgelöst wurden. Dabei gilt, dass Action-Listener immer kurz vor Actions aufgerufen werden.

Actions sind der ideale Ort für Aufrufe der Geschäftslogik, wohingegen Action-Listener eher für UI-zentrierte Logik vorgesehen sind. Diese Trennung macht durchaus Sinn, um die Businesslogik und die UI-Logik getrennt zu halten. Ein Aspekt, der besonders bei komplexeren Projekten die Wartbarkeit spürbar erhöht. Wie schon bei den Value-Change-Events gibt es auch für Action-Listener zwei Methoden der Registrierung bei Komponenten: Entweder über eine Method-Expression im Attribut `actionListener` der Komponente oder mit dem Kindelement `f:actionListener`.

In beiden Varianten bekommt die Ereignisbehandlungsmethode das ausgelöste Ereignis als Instanz der Klasse `ActionEvent` übergeben. Für die Bearbeitung des Ereignisses ist besonders die Methode `UIComponent getComponent()` interessant. Sie liefert als Rückgabewert die das Ereignis auslösende Komponente zurück.

Werfen wir auch bei den Action-Events einen kurzen Blick hinter die Kulissen der Bearbeitung durch JSF. Die Bearbeitung beginnt bereits in der Apply-Request-Values-Phase beim Decodieren des Requests. Hat der Benutzer eine Befehlskomponente betätigt, wird ein entsprechendes Event erzeugt und in die Event-Queue eingefügt. Handelt es sich um eine `immediate`-Befehlskomponente, werden die registrierten Event-Listener am Ende der Apply-Request-Values-Phase und ansonsten am Ende der Invoke-Application-Phase ausgeführt.

2.8.3 *MyGourmet 3*: Ereignisse

MyGourmet 3 erweitert das Beispiel um einige Angaben zur Kreditkarte des Kunden, genauer gesagt um den Kartentyp und die Nummer der Karte. Der Benutzer kann auf der Seite editCustomer.xhtml über eine h:selectBooleanCheckbox-Komponente auswählen, ob er die Kreditkarte als Zahlungsmittel verwenden will oder nicht. Abhängig von der dortigen Auswahl sind die entsprechenden Eingabefelder auf der Seite einbeziehungsweise ausgeblendet. Diese Umschaltung erfolgt mittels eines Value-Change-Listeners, der beim Auswahlfeld registriert ist und die Eigenschaft useCreditCard der Managed-Bean customer setzt. Genau diese Eigenschaft wird auch in einer Value-Expression im rendered-Attribut der Eingabefelder referenziert, um diese ein- und auszublenden.

Sehen wir uns diesen Ablauf kurz in der Praxis an, bevor wir uns näher mit dem Sourcecode beschäftigen. Wir nehmen an, dass beim ersten Aufruf der Seite editCustomer.xhtml die Eigenschaft useCreditCard der Managed-Bean den Wert false hat. Die Anwendung präsentiert sich dem Benutzer dann wie in Abbildung 2.14 gezeigt. In diesem Fall ist die h:selectBooleanCheckbox-Komponente nicht aktiviert und die h:inputText-Komponenten für Kartentyp und Kartennummer werden nicht gerendert – so weit, so gut.

Abbildung 2.14
MyGourmet 3: Kunde bearbeiten ohne Kreditkartendaten

Klickt der Benutzer jetzt auf das Auswahlfeld, erfolgt ein Senden des Formulars durch den JavaScript-Code im onclick-Attribut und der Lebenszyklus wird am Server gestartet. Dabei kommt der Value-Change-Listener ins Spiel, indem er die Eigenschaft auf den neuen Wert setzt. Als Ergebnis wird die Seite mit aktiviertem Auswahlfeld und den beiden Eingabefeldern am Client angezeigt. Die Anwendung sieht dann im Browser wie in Abbildung 2.15 aus. Der umgekehrte Weg ist genauso möglich, auch wenn der Benutzer noch nicht alle verpflichtenden Felder ausgefüllt hat, da das Auswahlfeld als immediate-Komponente realisiert ist.

Eine weitere Neuerung auf der Seite ist die Möglichkeit zum Export der Daten. Ein Klick auf die Schaltfläche macht nichts anderes, als

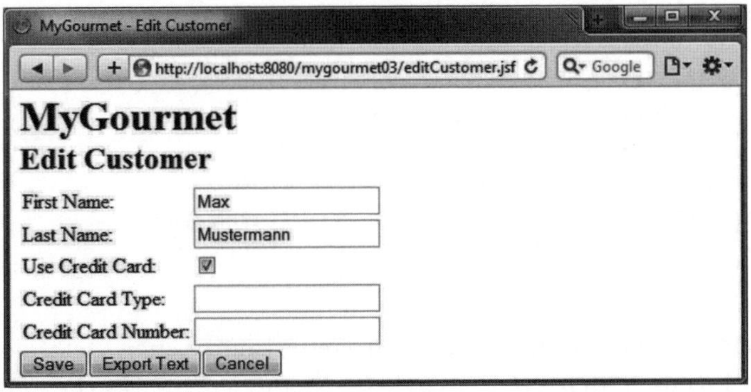

2.8 Ereignisse und Ereignisbehandlung

Abbildung 2.15
MyGourmet 3: Kunde bearbeiten mit Kreditkartendaten

die vom Benutzer eingegebenen Daten als reinen Text in einer eigenen Seite auszugeben. Dazu wird in der entsprechenden Action nach der Ausgabe die Ausführung des Lebenszyklus mit der Methode FacesContext.responseComplete() abgebrochen. Doch dazu kommen wir etwas weiter unten.

Listing 2.21 zeigt die zusätzlichen Eingabekomponenten für die Kreditkartendaten in der Seitendeklaration editCustomer.xhtml.

```
1  <h:outputLabel value="Use Credit Card:" for="useCreditCard"/>
2  <h:selectBooleanCheckbox id="useCreditCard"
3      value="#{customer.useCreditCard}"
4      valueChangeListener="#{customer.useCreditCardChanged}"
5      immediate="true" onclick="this.form.submit()"/>
6  <h:outputLabel value="Credit Card Type:" for="ccType"
7      rendered="#{customer.useCreditCard}"/>
8  <h:inputText rendered="#{customer.useCreditCard}"
9      id="ccType" value="#{customer.creditCardType}"
10     required="#{customer.useCreditCard}"/>
11 <h:outputLabel rendered="#{customer.useCreditCard}"
12     value="Credit Card Number:" for="ccNumber"/>
13 <h:inputText id="ccNumber"
14     value="#{customer.creditCardNumber}"
15     rendered="#{customer.useCreditCard}"
16     required="#{customer.useCreditCard}"/>
```

Listing 2.21
MyGourmet 3: Änderungen in editCustomer.xhtml

Die Seite showCustomer.xhtml zeigt alle vom Benutzer eingegebenen Daten an. Bei den Kreditkartendaten wird wie bei der Dateneingabe das Attribut rendered verwendet, um sie nach Bedarf ein- oder auszublenden. Listing 2.22 zeigt die Änderungen zum Darstellen der Kreditkartendaten in showCustomer.xhtml bezüglich *MyGourmet 2*.

Listing 2.22
MyGourmet 3: Änderungen in showCustomer.xhtml

```
1  <h:outputText value="Credit Card Type:"
2      rendered="#{customer.useCreditCard}"/>
3  <h:outputText value="#{customer.creditCardType}"
4      rendered="#{customer.useCreditCard}"/>
5  <h:outputText value="Credit Card Number:"
6      rendered="#{customer.useCreditCard}"/>
7  <h:outputText value="#{customer.creditCardNumber}"
8      rendered="#{customer.useCreditCard}"/>
```

Die Klasse `Customer` hat neben den Getter- und Setter-Methoden der neuen Eigenschaften zwei zusätzliche Methoden zur Bearbeitung von Ereignissen erhalten.

Die Ereignisbehandlungsmethode `useCreditCardChanged` behandelt das Value-Change-Event der Auswahlkomponente. Zum Ein- und Ausblenden der Eingabefelder für die Kreditkartendaten wird der neue Wert der Komponente aus dem Ereignis ausgelesen und in die Eigenschaft `useCreditCard` gesetzt. Ein darauffolgender Aufruf von `FacesContext.renderResponse()` erzwingt anschließend eine sofortige Ausgabe der Seite. Die Methode ist in Listing 2.23 ersichtlich.

Listing 2.23
MyGourmet 3: Value-Change-Listener

```
1  public void useCreditCardChanged(ValueChangeEvent e) {
2      Boolean useCreditCard = (Boolean) e.getNewValue();
3      if (useCreditCard != null) {
4          this.useCreditCard = useCreditCard;
5      }
6      FacesContext.getCurrentInstance().renderResponse();
7  }
```

Die Methode export führt den Export der Daten des Kunden durch. Zur Ausgabe wird direkt in die `HttpServletResponse` geschrieben, auf die man in JSF für Servlet-basierte Anwendungen wie folgt zugreifen kann:

```
(HttpServletResponse)FacesContext.getCurrentInstance().
    getExternalContext().getResponse();
```

Nach der Ausgabe der Daten wird der Ablauf des Lebenszyklus mit einem Aufruf von `FacesContext.responseComplete()` komplett abgebrochen. Die Methode export ist in Listing 2.24 zu finden.

An der Seitendeklaration `cancelled.xhtml` und der Konfigurationsdatei `faces-config.xml` hat sich gegenüber dem vorangegangenen Beispiel nichts verändert.

```
 1  public String export() {
 2    FacesContext fc = FacesContext.getCurrentInstance();
 3    try {
 4      HttpServletResponse resp = (HttpServletResponse)
 5          fc.getExternalContext().getResponse();
 6      resp.setContentType("text/plain");
 7      PrintWriter writer = resp.getWriter();
 8      writer.print("First Name: ");
 9      writer.println(firstName);
10      writer.print("Last Name: ");
11      writer.println(lastName);
12      if (useCreditCard) {
13        writer.print("Credit Card Type: ");
14        writer.println(creditCardType);
15        writer.print("Credit Card Number: ");
16        writer.println(creditCardNumber);
17      }
18      fc.responseComplete();
19    } catch (IOException e) {e.printStackTrace();}
20    return null;
21  }
```

Listing 2.24
MyGourmet 3: Ereignis-behandlungsmethode export

2.8.4 System-Events

System-Events bilden ab JSF 2.0 einen neuen Typ von Ereignissen, die zu bestimmten Zeitpunkten in der JSF-Applikation oder im Lebenszyklus ausgelöst werden. JSF definiert eine ganze Reihe dieser Ereignisse und bietet die Möglichkeit, bei Bedarf dafür Listener zu registrieren. Grundsätzlich unterscheidet JSF zwischen System-Events, die beim Ausführen des Lebenszyklus für eine spezifische Komponenteninstanz ausgelöst werden, und System-Events, die beim Ausführen der Applikation unabhängig von einer Komponenteninstanz ausgelöst werden.

Folgende System-Events werden für eine bestimmte Komponenteninstanz ausgelöst:

- `PreRenderComponentEvent` wird vor dem Rendern einer Komponente ausgelöst.
- `PreRenderViewEvent` wird vor dem Rendern der kompletten Seite für die Wurzelkomponente des Komponentenbaums ausgelöst.
- `PreValidateEvent` wird vor der Validierung einer Komponente ausgelöst.
- `PostValidateEvent` wird nach der Validierung einer Komponente ausgelöst.
- `PostAddToViewEvent` wird nach dem Hinzufügen einer Komponente zum Komponentenbaum ausgelöst.

- `PreRemoveFromViewEvent` wird nach dem Entfernen einer Komponente aus dem Komponentenbaum ausgelöst.
- `PostRestoreStateEvent` wird nach dem Wiederherstellen des Zustands einer Komponente ausgelöst.
- `PostConstructViewMapEvent` wird nach dem Erstellen der View-Map und `PreDestroyViewMapEvent` vor dem Entfernen der View-Map ausgelöst.

Folgende System-Events werden von JSF unabhängig von einer Komponenteninstanz ausgelöst:

- `PostConstructApplicationEvent` wird beim Starten der Applikation ausgelöst, nachdem die Konfiguration fertig geladen ist.
- `PreDestroyApplicationEvent` wird beim Beenden der Applikation ausgelöst.
- `PostConstructCustomScopeEvent` wird nach dem Erstellen und `PreDestroyCustomScopeEvent` vor dem Entfernen eines benutzerdefinierten Scopes ausgelöst.
- `ExceptionQueuedEvent` wird ausgelöst, wenn beim Ausführen des Lebenszyklus eine Exception an den Exception-Handler übergeben wird.

Das Registrieren von Ereignisbehandlungsmethoden für System-Events auf Komponenten erfolgt deklarativ mit dem Tag `f:event` aus der Core-Tag-Library. `f:event` wird dazu einfach als Kind-Tag in das entsprechende Komponenten-Tag eingebunden. Im Attribut `type` wird dabei der voll qualifizierte Klassenname der Event-Klasse angegeben und im Attribut `listener` eine Method-Expression für die Listener-Methode. Listing 2.25 zeigt, wie ein Listener für das Ereignis `PostValidateEvent` auf einer `h:inputText`-Komponente registriert wird.

Listing 2.25
`f:event` *im Einsatz*

```
1  <h:inputText value="#{bean.name}">
2    <f:event type="javax.faces.event.PostValidateEvent"
3      listener="#{customerBean.postValidateName}"/>
4  </h:inputText>
```

Für häufig verwendete System-Events gibt es Kurznamen, die im Attribut `type` statt des Klassennamens verwendet werden können. Tabelle 2.1 zeigt eine Übersicht der verfügbaren Kurznamen.

Listing 2.26 zeigt die in Listing 2.25 referenzierte Ereignisbehandlungsmethode für das System-Event `PostValidateEvent`. Listener-Methoden für System-Events, die einer Komponenteninstanz zugeordnet sind, müssen immer einen Parameter vom Typ `ComponentSystemEvent` aufweisen. Im Beispiel wird aus der übergebenen Event-Instanz mit der

2.8 Ereignisse und Ereignisbehandlung

Tabelle 2.1 *Kurznamen für System-Events*

Kurzname	Event-Klasse
preRenderComponent	javax.faces.event.PreRenderComponentEvent
preRenderView	javax.faces.event.PreRenderViewEvent
postAddToView	javax.faces.event.PostAddToViewEvent
preValidate	javax.faces.event.PreValidateEvent
postValidate	javax.faces.event.PostValidateEvent

Methode `getComponent()` die auslösende Komponente ermittelt und in der Bean abgelegt.

Listing 2.26 *Listener-Methode für* `PostValidateEvent`

```
1  public void postValidateName(ComponentSystemEvent ev) {
2    inputComponent = ev.getComponent();
3  }
```

Listener für System-Events, die keiner Komponenteninstanz zugeordnet sind (wie etwa `PostConstructApplicationEvent`), lassen sich nicht über `f:event` registrieren. Solche Listener müssen als eigene Klassen umgesetzt werden, die das Interface `SystemEventListener` implementieren. Die Registrierung der Listener-Klasse erfolgt dann in der `faces-config.xml`. Dazu wird im Element `application` für jede Kombination von Event-Klasse und Listener-Klasse ein `system-event-listener`-Element hinzugefügt. Listing 2.27 zeigt, wie das zum Beispiel für die Listener-Klasse `at.irian.jsfatwork.MyListener` und das System-Event `PostConstructApplicationEvent` aussieht.

Listing 2.27 *System-Event-Listener in der* `faces-config.xml`

```
1   <faces-config>
2     <application>
3       <system-event-listener>
4         <system-event-listener-class>
5           at.irian.jsfatwork.MyListener
6         </system-event-listener-class>
7         <system-event-class>
8           javax.faces.event.PostConstructApplicationEvent
9         </system-event-class>
10      </system-event-listener>
11    </application>
12  </faces-config>
```

In Listing 2.28 finden Sie die Listener-Klasse `MyListener`. Das Interface `SystemEventListener` definiert zwei zu implementierende Methoden: `processEvent` wird immer dann aufgerufen, wenn das in der faces-config.xml angegebene Ereignis ausgelöst wird und ein Aufruf von isListenerForSource den Wert true zurückliefert. Mit isListenerForSource kann eine Listener-Klasse die zu bearbeitenden Ereignisse anhand des auslösenden Objekts einschränken. In unserem Listener ist das zum Beispiel die JSF-Klasse Application.

Listing 2.28
System-Event-Listener als Klasse

```
1  public class MyListener implements SystemEventListener {
2    public void processEvent(SystemEvent event) {
3      // Ereignis behandeln
4    }
5    public boolean isListenerForSource(Object source) {
6      return source instanceof Application;
7    }
8  }
```

Weitere Beispiele zur Verwendung von System-Events finden Sie in *MyGourmet 6* (siehe Abschnitt 2.12.4), in Abschnitt 4.4.3 und in Abschnitt 6.2.2.

2.8.5 Phase-Events

Phase-Events werden routinemäßig bei der Ausführung des Lebenszyklus vor und nach jeder einzelnen Phase ausgelöst. Wie schon bei den bisher besprochenen Ereignistypen können auch für Phase-Events Listener registriert werden, wobei der Fokus allerdings ein etwas anderer ist. Da Phase-Events von JSF als Teil der Ausführung des Lebenszyklus ausgelöst werden, liegt ihr Haupteinsatzgebiet bei JSF-naher Funktionalität oder beim Debugging.

Für die Behandlung von Value-Change-Events und Action-Events werden Listener für Ereignisse bei einzelnen Komponenten registriert. Die Einbindung von Listenern für Phase-Events unterscheidet sich davon etwas – zumindest vor JSF-Version 1.2. Sie werden direkt in der faces-config.xml für den Lebenszyklus registriert. Wie das beispielsweise mit der Klasse DebugPhaseListener aussieht, zeigt Listing 2.29.

Listing 2.29
Phase-Listener konfigurieren

```
1  <lifecycle>
2    <phase-listener>at.irian.DebugPhaseListener</phase-listener>
3  </lifecycle>
```

Wie sieht eine solche Klasse aus? Jeder Phase-Listener muss das Interface javax.faces.event.PhaseListener implementieren. Dieses Interface definiert drei Methoden:

❏ void afterPhase(PhaseEvent ev) wird nach der Ausführung der Phase aufgerufen.

2.8 Ereignisse und Ereignisbehandlung

- void beforePhase(PhaseEvent ev) wird vor der Ausführung der Phase aufgerufen.
- PhaseId getPhaseId() gibt an, für welche Phase der Listener Ereignisse behandelt. Die Klasse PhaseId stellt Konstanten zum Identifizieren einzelner Phasen bereit, wie zum Beispiel PhaseId.RENDER_RESPONSE. Für Listener, die in allen Phasenübergängen aufgerufen werden sollen, gibt es zusätzlich die Konstante PhaseId.ANY_PHASE.

Die Klasse at.irian.DebugPhaseListener dient als einfaches Beispiel, um die Einsatzmöglichkeiten von Phase-Listenern zu demonstrieren. Der Zweck des Beispiels ist, vor und nach jeder Phase eine Logmeldung auszugeben. Der Sourcecode der Klasse findet sich in Listing 2.30.

Listing 2.30
Ein Phase-Listener zum Debuggen

```
public class DebugPhaseListener implements PhaseListener {
  static Log log = LogFactory.getLog(DebugPhaseListener.class);

  public void afterPhase(PhaseEvent event) {
    log.debug("After phase: " + event.getPhaseId());
  }
  public void beforePhase(PhaseEvent event) {
    log.debug("Before phase: " + event.getPhaseId());
  }
  public PhaseId getPhaseId() {
    return PhaseId.ANY_PHASE;
  }
}
```

Die Anzahl der Listener ist natürlich auch bei Phase-Events nicht begrenzt. Die Reihenfolge der Aufrufe bei der Ausführung des Lebenszyklus entspricht der Reihenfolge der Definition.

In JSF 1.2 wurde eine weitere Möglichkeit zum Registrieren von Phase-Listenern eingeführt. Mit dem Tag f:phaseListener kann für einzelne Seiten ein Phase-Listener eingebunden werden. Die Definition der zu verwendenden Klasse erfolgt analog zu den bereits vorgestellten Tags über das Attribut type. In unserem kleinen Beispiel sieht das dann so aus:

```
<f:view>
  <f:phaseListener type="at.irian.DebugPhaseListener"/>
```

Phase-Listener werden gerne von externen Frameworks und Bibliotheken für JSF verwendet, um die Funktionalität zu erweitern. Durch die fix definierten Aufrufe vor und nach einzelnen Phasen bieten sie ideale Einstiegspunkte in die Ausführung des Lebenslaufs. Besonders die

Möglichkeit, vor den einzelnen Phasen Code auszuführen, erlaubt es Erweiterungen, eigenen Initialisierungscode einzubinden.

2.8.6 *MyGourmet 4*: Phase-Listener und System-Events

In *MyGourmet 4* fügen wir keine neue Funktionalität zur Anwendung hinzu, sondern erweitern sie um zwei Phase-Listener und einen Listener für System-Events. Der erste Phase-Listener gibt Debuginformationen zu Beginn und am Ende jeder Phase aus und der zweite listet alle Request-Parameter auf. Anhand der Ausgaben dieser Ereignisbehandlungsmethoden werden wir weiter unten nochmals die Ausführung des Lebenszyklus durch JSF genauer unter die Lupe nehmen. Der System-Event-Listener gibt beim Starten und Beenden der Applikation jeweils eine Logmeldung aus.

Sehen wir uns zuerst in Listing 2.31 die Klasse DebugPhaseListener an. Wie jeder Phase-Listener implementiert auch sie das Interface PhaseListener. Die Methode getPhaseId() liefert PhaseId.ANY_PHASE zurück, wodurch die beiden Ereignisbehandlungsmethoden vor beziehungsweise nach jeder Phase aufgerufen werden. In beforePhase und afterPhase werden nur Logmeldungen ausgegeben, mit deren Hilfe wir etwas weiter unten den Ablauf des Lebenszyklus analysieren. Der Listener ist somit einsatzbereit und muss nur noch registriert werden.

Listing 2.31 MyGourmet 4: Phase-Listener zum Debuggen

```
1  public class DebugPhaseListener implements PhaseListener {
2    static Log log = LogFactory.getLog(DebugPhaseListener.class);
3
4    public void afterPhase(PhaseEvent event) {
5      log.debug("After phase: " + event.getPhaseId());
6    }
7    public void beforePhase(PhaseEvent event) {
8      log.debug("Before phase: " + event.getPhaseId());
9    }
10   public PhaseId getPhaseId() {
11     return PhaseId.ANY_PHASE;
12   }
13 }
```

Der zweite Listener ParameterPhaseListener gibt vor der Ausführung der Apply-Request-Phase alle Request-Parameter in Form von Logmeldungen aus. Seine Methode getPhaseId() muss daher den Wert PhaseId.APPLY_REQUEST_VALUES zurückliefern. In beforePhase wird die Map mit allen Request-Parametern über folgenden Code ausgelesen:

```
FacesContext.getCurrentInstance().getExternalContext()
    .getRequestParameterMap();
```

2.8 Ereignisse und Ereignisbehandlung

Die Implementierung von `afterPhase` kann leer bleiben. Somit ist auch dieser Listener bereit für die Registrierung. Der Sourcecode von `ParameterPhaseListener` findet sich in Listing 2.32.

```
1  public class ParameterPhaseListener implements PhaseListener {
2    static Log log = LogFactory.getLog(
3        ParameterPhaseListener.class);
4
5    public void beforePhase(PhaseEvent event) {
6      FacesContext fc = FacesContext.getCurrentInstance();
7      Map<String, String> map = fc.getExternalContext().
8          getRequestParameterMap();
9      for (String key : map.keySet()) {
10       StringBuilder param = new StringBuilder();
11       param.append("Parameter: ");
12       param.append(key);
13       param.append(" = ");
14       param.append(map.get(key));
15       log.debug(param.toString());
16     }
17   }
18   public void afterPhase(PhaseEvent event) {
19   }
20   public PhaseId getPhaseId() {
21     return PhaseId.APPLY_REQUEST_VALUES;
22   }
23 }
```

Listing 2.32
MyGourmet 4: Phase-Listener zum Ausgeben der Request-Parameter

Die Registrierung der beiden Phase-Listener erfolgt in der Datei `faces-config.xml` im `WEB-INF`-Verzeichnis der Applikation. Diese Datei ist der zentrale Punkt zur Konfiguration verschiedenster Aspekte einer JSF-Anwendung. Wir werden im Laufe des Buches noch auf diverse Einstellungen zu sprechen kommen. In der `faces-config.xml` fügen wir für jeden der Listener unter dem Element `lifecycle` ein Kindelement `phase-listener` mit dem Namen der Klasse hinzu. Hier können beliebig viele Listener registriert werden, wobei die Reihenfolge der Ausführung mit der Reihenfolge ihrer Definition übereinstimmt. Die `faces-config.xml` von *MyGourmet 4* ist in Listing 2.33 zu finden.

Analyse des Lebenszyklus

Nachdem die Funktionsweise der Phase-Listener und deren Registrierung jetzt klar sein sollte, folgt jetzt der wirklich interessante Aspekt von *MyGourmet 4*. Mit den Ausgaben der Phase-Listener lässt sich der Ablauf des Lebenszyklus sehr schön nachvollziehen.

2 Die Konzepte von JavaServer Faces

Listing 2.33
MyGourmet 4:
faces-config.xml
mit Registrierung der
Phase-Listener

```
1  <faces-config xmlns="http://xmlns.jcp.org/xml/ns/javaee"
2    xmlns:xsi="http://www.w3.org/2001/XMLSchema-instance"
3    xsi:schemaLocation="http://xmlns.jcp.org/xml/ns/javaee
4      http://xmlns.jcp.org/xml/ns/javaee/web-facesconfig_2_2.xsd"
5    version="2.2">
6    <lifecycle>
7      <phase-listener>
8        at.irian.jsfatwork.gui.jsf.DebugPhaseListener
9      </phase-listener>
10     <phase-listener>
11       at.irian.jsfatwork.gui.jsf.ParameterPhaseListener
12     </phase-listener>
13   </lifecycle>
14 </faces-config>
```

Beginnen wir im ersten Schritt beim initialen Aufruf der Seite edit-Customer.xhtml. Der Listener gibt während der Ausführung folgende Logmeldungen aus:

```
DEBUG Before phase: RESTORE_VIEW(1)
DEBUG After phase: RESTORE_VIEW(1)
DEBUG Before phase: RENDER_RESPONSE(6)
DEBUG After phase: RENDER_RESPONSE(6)
```

Die Logmeldungen bestätigen das erwartete Ergebnis für den erstmaligen Aufruf einer Seite. Nur die Phasen Restore-View zum Erstellen des Komponentenbaums und Render-Response zum Rendern der Seite werden durchlaufen. Der Benutzer sieht als Ergebnis die Seite zum Editieren der Kundendaten in seinem Browser.

Im nächsten Schritt gibt der Benutzer seinen Vor- und Nachnamen ein und klickt auf die Schaltfläche zum Abspeichern. Dadurch wird das Formular der Seite abgeschickt und am Server wird erneut der Lebenszyklus durchlaufen. Der Phase-Listener gibt diesmal folgende Logmeldungen aus:

```
DEBUG Before phase: RESTORE_VIEW(1)
DEBUG After phase: RESTORE_VIEW(1)
DEBUG Before phase: APPLY_REQUEST_VALUES(2)
DEBUG After phase: APPLY_REQUEST_VALUES(2)
DEBUG Before phase: PROCESS_VALIDATIONS(3)
DEBUG After phase: PROCESS_VALIDATIONS(3)
DEBUG Before phase: UPDATE_MODEL_VALUES(4)
DEBUG After phase: UPDATE_MODEL_VALUES(4)
DEBUG Before phase: INVOKE_APPLICATION(5)
DEBUG After phase: INVOKE_APPLICATION(5)
DEBUG Before phase: RENDER_RESPONSE(6)
DEBUG After phase: RENDER_RESPONSE(6)
```

2.8 Ereignisse und Ereignisbehandlung

Beim Senden der Seite werden alle sechs Phasen des Lebenszyklus durchlaufen. Die Liste der Request-Parameter sieht dabei laut Phase-Listener `ParameterPhaseListener` wie folgt aus:

```
DEBUG Parameter: javax.faces.ViewState = ...
DEBUG Parameter: form:lastName = Mustermann
DEBUG Parameter: form_SUBMIT = 1
DEBUG Parameter: form:save = Save
DEBUG Parameter: form:firstName = Max
```

Was passiert aber jetzt genau im Hintergrund? Nach der Wiederherstellung des Komponentenbaums in der Restore-View-Phase – dazu benutzt JSF den Parameter `javax.faces.ViewState` – werden in der Apply-Request-Values-Phase beim Decodieren die Submitted-Values der Komponenten gesetzt. Nachdem die wichtigsten Komponenten der Seite `editCustomer.xhtml` sprechende IDs aufweisen, ist die Aufschlüsselung der Parameter relativ einfach. Der Parameter `form_SUBMIT` sagt dem Formular, dass es übermittelt wurde, `form:firstName` ist der vom Benutzer eingegebene Vorname »Max« und `form:lastName` der Nachname »Mustermann«. Durch den Parameter `form:save` weiß die entsprechende Befehlskomponente beim Decodieren, dass das Senden von ihr ausgelöst wurde und dass sie ein entsprechendes Action-Event in die Event-Queue einfügen muss.

Damit sind alle Submitted-Values in den Komponenten abgelegt und die weitere Verarbeitung kann bei der Konvertierung und Validierung fortgesetzt werden. Hier passiert nichts Besonderes, da Vor- und Nachname gültige Werte haben. Im nächsten Schritt – dem Modell-Update – werden die konvertierten und validierten Werte der Eingabekomponenten in das Modell zurückgeschrieben. In unserem Fall bedeutet das einen Aufruf der Methoden `setFirstName` und `setLastName` der Managed-Bean `customer`.

Damit sind wir auch schon bei der Invoke-Application-Phase angekommen. Dort wird als Reaktion auf das in der Apply-Request-Values-Phase erzeugte Ereignis die bei der Befehlskomponente registrierte Ereignisbehandlungsmethode aufgerufen. Für die Speichern-Schaltfläche ist das die Methode `save` der Managed-Bean `customer`. Das Ergebnis dieser Methode bestimmt die nächste anzuzeigende Seite. Bleibt als letzter Schritt nur noch das Rendern dieser Seite – in unserem Fall `showCustomer.xhtml` – und der Lebenszyklus ist abgeschlossen.

Nachdem wir den Standardfall durchexerziert haben, kommen wir nun zu einigen Spezialfällen. Schauen wir uns zunächst an, was passiert, wenn der Benutzer das Auswahlfeld »Use Credit Card« aktiviert. Der JavaScript-Code im Attribut `onclick` sorgt dafür, dass bei jedem Klick auf das Auswahlfeld das Formular übermittelt wird – eine Notwendigkeit, damit der registrierte Value-Change-Listener am Server seine Arbeit verrichten kann. Aber sehen wir uns zuerst die Logmeldungen des Phase-Listeners an, bevor wir weitere Details betrachten:

```
DEBUG Before phase: RESTORE_VIEW(1)
DEBUG After  phase: RESTORE_VIEW(1)
DEBUG Before phase: APPLY_REQUEST_VALUES(2)
DEBUG After  phase: APPLY_REQUEST_VALUES(2)
DEBUG Before phase: RENDER_RESPONSE(6)
DEBUG After  phase: RENDER_RESPONSE(6)
```

Wie Sie sehen können, springt die Ausführung des Lebenszyklus nach der Apply-Request-Values-Phase direkt zur Render-Response-Phase. Der Grund dafür ist schnell erklärt. Die Eingabekomponente ist immediate und wird somit bereits in der Apply-Request-Values-Phase konvertiert und validiert. Das bedeutet weiterhin, dass auch der Value-Change-Listener aufgerufen wird, wenn sich der Wert der Komponente geändert hat. Genau dieser ruft dann auch nach dem Setzen des neuen Werts in der Eigenschaft useCreditCard die Methode FacesContext.renderResponse() auf, und die Phasen 3 bis 5 werden übersprungen.

Sehen wir uns abschließend noch kurz die Ausgabe des Phase-Listeners bei fehlgeschlagener Validierung an:

```
DEBUG Before phase: RESTORE_VIEW(1)
DEBUG After  phase: RESTORE_VIEW(1)
DEBUG Before phase: APPLY_REQUEST_VALUES(2)
DEBUG After  phase: APPLY_REQUEST_VALUES(2)
DEBUG Before phase: PROCESS_VALIDATIONS(3)
DEBUG After  phase: PROCESS_VALIDATIONS(3)
DEBUG Before phase: RENDER_RESPONSE(6)
DEBUG After  phase: RENDER_RESPONSE(6)
```

Die Ausgabe ist wie erwartet. Nach der Process-Validations-Phase wird bei einem Validierungsfehler sofort die Render-Response-Phase angesprungen und die gleiche Seite wird nochmals dargestellt – im Idealfall mit sprechenden Fehlermeldungen.

Neben den beiden Phase-Listenern ist in *MyGourmet 4* zu Demonstrationszwecken noch der Listener ApplicationListener für die System-Events PostConstructApplicationEvent und PreDestroyApplicationEvent in der faces-config.xml registriert. Die einzige Funktionalität des Listeners ist, beim Hochfahren und Beenden der Applikation eine Logmeldung auszugeben. Listing 2.34 zeigt die Listener-Klasse. Nachdem die Methode processEvent für beide Ereignisse aufgerufen wird, muss anhand der übergebenen Instanz der Klasse SystemEvent eine Unterscheidung getroffen werden.

```
1  public class ApplicationListener implements SystemEventListener{
2    static Log log = LogFactory.getLog(ApplicationListener.class);
3
4    public void processEvent(SystemEvent event) {
5      if (event instanceof PostConstructApplicationEvent) {
6        log.debug("application startup ");
7      } else if (event instanceof PreDestroyApplicationEvent) {
8        log.debug("application shutdown");
9      }
10   }
11
12   public boolean isListenerForSource(Object source) {
13     return source instanceof Application;
14   }
15 }
```

Listing 2.34
*MyGourmet 4:
System-Event-Listener*

2.9 Seitendeklarationssprachen

Eine Seitendeklarationssprache (*View Declaration Language, VDL*) ist eine Syntax, um Ansichten beziehungsweise Seiten für JSF zu deklarieren. Dieses Konzept wurde in JSF 2.0 im Zuge der Integration von Facelets eingeführt, um von der eingesetzten Technologie zu abstrahieren. Der Standard unterstützt ab Version 2.0 mit Facelets und JSP zwei konkrete Implementierungen einer VDL.

Vor Version 2.0 von *JavaServer Faces* war JSP die primäre Seitendeklarationssprache der Spezifikation. Entwicklern sollte durch den Einsatz einer standardisierten und weitverbreiteten Technologie der Umstieg auf JSF so einfach wie möglich gemacht werden. Ein nobler Ansatz – doch leider ist das Gespann von JSF und JSP nur eine suboptimale Lösung, was hauptsächlich daran liegt, dass die beiden Technologien für verschiedene Einsatzzwecke entworfen wurden.

Sehen wir uns diese Diskrepanz zwischen JSP und JSF etwas genauer an. Wie Sie bereits wissen, wird eine Anfrage in JSF in mehreren Phasen abgearbeitet. Der Aufbau des Komponentenbaums aus der Seitendeklaration und die Ausgabe der Ansicht finden dabei in verschiedenen Phasen statt. Und genau hier liegt das Problem: *JavaServer Pages* wurden für einen viel einfacheren Lebenszyklus entwickelt.

Eine Anfrage wird mit JSPs in einer einzigen Phase bearbeitet – in der wird auch gleich die Antwort ausgegeben[3]. Das ist in Kombination mit JSF besonders dann problematisch, wenn die JSP-Datei neben Komponenten-Tags auch einfache Inhalte wie HTML-Elemente

---

[3] Im Hintergrund wird jede JSP-Datei in ein Servlet mit einer mehr oder weniger komplexen Reihe von `out.println("...")`-Anweisungen kompiliert.

und Text enthält. Diese werden beim Abarbeiten der Datei direkt ausgegeben, während aus den Komponenten-Tags der Komponentenbaum aufgebaut wird, der erst am Ende des Lebenszyklus gerendert wird. Das und andere Gründe machen den Aufbau des Komponentenbaums aus JSP-Seitendeklarationen relativ aufwendig.

Hier kommt Facelets ins Spiel – eine alternative Technologie zur Deklaration von Ansichten, die perfekt in den Lebenszyklus von JSF integriert ist. Die Hauptaufgabe von Facelets besteht im Aufbau von Komponentenbäumen aus XHTML-Dokumenten. Facelets erledigt diese Aufgabe mit Bravour und bietet im Vergleich zu JSP auch noch einige andere Vorteile, auf die wir im nächsten Abschnitt eingehen werden.

In *JavaServer Faces* 2.0 hat Facelets den Platz von JSP als primäre Seitendeklarationssprache eingenommen. JSP wird im Standard nur mehr aus Kompatibilitätsgründen unterstützt. Neue Features sind ab JSF 2.0 nur noch mit Facelets verfügbar.

2.9.1 Vorteile von Facelets gegenüber JSP

Der Einsatz von Facelets in einem JSF-Projekt bietet eine Reihe von praktischen Vorteilen gegenüber dem Einsatz von *JavaServer Pages*. Das ist auch nicht weiter verwunderlich, da Facelets speziell für JSF entwickelt wurde. Durch die daraus resultierende, nahtlose Integration in den Lebenszyklus treten viele JSP-inhärente Probleme beim Aufbau der Ansichten erst gar nicht auf.

Die optimale Abstimmung auf den JSF-Lebenszyklus macht das Erstellen und Ausgeben von Ansichten mit Facelets effizienter. Das wirkt sich einerseits in einer höheren Geschwindigkeit beim Abarbeiten der Seiten gegenüber JSP aus. Andererseits ergeben sich auch für Seitenautoren einige Vorteile. Probleme bei der Kombination von Komponenten und Standard-HTML-Inhalten gehören mit Facelets der Vergangenheit an. Der Einsatz von `f:verbatim` erübrigt sich damit genauso wie die Notwendigkeit, `f:view` einzusetzen.

Facelets bietet die Möglichkeit, Seiten und Inhalte auf Templates aufzubauen. Nähere Informationen dazu finden Sie in Abschnitt 4.3. Die Wiederverwendung von Inhalten wird generell groß geschrieben, was die Modularisierung Ihrer Projekte erleichtert und dadurch die Wartbarkeit erhöht. Seitenfragmente lassen sich einfach zentral ablegen und in mehrere Seiten integrieren. Das geht sogar so weit, dass Sie Komponenten erstellen können, ohne eine Zeile Java-Code zu verfassen. Wie das funktioniert, erfahren Sie in Kapitel 6.

Nach diesem kurzen Überblick über die Vorteile von Facelets sehen wir uns im nächsten Abschnitt die praktischen Aspekte von Seitendeklarationen etwas genauer an.

2.9.2 Seitendeklarationssprachen im Einsatz

JSF 2.0 war ein großer Schritt vorwärts, was die Unterstützung von Seitendeklarationssprachen betrifft. In älteren Versionen musste noch der View-Handler ausgetauscht werden, um Facelets in eigenen Projekten einzusetzen. Mit Version 2.0 wurde dieser Schritt obsolet. JSP und Facelets funktionieren jetzt auf Anhieb ohne weitere Konfiguration.

Bei der Integration von Facelets in den JSF-Standard wurde besonderer Wert auf die Rückwärtskompatibilität zur letzten Version vor JSF 2.0 gelegt. Nach außen hin hat sich für Entwickler, die Facelets als VDL einsetzen, nichts geändert. Lediglich die Implementierung wurde an JSF 2.0 angepasst. Wenn Sie in Ihrem Projekt also Klassen aus dem Package com.sun.facelets oder einem Subpackage verwenden, müssen Sie Ihr Projekt an die neuen Klassen anpassen. In allen anderen Fällen wird der Einsatz von Facelets sogar einfacher, da das Einbinden der Jar-Dateien und des Facelets-View-Handlers entfällt.

Bis jetzt haben wir in allen Beispielen Facelets eingesetzt. Es wird Zeit, eine solche Deklaration etwas genauer unter die Lupe zu nehmen. Listing 2.35 zeigt nochmals showCustomer.xhtml aus *MyGourmet 1* in leicht gekürzter Fassung.

```
1  <!DOCTYPE html PUBLIC "-//W3C//DTD XHTML 1.0 Transitional//EN"
2    "http://www.w3.org/TR/xhtml1/DTD/xhtml1-transitional.dtd">
3  <html xmlns="http://www.w3.org/1999/xhtml"
4    xmlns:f="http://xmlns.jcp.org/jsf/core"
5    xmlns:h="http://xmlns.jcp.org/jsf/html">
6  <head><title>Show Customer</title></head>
7  <body>
8    <h1><h:outputText value="Show Customer"/></h1>
9    <h:panelGrid id="grid" columns="2">
10     <h:outputText value="First Name:"/>
11     <h:outputText value="#{customer.firstName}"/>
12     <h:outputText value="Last Name:"/>
13     <h:outputText value="#{customer.lastName}"/>
14   </h:panelGrid>
15   <h:outputText value="Customer saved!"/>
16 </body>
17 </html>
```

Listing 2.35 Seitendeklaration in Facelets

Eine Facelets-Deklaration ist technisch gesehen nichts anderes als ein XHTML-Dokument mit dem Doctype *XHTML Transitional*. Das Einbinden der verwendeten Tag-Bibliotheken wird über Namensräume im Wurzelelement des Dokuments realisiert. Im Beispiel aus Listing 2.35 sind alle Tags der Core-Tag-Library unter dem Präfix f: und die Tags der HTML-Tag-Library unter dem Präfix h: verfügbar. Der Rest des Dokuments besteht nur mehr aus Komponenten-Tags und reinem HTML.

JSF entscheidet anhand einiger Regeln, ob eine Seitendeklaration als JSP oder Facelets interpretiert wird. Dieses Verhalten kann über folgende Kontextparameter in der `web.xml` gesteuert werden:

- `javax.faces.DEFAULT_SUFFIX` definiert eine durch Leerzeichen getrennte Liste von Erweiterungen für View-Identifier, die JSF als JSP interpretieren soll. Der Standardwert ist `.jsp`.
- `javax.faces.FACELETS_SUFFIX` definiert eine durch Leerzeichen getrennte Liste von Erweiterungen für View-Identifier, die JSF als Facelets interpretieren soll. Der Standardwert ist `.xhtml`.
- `javax.faces.FACELETS_VIEW_MAPPINGS` definiert eine durch Semikolons getrennte Liste von View-Identifiern, die JSF als Facelets interpretieren soll. Diese Liste kann auch Einträge mit Wildcards wie `/secure/*` enthalten.

Prinzipiell spricht nichts dagegen, JSP und Facelets parallel in einer Anwendung einzusetzen. Mit der Standardkonfiguration von JSF ist das auch ohne Probleme möglich. Ob es Sinn macht, einen Teil der Ansichten in JSP und einen anderen mit Facelets zu deklarieren, bleibt fraglich.

2.10 Verwendung des ID-Attributs in JSF

Neben dem `value`-Attribut wird in JSF vermutlich das `id`-Attribut am häufigsten verwendet. Dieses Attribut erlaubt dem Entwickler, eine eindeutige ID für die Komponente festzulegen. Die ID muss dabei aber nicht eindeutig für die gesamte Seite sein, sondern nur innerhalb des aktuellen Naming-Containers, in den die Komponente eingebettet ist. Naming-Container sind in JSF einige Komponenten, die große Bereiche der Seite eingrenzen, wie `h:form`, `h:dataTable` oder sämtliche Kompositkomponenten.

Um den Entwickler dabei zu unterstützen, die Komponenten-IDs einer Webseite eindeutig zu halten, schreibt JSF nicht direkt die vom Benutzer angegebene ID in die gerenderte Ausgabe. Stattdessen kommt die sogenannte Client-ID der Komponente zum Einsatz. Die Client-ID wird durch Doppelpunkte getrennt aus der ID der Komponente und den IDs aller Elternkomponenten, die Naming-Container sind, zusammengesetzt.

Als Beispiel sind in Abbildung 2.16 die Client-IDs aus dem Beispiel *MyGourmet 3* zu finden. Alle Eingabekomponenten und die Schaltflächen sind innerhalb des Formulars mit der ID `form` angeordnet, was auch an den Client-IDs zu erkennen ist.

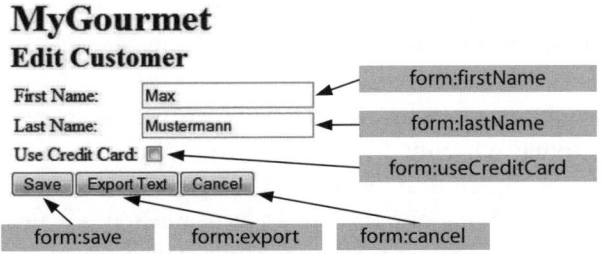

Abbildung 2.16
Client-IDs in MyGourmet 3

Bei einer Änderung der Seitenstruktur, bei der Naming-Container als Eltern hinzukommen oder wegfallen, ändert sich auch die Client-ID der eingebetteten Komponente. Ab JSF 1.2 kann dieses Verhalten für Form-Komponenten beeinflusst werden. Das Attribut prependId des h:form-Tags steuert, ob die ID des Formulars den Bezeichnern ihrer Komponenten vorangestellt wird (Wert ist true) oder nicht (Wert ist false). Der Defaultwert ist true. Abbildung 2.17 zeigt nochmals die Client-IDs aus dem Beispiel *MyGourmet 3* – diesmal ist allerdings das Attribut prependId des h:form-Tags auf false gesetzt.

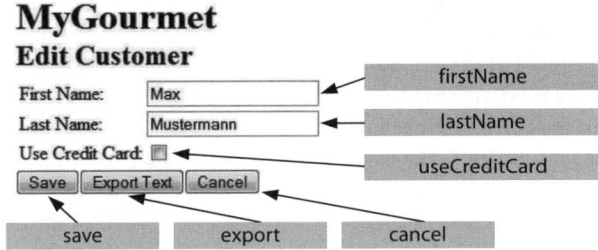

Abbildung 2.17
Client-IDs in MyGourmet 3 mit prependId *auf* false

Natürlich wird die Client-ID auch innerhalb des Quelltextes benötigt – beispielsweise, um die ID einer Komponente zu rendern. Der Zugriff auf die vollständige ID erfolgt über die in UIComponent definierte Methode getClientId(FacesContext fc). Ist beim ersten Aufruf dieser Methode noch keine ID für die Komponente gesetzt, erhält die Komponente eine automatische ID zugewiesen. Diese automatischen IDs sind über das Präfix j_id von händisch zugewiesenen Bezeichnern unterscheidbar.

2.11 Konvertierung

Die Konvertierung ist ein wichtiger Aspekt im JSF-Lebenszyklus, da Werte am Webclient in Form von Zeichenketten, serverseitig jedoch als Java-Typen dargestellt werden. Den Konvertern fällt dabei die Rolle eines internen Vermittlers zu. Sie kümmern sich um die Umwandlung der vom Benutzer eingegebenen Zeichenketten in Java-Objekte und wandeln Java-Objekte beim Rendern der Ausgabe wieder in Zeichenketten um.

In JSF gibt es für sehr viele Datentypen bereits Standardkonverter, die automatisch zum Einsatz kommen. Wenn wir zum Beispiel in *MyGourmet 3* den Typ der Eigenschaft creditCardNumber der Klasse Customer von String auf Integer ändern, müssen wir uns nicht um die Konvertierung kümmern. JSF verwendet, falls kein anderer Konverter definiert ist, automatisch den Standardkonverter für den Datentyp Integer.

Dieser Standardkonverter ist für beide Richtungen der Konvertierung verantwortlich. Zum einen konvertiert er beim Rendern der Ansicht den Integer-Wert der Eigenschaft creditCardNumber in eine Zeichenkette. Beim Absenden eines Formulars konvertiert er außerdem die vom Benutzer eingegebene Zeichenkette wieder in einen Integer.

Jeder Konverter implementiert das in Listing 2.36 dargestellte Interface javax.faces.convert.Converter.

Listing 2.36
Das Interface Converter

```
1 public interface Converter {
2     Object getAsObject(FacesContext context,
3         UIComponent component,
4         String value) throws ConverterException;
5     String getAsString(FacesContext context,
6         UIComponent component,
7         Object value) throws ConverterException;
8 }
```

Die zwei Richtungen der Konvertierung sind hier klar zu erkennen: Für die Konvertierung des Java-Datentyps in eine Zeichenkette wird die Methode getAsString() aufgerufen, für die Konvertierung aus der Zeichenkette zurück in den Java-Datentyp die Methode getAsObject().

Das Auffinden eines Konverters für eine Komponente funktioniert über folgende Schritte:

❑ Das Tag der Komponente enthält ein Attribut converter, das auf einen Konverter verweist.
❑ Das Tag der Komponente besitzt ein Kind-Tag, das auf einen Konverter verweist.
❑ Die Komponente zeigt auf einen Wert mit einem gewissen Datentyp – für diesen Datentyp ist ein Konverter registriert.

Die Registrierung von Konvertern in der faces-config.xml behandeln wir weiter unten. Zuerst zeigen wir Ihnen im nächsten Abschnitt, welche Konverter JSF bereits im Standard ausliefert.

2.11.1 Standardkonverter

Von den Standardkonvertern, die über ein Kind-Tag eingebunden werden, sind in der Praxis das Tag `f:convertDateTime` und das Tag `f:convertNumber` relevant.

Das Tag `f:convertDateTime` hat folgende Eigenschaften:

- `type`:
  Dieses Attribut definiert, welche Teile des Datumswertes angezeigt werden. Es kann die Werte `date`, `time` oder `both` annehmen.
- `dateStyle`:
  Dieses Attribut gibt den Typ der Datumsanzeige an, wenn `type` auf `date` oder `both` gesetzt ist. Mögliche Werte sind `default`, `short`, `medium`, `long`, `full`.
- `timeStyle`
  Dieses Attribut gibt den Typ der Zeitanzeige an, wenn `type` auf `time` oder `both` gesetzt ist. Es sind die gleichen Werte wie für die `dateStyle`-Angabe gültig.
- `pattern`:
  Statt der Angabe von `type`, `dateStyle` und `timeStyle` kann hier direkt ein Datumsmuster (wie etwa `dd.MM.yyyy`) übergeben werden.
- `timeZone`:
  Die Zeitzone für die Ausgabe kann mit diesem Attribut umgestellt werden, beispielsweise ist der Standardwert für dieses Attribut `GMT`.
- `locale`:
  Hier kann eine Lokalisierung angegeben werden – sowohl als Zeichenkette als auch als Instanz der Klasse `Locale` über eine Value-Expression. Beispiele für den Wert sind: `en_US` oder `#{session.locale}`.

Das Tag `f:convertNumber` hat folgende Eigenschaften:

- `type`:
  Kann die Eigenschaften `currency` oder `percentage` zusätzlich zum Standardwert `number` annehmen.
- `currencyCode`:
  Mit dieser Eigenschaft kann die Währung über einen international gültigen Code eingestellt werden – für den Euro wäre das beispielsweise `EUR` . Alternativ dazu können Sie auch das Attribut `currencySymbol` setzen.
- `currencySymbol`:
  Alternative zum `currencyCode`. Beispiel wäre die Angabe von € für den Euro.

- groupingUsed:
  Gibt an, ob ein Separator (beispielsweise ein Tausenderseparator) verwendet wird.
- locale:
  Hier kann eine Lokalisierung angegeben werden – sowohl als Zeichenkette als auch als Instanz der Klasse Locale über eine Value-Expression. Beispiele für den Wert sind: en_US oder #{session.locale}.
- minFractionDigits:
  Dieses Attribut gibt die minimale Anzahl an Nachkommastellen an.
- maxFractionDigits:
  Dieses Attribut gibt die maximale Anzahl an Nachkommastellen an.
- minIntegerDigits:
  Dieses Attribut gibt die minimale Anzahl an Vorkommastellen an.
- maxIntegerDigits:
  Dieses Attribut gibt die maximale Anzahl an Vorkommastellen an.
- pattern:
  Alternativ zur Angabe der anderen Attribute kann mit diesem Attribut direkt ein Muster für die Darstellung festgelegt werden – beispielsweise ist hier die Angabe von #.###,## für das »deutsche« Zahlenformat möglich.

Für die einzelnen Attribute der Konverter gilt, dass sie möglichst nahe an die Attribute der Lokalisierungsfunktionen von Java selbst angelehnt sind – in der Java-API-Dokumentation findet sich also mehr über die möglichen Werte für die einzelnen Parameter und ihre Auswirkungen.

Die Behandlung von Fehlern und Fehlermeldungen in Form von Nachrichten beim Konvertieren wird in Abschnitt 2.13 näher erläutert.

Konverter zum Lokalisieren
Konverter dienen auch der Lokalisierung von Werten. Mit dem Attribut locale kann der Lokalisierungscode für die Standardkonverter explizit gesetzt werden – sowohl als Zeichenkette als auch als Instanz der Klasse Locale über eine Value-Expression. Ohne explizite Angabe wird der Standard-Lokalisierungscode verwendet. Im Beispiel in Listing 2.37 wird das Datum 13. Dezember 2012 aus einer Backing-Bean ausgelesen und für Deutsch und Englisch dargestellt, was zu folgender Ausgabe führt:

13.12.12
12/13/12

```
1  <h:outputText id="orderDate" value="#{orderBean.orderDate}">
2    <f:convertDateTime dateStyle="short" locale="de"/>
3  </h:outputText>
4  <h:outputText id="orderDate" value="#{orderBean.orderDate}">
5    <f:convertDateTime dateStyle="short" locale="en"/>
6  </h:outputText>
```

Listing 2.37 Lokalisierung mit Konvertern

Ab JSF 1.2 haben die Standardkonverter-Tags (f:convertNumber, f:convertDateTime und f:converter) ein zusätzliches Attribut binding, über das die Konverterinstanz aus einer Managed-Bean bezogen werden kann.

Konverter-Binding

2.11.2 Benutzerdefinierte Konverter

Natürlich kann die Funktionalität des JSF-Frameworks durch Erstellen eigener Konverter erweitert werden: Es ist sowohl möglich, bestehende Konverter durch eigene zu ersetzen als auch neue Java-Datentypen zu verarbeiten oder für einzelne Komponenten-Tags eigene Konverter zu entwickeln.

Wir wollen uns als Beispiel einen Konverter ansehen, der in eingegebenen Zeichenketten Gruppen von Whitespace-Zeichen durch einen Unterstrich ersetzt. Listing 2.38 zeigt die entsprechende Klasse ReplaceConverter.

```
1  public class ReplaceConverter implements Converter {
2    public Object getAsObject(FacesContext ctx, UIComponent c,
3        String value) throws ConverterException {
4      if (value == null) return null;
5      return value.replaceAll("\\s+", "_");
6    }
7    public String getAsString(FacesContext ctx, UIComponent c,
8        Object value) throws ConverterException {
9      if (value == null) return null;
10     return value.toString();
11   }
12 }
```

Listing 2.38 Konverter zum Ersetzen von Zeichen

Unser Konverter implementiert das Interface Converter mit den beiden Methoden getAsObject() und getAsString(). Nachdem wir vom Benutzer eingegebene Zeichenketten konvertieren wollen, ersetzen wir die Zeichen in der Methode getAsObject(). In der Methode getAsString(), die beim Rendern aufgerufen wird, geben wir einfach die String-Repräsentation des übergebenen Objekts zurück (es sollte sich ohnehin um einen String handeln).

Ein kleiner Hinweis: Dieser Konverter funktioniert in der oben gezeigten Form nur mit Eingabekomponenten, nicht aber mit Ausgabekomponenten. Warum? Aus dem zuvor erwähnten Grund, dass in getAsString() nur die String-Repräsentation des übergebenen Objekts zurückgegeben wird.

Benutzerdefinierte Konverter können auf verschiedene Weise in JSF registriert und eingebunden werden. Eine Möglichkeit ist, einzelne Komponenten einer Ansicht mit Konvertern zu versehen. Das funktioniert bei allen Ein- und Ausgabekomponenten über das Kindelement f:converter oder eine Method-Expression im Attribut converter.

Das Tag f:converter wird einfach als Kindelement zum Tag der gewünschten Komponente in der Seitendeklaration hinzugefügt. Dazu muss der Konverter allerdings bereits unter einem eindeutigen Bezeichner im System registriert sein. Dieser Bezeichner wird dann im Attribut converterId von f:converter eingetragen.

JSF bietet ab Version 2.0 die Möglichkeit, Konverter mit der Annotation @FacesConverter im System zu registrieren. Listing 2.39 zeigt, wie der zuvor erstellte Konverter mit dem in der Annotation angegebenen Bezeichner verbunden wird.

Listing 2.39
Konverter mit
@FacesConverter
registrieren

```
1  @FacesConverter("at.irian.ReplaceConverter")
2  public class ReplaceConverter implements Converter {
3      ...
4  }
```

In JSF vor Version 2.0 erfolgte die Registrierung von Konvertern ausschließlich in der Datei faces-config.xml. In JSF 2.0 und neueren Versionen steht diese Variante natürlich immer noch zur Verfügung. Dazu muss für jeden Konverter ein Element converter mit den Kindelementen converter-id für den Bezeichner und converter-class für die Klasse des Konverters angelegt werden. Listing 2.40 zeigt, wie die zuvor mit der Annotation durchgeführte Registrierung unseres Konverters in der faces-config.xml aussieht.

Listing 2.40
Konverter in
faces-config.xml
registrieren

```
1  <converter>
2      <converter-id>at.irian.ReplaceConverter</converter-id>
3      <converter-class>
4          at.irian.jsfatwork.gui.jsf.ReplaceConverter
5      </converter-class>
6  </converter>
```

JSF bietet noch eine weitere Variante, um einen Konverter mit einer Komponente zu verbinden. Alle Ein- und Ausgabekomponenten verfügen dazu über das Attribut converter. In diesem Attribut kann über eine Value-Expression eine Managed-Bean-Eigenschaft vom Typ javax.faces.convert.Converter referenziert werden. Die Getter-Methode dieser Eigenschaft muss dann bei jedem Aufruf eine neue Instanz des gewünschten Konverters zurückliefern. Eine Setter-Methode wird hierfür nicht benötigt.

Listing 2.41 zeigt für beide vorgestellten Varianten, wie der Konverter in der Seitendeklaration mit einer Komponente verbunden wird. Beim Einsatz des Attributs converter muss es natürlich eine Methode getReplaceConverter in der referenzierten Managed-Bean geben.

```
1 <h:inputText value="#{bean.stringValue}">
2   <f:converter converterId="at.irian.ReplaceConverter"/>
3 </h:inputText>
4 <h:inputText value="#{bean.otherStringValue}"
5   converter="#{bean.replaceConverter}"/>
```

Listing 2.41
Benutzerdefinierte Konverter in der Seitendeklaration

Alternativ bietet es sich an, eine zentrale Managed-Bean für alle benutzerdefinierten Konverter der Anwendung zu erstellen. Diese Bean liegt im Application-Scope und stellt für jeden Konverter eine Getter-Methoden zur Verfügung, die eine neue Instanz des Konverters zurückliefert. Listing 2.42 zeigt, wie eine solche Managed-Bean aussehen könnte.

```
1 @ManagedBean @ApplicationScoped
2 public class ConverterProvider {
3   public Converter getReplaceConverter() {
4     return new ReplaceConverter();
5   }
6 }
```

Listing 2.42
Managed-Bean für Konverter

Die Registrierung eines Konverters mit einem Bezeichner bietet einen entscheidenden Vorteil: Mit Facelets lässt sich das Einbinden benutzerdefinierter Konverter dadurch noch weiter vereinfachen. In Abschnitt 4.2.2 zeigen wir Ihnen, wie Sie auf einfachstem Weg in einer Tag-Bibliothek ein Tag für einen eigenen Konverter definieren.

Neben dem Einbinden benutzerdefinierter Konverter in einzelne Komponenten bietet JSF außerdem die Möglichkeit, einen Konverter global für einen bestimmten Datentyp zu registrieren. Ab JSF 2.0 reicht es dazu aus, das Element forClass der Annotation @FacesConverter auf den gewünschten Datentyp zu setzen. Listing 2.43 zeigt das für den Datentyp Date.

In JSF vor Version 2.0 mussten Konverter für bestimmte Klassen in der faces-config.xml registriert werden. Wie das funktioniert, zeigt Listing 2.44. Wenn unter converter-for-class eine Klasse angegeben

Listing 2.43
Konverter für Datentyp mit `@FacesConverter`

```
1  @FacesConverter(forClass = Date.class)
2  public class MyDateConverter implements Converter {
3  ...
4  }
```

wird, für die noch kein Konverter existiert, wird ein neuer Konverter registriert. Diese Art der Konfiguration funktioniert natürlich auch weiterhin mit JSF 2.0 und neueren Versionen.

Listing 2.44
Konverter für Datentyp in `faces-config.xml`

```
1  <converter>
2    <converter-for-class>
3      java.util.Date
4    </converter-for-class>
5    <converter-class>
6      at.irian.jsfatwork.MyDateTimeConverter
7    </converter-class>
8  </converter>
```

Im Beispiel *MyGourmet 5* in Abschnitt 2.11.3 wird ein weiterer benutzerdefinierter Konverter für Postleitzahlen entwickelt und in das Beispiel integriert.

2.11.3 *MyGourmet 5*: Konvertierung

Das Beispiel *MyGourmet 5* erweitert *MyGourmet 4* aus Abschnitt 2.8.6 um einige Eingabefelder und zeigt den Einsatz von Standard- und benutzerdefinierten Konvertern.

Beginnend mit diesem Beispiel ändern wir die zugrunde liegende *Backing-Bean*. Bis jetzt hat es eine Bean gegeben, die alle Eigenschaften des Kunden und den Code für die Seite beinhaltet hat. Im Hinblick auf die Erweiterungen im Zuge dieses Abschnitts ist es sinnvoll, diese Aspekte zu trennen. Die Daten des Kunden befinden sich jetzt in der Klasse `Customer` im Package `at.irian.jsfatwork.domain`. Die Managed-Bean `CustomerBean` ersetzt die bisherige Klasse `Customer` im Package `at.irian.jsfatwork.gui.page`. Sie enthält eine Eigenschaft `customer` für den aktuellen Kunden und Code, der für die Seite relevant ist.

Zur Demonstration der Konverter erhält die Klasse `Customer` zusätzlich die Eigenschaften `birthday`, `zipCode`, `city` und `street`. Für die Eingabe des Geburtsdatums auf `editCustomer.xhtml` fügen wir den Standardkonverter `f:convertDateTime` mit einem Muster hinzu. Listing 2.45 zeigt das Tag.

Für die Ausgabe des Geburtsdatums auf `showCustomer.xhtml` wird der gleiche Standardkonverter verwendet. Listing 2.46 zeigt das Tag.

```
1  <h:inputText id="birthday" size="30"
2      value="#{customerBean.customer.birthday}">
3    <f:convertDateTime pattern="dd.MM.yyyy"/>
4  </h:inputText>
```

Listing 2.45
Eingabekomponente mit Datumskonverter

```
1  <h:outputText
2      value="#{customerBean.customer.birthday}">
3    <f:convertDateTime pattern="dd.MM.yyyy"/>
4  </h:outputText>
```

Listing 2.46
Ausgabekomponente mit Datumskonverter

Als Beispiel für einen benutzerdefinierten Konverter wollen wir einen Konverter entwickeln, der die Eingabe von Postleitzahlen mit Ländercodes ermöglicht, ohne dass diese mitgespeichert werden. Dazu werden einfach alle Buchstaben inklusive des ersten Auftretens des Zeichens '-' ignoriert. Der Rest der eingegebenen Zeichenkette muss dann eine Zahl sein. Aus der Eingabe A-1010 wird dann beispielsweise die Zahl 1010.

Der neue Konverter ZipCodeConverter wird von der JSF-Klasse IntegerConverter abgeleitet, was den Vorteil hat, dass die eigentliche Konvertierung der Postleitzahl ohne den Ländercode von diesem erledigt werden kann. Listing 2.47 zeigt den Code der Klasse. Mit der Annotation @FacesConverter registrieren wir den Konverter unter dem Bezeichner at.irian.ZipCode für die spätere Verwendung im System.

```
1  @FacesConverter(value="at.irian.ZipCode")
2  public class ZipCodeConverter
3      extends IntegerConverter implements Serializable {
4    public Object getAsObject(FacesContext ctx,
5        UIComponent component,String value)
6        throws ConverterException {
7      if (value != null && value.length() > 0) {
8        int pos = value.indexOf('-');
9        for (int i = 0; i < pos; i++) {
10         if (!Character.isLetter(value.charAt(i))) {
11           throw new ConverterException("Zip invalid.");
12         }
13       }
14       if (pos > -1 && pos < value.length() - 1) {
15         return super.getAsObject(
16             ctx, component, value.substring(pos + 1));
17       }
18     }
19     return super.getAsObject(ctx, component, value);
20   }
21 }
```

Listing 2.47
Konverter für Postleitzahlen mit Ländercodes

Interessant ist insbesondere der Teil, der die Fehlerbehandlung übernimmt: Wenn die Postleitzahl nicht dem Muster entspricht, wird eine Exception-Instanz vom Typ `ConverterException` erzeugt. Die Ausnahme wird über ihren Konstruktor mit einer Nachricht verbunden, die dann im Webbrowser als Fehlermeldung ausgegeben wird.

Der benutzerdefinierte Konverter `ZipCodeConverter` wird über das Kindelement `f:converter` in `editCustomer.xhtml` eingebunden. Listing 2.48 zeigt das entsprechende Tag.

Listing 2.48
Konverter über
Bezeichner einbinden

```
1  <h:inputText id="zipCode" size="30" required="true"
2      value="#{customerBean.customer.zipCode}">
3    <f:converter converterId="at.irian.ZipCode"/>
4  </h:inputText>
```

Nachdem wir jetzt alle Eingaben in die benötigten Datentypen konvertiert haben, wenden wir uns im nächsten Abschnitt der Validierung von Benutzereingaben zu.

2.12 Validierung

Die Eingabe von Daten ist eine Angelegenheit, bei der Benutzer gerne Fehler machen – das Aufzeigen und die Verhinderung der Eintragung fehlerhafter Daten ins Modell muss jedem Entwicklungsframework ein Anliegen sein. JSF bietet »out-of-the-box« bereits viele Möglichkeiten an, solche Fehler zu verhindern.

Für die Überprüfung von Benutzereingaben werden in JSF sogenannte Validatoren eingesetzt. Die Verknüpfung von Validatoren und Eingabekomponenten funktioniert sehr einfach – ähnlich wie bei der Einbindung von Konvertern. Neben einer ganzen Reihe von Standardvalidatoren, die im Lieferumfang von JSF enthalten sind, ist es ohne Weiteres möglich, eigene Validatoren zu schreiben.

Mit JSF ab Version 2.0 gestaltet sich die Validierung durch die Unterstützung des Bean-Validation-Konzepts (JSR-303) sogar noch einfacher. Durch neue Mechanismen ist erstmals eine vollständig metadatenbasierte Validierung ohne Umwege möglich. Abschnitt 2.12.1 widmet sich diesem hochaktuellen Thema und zeigt, wie Sie Bean-Validation in Kombination mit JSF in eigenen Projekten einsetzen.

Anschließend wenden wir uns in Abschnitt 2.12.2 den Standardvalidatoren zu, bevor wir Ihnen in Abschnitt 2.12.3 zeigen, wie Sie benutzerdefinierte Validatoren erstellen.

2.12.1 Bean-Validation nach JSR-303

JSF 2.0 war ein großer Schritt vorwärts für die Validierung in Webanwendungen. Davor hat Validierung über die Schichtengrenzen hinweg immer zu Redundanz geführt. In vielen Fällen wurden die gleichen Validierungsregeln in mehreren Schichten der Applikation umgesetzt. Neben einem erhöhten Aufwand bei der Implementierung führt dieser Ansatz auch zu einer höheren Fehleranfälligkeit. Die Validierung wurde dann zum Beispiel sowohl über JSF-Validatoren in der Ansicht als auch beim Persistieren der Entitäten im Service angewandt.

Die Kombination von JSF ab Version 2.0 und Bean-Validation (JSR-303) ändert das radikal. Bean-Validation definiert ein Metadatenmodell und eine Java-API, um die Validierung gezielt in den Domainklassen zu bündeln. Validierungsregeln (Constraints) sind in Form von Validatorklassen implementiert, die mit Annotationen an JavaBeans gebunden werden.

Sehen wir uns am Beispiel von *MyGourmet* an, wie Bean-Validation in der Praxis eingesetzt wird. Existieren für eine Eigenschaft einer Bean, die an eine Eingabekomponente gebunden ist, JSR-303-konforme Metadaten, so wird diese automatisch validiert. Listing 2.49 zeigt einen Ausschnitt der Klasse `Customer` mit Bean-Validation-Metadaten. Mit der Annotation `@NotNull` wollen wir vermeiden, dass eine der drei Eigenschaften den Wert `null` annimmt. Die Eigenschaft `zipCode` ist zusätzlich mit den Annotationen `@Min` und `@Max` auf einen Wertebereich von 1000 bis 99999 eingeschränkt.

```
1  public class Customer {
2    @NotNull @Min(value = 1000) @Max(value = 99999)
3    private Integer zipCode;
4    @NotNull
5    private String city;
6    @NotNull
7    private String street;
8    ...
9  }
```

Listing 2.49
Validierung mit Bean-Validation

Eine wichtige Voraussetzung ist noch zu beachten: Damit fehlende Benutzereingaben von JavaServer Faces auch wirklich als `null`-Werte interpretiert werden, muss in der `web.xml` der Kontextparameter `javax.faces.INTERPRET_EMPTY_STRING_SUBMITTED_VALUES_AS_NULL` auf `true` gesetzt werden. Standardmäßig ignoriert JSF Eingabekomponenten ohne Benutzereingabe bei der Validierung. Dieses Verhalten macht dann zum Beispiel den Einsatz von `@NotNull` unmöglich.

Das wars! Mehr ist nicht notwendig, um Bean-Validation ab JSF 2.0 zu nutzen, wenn eine Implementierung von JSR-303 in der Laufzeitumgebung verfügbar ist. In *MyGourmet* wird das durch eine Abhängigkeit von *Hibernate Validator v4*, der Referenzimplementierung von JSR-303, in der Maven-Projektdatei pom.xml garantiert. Wie Sie sehen, mussten wir keine der Ansichten ändern, um die Validierung zu aktivieren.

Das komplette Beispiel *MyGourmet 6* mit allen Änderungen bezüglich der Validierung finden Sie in Abschnitt 2.12.4.

In der folgenden Aufzählung finden Sie eine Liste aller Standard-Constraints in Bean-Validation:

- @AssertFalse
  Das annotierte Element muss false sein.
- @AssertTrue
  Das annotierte Element muss true sein.
- @DecimalMax
  Das annotierte Element muss kleiner oder gleich dem in value angegebenen Wert sein. Beachten Sie, dass value ein String ist, der als BigDecimal interpretiert wird (Details finden Sie in der API-Dokumentation zu BigDecimal).
- @DecimalMin
  Das annotierte Element muss größer oder gleich dem in value angegebenen Wert sein. Beachten Sie, dass value ein String ist, der als BigDecimal interpretiert wird (Details finden Sie in der API-Dokumentation zu BigDecimal).
- @Digits
  Das annotierte Element darf nicht mehr als in integer angegebene Stellen vor dem Komma und nicht mehr als in fraction angegebene Stellen nach dem Komma haben.
- @Future
  Das annotierte Element muss ein Datum in der Zukunft sein.
- @Max
  Das annotierte Element muss kleiner oder gleich dem in value angegebenen Wert sein. Im Gegensatz zu @DecimalMax hat value hier den Typ long.
- @Min
  Das annotierte Element muss größer oder gleich dem in value angegebenen Wert sein. Im Gegensatz zu @DecimalMin hat value hier den Typ long.
- @NotNull
  Das annotierte Element darf nicht null sein.

❏ @Null
  Das annotierte Element muss null sein.
❏ @Past
  Das annotierte Element muss ein Datum in der Vergangenheit sein.
❏ @Pattern
  Das annotierte Element muss dem in regexp angegebenen regulären Ausdruck entsprechen.
❏ @Size
  Die Größe des annotierten Elements muss zwischen min und max liegen. Mit diesem Constraint können Strings und alle Collection-Typen validiert werden.

JSF bietet leider nicht den vollen Funktionsumfang von Bean-Validation. Alternativ können Sie einen Blick auf das Projekt *MyFaces Extensions Validator* (auch bekannt als ExtVal) [4] werfen, das einen Adapter für JSR-303-konforme Implementierungen zur Verfügung stellt. Dieser Adapter bietet außerdem zusätzliche Funktionalitäten und alternative Konzepte. Beispielsweise wird *MyFaces ExtVal* für die Gruppenvalidierung (als Alternative zur deklarativen Angabe in der Ansicht) Annotationen für die Eigenschaften und Action-Methoden im Backing-Bean zur Verfügung stellen. Dadurch werden Refactorings erheblich einfacher und können zuverlässig durchgeführt werden. Über den Standard hinaus bietet *MyFaces ExtVal* ein eigenes Validierungsmodul mit weiteren Funktionalitäten speziell für JSF. Unter anderem wird komponentenübergreifende Validierung unterstützt. *MyFaces ExtVal* ist auch mit JSF 1.1 und JSF 1.2 einsetzbar.

MyFaces ExtVal

Benutzerdefinierte Constraints mit Bean-Validation

Mit Bean-Validation können Sie sehr einfach eigene Validatoren und Constraints erstellen. Wir wollen dieses Feature in *MyGourmet* nutzen und einen Validator erstellen, der das Geburtsdatum auf einen bestimmten Zeitraum überprüft. Das Datum darf nicht vor dem 1.1.1900 und nicht in der Zukunft liegen.

Alles, was wir dazu brauchen, ist eine Annotation und eine Validatorklasse. Fangen wir mit der Annotation @Birthday an. Damit diese Annotation als Constraint für Bean-Validation eingesetzt werden kann, muss sie wiederum mit @Constraint annotiert werden. Das Element validatedBy stellt die Verbindung zur Validatorklasse, in unserem Fall BirthdayValidator, her. Eine Constraint-Annotation muss mindestens über die Elemente message zur Definition einer Fehlermeldung, groups

---

[4] Weiterführende Informationen zum Projekt *MyFaces ExtVal* finden Sie unter http://myfaces.apache.org/extensions/validator.

zur Definition der Validatorgruppen und `payload` zum Übergeben zusätzlicher Informationen verfügen. Listing 2.50 zeigt den Code von `@Birthday`.

Listing 2.50
Annotation für benutzerdefiniertes Constraint

```
1  @Constraint(validatedBy = BirthdayValidator.class)
2  @Retention(RUNTIME)
3  @Target({ANNOTATION_TYPE, METHOD, FIELD})
4  public @interface Birthday {
5    String message() default "Wrong birthday";
6    Class<?>[] groups() default {};
7    Class<? extends Payload>[] payload() default {};
8  }
```

Die beiden Annotationen `@Retention` und `@Target` sorgen dafür, dass die Annotation zur Laufzeit ausgewertet wird und auf andere Annotationen, Methoden und Felder angewendet werden kann. Das Element `message` hat einen Defaultwert, der als Fehlermeldung ausgegeben wird, falls er nicht überschrieben wird. Der Defaultwert sollte im Idealfall auf ein Resource-Bundle verweisen, mehr dazu in Abschnitt 2.14.

Zum erfolgreichen Einsatz unseres Constraints fehlt nur noch die Validatorklasse `BirthdayValidator`. Sie muss das Interface `ConstraintValidator`, parametrisiert mit der zuvor definierten Annotation und dem zu validierenden Datentyp, implementieren. Die Methode `initialize` bekommt beim Validierungsvorgang die zugehörige Annotation als Parameter und dient zur Initialisierung des Validators. Die eigentliche Validierung erfolgt dann in der Methode `isValid`, die den zu validierenden Wert und den aktuellen Kontext übergeben bekommt. Im Falle einer erfolgreichen Validierung muss sie `true` zurückliefern. Listing 2.51 zeigt den Sourcecode.

Da wir in `isValid` zwei verschiedene Überprüfungen durchführen, wollen wir auch zwei unterschiedliche Fehlermeldungen definieren. Die Standardfehlermeldung soll gar nicht erst angezeigt werden und wird mittels `ctx.disableDefaultConstraintViolation()` abgeschaltet. Jetzt können wir mit folgendem Code beliebige Fehlermeldungen zum Kontext hinzufügen, die dann in JSF-Nachrichten umgewandelt werden:

```
ctx.buildConstraintViolationWithTemplate("Fehlermeldung")
  .addConstraintViolation();
```

Unser benutzerdefiniertes Constraint ist jetzt fertig für den Einsatz. Die Eigenschaft `birthday` der Klasse `Customer` sieht mit der neuen Annotation wie folgt aus:

```
@Birthday
private Date birthday;
```

```
1  public class BirthdayValidator
2    implements ConstraintValidator<Birthday, Date> {
3    public void initialize(Birthday birthday) {}
4
5    public boolean isValid(Date date,
6        ConstraintValidatorContext ctx) {
7      boolean dateCorrect = true;
8      if (date != null) {
9        ctx.disableDefaultConstraintViolation();
10       if (date.after(new Date())) {
11         ctx.buildConstraintViolationWithTemplate(
12             "Birthday is in the future.")
13           .addConstraintViolation();
14         dateCorrect = false;
15       }
16       Calendar cal = Calendar.getInstance();
17       cal.set(Calendar.YEAR, 1900);
18       cal.set(Calendar.MONTH, 0);
19       cal.set(Calendar.DAY_OF_MONTH, 1);
20       if (date.before(cal.getTime())) {
21         ctx.buildConstraintViolationWithTemplate(
22             "Birthday is before Jan 1, 1900.")
23           .addConstraintViolation();
24         dateCorrect = false;
25       }
26     }
27     return dateCorrect;
28   }
29 }
```

Listing 2.51
Validator für benutzerdefiniertes Constraint

2.12.2 Standardvalidatoren

Nach der kurzen Einführung in Bean-Validation mit JSF widmen wir uns im Rest des Abschnitts der klassischen JSF-Validierung. Für die Einbindung als Kind-Tag steht bereits im JSF-Standard eine Liste von Validatoren zur Verfügung:

- f:validateLength:
  Dieser Validator überprüft die Länge einer Zeichenkette basierend auf den Werten der Attribute minimum und maximum. Das folgende Beispiel erlaubt die Eingabe einer Zeichenkette mit der minimalen Länge drei und der maximalen Länge sieben:

  ```
  1  <h:inputText value="#{backingBean.property}">
  2    <f:validateLength minimum="3" maximum="7"/>
  3  </h:inputText>
  ```

- f:validateLongRange:
  Für die Überprüfung, ob eine Ganzzahl in einem gewissen Bereich liegt, bietet JSF den *LongRange*-Validator an. Auch hier sind die gültigen Attribute minimum und maximum. Ein Beispiel für die Überprüfung einer Zahl im Bereich 0-1000:

  ```
  1  <h:inputText value="#{backingBean.property}">
  2      <f:validateLongRange minimum="0"
  3          maximum="1000"/>
  4  </h:inputText>
  ```

- f:validateDoubleRange:
  Für die Überprüfung, ob eine Fließkommazahl in einem gewissen Bereich liegt, bietet JSF den *DoubleRange*-Validator an. Wieder sind die gültigen Attribute minimum und maximum. Ein Beispiel für die Überprüfung einer Zahl im Bereich 0.0-1.0:

  ```
  1  <h:inputText value="#{backingBean.property}">
  2      <f:validateDoubleRange minimum="0.0"
  3          maximum="1.0"/>
  4  </h:inputText>
  ```

- f:validateRegex (ab JSF 2.0):
  Dieser Validator überprüft, ob der Zeichenkettenwert dem im Attribut pattern angegebenen regulären Ausdruck entspricht. Eine detaillierte Erklärung zu regulären Ausdrücken in Java finden Sie in der Dokumentation zur Java-API. Hier ein kleines Beispiel, bei dem der Wert einer Komponente aus einem Großbuchstaben, gefolgt von einer beliebigen Folge von Buchstaben bestehen muss:

  ```
  1  <h:inputText value="#{backingBean.property}">
  2      <f:validateRegex pattern="[A-Z][a-zA-Z]*"/>
  3  </h:inputText>
  ```

- f:validateRequired (ab JSF 2.0):
  Dieser Validator überprüft, ob der Benutzer überhaupt einen Wert angegeben hat.

Wie Sie wahrscheinlich bemerkt haben, ist der Validator zum Überprüfen verpflichtender Werte erst ab JSF 2.0 verfügbar. Wie hat das vorher funktioniert? In älteren Versionen wurde der gleiche Effekt über das Setzen des Attributs required auf den einzelnen Eingabekomponenten erreicht. Ist das Attribut auf true gesetzt, schlägt die Validierung der Komponente bei einem Leerwert fehl. Ab JSF 2.0 können Sie beide Varianten benutzen, der eigene Validator fügt sich allerdings besser in das Validierungskonzept ein.

Bis JSF 2.0 können Sie in benutzerdefinierten Validatoren keine Überprüfung auf null durchführen, weil JSF die Validierung erst gar nicht aufruft, wenn das `required`-Attribut einer Komponente auf `false` gesetzt ist und der Benutzer nichts eingegeben hat. Dieses Verhalten war notwendig, weil Validatoren nicht optional gemacht werden konnten.

Ab JSF 2.0 kann dieses Verhalten über den Kontextparameter `javax.faces.VALIDATE_EMPTY_FIELDS` gesteuert werden. Ein Wert von `true` (oder `auto` in Kombination mit Bean-Validation) weist JSF an, auch leere Eingabekomponenten zu validieren.

Die Tags der Standardvalidatoren haben ab JSF 1.2 ein zusätzliches Attribut `binding`, über das eine Validatorinstanz mit einer Eigenschaft einer Managed-Bean verknüpft werden kann. Die verknüpfte Eigenschaft muss den Typ `javax.faces.validator.Validator` aufweisen.

Validator-Binding

Ab JSF 2.0 verfügen alle Standardvalidatoren über das Attribut `disabled`, das eine Value-Expression aufnimmt. Wenn der Ausdruck zu `true` evaluiert, kommt der Validator im Lebenszyklus nicht zum Einsatz.

Es ist möglich, Validatoren zu kombinieren – also zum Beispiel sicherzustellen, dass eine Zeichenkette angegeben wurde, die zwischen drei und sechs Zeichen lang ist und aus einem Großbuchstaben gefolgt von einer Reihe weiterer Buchstaben besteht (siehe Listing 2.52).

Kombination von Validatoren

```
1  <h:inputText value="#{backingBean.wert}">
2    <f:validateRequired/>
3    <f:validateLength minimum="3" maximum="6"/>
4    <f:validateRegex pattern="[A-Z][a-zA-Z]*"/>
5  </h:inputText>
```

Listing 2.52
Kombination von Validatoren

2.12.3 Benutzerdefinierte Validatoren

Benötigen Sie Überprüfungen, die von Standardvalidatoren nicht abgedeckt werden, können Sie eigene Validatoren schreiben. Am einfachsten funktioniert das mit Validierungsmethoden. Diese werden mit einer Method-Expression im Attribut `validator` der Eingabekomponente referenziert und müssen die in Listing 2.53 dargestellte Signatur aufweisen. Der Name der Methode ist frei wählbar.

```
1  public void validate(
2    FacesContext ctx,
3    UIComponent component,
4    Object value) throws ValidatorException;
```

Listing 2.53
Signatur einer Validierungsmethode

Sehen wir uns ein kleines Beispiel im Detail an. Unser benutzerdefinierter Validator soll eine Zeichenkette auf die Werte `ja` und `nein` prüfen und bei allen anderen Eingaben eine Fehlermeldung erzeugen. Listing 2.54 zeigt die entsprechende Methode.

Listing 2.54
Beispiel einer Validierungsmethode

```java
public void yesNoValidate(FacesContext ctx, UIComponent comp,
    Object value) throws ValidatorException {
  if (value instanceof String) {
    String strValue = (String) value;
    if (!(strValue.equals("ja")
        && !(strValue.equals("nein")))) {
      throw new ValidatorException(
          new FacesMessage("messageText", null));
    }
  } else {
    throw new ValidatorException(
        new FacesMessage("messageText", null));
  }
}
```

Im Fehlerfall wirft die Methode eine `ValidatorException` mit einer zugeordneten `FacesMessage`. Sie wird dem Benutzer angezeigt. Die Behandlung von Fehlern und Fehlermeldungen in Form von Nachrichten beim Validieren wird in Abschnitt 2.13 näher erläutert.

Damit diese Methode beim Validierungsvorgang aufgerufen wird, muss sie mit der Eingabekomponente verbunden werden:

```
<h:inputText value="#{backingBean.wert}"
    validator="#{backingBean.yesNoValidate}"/>
```

Wenn neben einer Validierungsmethode noch weitere Validatoren mit Tags in die Komponente eingebunden sind, kommt die Validierungsmethode immer als letzte an die Reihe.

Cross-Component-Validierung

Manche Anwendungsfälle machen Validierungsmethoden erforderlich, die nicht nur den Wert einer Komponente validieren. Die Methode muss dazu mit der letzten zu validierenden Komponente verknüpft sein – nur dann kann auf die konvertierten und validierten Werte aller anderen Komponenten zugegriffen werden. Ein Beispiel für die Cross-Component-Validierung finden Sie in *MyGourmet 6* in Abschnitt 2.12.4.

Benutzerdefinierte Validatoren können auch als eigenständige Klassen implementiert werden, die dann das Interface `javax.faces.validator.Validator` implementieren müssen. In einer Seitendeklaration werden solche Validatoren mit dem Tag `f:validator` als Kindelement in eine Eingabekomponente eingebunden. Das Attribut `validatorId` dieses Tags bezieht sich auf den Bezeichner, unter dem die Validatorklasse im System registriert ist.

Die Registrierung eines Validators kann wie bei Konvertern in der `faces-config.xml` oder ab JSF 2.0 auch mit einer Annotation erfolgen. Listing 2.55 zeigt das entsprechende Fragment der Konfiguration –

`@FacesValidator(value = "at.irian.YesNo")` ist die dazu äquivalente Annotation.

```
1  <validator>
2    <validator-id>at.irian.YesNo</validator-id>
3    <validator-class>
4      at.irian.jsfatwork.YesNoValidator
5    </validator-class>
6  </validator>
```

Listing 2.55
Registrierung eines Validators mit Bezeichner

Ab JSF 2.2 ist das Element `value` der Annotation `@FacesValidator` optional und wird mit einer Namenskonvention ergänzt. Ist es nicht angegeben, benutzt JSF den Klassennamen mit einem kleinen Anfangsbuchstaben als Validator-ID. Für unsere Validatorklasse `YesNoValidator` wäre das die ID `yesNoValidator`.

JSF 2.2

2.12.4 *MyGourmet 6*: Validierung

MyGourmet 6 erweitert sein Vorgängerbeispiel *MyGourmet 5* aus Abschnitt 2.11.3. Der Fokus dieses Beispiels liegt, wie sich aus dem Thema der vorherigen Abschnitte leicht erraten lässt, auf Standard- und benutzerdefinierten Validatoren.

Den Großteil der Validierungsaufgaben in *MyGourmet* erledigt Bean-Validation – wie wir bereits in Abschnitt 2.12.1 gesehen haben. Listing 2.56 zeigt alle Eigenschaften der Klasse `Customer` mit den Bean-Validation-Annotationen, jedoch ohne die zugehörigen Getter und Setter.

Um die Verwendung der JSF-Standardvalidatoren vorzustellen, könnte die Postleitzahl der Adresse in `editCustomer.xhtml` anstatt mit Bean-Validation auch mit dem Tag `f:validateLongRange` auf den Wertebereich 1000 bis 99999 überprüft werden. Listing 2.57 zeigt das zugehörige Fragment der Seite.

Wir wollen Ihnen auch zeigen, wie das Geburtsdatum des Kunden auf klassische Art und Weise validiert wird. Zu diesem Zweck kommt der Validator `BirthdayValidator` (nicht zu verwechseln mit dem Constraint-Validator aus Abschnitt 2.12.1!) zum Einsatz, der das Datum auf den Wertebereich überprüft und im System unter dem Namen `at.irian.Birthday` registriert ist. Listing 2.58 zeigt den Code.

Gibt der Benutzer ein Datum außerhalb dieses Bereichs an, wird eine `ValidatorException` mit einer entsprechenden `FacesMessage` geworfen. Das Einbinden dieses benutzerdefinierten Validators in die Seitendeklaration ist in Listing 2.59 zu sehen.

Als Beispiel für eine Cross-Component-Validierung mit einer Validierungsmethode wird die Kreditkartennummer vom gewählten Kar-

Listing 2.56
MyGourmet 6: Bean
Customer *mit*
Annotationen

```
1   public class Customer {
2     @NotNull
3     private String firstName;
4     @NotNull
5     private String lastName;
6     @NotNull
7     private String email;
8     @NotNull @Min(value = 1000) @Max(value = 99999)
9     private Integer zipCode;
10    @NotNull
11    private String city;
12    @NotNull
13    private String street;
14    @Birthday
15    private Date birthday;
16    private Boolean useCreditCard = Boolean.FALSE;
17    @NotNull
18    private CreditCardType creditCardType;
19    @NotNull
20    private String creditCardNumber;
21    ...
22  }
```

Listing 2.57
MyGourmet 6:
Validierung der
Postleitzahl mit
Standardvalidator

```
1   <h:inputText id="zipCode" size="30" required="true"
2       value="#{customerBean.customer.zipCode}">
3     <f:converter converterId="at.irian.ZipCode"/>
4     <f:validateLongRange minimum="1000" maximum="99999"/>
5   </h:inputText>
```

tentyp abhängig gemacht. Ist Karte A ausgewählt, muss die Kartennummer vier Zeichen lang sein, ist Karte B ausgewählt, muss sie aus fünf Zeichen bestehen. Die erweiterten Tags für den Typ und die Kartennummer auf der Seite editCustomer.xhtml zeigt Listing 2.60.

Beachten Sie in Listing 2.60, dass die Komponenten über das rendered-Attribut abhängig vom Wert der Eigenschaft useCreditCard ein- oder ausgeblendet werden. Da JSF nur gerenderte Komponenten validiert, können wir damit auch die Validierung steuern.

Für die Validierung der Kreditkartennummer ist die Methode validateCreditNumber der Klasse CustomerBean zuständig. Die vom Benutzer eingegebene Nummer wird dabei direkt als Argument value an die Methode übergeben. Das Auslesen des aktuellen Kreditkartentyps erfordert allerdings etwas mehr Aufwand. Ein einfacher Zugriff auf die Eigenschaft useCreditCard des aktuellen Kunden liefert in diesem Fall nicht immer den aktuellen Wert. Der Grund dafür ist einfach: Die Ei-

Listing 2.58
MyGourmet 6: Validator für das Geburtsdatum

```
@FacesValidator(value = BirthdayValidator.VALIDATOR_ID)
public class BirthdayValidator
    implements Validator, Serializable {
    private static final long serialVersionUID = 1L;
    public static final String VALIDATOR_ID = "at.irian.Birthday";

    public void validate(FacesContext ctx, UIComponent component,
        Object value) throws ValidatorException {
        Date date = (Date)value;
        if (date.after(new Date())) {
            FacesMessage msg = new FacesMessage(
                FacesMessage.SEVERITY_ERROR,
                "Birthday is in the future.", null);
            throw new ValidatorException(msg);
        }
        Calendar cal = Calendar.getInstance();
        cal.set(Calendar.YEAR, 1900);
        cal.set(Calendar.MONTH, 0);
        cal.set(Calendar.DAY_OF_MONTH, 1);
        if (date.before(cal.getTime())) {
            FacesMessage msg = new FacesMessage(
                FacesMessage.SEVERITY_ERROR,
                "Birthday is before Jan 1, 1900.", null);
            throw new ValidatorException(msg);
        }
    }
}
```

Listing 2.59
MyGourmet 6: Validierung des Geburtsdatums

```
<h:inputText id="birthday" size="30"
    value="#{customerBean.customer.birthday}">
    <f:convertDateTime pattern="dd.MM.yyyy"/>
    <f:validator validatorId="at.irian.Birthday"/>
</h:inputText>
```

genschaft im Modell wird erst nach der erfolgreichen Validierung aller Komponenten aktualisiert und hat zum Zeitpunkt des Aufrufs der Validierungsmethode noch den alten Wert. Zum Auslesen des aktuellen, vom Benutzer eingegebenen Werts gibt es mehrere Möglichkeiten.

Zum einen kann die Komponente für den Kreditkartentyp mit dem Attribut binding an eine Eigenschaft der *Backing-Bean* gebunden werden – ein Vorgang, der auch *Component-Binding* genannt wird. Das Binding ermöglicht den direkten Zugriff auf die Komponente in der Validierungsmethode. Component-Binding kann aber, wenn die Bean wie in unserem Fall im Session-Scope liegt, zu unangenehmen Neben-

Listing 2.60
MyGourmet 6:
Kreditkartendaten mit
Validierung

```
1  <h:selectOneListbox id="ccType"
2      value="#{customerBean.customer.creditCardType}"
3      rendered="#{customerBean.customer.useCreditCard}">
4      <f:selectItems value="#{customerBean.creditCardTypes}"/>
5      <f:event type="javax.faces.event.PostValidateEvent"
6          listener="#{customerBean.postValidateCCType}"/>
7  </h:selectOneListbox>
8  <h:inputText id="ccNumber"
9      value="#{customerBean.customer.creditCardNumber}"
10     rendered="#{customerBean.customer.useCreditCard}"
11     validator="#{customerBean.validateCreditNumber}"/>
```

wirkungen führen, da die Komponente nur einmal erzeugt und dann in der Bean abgelegt wird.

JSF bietet mithilfe des System-Events `PostValidateEvent` eine weitere, sehr elegante Möglichkeit, um den aktuellen Kreditkartentyp auszulesen. Dieses Event wird direkt nach dem Validieren einer Komponente ausgelöst. Wir müssen also nur mit dem Tag `f:event` eine Listener-Methode für dieses Ereignis registrieren (siehe Listing 2.60) und können dann in dieser Methode auf die Komponente und den aktuellen Wert zugreifen. Listing 2.61 zeigt die Listener-Methode für das System-Event `PostValidateEvent` in der Klasse `CustomerBean`.

Listing 2.61
MyGourmet 6:
System-Event-Listener
für Validierung

```
1  public void postValidateCCType(ComponentSystemEvent ev) {
2      this.creditCardTypeInput = (UIInput)ev.getComponent();
3  }
```

In Listing 2.62 finden Sie die Implementierung der Validierungsmethode in der Klasse `CustomerBean`. Beachten Sie den Zugriff auf das Feld `creditCardTypeInput` zum Auslesen des aktuellen Kreditkartentyps. Da die Reihenfolge der Validierung einzelner Komponenten in JSF immer durch den Komponentenbaum bestimmt ist, wird dieses Feld garantiert vor dem Aufruf der Validierungsmethode gesetzt.

2.13 Nachrichten

Der Begriff Nachricht bezeichnet in JSF eine Instanz der Klasse `javax.faces.application.FacesMessage`, die intern für Meldungen aller Art verwendet wird. Nachrichten werden während der Ausführung des Lebenszyklus oder von der Applikation erzeugt und in eine Queue im Faces-Context eingefügt. Gibt es `h:messages`- oder `h:message`-Komponenten auf der Seite, werden die Meldungen gerendert.

2.13 Nachrichten

```
1  public void validateCreditNumber(FacesContext ctx,
2      UIComponent comp, Object value) throws ValidatorException {
3    CreditCardType ccType =
4        (CreditCardType)creditCardTypeInput.getValue();
5    Boolean useCC = customer.getUseCreditCard();
6    if (useCC != null && useCC && ccType != null) {
7      String ccNumber = (String)value;
8      int length;
9      if (ccType == CreditCardType.CARD_A) length = 4;
10     else length = 5;
11     if (!ccNumber.matches("\\d{" + length + "}")) {
12       String msgText = MessageFormat.format(
13           "Card number must consist of {0} digits.", length);
14       FacesMessage msg = new FacesMessage(
15           FacesMessage.SEVERITY_ERROR, msgText, null);
16       throw new ValidatorException(msg);
17     }
18   }
19 }
```

Listing 2.62
MyGourmet 6: Validierungsmethode für Kreditkartennummer

Ein Beispiel für die Verwendung von Nachrichten im Lebenszyklus von JSF: Tritt bei der Konvertierung oder Validierung ein Fehler auf, erstellt die betroffene Komponente eine Nachricht und erklärt sich als ungültig. In diesem Fall springt die Ausführung des Lebenszyklus nach der Konvertierung und Validierung direkt zur Render-Response-Phase und die Seite wird mit den Fehlermeldungen erneut angezeigt.

Eine Nachricht kann eine Übersichtsmeldung und Detailinformation aufweisen. Nachrichten müssen aber nicht immer Fehlermeldungen sein. JSF definiert folgende Schweregrade für `FacesMessage`-Instanzen:

- SEVERITY_FATAL
- SEVERITY_ERROR
- SEVERITY_WARN
- SEVERITY_INFO (Standardwert)

In *MyGourmet 6* haben wir Nachrichten in den benutzerdefinierten Konvertern oder Validatoren verwendet. Hier als Beispiel der Code, der eine Fehlermeldung für ein Geburtsdatum in der Zukunft erstellt:

```
1  if (date.after(new Date())) {
2    FacesMessage msg = new FacesMessage(
3        FacesMessage.SEVERITY_ERROR,
4        "Birthday is in the future.", null);
5    throw new ValidatorException(msg);
6  }
```

Globale und lokale Nachrichten

Nachrichten können aber auch beim Abarbeiten der Applikationslogik über den Aufruf der Methode `FacesContext.addMessage()` hinzugefügt werden.

Im obigen Beispiel wird die Nachricht an den Konstruktor der `ValidatorException` übergeben. Es handelt sich hier um eine *lokale* Nachricht. Die Nachricht wird beim Abfangen der Exception in JSF direkt mit der betroffenen Komponente verbunden. Wo fällt das ins Gewicht? Wir haben das schon bei den Nachrichtenkomponenten selbst besprochen – für die Ausgabe der Nachrichten gibt es zwei *Tags*: Das eine ist das `h:messages`-Tag, das alle Nachrichten, also sowohl zu einer Komponente gehörende als auch globale Nachrichten, anzeigt, das andere ist das `<h:message for="komponentenId"/>`-Tag, das nur die Nachrichten einer gewissen Komponente darstellt. Mit dem ersten Parameter der `addMessage()`-Methode kann also beeinflusst werden, in welchen Nachrichtenbereichen die Nachricht erscheinen wird.

Die Tags `h:messages` und `h:message` besitzen die Attribute `showSummary` und `showDetail`. Mit diesen Attributen kann eingestellt werden, ob die Detailinformation oder die Übersichtsmeldung der Nachricht angezeigt wird.

Seit Version 1.2 von JSF gibt es für Eingabekomponenten zusätzlich die Attribute `converterMessage`, `requiredMessage` und `validatorMessage`. Mit ihnen lassen sich gezielt Fehlermeldungen einzelner Komponenten mit benutzerdefinierten Zeichenketten überschreiben. Die Namen sind selbsterklärend. Ebenfalls seit JSF 1.2 gibt es das Attribut `label` für Eingabekomponenten, dessen Wert bei Fehlermeldungen statt der ID verwendet wird.

Beim Arbeiten mit JSF ist es sinnvoll, ein `h:messages`-Tag auf der Seite zu haben. Tritt nämlich bei der Konvertierung und Validierung einer Seite ein Fehler auf, wird das Modell nicht verändert und die Applikationslogik nicht ausgeführt – es kann also auch nicht auf eine neue Seite navigiert werden. Ohne das `h:messages`-Tag ist das Auftreten von Fehlern aber für Benutzer (und natürlich auch für Applikationsentwickler) nicht nachvollziehbar.

Ab JSF 2.0 wird automatisch eine `h:messages`-Komponente in jeder Seite eingefügt, falls diese noch nicht vorhanden ist – allerdings nur, wenn die Project-Stage auf `Development` gesetzt ist (wie in Abschnitt 4.1 gezeigt).

In JSF-Versionen vor 2.0 müssen Sie das `h:messages`-Tag immer selbst in die Seite einbauen.

Der Text der Nachricht wird im Beispiel oben direkt in englischer Sprache angegeben. Nachrichten, die dem Benutzer angezeigt werden, sollten aber auf jeden Fall internationalisiert sein. Abschnitt 2.14 zeigt, wie das funktioniert.

2.14 Internationalisierung

Ein wichtiges Thema bei der Entwicklung von Webapplikationen ist die Internationalisierung. Dazu gehört einerseits das Speichern von Zeichenketten unabhängig von der Applikation, damit diese Zeichenketten von Übersetzern in andere Sprachen übertragen werden können. Andererseits kann es je nach Region zu einer anderen Konvertierung von Datumswerten, Zahlen und Währungsangaben kommen. JSF ist dafür gerüstet und macht die Lokalisierung Ihrer Anwendung zum Kinderspiel.

2.14.1 Ermittlung des Lokalisierungscodes

Beim Ausführen einer JSF-Anwendung läuft diese für jeden Anwender mit einem bestimmten Lokalisierungscode, auch `Locale` genannt. Das `Locale` setzt sich aus zwei Angaben zusammen. Einerseits wird mit dem Code die Sprache festgelegt, in der die Anwendung ablaufen soll, andererseits erfolgt die Festlegung eines Staates[5]. Manchmal wird auch in einer dritten Ebene eine Einteilung vorgenommen, beispielsweise nach Dialekten innerhalb der Sprache eines Staates.

Die Definition der unterstützten Lokalisierungscodes einer Applikation erfolgt in der `faces-config.xml`-Datei. Listing 2.63 zeigt beispielhaft eine Konfiguration. Die solcherart konfigurierte Applikation unterstützt die Sprachen *Deutsch*, *Englisch* für die USA, *Englisch* für Großbritannien und *Französisch*.

```
1  <application>
2    <locale-config>
3      <default-locale>en</default-locale>
4      <supported-locale>de</supported-locale>
5      <supported-locale>en_US</supported-locale>
6      <supported-locale>en_GB</supported-locale>
7      <supported-locale>fr</supported-locale>
8    </locale-config>
9    <message-bundle>
10     at.irian.jsfatwork.messages
11   </message-bundle>
12 </application>
```

Listing 2.63 Konfiguration für Internationalisierung

Welcher Lokalisierungscode jetzt tatsächlich ausgewählt wird, liegt am Benutzer, der sich mit dem System verbindet. Der Browser des Benutzers sendet eine HTTP-Kopfzeile mit der gewünschten Lokalisierung. Wenn

Lokalisierung im Request

---

[5] Es gibt erhebliche Unterschiede in der Anwendung ein- und derselben Sprache in verschiedenen Staaten.

Lokalisierung im View

die Anwendung diese Lokalisierung unterstützt, wird sie ausgewählt – ansonsten kommt die Standardeinstellung zum Einsatz.

Will man die Auswahl eines *Locales* nicht von der HTTP-Anfrage abhängig machen[6], kann der Lokalisierungscode auf einer Seite über die Angabe des *locale*-Attributs am `f:view`-Tag zentral gesetzt werden. Dieses Attribut kann dynamisch an die Eigenschaft einer Managed-Bean gebunden werden. Ein Beispiel:

```
<f:view locale="#{userBean.userLocale}">
  ...
</f:view>
```

2.14.2 Internationalisierung der JSF-Nachrichten

Durch den Eintrag `message-bundle` in der `faces-config.xml` wird festgelegt, wo die Datei für die Nachrichten der Applikation zu finden ist. Es sind also für die Konfiguration aus Listing 2.63 folgende Dateien im Package `at.irian.jsfatwork` notwendig, um alle angegebenen Sprachen abzudecken:

- `messages.properties`
- `messages_de.properties`
- `messages_en_US.properties`
- `messages_en_GB.properties`
- `messages_fr.properties`

In diesen Dateien können Sie die Texte für Nachrichten verwalten, die Ihre Anwendung in selbst erstellten Konvertern, Validatoren oder auch Bean-Methoden erzeugt. Des Weiteren können die vom System verwendeten Nachrichten überschrieben werden, wenn das benötigt wird.

Nachdem die Bundles jetzt konfiguriert und erstellt sind, wollen wir sie auch einsetzen. Im Beispiel *MyGourmet 6* haben wir in den benutzerdefinierten Validierungsmethoden im Fehlerfall Nachrichten erzeugt. Der Text ist dort allerdings noch direkt angegeben. Um das zu ändern, erstellen wir eine Hilfsmethode, die eine Instanz der Klasse `FacesMessage` mit einem lokalisierten Text erzeugt. Listing 2.64 zeigt diese Methode.

Der Code ist einfach: Die Methode `getMessageBundle()` liefert den Namen des Bundles – der View-Root das aktuelle Locale. Mit diesen beiden Informationen wird das konkrete Bundle geladen – daraus wird der Text für den angegebenen Schlüssel ausgelesen. Dieser Text wird

---

[6] Beispiel: Ein deutscher Benutzer sitzt an einem Webclient in einem französischen Internetcafé und will die Benutzerschnittstelle natürlich in seiner Sprache sehen.

```java
 1  public static FacesMessage getFacesMessage(
 2    FacesContext ctx, FacesMessage.Severity severity,
 3    String msgKey, Object... args) {
 4    Locale loc = ctx.getViewRoot().getLocale();
 5    ResourceBundle bundle = ResourceBundle.getBundle(
 6      ctx.getApplication().getMessageBundle(), loc);
 7    String msg = bundle.getString(msgKey);
 8    if (args != null) {
 9      MessageFormat format = new MessageFormat(msg);
10      msg = format.format(args);
11    }
12    return new FacesMessage(severity, msg, null);
13  }
```

Listing 2.64
Internationalisierte Nachrichten in der Backing-Bean

dann beim Erstellen der Nachricht als Übersichtsmeldung verwendet. Die Detailinformation wird hier nicht angegeben.

Nachrichten, die von Standardkomponenten erzeugt werden, bieten immer eine Übersichtsmeldung und eine Detailinformation. In der .properties-Datei existiert daher ein Eintrag mit einem an den Schlüssel angehängten Suffix _detail.

Wenn Sie *Apache MyFaces* einsetzen, können Sie auch die Klasse org.apache.myfaces.shared_impl.util.MessageUtils zum Anlegen von lokalisierten Nachrichten verwenden. Mit dieser Klasse haben Sie auch den Vorteil, dass Detailinformationen nach dem oben genannten Schema automatisch ausgelesen werden.

Nachrichten für Bean-Validation

Wenn Sie eigene Constraints für Bean-Validation erstellen, sollten Sie auch internationalisierte Nachrichten verwenden. Bean-Validation ist ein von JSF unabhängiges System – daher werden die Texte an anderer Stelle definiert. Fehlermeldungen, die in geschwungenen Klammern stehen, werden im Resource-Bundle ValidationMessages aufgelöst. Der Text {validator.msg} wird zum Beispiel als Schlüssel für das Resource-Bundle interpretiert.

Der Bean-Validator erstellt JSF-Nachrichten standardmäßig in einem etwas anderen Format als andere JSF-Validatoren. Während bei anderen Validatoren die Fehlermeldung mit dem Label der Eingabekomponente und einem Doppelpunkt beginnt, gibt der Bean-Validator den Text aus, der von der Bean-Validation-API zurückkommt. Dieses Verhalten kann einfach geändert werden. Sie müssen dazu die MessageFormat-Vorlage des Bean-Validators im Message-Bundle der Applikation austauschen. Fügen Sie dort die Zeilen aus Listing 2.65 hinzu. Der

Platzhalter {0} bezeichnet dabei die eigentliche Fehlermeldung und {1} das Label.

Listing 2.65
Bean-Validator-Nachrichten

```
javax.faces.validator.BeanValidator.MESSAGE={1}: {0}
javax.faces.validator.BeanValidator.MESSAGE_detail=\
   {1}: {0}
```

Eine ausführlichere Beschreibung der Internationalisierung von *My-Gourmet* mit Beispielen folgt in Abschnitt 2.14.4.

2.14.3 Internationalisierung der Anwendungstexte

Für die anderen Texte in Applikationen (etwa für Beschreibungen oder Labels) ist die Vorgehensweise etwas anders – seit JSF 1.2 gibt es zwei verschiedene Varianten, ein Resource-Bundle zu referenzieren.

Die erste Methode ist das Tag `f:loadBundle`, mit dem ein Resource-Bundle für die Verwendung auf der gleichen Seite verfügbar gemacht wird. Dieses Tag sollte nicht mehr verwendet werden, da es die internationalisierten Daten erst ab der Render-Response-Phase zur Verfügung stellt.

Diese Probleme lassen sich mit der neueren Methode vermeiden. Dabei wird das Resource-Bundle in der `faces-config.xml` mit dem Element `resource-bundle` im Abschnitt `application` referenziert. Listing 2.66 zeigt, wie das Beispiel von vorhin mit dieser Methode umgesetzt wird mit den Vorteilen, dass die Texte in allen Seiten verfügbar sind und dass sie auch mit Ajax funktionieren.

Listing 2.66
Internationalisierung durch Konfiguration mit `resource-bundle`

```
1  <resource-bundle>
2    <base-name>de.test.resource.text</base-name>
3    <var>text</var>
4  </resource-bundle>
```

Der Zugriff auf die Elemente des Resource-Bundles ist für beide Methoden identisch und wird über eine Value-Expression im Attribut `value` erledigt. Ein Beispiel:

```
<h:outputText value="#{text.description}"/>
```

Für den ersten Teil der Value-Expression wird der Name der für die .properties-Datei vergebenen Variablen eingesetzt und als Attributbezeichnung der Schlüssel des Eintrags in der Datei. Die in JSF verborgene Kraft zeigt sich dadurch, dass man diesen Ausdruck in fast jedem Attribut jedes Tags einsetzen kann – nicht nur im `value`-Attribut.

Für die Internationalisierung von Anwendungen kommt dem `h:outputFormat`-Tag eine besondere Bedeutung zu. Der entscheidende

Vorteil gegenüber `h:outputText` ist die Unterstützung von Message-Format-Vorlagen. Dadurch wird es möglich, Texte mit Platzhaltern bereits im Resource-Bundle der Anwendung zu definieren. Die Position der Platzhalter kann dabei sogar an die jeweilige Sprache angepasst werden – ein wichtiger Schritt in Richtung Wartbarkeit und zentraler Internationalisierung von Texten.

Im folgenden Beispiel wird eine Statusmeldung für das Profil des Kunden mit Parametern ausgegeben:

```
1  <h:outputFormat value="#{msgs.profile_msg}" rendered=
2      "#{customerBean.customer.firstName != null}">
3      <f:param value="#{customerBean.customer.firstName}"/>
4      <f:param value="#{msgs.profile_active}"/>
5  </h:outputFormat>
```

Im deutschen Resource-Bundle könnten `profile_msg` und `profile_active` wie folgt definiert sein:

```
profile_msg=Ihr Profil ist {1}, {0}.
profile_active=aktiv
```

Bei der englischen Übersetzung könnten sich folgende Zeichenketten ergeben:

```
profile_msg={0}, your profile is {1}.
profile_active=active
```

Die Anpassung des Beispiels an verschiedene Sprachen spielt sich nur im Resource-Bundle der Applikation ab. Mit dem direkten Einsatz der `OutputText`-Komponente ist ein solch flexibles Vorgehen unmöglich.

Wie in der Seitendeklaration kann auch vom Backing-Bean-Code aus auf die internationalisierten Texte zugegriffen werden. Vor JSF 1.2 gab es dafür keine spezifische Lösung – Java stellt den dazu benötigten Code zur Verfügung. In Version 1.2 hat sich das geändert. Mit `resource-bundle` eingebundene Texte können jetzt mit `Application.getResourceBundle()` direkt über ihren Namen aufgelöst werden. Listing 2.67 zeigt eine Hilfsmethode, um Texte aus einem Resource-Bundle zu laden.

Zugriff von der Backing-Bean

Das Beispiel *MyGourmet* 7 im nächsten Abschnitt zeigt den praktischen Einsatz von Message- und Resource-Bundle.

2.14.4 *MyGourmet 7*: Internationalisierung

Das Beispiel *MyGourmet* 7 entspricht in der Funktionalität genau dem Vorgängerbeispiel *MyGourmet* 6 aus Abschnitt 2.12.4. Die Änderungen beziehen sich nur auf die Internationalisierung der Anwendung.

Listing 2.67
Internationalisierte Texte in der Backing-Bean

```
1  public static String getResourceText(FacesContext ctx,
2      String bundleName, String key, Object... args) {
3    String text;
4    try {
5      Application app = ctx.getApplication();
6      ResourceBundle bundle = app.getResourceBundle(
7          ctx, bundleName);
8      text = bundle.getString(key);
9    } catch (MissingResourceException e) {
10     return "???" + key + "???";
11   }
12   if (args != null) {
13     text = MessageFormat.format(text, args);
14   }
15   return text;
16 }
```

Der erste Schritt ist die Konfiguration der Lokalisierung in der Datei faces-config.xml. In unserem Fall ist Deutsch als Standardwert und Englisch als unterstützte Sprache konfiguriert (Listing 2.68).

Listing 2.68
MyGourmet 7: Konfiguration

```
1  <application>
2    <locale-config>
3      <default-locale>de</default-locale>
4      <supported-locale>en</supported-locale>
5    </locale-config>
6    <message-bundle>
7      at.irian.jsfatwork.messages
8    </message-bundle>
9    <resource-bundle>
10     <base-name>
11       at.irian.jsfatwork.messages
12     </base-name>
13     <var>msgs</var>
14   </resource-bundle>
15 </application>
```

Die Resource-Bundles sind im Package at.irian.jsfatwork unter dem Namen messages abgelegt – ein Bundle mit dem Namen messages_de für die deutsche Sprache und ein Bundle mit dem Namen messages_en für die englische Sprache. Durch unsere Konfiguration des resource-bundle-Elements ist das Bundle unter dem Namen msgs in allen Seiten der Anwendung in EL-Ausdrücken verwendbar. In Listing 2.69 finden Sie einen Auszug aus dem Bundle messages_de.properties für die deutsche Sprache.

2.14 Internationalisierung

```
1  title_main=MyGourmet
2  title_show_customer=Kunde
3  title_edit_customer=Kunde bearbeiten
4  first_name=Vorname
5  last_name=Nachname
6  email=E-Mail-Adresse
7  birthday=Geburtstag
8  use_credit_card=Kreditkarte angeben
9  credit_card_type=Kreditkarten-Typ
10 credit_card_number=Kreditkarten-Nummer
11 profile_msg=Ihr Profil ist {1}, {0}.
12 profile_active=aktiv
13 credit_card_type_CARD_A=Card A
14 credit_card_type_CARD_B=Card B
15 validateBirthday.MAXIMUM=Geburtsdatum liegt in der Zukunft.
16 validateBirthday.MINIMUM=Geburtsdatum ist vor dem 1.1.1900.
17 validateCreditCardNumber.NUMBER=Kreditkartennummer \
18    muss aus {0} Ziffern bestehen.
19 javax.faces.validator.BeanValidator.MESSAGE={1}: {0}
```

Listing 2.69
Auszug aus dem deutschen Bundle von MyGourmet

Der Zugriff auf die lokalisierten Texte soll exemplarisch anhand des Vornamens des Kunden demonstriert werden. Alle anderen Texte in der Seite werden analog behandelt. Hier das lokalisierte Label für den Vornamen:

```
<h:outputLabel for="firstName" value="#{msgs.first_name}:"/>
```

Es referenziert im `value`-Attribut einen EL-Ausdruck, der sich aus dem Namen des Bundles und dem Schlüssel für den Vornamen zusammensetzt.

Fallweise ist es notwendig, direkt in Java auf lokalisierte Ressourcen zuzugreifen. Die Klasse `GuiUtil` fasst zu diesem Zweck die Methode zum Auslesen eines lokalisierten Textes aus Listing 2.67 und die Methode zum Erstellen einer lokalisierten Nachricht aus Listing 2.64 zusammen. In *MyGourmet* kommt `GuiUtil` in `CustomerBean` zum Einsatz. Listing 2.70 zeigt exemplarisch zwei Methoden aus dieser Managed-Bean.

Die Methode `validateCreditNumber` ist bereits aus *MyGourmet 6* bekannt: Im Unterschied zur vorherigen Version wird hier im Fehlerfall eine lokalisierte Nachricht erstellt. Der Schlüssel des verwendeten Texts lautet `validateCreditCardNumber.NUMBER`. Ein Blick auf Listing 2.69 zeigt, dass dieser Text eine Message-Format-Vorlage mit einem Platzhalter ist. Beim Erzeugen der Nachricht wird dieser Platzhalter mit der Länge der Kreditkartennummer ersetzt.

Listing 2.70
Einsatz von GuiUtil *in MyGourmet*

```
public void validateCreditNumber(FacesContext ctx,
    UIComponent component,
    Object value) throws ValidatorException {
  CreditCardType ccType =
    (CreditCardType)creditCardTypeInput.getValue();
  Boolean useCC = customer.getUseCreditCard();
  if (useCC != null && useCC && ccType != null) {
    String ccNumber = (String)value;
    int length;
    if (ccType == CreditCardType.CARD_A) length = 4;
    else length = 5;
    if (!ccNumber.matches("\\d{" + length + "}")) {
      FacesMessage msg = GuiUtil.getFacesMessage(
        ctx, FacesMessage.SEVERITY_ERROR,
        "validateCreditCardNumber.NUMBER", length);
      throw new ValidatorException(msg);
    }
  }
}

private String getCCTypeLabel(CreditCardType type) {
  FacesContext c = FacesContext.getCurrentInstance();
  String key = "credit_card_type_" + type.toString();
  return GuiUtil.getResourceText(c, "msgs", key);
}
```

Die Methode getCCTypeLabel liefert den lokalisierten Namen für Felder der Enum CreditCardType zurück.

Die Resource-Bundles für Bean-Validation sind unter dem Namen ValidationMessages abgelegt – ein Bundle mit dem Namen ValidationMessages_de für die deutsche Sprache und ein Bundle mit dem Namen ValidationMessages_en für die englische Sprache.

3 Standard-JSF-Komponenten

JSF bietet eine gute Auswahl an vordefinierten Komponenten an, die viel Funktionalität zum Erstellen von Benutzeroberflächen mitbringen. Für die meisten Anwendungsfälle beherrschen diese Standardkomponenten das gewünschte Verhalten, angefangen von einfachen Eingabeschaltflächen über Textfelder bis hin zur Darstellung von Daten in Tabellenform.

Alle JSF-UI-Komponentenklassen im Standard erweitern die Klasse `javax.faces.component.UIComponentBase`, die das grundlegende Verhalten einer UI-Komponente definiert.

Das Einbinden einer JSF-Komponente in eine Seitendeklaration erfolgt in Facelets und JSP über ihr *Tag*. Die Tags für die Standard-JSF-Komponenten und ihre Darstellung als HTML-Ausgabe befinden sich in der *HTML-Custom-Tag-Library*. In der *Core-Tag-Library* finden sich weitere Tags, die Basisaktionen unabhängig von einem speziellen *Render-Kit* bereitstellen. In JSF 2.2 haben alle Tag-Bibliotheken neue Namensräume erhalten, die mit `http://xmlns.jcp.org` anstatt `http://java.sun.com` beginnen, wie Tabelle 3.1 zeigt. JSF 2.2 unterstützt sowohl die neuen als auch die alten Namensräume. Für eine optimale Zukunftssicherheit empfehlen wir allerdings, auf die neuen Namensräume umzustellen. Zusätzlich sind in der Tabelle die Präfixe dargestellt, mit denen die Namensräume üblicherweise in die Seitendeklaration eingebunden werden.

JSF 2.2

Name	Namensraum	Präfix
HTML-Custom-Tag-Library	http://xmlns.jcp.org/jsf/html (ab 2.2)	h
	http://java.sun.com/jsf/html (vor 2.2)	h
Core-Tag-Library	http://xmlns.jcp.org/jsf/core (ab 2.2)	f
	http://java.sun.com/jsf/core (vor 2.2)	f

Tabelle 3.1 Standard-Tag-Bibliotheken in JSF 2.2

Wie die Einbindung der Tag-Bibliotheken in Facelets- und JSP-basierten Seiten aussieht, haben wir bereits in Abschnitt 2.9.2 geklärt.

3 Standard-JSF-Komponenten

Hierarchischer Aufbau – Kindkomponenten

Um Komponenten ineinander zu verschachteln und damit einen Komponentenbaum aufzubauen, werden die Kindkomponenten in einer Seitendeklaration direkt in die Elternkomponenten eingefügt. Jede Komponente verwaltet für den Zugriff auf diese Kindkomponenten eine Liste.

Hierarchischer Aufbau – Facets

Wenn eine Kindkomponente eine spezielle Rolle für die Elternkomponente übernehmen soll, können – alternativ zur direkten Einbettung als Kindelement – sogenannte *Facets* verwendet werden. Damit kann eine spezielle Art oder ein spezielles Verhalten von Kindelementen definiert werden – beispielsweise werden so eine Kopf- oder Fußzeile in eine Tabelle eingebunden. Dieser Effekt wird mit dem `f:facet`-Tag erreicht[1]. *Facets* werden über ihren Namen identifiziert, daher werden sie in Form einer *Map* in der Elternkomponente gespeichert.

Tabelle 3.2 Komponentenattribute

Attribut	Typ	Beschreibung
`id`	String	Eindeutiger Bezeichner der Komponente; falls `id` nicht angegeben ist, wird ein Bezeichner generiert.
`immediate`	boolean	Ist diese Eigenschaft `true` gesetzt, werden Eingabe- und Befehlskomponenten schon in Phase 2 des Lebenszyklus abgearbeitet.
`value`	Object	Der Wert der Komponente direkt als Text oder als Value-Expression
`rendered`	boolean	Bestimmt die Sichtbarkeit der Komponente
`converter`	Converter	Bestimmt den Konverter für die Darstellung
`validator`	Method-Expression	Referenziert eine Validierungsmethode
`styleClass`	String	CSS-Klassennamen der Komponente (durch Leerzeichen getrennt)
`style`	String	CSS-Eigenschaften für gerendertes HTML-Element
`label`	String	Beschreibung für Fehlermeldungen bei Eingabekomponenten (JSF 1.2)
`binding`	String	Bindet die Instanz der Komponente an eine Eigenschaft einer *Backing-Bean*

---

[1] Wird in JSF-Versionen vor 2.0 eine zweite Komponente ins Facet übernommen, wird diese zweite Komponente nicht angezeigt – ein Stolperstein für viele JSF-Anwender.

3.1 Basisfunktionen der *Core-Tag-Library*

Diesen Zusammenhang zeigen die Codebeispiele in Abschnitt 3.15, die eine Tabelle mit über *Facets* eingebundene Kopf- und Fußzeilen beschreiben. Die Spalten der Tabelle sind als Kindelemente ausgeführt.

Über die Attribute einer Komponente wird ihr Verhalten angepasst. Attribute wie zum Beispiel `id` oder `value` kommen in den meisten Standardkomponenten vor. Tabelle 3.2 beschreibt die gebräuchlichsten dieser Attribute. Alle diese Attribute (außer `id` und `var`) können eine Value-Expression enthalten und dynamisch auf Werte in den *Backing-Beans* zugreifen.

Komponentenattribute

Die folgenden Beispiele zur *HTML-Custom-Tag-Library* bauen auf *MyGourmet* auf. Aus Gründen der Übersichtlichkeit werden in den einzelnen Abschnitten nur die für die gerade beschriebene Komponente relevanten Änderungen und Erweiterungen abgebildet. Das Beispiel *MyGourmet 8* in Abschnitt 3.14 fasst alle Änderungen zu den Standard-JSF-Komponenten nochmals zusammen. Der Komponente `UIData` wird mit *MyGourmet 9* in Abschnitt 3.15 ein eigenes Beispiel gewidmet.

Beispiele zu Standard-JSF-Komponenten

3.1 Basisfunktionen der *Core-Tag-Library*

Die Tags in der *Core-Tag-Library* sind für die Basisfunktionalität unabhängig von speziellen Renderern zuständig; die Funktionalität wird meist rein von den Tags (eventuell zusammen mit Frameworkklassen von JSF) zur Verfügung gestellt, es werden keine eigenen Komponenten angelegt, sondern Attribute bestehender Komponenten gesetzt oder verändert. Die folgende Aufzählung listet die wichtigsten *JSF-Core-Tags* in alphabetischer Reihenfolge auf. Die Beschreibungen der einzelnen Tags sind bewusst kurz gehalten, da viele von ihnen nur in Kombination mit anderen Tags verwendet werden.

- `f:actionListener`
  Fügt einen *Action-Listener* zu einer Komponente hinzu. Details finden Sie in Abschnitt 2.8.2.
- `f:ajax` (ab JSF 2.0)
  Fügt Ajax-Funktionalität in die Ansicht ein (siehe Kapitel 7).
- `f:attribute, f:attributes`
  Fügt ein Attribut zu einer Komponente hinzu.
- `f:convertDateTime`
  Fügt einen *DateTime*-Konverter zu einer Komponente hinzu. Details finden Sie in Abschnitt 2.11.1.
- `f:converter`
  Fügt einen frei wählbaren Konverter zu einer Komponente hinzu. Details finden Sie in Abschnitt 2.11.2.

- f:convertNumber

  Fügt einen *Number*-Konverter zu einer Komponente hinzu. Details finden Sie in Abschnitt 2.11.1.
- f:event (ab JSF 2.0)

  Registriert einen Listener für Systemereignisse auf der umschließenden Komponente (siehe Abschnitt 2.8.4).
- f:facet

  Fügt eine Komponente mit einer spezifischen, benannten Beziehung zur Elternkomponente hinzu. Die in dem f:facet-Tag verschachtelte Komponente wird angezeigt. Wird in komplexeren Komponenten wie in h:panelGrid oder h:dataTable verwendet.
- f:loadBundle

  Dieses Tag zur Lokalisierung sollte nicht mehr benutzt werden. Alternativen finden Sie in Abschnitt 2.14.3.
- f:metadata (ab JSF 2.0)

  Definiert einen Bereich zum Einfügen von View-Parametern mit f:viewParam und View-Actions mit f:viewAction. Muss ein Kind-Tag von f:view sein. Details finden Sie in Abschnitt 4.4.
- f:param

  Fügt einen Parameter zu Komponenten wie h:outputFormat, h:commandLink oder h:link hinzu.
- f:passThroughAttribute, f:passThroughAttributes (ab JSF 2.2)

  Fügt einzelne oder mehrere Pass-Through-Attribute zu einer Komponente hinzu (siehe Abschnitt 8.2).
- f:phaseListener (ab JSF 1.2)

  Fügt einen *Phase-Listener* zum *UIViewRoot* hinzu.
- f:resetValues (ab JSF 2.2)

  Erlaubt das Zurücksetzen von Eingabekomponenten (Details folgen etwas später in diesem Abschnitt).
- f:selectItem, f:selectItems

  Definiert einzelne oder mehrere Auswahlobjekte für Auswahlkomponenten wie h:selectOneListbox oder h:selectManyCheckbox.
- f:setPropertyActionListener (ab JSF 1.2)

  Fügt einen *Action-Listener* zu einer Komponente hinzu, der beim Übermitteln der Seite eine Eigenschaft einer Managed-Bean setzt.
- f:validateBean (ab JSF 2.0)

  Steuert das Verhalten des Bean-Validation-Frameworks. Weitere Details finden Sie in Abschnitt 2.12.1.
- f:validateDoubleRange

  Fügt einen Validator zu einer Komponente hinzu, der eine Fließkommazahl auf einen bestimmten Wertebereich überprüft (siehe Abschnitt 2.12.2).

3.1 Basisfunktionen der *Core-Tag-Library*

- `f:validateLength`
  Fügt einen Validator zu einer Komponente hinzu, der die Länge einer Zeichenkette validiert (siehe Abschnitt 2.12.2).
- `f:validateLongRange`
  Fügt einen Validator zu einer Komponente hinzu, der eine Ganzzahl auf einen Wertebereich überprüft (siehe Abschnitt 2.12.2).
- `f:validateRegex` (ab JSF 2.0)
  Fügt einen Validator zu einer Komponente hinzu, der eine Zeichenkette mit einem regulären Ausdruck vergleicht (siehe Abschnitt 2.12.2).
- `f:validateRequired` (ab JSF 2.0)
  Fügt einen Validator zu einer Komponente hinzu. Dieser überprüft, ob der Benutzer einen Wert angegeben hat (siehe Abschnitt 2.12.2).
- `f:validator`
  Fügt einen im System registrierten, benutzerdefinierten Validator zu einer Komponente hinzu (siehe Abschnitt 2.12.3).
- `f:valueChangeListener`
  Fügt einen Value-Change-Listener zu einer Komponente hinzu. Details finden Sie in Abschnitt 2.8.1.
- `f:view`
  Definiert den Wurzelknoten des Komponentenbaums einer Seite. Dieses Tag ist für die Initialisierung des Faces-Contexts notwendig, muss aber nur in JSP-Seiten verpflichtend angegeben werden.
- `f:viewAction` (ab JSF 2.2)
  Fügt eine View-Action in den Komponentenbaum ein. Muss ein Kind von `f:metadata` sein (siehe Abschnitt 4.4.3).
- `f:viewParam` (ab JSF 2.0)
  Fügt einen View-Parameter in den Komponentenbaum ein. Muss ein Kind von `f:metadata` sein (siehe Abschnitt 4.4.2).

Komponenten mit `f:resetValues` zurücksetzen

Mit dem Tag `f:resetValues` lässt sich ab JSF 2.2 ein bereits länger bekanntes Problem elegant lösen. In einigen Fällen kann JSF den Wert von Eingabekomponenten nur dann aktualisieren, wenn dieser zuvor explizit zurückgesetzt wurde. `f:resetValues` fügt einen Action-Listener zu Befehlskomponenten hinzu, der alle Eingabekomponenten zurücksetzt, deren Client-IDs im Attribut render angegeben sind. Achten Sie darauf, in render die komplette Client-ID der Komponenten zu verwenden.

JSF 2.2

Listing 3.1 zeigt ein Beispiel für `f:resetValues`. Die Action-Methode reset setzt den Wert der Eigenschaft value1 auf 0 zurück.

Listing 3.1
Beispiel für
`f:resetValues`

```
1  <h:form id="form">
2    <h:inputText id="v1" value="#{bean.value1}">
3      <f:validateLongRange minimum="10"/>
4    </h:inputText>
5    <h:commandButton value="Save"/>
6    <h:commandButton value="Reset" action="#{bean.reset}"
7      immediate="true">
8      <f:resetValues render="form:v1"/>
9    </h:commandButton>
10 </h:form>
```

Dieses Beispiel funktioniert auch ohne `f:resetValues`, aber nur so lange, bis der Benutzer die Schaltfläche zum Speichern mit einem ungültigen Wert für das Eingabefeld betätigt. In diesem Fall bleibt der Local-Value der Komponente gesetzt und der in der Action-Methode aktualisierte Wert wird nicht angezeigt. Mit `f:resetValues` wird sichergestellt, dass der Local-Value gelöscht wird, bevor JSF die Action-Methode ausführt. In Abschnitt 7.2.7 wird dieses Problem für Ajax-Anfragen noch etwas genauer analysiert.

3.2 Formularkomponente

Die Komponente `UIForm` mit dem Tag `h:form` ist analog zum form-Element in HTML zu verstehen und muss alle Eingabe- und Befehlskomponenten umschließen, die Daten an die Applikation zurückgeben und Aktionen auslösen.

Die Komponente selbst wird als form-Element gerendert und im Browser nicht dargestellt. Eine Seite kann durchaus mehrere UIForm-Komponenten enthalten. Listing 3.2 zeigt noch einmal das Formular aus *MyGourmet 1* zur Demonstration.

Listing 3.2
Beispiel für `h:form`

```
1  <h:form id="form">
2    <h:panelGrid id="grid" columns="2">
3      <h:outputLabel value="First Name:" for="firstName"/>
4      <h:inputText id="firstName"
5        value="#{customer.firstName}"/>
6      <h:outputLabel value="Last Name:" for="lastName"/>
7      <h:inputText id="lastName"
8        value="#{customer.lastName}"/>
9      <h:commandButton id="save" value="Save"
10       action="#{customer.save}"/>
11   </h:panelGrid>
12 </h:form>
```

Im Unterschied zum HTML-Standard ist eine `UIForm` auch für die Ausführung von Hyperlinks notwendig, die mit `h:commandLink` in die Ansicht eingefügt werden. Da Command-Link-Komponenten beim Aktivieren ein Formular absenden, funktionieren sie ohne umschließende `UIForm` nicht. Die Link-Tags `h:outputLink` und `h:link` funktionieren auch außerhalb einer `UIForm` ohne Probleme.

Hyperlinks

3.3 Befehlskomponenten

UICommand ist von der Klasse `UIComponentBase` abgeleitet und stellt in der HTML-Seite ein Befehlselement dar. Wird dieses Befehlselement vom Benutzer im Browser aktiviert, wird eine applikationsspezifische Aktion ausgelöst. Das Befehlselement kann beispielsweise als Schaltfläche `h:commandButton`, Menüpunkt oder Hyperlink `h:commandLink` dargestellt werden. Hier als Codebeispiel die Button-Komponente aus unserem Beispiel:

```
<h:commandButton action="#{customerBean.save}" value="Save"/>
```

Als Beispiel für eine Command-Link-Komponente fügen wir der Ansicht showCustomer.xhtml in *MyGourmet* einen Link zur Seite editCustomer.xhtml hinzu:

```
<h:commandLink action="/editCustomer.xhtml"
    value="Edit Customer" />
```

Damit der Link funktioniert, muss er in eine `UIForm` eingebettet sein. Hier ein weiteres Beispiel für eine Command-Link-Komponente, die das Attribut rendered benutzt:

```
<h:commandLink id="check" rendered="{cart.numberOfItems > 0}">
    <h:outputText value="#{managedBean.action}"/>
</h:commandLink>
```

In diesem Beispiel wird der *Command-Link* check nicht dargestellt, wenn sich im Einkaufswagen keine Waren befinden, oder genauer, wenn die Eigenschaft numberOfItems der Managed-Bean cart den Wert 0 hat.

rendered-Attribut

3.4 DataTable-Komponente

Die `UIData`-Komponente mit dem Tag `h:dataTable` iteriert über Elemente in einer Sammlung von Datenobjekten und erzeugt eine Tabelle in der HTML-Ausgabe. Jedes Element der referenzierten Sammlung wird in der gerenderten Ausgabe zu einer Tabellenzeile mit einer fixen Anzahl von Spalten. Die Spalten selbst und deren Inhalt werden in Form von verschachtelten `UIColumn`-Komponenten mit dem Tag `h:column` zur `UIData`-Komponente hinzugefügt.

In Listing 3.3 finden Sie ein erstes Beispiel für `h:dataTable` und `h:column`, in dem eine Liste von Personen in Form einer Tabelle mit zwei Spalten ausgegeben wird.

Listing 3.3
Beispiel für
h:dataTable

```
1  <h:dataTable value="#{myBean.persons}" var="person">
2    <h:column>
3      <h:outputText value="#{person.name}"/>
4    </h:column>
5    <h:column>
6      <h:outputText value="#{person.email}"/>
7    </h:column>
8  </h:dataTable>
```

Die Liste der Personen wird mittels einer Value-Expression im Attribut `value` von `h:dataTable` referenziert. Sie stammt aus der Eigenschaft `persons` der Managed-Bean `myBean` und beinhaltet Instanzen der Klasse `Person` mit den Eigenschaften `name` und `email`. Listing 3.4 zeigt den entsprechenden Code.

Listing 3.4
Eigenschaft persons
für h:dataTable

```
1  private List<Person> persons;
2  public List<Person> getPersons() {
3    return persons;
4  }
```

JSF 2.2   JSF unterstützt nur eine begrenzte Menge von Typen im `value`-Attribut von `h:dataTable`. Vor JSF 2.2 waren das im Wesentlichen Arrays, `java.util.List` und der JSF-Typ `javax.faces.model.DataModel`. Ab JSF 2.2 kann `h:dataTable` mit allen von `java.util.Collection` abgeleiteten Typen umgehen. So war es zum Beispiel bis Version 2.2 nicht möglich, direkt mit `java.util.Set` zu arbeiten.

Beim Rendering (wie auch in allen anderen Phasen des Lebenslaufs) geht jetzt die `UIData`-Komponente die gebundene Liste Element für Element durch und stellt das aktuelle Element unter dem im `var`-Attribut definierten Namen zur Verfügung. Pro Element wird dadurch exakt eine Zeile ausgegeben, deren Inhalt von den mit `h:column` eingefügten UIColumn-Komponenten definiert ist. In unserem Beispiel aus Listing 3.3 greifen wir zum Beispiel mit dem Namen `person` auf die aktuelle Person zu. Für jede Person wird in der ersten Spalte die Eigenschaft `name` und in der zweiten Spalte die Eigenschaft `email` ausgegeben. Die daraus gerenderte Darstellung in HTML sehen Sie in Listing 3.5.

Abbildung 3.1 zeigt, wie die gerenderte Ausgabe der Tabelle im Browser aussieht.

```
1  <table>
2    <tbody>
3      <tr>
4        <td>Anna Muster</td>
5        <td>anna@muster.at</td>
6      </tr>
7      <tr>
8        <td>Max Muster</td>
9        <td>max@muster.at</td>
10     </tr>
11   </tbody>
12 </table>
```

Listing 3.5
Gerenderte `h:dataTable`

Anna Muster   anna@muster.at
Max Muster   max@muster.at

Abbildung 3.1
Gerenderte Ausgabe von `h:dataTable`

Auch wenn die an die Komponente gebundene Liste Tausende Einträge hat, wird für jede Spalte nur eine Komponenteninstanz in den Komponentenbaum eingefügt. Beim Bearbeiten der Komponente während des Lebenszyklus – wie etwa beim Rendern – benutzt JSF diese Instanzen für sämtliche Zeilen mit dem jeweils aktuellen Wert. Diese Vorgehensweise nennt sich *Stamping* und soll einen minimalen Speicherverbrauch garantieren.

Stamping

Das komplette Beispiel zur `UIData`-Komponente ist nicht in *MyGourmet 8*, sondern in *MyGourmet 9* in Abschnitt 3.15 zu finden. Dort wird dann zusätzlich die Umschaltung zwischen Listen- und Detailansicht und das Löschen und Editieren von einzelnen Adressen aus der Liste erläutert.

3.4.1 Erweiterte Konzepte von h:dataTable

Mit *Facets* kann die *UIData*-Komponente und jede ihrer Spalten mit einer Kopf- und Fußzeile versehen werden. Dazu wird ein *Facet* mit einem definierten Namen – `header` für Kopfzeilen und `footer` für Fußzeilen – als Kindelement der jeweiligen Komponente hinzugefügt. Im Beispiel erweitern wir die Personentabelle um Überschriften für die Tabelle selbst und für alle ihre Spalten. Mit *Facets* eine einfache Übung, wie Listing 3.6 zeigt.

Sehen wir uns noch einmal den gerenderten HTML-Code an. Alle Überschriften werden als `th`-Elemente im neu hinzugekommenen Abschnitt `thead` der Tabelle ausgegeben. Überschriften und Fußzeilen der Tabelle erstrecken sich immer über die gesamte Breite, was in der Ausgabe am gesetzten `colspan`-Attribut zu erkennen ist. Für die Spalten gibt

3 Standard-JSF-Komponenten

Listing 3.6
Beispiel für h:dataTable mit Facets

```
1  <h:dataTable value="#{myBean.persons}" var="person">
2    <f:facet name="header">Personen</f:facet>
3    <h:column>
4      <f:facet name="header">
5        <h:outputText value="Name"/>
6      </f:facet>
7      <h:outputText value="#{person.name}"/>
8    </h:column>
9    <h:column>
10     <f:facet name="header">
11       <h:outputText value="E-Mail"/>
12     </f:facet>
13     <h:outputText value="#{person.email}"/>
14   </h:column>
15 </h:dataTable>
```

es jeweils ein eigenes th-Element. Ansonsten hat sich nichts geändert – wie Listing 3.7 zeigt.

Listing 3.7
Gerenderte h:dataTable mit Facets

```
1  <table>
2    <thead>
3      <tr>
4        <th colspan="2" scope="colgroup">Personen</th>
5      </tr>
6      <tr>
7        <th scope="col">Name</th>
8        <th scope="col">E-Mail</th>
9      </tr>
10   </thead>
11   <tbody>
12     <tr>
13       <td>Anna Muster</td>
14       <td>anna@muster.at</td>
15     </tr>
16     <tr>
17       <td>Max Muster</td>
18       <td>max@muster.at</td>
19     </tr>
20   </tbody>
21 </table>
```

Pagination

Die UIData-Komponente unterstützt prinzipiell das Anzeigen eines Ausschnitts einer Datensammlung. Dazu gibt es die Attribute first und rows. Die Darstellung erfolgt dann ab der Zeile, die im first-Attribut angegeben ist. Mit dem rows-Attribut wird die Zeilenanzahl spezifiziert.

Ein Beispiel: Um die Zeilen 2 bis 10 einer Tabelle darzustellen, wird `first` auf 2 und `rows` auf 9 gesetzt. Der Standardwert dieser beiden Attribute ist `null`, was der Anzeige aller Zeilen entspricht.

Der Praxiswert der Attribute `first` und `rows` ist initial allerdings eher gering, da im JSF-Standard eine Paginator-Komponente fehlt. Für die seitenweise Darstellung von Daten müssen Sie daher auf eine Komponentenbibliothek wie *PrimeFaces* zurückgreifen (Abschnitt 10.2.2 zeigt den Einsatz von `p:dataTable`) oder eine eigene Komponente schreiben.

3.4.2 Styling von h:dataTable

Zugegeben, die gerenderte Ausgabe in Abbildung 3.1 sieht trotz Kopf- und Fußzeile in der gegenwärtigen Form immer noch etwas eintönig aus. Die *DataTable*-Komponente bietet diverse Attribute, um die Tabelle mit CSS zu gestalten. Neben dem Attribut `styleClass`, das eine für die Darstellung der ganzen Tabelle gültige CSS-Klasse referenziert, gibt es noch einige optionale Attribute für die Einbindung von CSS-Klassen für andere Bereiche der Komponente:

- rowClasses (`h:dataTable`):
  Durch Kommata getrennte Namen der CSS-Style-Klassen für die Zeilen. Sind mehrere Style-Klassen angegeben, wird das Attribut alternierend für die Zeilen gesetzt. Wenn also zwei CSS-Klassen (`styleClass1, styleClass2`) definiert wurden, wird die erste Zeile mit `styleClass1`, die zweite Zeile mit `styleClass2`, die dritte Zeile wieder mit `styleClass1` ausgezeichnet. In der gerenderten Ausgabe wird die Style-Klasse in das jeweilige `tr`-Element der Zeile gesetzt.
- columnClasses (`h:dataTable`):
  Hier gilt dieselbe Vorgehensweise wie bei *rowClasses*, nur dass die CSS-Style-Klasse(n) die Spalten betreffen. In der gerenderten Ausgabe der Tabelle werden diese Style-Klassen in die einzelnen `td`-Elemente gesetzt.
- footerClass (`h:dataTable` und `h:column`):
  Name der CSS-Style-Klasse für die Fußzeile (definiert durch das *Facet* mit dem Namen `footer`). Die Style-Klasse wird in der gerenderten Ausgabe für jedes `td`-Element der Fußzeile gesetzt.
- headerClass (`h:dataTable` und `h:column`):
  Name der CSS-Style-Klasse für die Kopfzeile (definiert durch das *Facet* mit dem Namen `header`). Die Style-Klasse wird in der gerenderten Ausgabe für jedes `th`-Element der Kopfzeile gesetzt.

Mit Werten für `styleClass` und `headerClass` könnte die gerenderte Ausgabe der Tabelle im Browser dann wie in Abbildung 3.2 aussehen.

Abbildung 3.2
Gerenderte Ausgabe
von `h:dataTable`

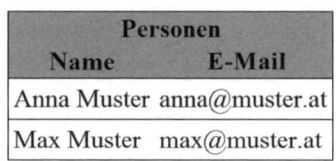

3.5 Ausgabekomponenten

In diesem Abschnitt konzentrieren wir uns auf Komponenten zur Ausgabe von Informationen. Dazu zeigt Abschnitt 3.5.1 zuerst Komponenten zur Ausgabe textbasierter Inhalte. Abschnitt 3.5.2 präsentiert anschließend Details zur Ausgabe von Bildern.

3.5.1 Textausgabekomponenten

Die Komponente `UIOutput` dient zur Darstellung von Ausgabetext auf einer Seite. Der Wert dieser Komponente kann an ein Modellobjekt gebunden sein und kann durch den Benutzer nicht verändert werden. Die *HTML-Tag-Library* des JSF-Standards enthält für die einfache Ausgabe von Text folgende Tags:

- ❏ `h:outputText`
- ❏ `h:outputLabel`
- ❏ `h:outputLink`
- ❏ `h:outputFormat`

Tag zur Textausgabe h:outputText

Mit `h:outputText` wird der im Attribut `value` festgelegte Wert in der HTML-Ausgabe angezeigt. Der Text wird ohne Formatierung dargestellt, außer es werden mit den Attributen `style` oder `styleClass` CSS-Stilangaben bzw. CSS-Klassen referenziert, die die Formatierung beeinflussen[2].

escape-Attribut

HTML- oder XML-Formatierungen im Wert gehen bei der Ausgabe verloren; alle Sonderzeichen in Texten werden durch ihre *HTML-Entities* ersetzt (also beispielsweise > durch >). Um die direkte Ausgabe von HTML- oder XML-Tags zu erlauben, kann das Attribut `escape` auf `false` gesetzt werden. Listing 3.8 zeigt drei Beispiele.

---

[2]Normalerweise wird der Text der `UIOutput`-Komponente direkt gerendert – ohne spezielle HTML-Auszeichnung. Werden HTML-Attribute wie `id`, `styleClass` oder `style` gesetzt, wird der Text in der Ausgabe automatisch von einem `<span/>`-Element umgeben.

3.5 Ausgabekomponenten

```
1  <h:outputText escape="true"
2      value="Hallo liebe &lt;em>Leser&lt;/em>"/>
3  <h:outputText escape="false"
4      value="Hallo liebe &lt;em>Leser&lt;/em>"/>
5  <h:outputText escape="false"
6      value="&lt;script>alert('Böse')&lt;/script>"/>
```

Listing 3.8
Beispiele von
h:outputText

Die Texte im ersten und im zweiten Tag sind identisch. Die Tags unterscheiden sich nur durch das Attribut escape, das einmal auf true und einmal auf false gesetzt ist. Wie sich das in der Ausgabe auswirkt, sehen Sie in Abbildung 3.3.

Abbildung 3.3
Gerenderte Ausgabe
von h:outputText

Wenn Sie escape auf false setzen, sollten Sie allerdings immer im Hinterkopf behalten, dass Sie sich damit eine potenzielle Sicherheitslücke einhandeln – besonders wenn vom Benutzer editierbare Daten direkt ausgegeben werden. Abbildung 3.3 zeigt, wie ein Anwender ausführbaren Code in den Text schmuggeln kann. Damit werden dann Cross-Site-Scripting-Angriffe möglich.

Labelausgabe-Komponente h:outputLabel

Die h:outputLabel-Komponente (HTML-Element label) ermöglicht es, Bezeichnungen mit Eingabefeldern zu verbinden. Die für die Ausgabe der Bezeichnung notwendigen Komponenten werden dazu in das h:outputLabel-Tag geschachtelt. Die Komponente selbst stellt keinen Text dar. Das Attribut for muss gesetzt sein und auf das Attribut id des Eingabefelds zeigen.

Listing 3.9 zeigt in zwei Varianten, wie h:outputLabel eingesetzt werden kann. In der ersten Variante gibt das h:outputText-Tag mit seinem value-Attribut den Text an, der als Label beim Eingabefeld für den Vornamen angezeigt wird. Wie Sie in der zweiten Variante sehen, kann das Label für das Eingabefeld auch im Attribut value des h:outputLabel-Tags selbst spezifiziert werden. Diese Variante ist einfacher, aber auch weniger flexibel – was uns allerdings nicht davon abgehalten hat, diesen Ansatz in *MyGourmet* zu wählen.

Listing 3.9
h:outputLabel *im Einsatz*

```
1  <h:outputLabel for="firstName">
2    <h:outputText value="First Name:"/>
3  </h:outputLabel>
4  <h:inputText id="firstName" required="true"
5    value="#{customerBean.customer.firstName}"/>
6  <h:outputLabel for="lastName" value="Last Name:"/>
7  <h:inputText id="lastName" required="true"
8    value="#{customerBean.customer.lastName}"/>
```

Linkkomponente h:outputLink

Mit dem `h:outputLink`-Tag wird ein Hyperlink zu einer externen URL erzeugt. Die URL, die bei einem Klick des Benutzers auf den Link geladen wird, wird im Attribut `value` definiert. Es wird kein Action-Event ausgelöst, und der von JSF beim Rendern der aktuellen Ansicht gespeicherte Zustand des Komponentenbaums geht verloren.

Um den angezeigten Text und das Aussehen des Links festzulegen, kann jede beliebige Ausgabekomponente in das `h:outputLink`-Tag verschachtelt werden. Für einfachen Text reicht die `h:outputText`-Komponente oder verschachtelte HTML-Elemente, für eine grafische Darstellung des Links kann die `h:graphicImage`-Komponente verwendet werden. Durch die Verschachtelung von `f:param`-Tags können Parameter der URL festgelegt werden – sowohl statisch als auch dynamisch über einen *Unified-EL*-Ausdruck.

Listing 3.10 zeigt eine `h:outputLink`-Komponente mit einem externen Link und Parametern im Einsatz.

Listing 3.10
h:outputLink *mit externem Link*

```
1  <h:outputLink value="http://wiki.apache.org/myfaces/">
2    <h:outputText value="MyFaces Wiki"/>
3    <f:param name="action" value="info"/>
4  </h:outputLink>
```

Hier die gerenderte HTML-Ausgabe des Beispiels aus Listing 3.10:

```
<a href="http://wiki.apache.org/myfaces/?action=info">
MyFaces Wiki</a>
```

Eine weitverbreitete Kritik an JSF ist, dass GET-Anfragen nicht in vollem Umfang unterstützt werden. Das ist so nicht richtig. Ab JSF 2.0 gibt es mit View-Parametern und ab JSF 2.2 zusätzlich mit View-Actions eine umfassende Unterstützung für GET-Anfragen. Weiterführende Details finden Sie in Abschnitt 4.4.

Parametrisierbares Textausgabefeld h:outputFormat

Das Tag `h:outputFormat` wird genauso wie das `h:outputText`-Tag zur Ausgabe von Text verwendet. Zusätzlich ist es möglich, entweder statisch vorgegebene oder über *Unified-EL*-Ausdrücke dynamisch eingebundene Werte in den ausgegebenen Text einzuflechten. Konkret kann damit beispielsweise in eine Textschablone der Benutzername oder ein Datum eingebunden werden.

Die Ausgabe von Text mit dynamisch eingebundenen Variablen kann durch die Verwendung von Message-Format-Vorlagen mit Platzhaltern noch weiter vereinfacht werden. Ein Platzhalter ist eine Zahl innerhalb von geschwungenen Klammern, die auf den Index eines `f:param`-Kindelements verweist. Die Nummerierung der Parameter beginnt (für Java typisch) mit der Zahl 0. Der Platzhalter {0} wird also durch den Wert des ersten in `h:outputFormat` eingebetteten Parameters `f:param` ersetzt, {1} durch den Wert des zweiten Parameters und so weiter. Als Beispiel wird die Meldung am Ende der Ansicht `showCustomer.xhtml` wie in Listing 3.11 gezeigt erweitert.

Message-Format

```
1  <h:outputFormat value="{0}, your profile is {1}.">
2     <f:param value="#{customerBean.customer.firstName}"/>
3     <f:param value="active"/>
4  </h:outputFormat>
```

Listing 3.11
h:outputFormat in MyGourmet

Für den Platzhalter {0} wird das Ergebnis des Ausdrucks `customerBean.customer.firstName` und für {1} der Wert des zweiten Parameters, nämlich "active", eingesetzt. Die Gesamtausgabe ist daher:

```
Martin, your profile is active.
```

Wird auch noch für verschiedene Sprachen die Vorlagenzeichenkette dynamisch eingebunden, können Parameter an jeweils anderen Stellen ausgegeben werden – das ist für die Internationalisierung wichtig, wie bereits Abschnitt 2.14 gezeigt hat.

3.5.2 Bildausgabekomponente

Die Komponente `UIGraphic` mit dem Tag `h:graphicImage` zeigt dem Benutzer eine nicht manipulierbare Grafik an. Das Attribut `url` gibt den Pfad zur Grafik in Form einer statischen Zeichenkette oder einer Value-Expression an.

Ist an den Beginn des Pfads ein Schrägstrich (/) gesetzt, wird der Pfad als absolute Angabe innerhalb der Webapplikation verstanden, sonst wird der Pfad relativ aufgefasst. In Webanwendungen ist generell eine absolute Adressierung zu empfehlen, weil dann die Seitenstruktur

Relative vs. absolute Adressierung

beliebig verändert werden kann, ohne dass Rücksicht auf die eingebundenen Grafiken und anderen Ressourcen genommen werden muss.

Ein h:graphicImage-Tag wird in der HTML-Ausgabe als img-Tag gerendert. Wenn der im url-Attribut der Komponente übergebene Pfad mit einem Schrägstrich (/) beginnt, wird beim Rendern des src-Attributs der Kontextpfad der Applikation vorangestellt.

alt-Attribut

Das Attribut alt spezifiziert den Text, der alternativ zur Bilddarstellung angezeigt werden soll[3]. Im folgenden Beispiel referenziert das Attribut *alt* auf einen lokalisierten Text (Details zur Lokalisierung finden Sie in Abschnitt 2.14).

```
1  <h:graphicImage id="Grafik" url="/images/Grafik.jpg"
2      alt="#{bundle.chooseLocale}" title="Grafikanzeige"
3      width="149" height="160"/>
```

Ab JSF 2.0 können Bilder auch in Form von Ressourcen eingebunden werden. Statt des Pfads zur Bilddatei geben Sie dafür den Namen der Ressource im neuen Attribut name des Tags h:graphicImage an. Details zum Umgang mit Ressourcen ab JSF 2.0 erfahren Sie in Kapitel 5.

3.6 Eingabekomponenten

Die Komponente UIInput ist eine Subklasse der Klasse UIOutput. Sie übernimmt Eingabedaten des Benutzers, wie beispielsweise einen Text aus einem Texteingabefeld, Passwörter aus einem Passworteingabefeld oder – neu in JSF 2.2 – Dateien aus einem Dateiuploadfeld. Tabelle 3.3 zeigt die Tags der von UIInput abgeleiteten Eingabekomponenten mit Beispielen (bis auf h:inputHidden).

Tabelle 3.3
Eingabekomponenten

Standardtag	Beispiel
h:inputText	Nur ein Text
h:inputSecret	••••••••
h:inputTextarea	Auch nur ein Text, aber doch schon etwas länger, nicht wahr?
h:inputFile	Datei auswählen info.txt

Um die Eingaben dieser Komponenten zu konvertieren, zu validieren und um dann Ereignisse zu erkennen und zu behandeln, kön-

---

[3]Der *Internet Explorer* zeigt den *ALT*-Text dann an, wenn die Maus über das Bild bewegt wird.

nen folgende Tags aus der *Core-Tag-Library* verwendet werden: `f:converter` (siehe Abschnitt 2.11), `f:validator` (siehe Abschnitt 2.12) und `f:valueChangeListener` (siehe Abschnitt 2.8.1). Eingabekomponenten werden häufig mit Labelausgabe-Komponenten verbunden, um in der HTML-Ausgabe ein `label`-Element zu generieren. Details dazu finden Sie in Abschnitt 3.5.1.

3.6.1 Texteingabefeld h:inputText

Diese Komponente ermöglicht es, ein Texteingabefeld zu erzeugen. In Listing 3.12 sehen Sie nochmals das Eingabefeld für den Vornamen in *MyGourmet*.

```
1  <h:inputText id="firstName"
2    value="#{customerBean.customer.firstName}"
3    size="30" maxlength="40" required="true"/>
```

Listing 3.12
h:inputText *im Einsatz*

Über eine Value-Expression ist das Eingabefeld des Beispiels mit der Eigenschaft `firstName` des Objekts `customerBean.customer` verbunden. Beim Rendern der Ansicht wird der Wert aus der Bean im Eingabefeld angezeigt – er kann vom Benutzer geändert werden. Nach einem Übermitteln des Formulars wird der neue Wert automatisch in die Eigenschaft der Bean zurückgeschrieben – vorausgesetzt die Konvertierung und Validierung waren erfolgreich.

Ist das Attribut `required` auf `true` gesetzt, wird ein Validierungsfehler erzeugt, wenn der Benutzer keinen Wert eingibt. Das `size`-Attribut legt die sichtbare Länge des Eingabefelds auf 30 Zeichen fest, und mit `maxlength` wird bestimmt, dass die Benutzereingabe maximal 40 Zeichen lang sein darf.

3.6.2 Passworteingabefeld h:inputSecret

Mit dem Tag `h:inputSecret` wird ein Passworteingabefeld mit verdeckter Eingabe erzeugt. In der gerenderten Ausgabe wird daraus das HTML-Tag `<input type="password">`. Die Benutzereingabe in diesem Eingabefeld wird in Form von Punkten dargestellt. Durch das Setzen des Attributs `redisplay` auf `false` wird verhindert, dass beim erneuten Seitenaufbau das eingegebene Passwort im Quelltext der HTML-Seite angezeigt wird. Listing 3.13 zeigt die Komponente im Einsatz. Ansonsten funktioniert diese Komponente ähnlich wie `h:inputText`.

```
<h:inputSecret redisplay="false"
  value="#{loginBean.password}" />
```

Listing 3.13
h:inputSecret

3.6.3 Mehrzeiliges Texteingabefeld h:inputTextarea

Die Komponente `h:inputTextarea` wird ebenfalls wie die Komponente `h:inputText` verwendet. Sie erzeugt allerdings statt eines Feldes mit nur einer Zeile ein größeres, also mehrzeiliges Eingabefeld. Die Anzahl der Spalten und Zeilen wird über die Attribute rows und cols festgelegt. Ein Beispiel finden Sie in Listing 3.14.

Listing 3.14
h:inputTextarea

```
<h:inputTextarea id="textArea" rows="4" cols="7"
    value="#{managedBean.textAreaData}" />
```

3.6.4 Verstecktes Eingabefeld h:inputHidden

Die `h:inputHidden`-Komponente ist für den Benutzer unsichtbar und wird verwendet, um Variablen (und damit einen Status) von Seite zu Seite zu transferieren, ohne dass der Status am Server gespeichert werden muss. Es gibt allerdings nur selten Anwendungsfälle, wo dieses Verhalten in JSF gewünscht ist. JSF verwaltet den Status der Seiten der Anwendung für uns, und für andere Daten wird üblicherweise die Benutzersitzung eingesetzt.

Nachdem diese Komponente für den Benutzer keine sichtbare Ausgabe darstellt, gibt es natürlich keine darstellungsspezifischen Attribute wie styleClass oder size. Listing 3.15 zeigt die Komponente im Einsatz.

Listing 3.15
h:inputHidden

```
<h:inputHidden id="hidden"
    value="#{managedBean.hiddenField}"/>
```

3.6.5 Dateiuploadfeld h:inputFile

JSF 2.2

Mit JSF 2.2 hat es endlich die Dateiuploadkomponente mit dem Tag `h:inputFile` in den Standard geschafft. Der Grund für diese doch sehr lange Verzögerung ist, dass erst mit Version 3.0 die Voraussetzungen für den Dateiupload in den Servlet-Standard aufgenommen wurden.

`h:inputFile` ermöglicht den Upload einer Datei in eine Bean-Eigenschaft vom Typ `javax.servlet.http.Part`. Diese Eigenschaft ist wie bei allen anderen Eingabekomponenten über eine Value-Expression im Attribut value mit der Komponente verbunden. Auch in allen anderen Belangen verhält sich `h:inputFile` wie jede andere Eingabekomponente in JSF.

Damit der Dateiupload richtig funktioniert, muss zwingend das Attribut enctype des umschließenden `h:form`-Tags auf den Wert `multipart/form-data` gesetzt werden. Nur so ist gewährleistet, dass die

3.6 Eingabekomponenten

Daten korrekt zum Server übertragen werden. Listing 3.16 zeigt ein einfaches Beispiel zum Uploaden einer Datei beim Klick auf eine Schaltfläche.

```
1  <h:form id="form" enctype="multipart/form-data">
2    <h:inputFile id="file" value="#{bean.file}"/>
3    <h:commandButton value="Upload" action="#{bean.upload}"/>
4  </h:form>
```

Listing 3.16
h:inputFile *mit*
h:form

Die im letzten Beispiel referenzierte Managed-Bean finden Sie in Listing 3.17. Bei einem Übermitteln (Submit) des Formulars speichert JSF die hochgeladene Datei in der Eigenschaft mit dem Namen file vom Typ javax.servlet.http.Part.

```
1  public class Bean {
2    private Part file;
3    private String fileContent;
4
5    public void upload() {
6      try {
7        fileContent = new Scanner(file.getInputStream())
8          .useDelimiter("\\A").next();
9      } catch (IOException e) {// Error handling}
10   }
11
12   public Part getFile() {
13     return file;
14   }
15
16   public void setFile(Part file) {
17     this.file = file;
18   }
19 }
```

Listing 3.17
Managed-Bean für Dateiupload

Über das Interface Part stehen alle wichtigen Informationen der Datei wie der Name, der Mime-Type, die Größe und natürlich der Inhalt zur Verfügung. In der Action-Methode upload wird der Dateiinhalt aus dem zur Verfügung gestellten Input-Stream gelesen und in das Feld fileContent vom Typ String geschrieben. Dort steht er dann zur weiteren Verwendung in der Managed-Bean bereit.

h:inputFile unterstützt wie jede andere Eingabekomponente das Hinzufügen von Validatoren, um die Gültigkeit der hochgeladenen Datei zu überprüfen:

```
<h:inputFile id="file" value="#{bean.file}"
  validator="#{bean.validateFile}"/>
```

In der referenzierten Validierungsmethode kann dann zum Beispiel die Größe der Datei überprüft werden:

```
1  public void validateFile(FacesContext ctx,
2      UIComponent comp, Object value) {
3    if (((Part)value).getSize() > 1024) {
4      new ValidatorException(new FacesMessage("file too big"));
5    }
6  }
```

Mit `h:inputFile` können Sie übrigens auch Dateien mittels Ajax hochladen. Die Handhabung unterscheidet sich dabei nicht von anderen Komponenten und funktioniert wie in Kapitel 7 beschrieben.

3.7 Auswahlkomponenten

In diesem Abschnitt zeigen wir Ihnen mehrere Komponenten zur Auswahl von Werten. Abschnitt 3.7.1 beginnt mit der einfachsten Variante und zeigt die boolesche Auswahl. Anschließend geht es mit Komponenten zur Auswahl von Werten aus einer Liste weiter: Abschnitt 3.7.2 zeigt Komponenten zur Auswahl eines Wertes und Abschnitt 3.7.3 Komponenten zur Auswahl mehrerer Werte. Abschnitt 3.7.4 demonstriert abschließend, wie die Auswahlmöglichkeiten definiert werden.

3.7.1 Boolesche Auswahl

Mit der Auswahlkomponente `UISelectBoolean`, die unter dem Tag `h:selectBooleanCheckbox` verfügbar ist, kann ein boolescher Wert an eine Auswahlkomponente gebunden werden. `UISelectBoolean` ist eine Subklasse von `UIInput` und wird als HTML-Checkbox gerendert wie Tabelle 3.4 zeigt.

Tabelle 3.4 Beispiel zu UISelectBoolean

Standard-Tag	Beispiel
h:selectBooleanCheckbox	Use Credit Card: ☑

In *MyGourmet* wird `UISelectBoolean` bereits für die Eigenschaft `useCreditCard` verwendet. Listing 3.18 zeigt das entsprechende Tag.

Listing 3.18 Auswahlfeld im Einsatz

```
<h:selectBooleanCheckbox id="useCreditCard"
    value="#{customerBean.customer.useCreditCard}"/>
```

Ein kleiner Tipp: Der *Getter* für einen boolean-Wert kann mit `is` beginnen, lautet also für unser Beispiel `isUseCreditCard()`. Für Auswahlfelder, die auf einen Boolean-Wert referenzieren (also nicht den primitiven Datentyp), ist der *Getter* getUseCreditCard() zu nennen. Der Code für die Eigenschaft useCreditCard ist in Listing 3.19 zu finden.

```
1 private Boolean useCreditCard = Boolean.FALSE;
2 public Boolean getUseCreditCard() {
3   return useCreditCard;
4 }
5 public void setUseCreditCard(
6     Boolean useCreditCard) {
7   this.useCreditCard = useCreditCard;
8 }
```

Listing 3.19
Eigenschaft einer Bean für ein Auswahlfeld

3.7.2 Einfache Auswahl

Die UISelectOne-Komponente ermöglicht die Auswahl eines einzelnen Objekts aus einer Auswahlliste. Die Klasse UISelectOne ist ebenfalls eine Subklasse von UIInput. Für diese Komponente gibt es Standard-Tags für die Darstellung der Objekte als Optionsfeld (h:selectOneRadio), Listenfeld (h:selectOneListbox) oder Klappmenü (h:selectOneMenu). Beispiele, wie die Standard-Tags im Browser dargestellt werden, finden sich in Tabelle 3.5.

Standard-Tag	Beispiel
h:selectOneRadio	◉ Female ○ Male
h:selectOneListbox	Female / Male
h:selectOneMenu	Female ▾ / Female / Male

Tabelle 3.5
Beispiele zu UISelectOne

Mit dem value-Attribut der UISelectOne-Komponente wird der selektierte Wert über eine Value-Expression an die Eigenschaft einer Bean gebunden. Weist der gebundene Wert nicht den Datentyp String auf, muss ein passender Konverter ausgewählt werden.

Zur Demonstration von *UISelectOne* wird das Beispiel um die Eigenschaft gender erweitert. Listing 3.20 zeigt das Tag als Optionsfeld. Hier wird durch das Setzen von required="true" das Auswählen einer der beiden Möglichkeiten erzwungen. In Listing 3.21 finden Sie die notwendigen Änderungen an der Klasse *Customer*.

Listing 3.20
Optionsfeld im Einsatz

```
1  <h:selectOneRadio id="gender" required="true"
2      value="#{customerBean.customer.gender}">
3    <f:selectItem itemLabel="Female" itemValue="f"/>
4    <f:selectItem itemLabel="Male" itemValue="m"/>
5  </h:selectOneRadio>
```

Listing 3.21
Eigenschaft gender

```
1  private Character gender;
2  public Character getGender() {
3    return gender;
4  }
5  public void setGender(Character gender) {
6    this.gender = gender;
7  }
```

3.7.3 Mehrfache Auswahl

Nachdem wir schon wissen, was die UISelectOne-Komponente kann, ist die Funktionalität der Komponente UISelectMany nicht schwer zu erraten. Diese Komponente ermöglicht es dem Benutzer, keines, eines oder mehrere Objekte aus einer Auswahlliste zu selektieren. Die Klasse UISelectMany ist von der Klasse UIInput abgeleitet. Standard-Tags gibt es für die Darstellung als Auswahlfeld (h:selectManyCheckbox), Liste (h:selectManyListbox) oder Auswahlmenü (h:selectManyMenu)[4] – die Darstellung erfolgt dabei gleich wie bei der UISelectOne-Komponente. Beispiele, wie die Standard-Tags im Browser dargestellt werden, finden sich in Tabelle 3.6.

Tabelle 3.6
Beispiele zu UISelectMany

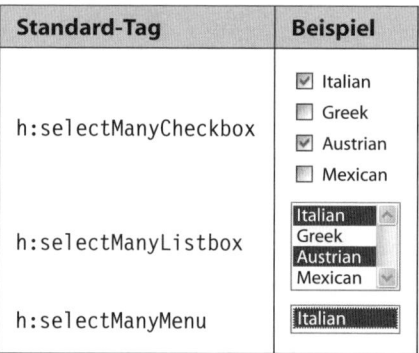

---

[4]Einige Browser können mit der Darstellung als Auswahlmenü nicht vernünftig umgehen. Selbst wenn die Darstellung möglich ist, gestaltet sich die Benutzerinteraktion schwierig.

Pro Objekt oder Objektgruppe für die Auswahlliste wird im Tag der Komponente ein f:selectItem- oder f:selectItems-Tag verschachtelt (siehe Abschnitt 3.7.4). Mit dem Attribut value werden die selektierten Werte über eine Value-Expression an eine Bean-Eigenschaft gebunden, deren Typ ein Array von primitiven Typen oder Objekten oder eine Liste von Strings ist. Handelt es sich um ein Array von einem anderen Typ als String, wird ein passender Konverter ausgewählt.

Auswahlfeld h:selectManyCheckbox

Mit dem h:selectManyCheckbox-Tag kann eine Gruppe von Auswahlfeldern (*Checkboxen*) erzeugt werden, wobei jede einen Wert darstellt, der vom Benutzer ausgewählt werden kann. Die Werte der Auswahlfelder werden durch verschachtelte f:selectItem- oder f:selectItems-Tags angegeben. Der Wert der Checkboxen kann über einen *Unified-El*-Ausdruck im Attribut value eingebunden werden.

Mit den Attributen enabledClass und disabledClass können CSS-Style-Klassen eingebunden werden, die das Layout der ausgewählten beziehungsweise der nicht ausgewählten Auswahlfelder und des zugehörigen Texts bestimmen. Über das Attribut layout kann die Anordnung der einzelnen Items beziehungsweise Auswahlfelder bestimmt werden: Mit dem Wert pageDirection werden die Auswahlfelder vertikal und mit lineDirection horizontal angeordnet. Wird das Attribut layout nicht angegeben, erfolgt die Darstellung horizontal.

Zur Demonstration wird die Klasse Customer in *MyGourmet* um die Eigenschaft preferredCategories erweitert. Der Benutzer kann damit bevorzugte Kategorien aus einer Liste von Werten auswählen. Das Tag für eine Auswahl als h:selectManyCheckbox mit zwei fixen Werten (horizontal angeordnete Checkboxen) finden Sie in Listing 3.22.

```
1  <h:selectManyCheckbox id="prefCat"
2      value="#{customerBean.customer.preferredCategories}">
3      <f:selectItem itemValue="IT" itemLabel="Italian"/>
4      <f:selectItem itemValue="GR" itemLabel="Greek"/>
5  </h:selectManyCheckbox>
```

Listing 3.22
Auswahlfeld im Einsatz

Die aus dem Tag in Listing 3.22 gerenderte HTML-Ausgabe ist in Listing 3.23 zu sehen.

Die Klasse Customer erhält dazu die Eigenschaft preferredCategories. Das entsprechende Codefragment finden Sie in Listing 3.24.

Listing 3.23
HTML-Ausgabe des Auswahlfelds

```
1  <table id="form:prefCat">
2    <tr>
3      <td>
4        <input id="form:prefCat:0" type="checkbox"
5            name="form:prefCat" value="IT"/>
6        <label for="form:prefCat:0"> Italian</label>
7      </td>
8      <td>
9        <input id="form:prefCat:1" type="checkbox"
10           name="form:prefCat" value="GR"/>
11       <label for="form:prefCat:1"> Greek</label>
12     </td>
13   </tr>
14 </table>
```

Listing 3.24
Bean-Eigenschaft für ein Auswahlfeld

```
1  private List<String> preferredCategories =
2      new ArrayList<String>();
3  public List<String> getPreferredCategories() {
4    return preferredCategories;
5  }
6  public void setPreferredCategories(
7      List<String> preferredCategories) {
8    this.preferredCategories = preferredCategories;
9  }
```

Listenfeld h:selectManyListbox

Bei sehr vielen Auswahlmöglichkeiten ist die Darstellung als Auswahlfeld unübersichtlich und ein Listenfeld, in dem die Elemente aufgelistet angezeigt werden, praktikabler. Listing 3.25 zeigt, wie die Eigenschaft preferredCategories mit dem h:selectManyListbox-Tag verwendet wird.

Listing 3.25
Listenfeld im Einsatz

```
1  <h:selectManyListbox id="prefCat"
2      value="#{customerBean.customer.preferredCategories}">
3    <f:selectItem itemValue="IT" itemLabel="Italian"/>
4    <f:selectItem itemValue="GR" itemLabel="Greek"/>
5  </h:selectManyListbox>
```

Die aus dem Tag in Listing 3.25 gerenderte HTML-Ausgabe zeigt Listing 3.26.

Menüfeld h:selectManyMenu

Im Unterschied zum Listenfeld wird in einem Menü immer nur ein Element zu einem Zeitpunkt angezeigt. Im Internet Explorer kann über eine Scrollbar zu den restlichen Elementen gescrollt werden, in Mozilla

```
1  <select id="form:prefCat" name="form:prefCat"
2      multiple="multiple" size="2">
3      <option value="IT">Italian</option>
4      <option value="GR">Greek</option>
5  </select>
```

Listing 3.26
HTML-Ausgabe des Listenfelds

(und seinen Verwandten) wird jeweils nur ein Element angezeigt. Die Mehrfachauswahl ist auf jeden Fall für den Benutzer schwierig zu bewerkstelligen.

Das Beispiel mit den bevorzugten Kategorien als Menü finden Sie in Listing 3.27.

```
1  <h:selectManyMenu id="prefCat"
2      value="#{customerBean.customer.preferredCategories}">
3      <f:selectItem itemValue="IT" itemLabel="Italian"/>
4      <f:selectItem itemValue="GR" itemLabel="Greek"/>
5  </h:selectManyMenu>
```

Listing 3.27
Menüfeld im Einsatz

Der HTML-Code dazu ist in Listing 3.28 zu sehen.

```
1  <select id="form:prefCat" name="form:prefCat"
2      multiple="multiple" size="1">
3      <option value="IT">Italian</option>
4      <option value="GR">Greek</option>
5  </select>
```

Listing 3.28
HTML-Ausgabe des Menüfelds

3.7.4 Definition der Auswahlmöglichkeiten

Die Liste der möglichen Werte einer Auswahlkomponente wird in JSF mit den Tags `f:selectItem` und `f:selectItems` definiert.

Einzelne Auswahlmöglichkeit mit f:selectItem

Das Tag `f:selectItem` erstellt ein einzelnes Auswahlobjekt und muss als Kind-Tag einer Auswahlkomponente angegeben werden. Im lokalisierbaren Attribut `itemLabel` wird die Kurzbeschreibung hinterlegt, die dem Benutzer für dieses Auswahlobjekt angezeigt wird. Das Attribut `itemDescription` gibt eine Beschreibung der Komponente an, die üblicherweise länger als `itemLabel` ist und durch die Standard-Renderer nicht dargestellt wird. In `itemValue` steht der serverseitige Wert dieses Objekts. Er muss denselben Datentyp wie der Wert der Elternkomponente aufweisen. Mit dem booleschen Attribut `itemDisabled` kann der Wert in der Auswahlliste der Komponente deaktiviert werden. Er wird dann im Browser ausgegraut dargestellt und kann nicht selektiert werden[5].

Als Variante zur Verwendung dieser Attribute kann im Attribut value eine SelectItem-Instanz referenziert werden, die mit dieser Komponente in Verbindung steht. Wenn dieses Attribut gesetzt ist, werden itemLabel, itemValue und itemDescription nicht verwendet. Das Beispiel in Listing 3.29 zeigt die Verwendung.

Listing 3.29 f:selectItem im Einsatz

```
1  <f:selectItem itemValue="IT" itemLabel="Italian"/>
2  <f:selectItem itemValue="GR" itemLabel="Greek"
3     itemDisabled="#{user.numberOfVisits < 5}"/>
4  <f:selectItem itemValue="AT" itemLabel="Austrian"/>
5  <f:selectItem value="#{customerBean.selectMexican}"/>
```

In diesem Beispiel wird itemDisabled durch einen *Unified-El*-Ausdruck bestimmt, dieser ist true, wenn der Benutzer die Seite weniger als 5 Mal besucht hat.

Mehrere Auswahlmöglichkeiten mit f:selectItems

Das Tag f:selectItems ermöglicht die Definition mehrerer Auswahlobjekte für eine Auswahlkomponente. Die Liste der Optionen wird im Attribut value als *Unified-EL*-Ausdruck spezifiziert. In JSF-Versionen vor 2.0 muss diese Value-Expression einen Wert vom Typ SelectItem, SelectItem[], Collection (von SelectItem-Instanzen) oder Map zurückliefern. Bei einer Map wird der Schlüssel als itemLabel und der Wert als itemValue verwendet. Ab JSF 2.0 reicht eine Liste von POJOs (Plain Old Java Objects) – doch dazu etwas später mehr.

Sollen einzelne Werte zusätzlich zu einer dynamischen Auswahlliste angezeigt werden, ist die Verwendung zusammen mit f:selectItem möglich. Mit dieser Kombination kann zum Beispiel auch einer Liste von Werten ein leeres Element hinzugefügt werden. Listing 3.30 zeigt als Beispiel die Auswahl der bevorzugten Kategorien in *MyGourmet* mit einer Kombination von f:selectItems- und f:selectItem-Tags.

Listing 3.30 f:selectItems im Einsatz

```
1  <h:selectManyListbox id="prefCat" value=
2     "#{customerBean.customer.preferredCategories}">
3     <f:selectItems value="#{customerBean.categories}"/>
4     <f:selectItem itemValue="CN" itemLabel="Chinese"/>
5  </h:selectManyListbox>
```

---

[5]Der Internet Explorer interpretiert das Attribut disabled auf dem HTML-Element option erst ab Version 8.

3.7 Auswahlkomponenten

Ausschnitte aus der Managed-Bean für dieses Beispiel finden Sie in Listing 3.31.

```
1  public List<SelectItem> getCategories() {
2    if (categories == null) {
3      categories = new ArrayList<SelectItem>();
4      categories.add(new SelectItem("IT", "Italian"));
5      categories.add(new SelectItem("AT", "Austrian"));
6    }
7    return categories;
8  }
```

Listing 3.31
Auszug aus Managed-Bean für UISelectItems

Listing 3.32 zeigt den erzeugten HTML-Code.

```
1  <select id="form:prefCat" name="form:prefCat"
2      multiple="multiple" size="5">
3    <option value="IT">Italian</option>
4    <option value="AT">Austrian</option>
5    <option value="CN">Chinese</option>
6  </select>
```

Listing 3.32
HTML-Code der UISelectItem- und UISelectItems-Komponente

JSF erlaubt ab Version 2.0 mit einer Reihe von neuen Attributen für f:selectItems das Generieren der Auswahlobjekte ähnlich der Iteration einer Data-Table über eine Liste. Das Erstellen von SelectItem-Instanzen in der Managed-Bean ist dann nicht mehr notwendig.

Wie bei h:dataTable definiert das Attribut var einen Namen, über den beim Iterieren das aktuelle Element verfügbar ist. Dieser Name kommt dann in den Attributen itemLabel und itemValue in Value-Expressions zum Einsatz, um den Wert und das Label einer einzelnen Option festzulegen.

Sehen wir uns ein kurzes Beispiel an. Listing 3.33 zeigt die modifizierten Tags zur Deklaration der Auswahlliste.

```
1  <h:selectManyListbox id="prefCat" size="5"
2      value="#{customerBean.customer.preferredCategories}">
3    <f:selectItems value="#{customerBean.categories}"
4      var="cat" itemLabel="#{cat.name}" itemValue="#{cat.abbr}"/>
5  </h:selectManyListbox>
```

Listing 3.33
f:selectItems mit Attribut var

In Abbildung 3.4 sehen Sie, wie der dazugehörige Datenfluss aussieht. Die im Attribut value referenzierte Liste enthält fünf Beans vom Typ Category – mit den Eigenschaften name und abbr. Beim Durchlaufen der Liste wird die aktuelle Bean unter dem in var definierten Namen cat abgelegt. Daraus wird eine Instanz der Klasse SelectItem erstellt – mit cat.name als Label und cat.abbr als Wert. Diese Select-Items stellen dann die möglichen Optionen der Auswahlliste dar.

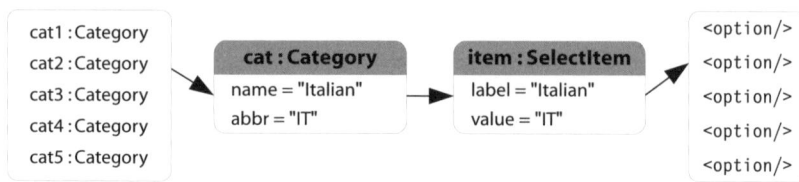

Abbildung 3.4
Datenfluss bei
f:selectItems mit
Attribut var

Objektgruppen

Bei der Verwendung von h:selectItems können einzelne Elemente der Liste auch gruppiert werden. Dazu bietet JSF die von SelectItem abgeleitete Klasse SelectItemGroup. Die Änderungen an der Managed-Bean, um Objektgruppen zu verwenden, sind marginal (Listing 3.34).

Listing 3.34
Auszug aus
Managed-Bean für
Objektgruppen

```
1  public List<SelectItem> getCategories() {
2    if (categories == null) {
3      categories = new ArrayList<SelectItem>();
4      SelectItem[] euItems = {
5        new SelectItem("IT", "Italian"),
6        new SelectItem("AT", "Austrian")
7      };
8      SelectItemGroup euGroup = new SelectItemGroup(
9          "Europe", null, true, euItems);
10     categories.add(euGroup);
11     categories.add(new SelectItem("MX", "Mexican"));
12   }
13   return categories;
14 }
```

Der zugehörige HTML-Code ist in Listing 3.35 ersichtlich.

Listing 3.35
HTML-Code der
UISelectItem- und
UISelectItems-
Komponente mit
Gruppierung

```
1  <select id="form:prefCat" name="form:prefCat"
2      multiple="multiple" size="5">
3    <optgroup label="Europe">
4      <option value="IT">Italian</option>
5      <option value="AT">Austrian</option>
6    </optgroup>
7    <option value="MX">Mexican</option>
8  </select>
```

3.8 Panel-Komponenten

Für die Gruppierung von Komponenten in einem *Container* wird die UIPanel-Komponente verwendet. Aktionen wie zum Beispiel das Ein-

oder Ausblenden aller Komponenten können für die in einem Panel-Tag verschachtelten Komponenten zusammen ausgeführt werden.

Die *HTML-Tag-Library* stellt die Tags `h:panelGrid` zur Erzeugung einer Tabelle mit anpassbarer Kopf- und Fußzeile und `h:panelGroup` zum einfachen Gruppieren von Elementen zur Verfügung.

Mit `h:panelGroup` gruppierte Elemente werden entweder als *Inline-Element* oder ab JSF 1.2 wahlweise auch als *Block-Element* gerendert. Ein *Block-Element* wird vom Browser immer in einer neuen Zeile gerendert, ein *Inline-Element* erzeugt keinen Zeilenumbruch, außer die Zeile ist zu Ende. Die Ausgabemethode wird mit dem Attribut `layout` gesteuert: Der Wert `block` führt zu einer Ausgabe als `<div/>`-Element, bei allen anderen Werten wird ein `<span/>`-Element ausgegeben.

Ein `h:panelGrid`-Element erzeugt eine Tabelle und ordnet Kindkomponenten in den Zeilen und Spalten an. Dazu muss die Anzahl der Spalten mit dem Attribut `columns` definiert werden. Dadurch wird das erste enthaltene Element in die erste Zeile in der ersten Spalte, das zweite Element in die erste Zeile in der zweiten Spalte – und so weiter bis zur mit `columns` definierten Spalte – gesetzt. Das darauffolgende Element wird dann in die zweite Zeile in der ersten Spalte gestellt und der Vorgang setzt sich nach demselben Muster fort (Listing 3.36).

Listing 3.36
Die Panel-Grid-Komponente `h:panelGrid`

```
1  <h:panelGrid columns="3" styleClass="table-background"
2      width="40%" columnClasses="table-odd-col, table-even-col"
3      footerClass="table-footer" headerClass="page-header">
4    <f:facet name="header">
5      <h:outputText value="Kopfzeile"/>
6    </f:facet>
7    <h:outputText value="(1,1)"/>
8    <h:outputText value="(1,2)"/>
9    <h:outputText value="(1,3)"/>
10   <h:outputText value="(2,1)"/>
11   <h:outputText value="(2,2)"/>
12   <h:outputText value="(2,3)"/>
13   <f:facet name="footer">
14     <h:outputText value="Fußzeile"/>
15   </f:facet>
16 </h:panelGrid>
```

Die Anzahl der Kindkomponenten in einer `h:panelGrid`-Komponente sollte immer ein Vielfaches der definierten Anzahl an Spalten sein. Geht das nicht auf oder wird eine leere Zelle benötigt, kann ein leeres `h:panelGroup`-Element eingefügt werden. Für den Fall, dass Sie in einer Zelle der Tabelle mehrere Komponenten anzeigen wollen, können Sie diese ebenfalls mit einem `h:panelGroup`-Element gruppieren.

3 Standard-JSF-Komponenten

h:panelGrid kann mit *Facets* um eine Kopf- und eine Fußzeile erweitert werden. Dazu wird einfach ein *Facet* mit einem definierten Namen – header für Kopfzeilen und footer für Fußzeilen – als Kindelement hinzugefügt.

Design

Das Layout der einzelnen Tabellenteile kann über das Einbinden von CSS-Stylesheet-Klassen in die Attribute columnClasses, footerClass, headerClass und rowClasses bestimmt werden. Wird headerClass spezifiziert, wird diese Klasse auf das Kopfzeilen-*Facet* angewendet, dasselbe gilt für footerClass und ein Fußzeilen-*Facet*.

Listing 3.37
HTML-Code zur Panel-Grid-Komponente h:panelGrid

```
1  <table class="table-background" width="40%">
2    <thead>
3      <tr>
4        <th class="page-header" colspan="3" scope="colgroup">
5        Kopfzeile</th>
6      </tr>
7    </thead>
8    <tfoot>
9      <tr>
10       <td class="table-footer" colspan="3">Fußzeile</td>
11     </tr>
12   </tfoot>
13   <tbody>
14     <tr>
15       <td class="table-odd-col">(1,1)</td>
16       <td class="table-even-col">(1,2)</td>
17       <td class="table-odd-col">(1,3)</td>
18     </tr>
19     <tr>
20       <td class="table-odd-col">(2,1)</td>
21       <td class="table-even-col">(2,2)</td>
22       <td class="table-odd-col">(2,3)</td>
23     </tr>
24   </tbody>
25 </table>
```

3.9 UIViewRoot

Die Komponente UIViewRoot bildet das Wurzelelement des Komponentenbaums ab. Über die UIViewRoot-Komponente kann somit auf alle Elemente des Baums zugegriffen werden, sie selbst wird aber nicht dargestellt. Das Tag der Komponente befindet sich in der *Core-Tag-Library* und wird mit f:view in eine Seitendeklaration eingebunden.

f:view bietet einige für die tägliche Arbeit mit JSF nützliche Attribute. Über das locale-Attribut kann die Lokalisierung für den Komponentenbaum und die daraus gerenderte Seite gesetzt werden. Gültige Werte für locale sind Zeichenketten, die einen Lokalisierungscode enthalten (wie "de" oder "en"), oder Instanzen der Klasse java.util.Locale. In JSF 1.2 sind zwei weitere interessante Attribute hinzugekommen: beforePhase und afterPhase bieten die Möglichkeit, mit einer Method-Expression Phase-Listener für die Seite einzubinden. Diese Listener werden vor beziehungsweise nach jeder Phase (außer der Restore-View-Phase) aufgerufen. Die Methode muss dazu folgende Signatur aufweisen:

```
void phaseListener(javax.faces.event.PhaseEvent ev)
```

Bleibt nur noch zu klären, warum Phase-Listener, die über die Attribute beforePhase und afterPhase registriert werden, für die erste Phase nicht ausgeführt werden: Es gibt zu Beginn der ersten Phase noch keinen Komponentenbaum. UIViewRoot kann daher auch keine Ereignisse auslösen.

3.10 Nachrichtenkomponenten

Beim Ausführen eines Requests können zum Beispiel bei der Validierung, der Konvertierung oder bei der Ereignisbehandlung Nachrichten (*Messages*) entstehen. Nachrichten werden in JSF zu Instanzen der Klasse FacesMessage. Mithilfe der h:message- oder der h:messages-Komponente können diese Nachrichten für den Benutzer dargestellt werden. Jede Nachricht weist einen Schweregrad (es gibt die Stufen *Info*, *Warn*, *Error*, *Fatal*) und eine beschreibende Information auf. Details des JSF-Nachrichtensystems werden in Abschnitt 2.13 behandelt.

Styling von Nachrichten

Über die Einbindung von CSS-Klassen bzw. CSS-Stilen ist es möglich, Nachrichten je nach Schweregrad unterschiedlich darzustellen. Dazu werden die Attribute infoClass, infoStyle, warnClass und warnStyle, errorClass, errorStyle, fatalClass und fatalStyle mit dem Verweis auf den darzustellenden CSS-Stil oder die darzustellende CSS-Klasse verwendet.

Eine Nachricht – h:message

Um nur eine einzelne FacesMessage für eine bestimmte Komponente anzuzeigen, wird das h:message-Tag eingesetzt. Sollten mehrere Nachrichten für die Komponente generiert werden, wird mit dieser Komponente nur die jeweils erste angezeigt. Mit dem Attribut for wird die ID jener Komponente referenziert, für die die erste Nachricht dargestellt werden soll. In Listing 3.38 ist das Eingabefeld für den Geburtstag aus *MyGourmet* mit einem h:message-Tag für die Komponente angegeben.

Listing 3.38
h:message im Einsatz

```
1  <h:inputText id="birthday" size="30"
2      value="#{customerBean.customer.birthday}">
3      <f:convertDateTime pattern="dd.MM.yyyy"/>
4      <f:validator validatorId="at.irian.Birthday"/>
5  </h:inputText>
6  <h:message for="birthday" showDetail="true" showSummary="true"
7      warnStyle="color: green" infoStyle="color: blue"
8      errorStyle="color: red"/>
```

Gibt der Benutzer ein Geburtsdatum in der Zukunft ein, wird ein Validierungsfehler ausgelöst und in der Ausgabe eine Nachricht mit dem CSS-Stil `color: red` erzeugt (der Schweregrad jeder Standard-Validierungsnachricht ist `error`).

Ist das Attribut `showDetail` der Nachrichtenkomponente auf `true` gesetzt, wird die detaillierte Fehlerinformation angezeigt, ist `showSummary` auf `true` gesetzt, erfolgt eine Anzeige der Zusammenfassung der Fehlerinformation. Haben beide Attribute den Wert `true`, wird die Zusammenfassung und die Detailinformation ausgegeben.

Alle Nachrichten – h:messages

Mehrere Nachrichten können mit der `h:messages`-Komponente angezeigt werden. Wird das `globalOnly`-Attribut auf `false` gesetzt, werden alle Nachrichten angezeigt, ist es auf `true` gestellt, werden nur Nachrichten ausgegeben, die nicht zu einer Komponente gehören (in der Regel sind das Nachrichten, die durch Event-Listener- oder Action-Methoden ausgelöst wurden). Mit `layout` wird die Darstellungsart der Nachrichten bestimmt. Mit `layout = "list"` werden die Nachrichten eine nach der anderen in einem HTML-Listenelement ausgegeben, mit `layout = "table"` werden die einzelnen Nachrichten in Tabellenzeilen angezeigt.

Jede Seite mit messages-Element!

Vergessen Sie bei der Entwicklung einer Webapplikation nicht, ein Element zur Ausgabe von Nachrichten in die Seite einzufügen, um Validierungs- und Konvertierungsfehler sofort zu erkennen. Typische Auswirkung: Beim Fehlschlagen der Konvertierung oder Validierung wird keine Navigation ausgeführt. JSF greift Ihnen dabei ab Version 2.0 unter die Arme und fügt – wenn keine existiert – automatisch eine `h:messages`-Komponente in die Ansicht ein – allerdings nur, wenn die Project-Stage auf `Development` gesetzt ist (siehe Abschnitt 4.1).

3.11 Komponenten zur GET-Navigation

Die Komponente `UIOutcomeTarget` wurde mit Version 2.0 von JSF in den Standard aufgenommen und bildet einen zentralen Aspekt der erweiterten Unterstützung von GET-Anfragen und Bookmarks. Die Aufgabe dieser Komponente besteht darin, einen Hyperlink zu erstellen, der bei Aktivierung eine einfache GET-Anfragen absetzt, aber trotzdem den Navigationsmechanismus von JSF benutzt.

In der HTML-Tag-Library existieren Tags für zwei Ausprägungen dieser Komponente, die sich lediglich in der Art der gerenderten Ausgabe unterscheiden:

- `h:link` wird als Link gerendert.
- `h:button` wird als Schaltfläche gerendert.

Beide Komponenten haben die Attribute `value` und `outcome`, mit denen der Hyperlink definiert wird. Der Wert von `value` erscheint – je nach Tag – in der gerenderten Ausgabe als Text des Links oder der Schaltfläche. Ausschlaggebend für das Ziel des Links ist der Wert des Attributs `outcome`, der beim Rendern der Komponente an den Navigation-Handler weitergereicht wird. Dieser versucht einen Navigationsfall zu finden, bei dem `from-outcome` mit dem Wert von `outcome` übereinstimmt. Bleibt die Suche erfolglos, wird der Wert von `outcome` direkt als View-ID interpretiert.

Listing 3.39 zeigt zwei Beispiele für `h:link` mit einem direkten Link auf die Ansicht `/showCustomer.xhtml`. Im Unterschied zur »klassischen« Navigation wird das Ziel der Navigation hier bereits in der Render-Response-Phase bestimmt und nicht erst in der Invoke-Application-Phase beim Postback. Mit `f:param` ist es möglich, Parameter an den Link anzuhängen, wie das zweite Tag zeigt.

```
1  <h:link outcome="/showCustomer.xhtml"
2      value="#{msgs.menu_show_customer}"/>
3  <h:link outcome="/showCustomer.xhtml"
4      value="#{msgs.menu_show_customer}">
5    <f:param name="id" value="1234"/>
6  </h:link>
```

Listing 3.39
`h:link` *im Einsatz*

Anders als bei den Befehlskomponenten müssen `h:link` und `h:button` nicht in einem `h:form`-Tag eingebettet sein. Weiterführende Informationen zur Unterstützung von Bookmarks und GET-Anfragen finden Sie in Abschnitt 4.4.

3.12 Ressourcenbezogene Komponenten

Mit JSF 2.0 hat ein standardisiertes Verfahren zur Verwaltung von Ressourcen wie Stylesheets oder Skripte in den Standard Einzug gehalten. Wir wollen an dieser Stelle nur einen kurzen Überblick geben und nicht im Detail auf die Ressourcenverwaltung eingehen. Eine ausführlichere Beschreibung folgt in Kapitel 5.

Folgende neue Tags der HTML-Tag-Library erlauben das komfortable Einfügen von Ressourcen in die Ansicht:

- ❑ `h:outputScript` gibt eine Skript-Ressource aus.
- ❑ `h:outputStylesheet` gibt eine Stylesheet-Ressource aus.

Ressourcen werden im einfachsten Fall durch ihren Dateinamen identifiziert. Optional können sie auch in Bibliotheken gruppiert werden, die ebenfalls einen Namen aufweisen. In den beiden oben genannten Tags können diese Werte direkt in die Attribute `name` und `library` eingetragen werden.

Folgendes Tag fügt zum Beispiel das Stylesheet `main.css` aus der Bibliothek `styles` in die Ansicht ein:

```
<h:outputStylesheet name="main.css" library="styles"/>
```

Intern erstellt JSF daraus den Dateinamen `/styles/main.css` und versucht anschließend, diese Datei an folgenden Stellen in der angegebenen Reihenfolge zu finden:

1. `/resources` im Wurzelverzeichnis der Anwendung
2. `/META-INF/resources` in Jar-Dateien im Classpath

Zusätzlich erlaubt JSF die Positionierung einzelner Ressourcen in definierten Bereichen einer Ansicht, wie dem *Head* oder dem *Body*. Damit JSF diese Bereiche richtig identifizieren kann, gibt es folgende neue Komponenten in der *HTML-Tag-Library*:

- ❑ `h:head` umschließt den Head-Bereich der Seite.
- ❑ `h:body` umschließt den Body-Bereich der Seite.

Beim Einbinden einer Skript-Ressource mit `h:outputScript` kann der gewünschte Bereich mit dem Attribut `target` angegeben werden. Die erlaubten Werte sind `head`, `body` und `form`.

Wenn Sie in Ihrer Anwendung Ressourcen einsetzen, sollten Sie in jeder Ansicht `h:head` und `h:body` verwenden. Andernfalls ist das korrekte Laden von Ressourcen nicht gewährleistet. Das gilt auch, wenn Sie eine Komponentenbibliothek verwenden, die ihre Ressourcen mit JSF-Hausmitteln verwaltet. In diesem Fall kann es allerdings sein, dass die Bibliothek eigene Komponenten für diesen Zweck anbietet.

3.13 Verhaltens-Interfaces

In JSF gibt es mehrere *Interfaces*, die ein bestimmtes Verhalten von Komponenten definieren. Bei der Vorstellung der Standardkomponenten wird Ihnen vielleicht aufgefallen sein, dass eine Reihe von ihnen ähnliche Verhaltensmuster aufweisen. Zum Beispiel gibt es einige Komponenten, die über einen Wert verfügen, andere können diesen Wert sogar verändern, und wieder andere lösen ein Action-Event aus, wenn ein Benutzer sie aktiviert.

Als Benutzer der Komponente können Sie aus den von der Komponente implementierten *Interfaces* neben dem Verhalten auch ablesen, welche Objekte Sie an die Komponente anhängen können. Ein Validator ist zum Beispiel nur für Komponenten erlaubt, deren Wert veränderbar ist.

Hier eine Auswahl der wichtigsten Verhaltens-Interfaces:

- `ActionSource2` [6]
  Komponenten, die dieses Interface implementieren, sind Quellen von Action-Events und ermöglichen das Hinzufügen von Action-Listenern. `ActionSource2` wird beispielsweise von `UIComponent` implementiert.
- `ValueHolder`
  Komponenten, die dieses Interface implementieren, haben einen Wert, der über eine Value-Expression, aber auch lokal gesetzt werden kann, und unterstützen Konverter. `ValueHolder` wird zum Beispiel von `UIOutput` implementiert.
- `EditableValueHolder`
  Dieses Interface ist von `ValueHolder` abgeleitet und erweitert dessen Verhalten. Komponenten, die diese Interface implementieren, erlauben das Editieren des Werts und das Anhängen von Validatoren. Sie lösen auch Value-Change-Events aus, wenn sich der Wert ändert, worauf der Benutzer mit Value-Change-Listenern reagieren kann. `EditableValueHolder` wird zum Beispiel von `UIInput` implementiert.

3.14 *MyGourmet 8*: Standardkomponenten

MyGourmet 8 fasst alle Änderungen aus den vorangegangenen Abschnitten über die JSF-Standardkomponenten zusammen. Die einzelnen

---

[6]Das Interface `ActionSource2` ist der »Nachfolger« von `ActionSource` ab JSF 1.2, der durch die Umstellung von Method-Bindings auf Method-Expressions notwendig wurde.

Neuerungen wurden bereits dort erklärt. Hier soll nur mehr das vollständige Beispiel präsentiert werden. Im Browser sieht die Seite `editCustomer.xhtml` mit den neuen Feldern wie in Abbildung 3.5 aus.

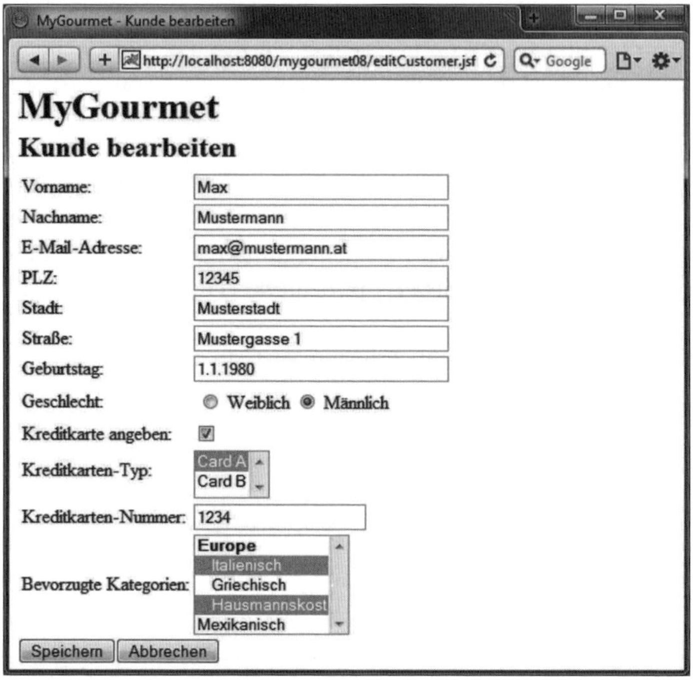

Abbildung 3.5
MyGourmet 8: Ansicht im Browser

In der Seite `showCustomer.xhtml` werden die zuvor eingegebenen Daten ausgegeben. Erwähnenswert ist hier die Ausgabe der Liste der bevorzugten Kategorien und der Werte der anderen Auswahlfelder.

Anstatt in der Ansicht über die ausgewählten Kategorien zu iterieren, wird die Eigenschaft `preferredCategoriesString` der Bean `customerBean` bei der Ausgabe verwendet. Der Aufbau der darzustellenden Zeichenkette wird in die *Backing-Bean* verschoben – die Logik ist somit an zentraler Stelle definiert und die Seitendefinition bleibt schlank.

Auf ähnliche Art und Weise wird das ausgewählte Geschlecht ausgegeben. Im Modell wird das Geschlecht als einzelnes Zeichen abgelegt – die Eigenschaft `selectedGender` in der *Backing-Bean* dient der Ausgabe. Intern wird dabei das Zeichen in eine lesbare Zeichenkette umgewandelt.

Die entsprechenden Methoden der Klasse `CustomerBean` finden sich in Listing 3.40.

Die Ausgabe des ausgewählten Geschlechts kann alternativ über eine `Map` mit dem Geschlecht als Schlüssel und der Zeichenkette als Wert

```java
public String getPreferredCategoriesString() {
  StringBuilder categories = new StringBuilder();
  List<String> cats = customer.getPreferredCategories();
  if (cats != null) {
    for (String cat : prefCats) {
      if (categories.length() > 0) {
        categories.append(", ");
      }
      categories.append(getCategoryLabel(cat));
    }
  }
  return categories.toString();
}

public String getSelectedGender() {
  return customer.getGender() != null
      ? getGenderLabel(customer.getGender()) : null;
}

private String getCategoryLabel(String category) {
  FacesContext c = FacesContext.getCurrentInstance();
  return GuiUtil.getResourceText(
      c, "msgs", "category_" + category);
}

private String getGenderLabel(char gender) {
  FacesContext c = FacesContext.getCurrentInstance();
  return GuiUtil.getResourceText(
      c, "msgs", "gender_" + gender);
}
```

Listing 3.40
MyGourmet 8: Auszug der Klasse CustomerBean

erfolgen. In der Seite wird diese Map in einem EL-Ausdruck mit dem Geschlecht des Kunden als Schlüssel verwendet:

```
#{customerBean.genderMap[
    customerBean.customer.gender]}
```

Damit ist das Beispiel *MyGourmet 8* abgeschlossen. Im Anschluss folgt direkt ein weiteres Beispiel, das der Standardkomponente UIData und der Umschaltung zwischen Listen- und Detailansicht gewidmet ist.

3.15 *MyGourmet 9*: UIData und Detailansicht

MyGourmet 9 demonstriert den Einsatz der Standardkomponente UIData und die Umschaltung zwischen Listen- und Detailansicht. Dazu erweitern wir die Daten des Kunden um eine Liste von Adressen. Damit diese Adressdaten nicht bei jedem Testlauf eingegeben werden müssen, wird die bisherige Reihenfolge der Seiten umgedreht. Die Startseite ist jetzt `showCustomer.xhtml` mit der Liste von Adressen. Die Daten des Kunden bleiben editierbar und die einzelnen Adressen können bearbeitet und gelöscht werden. Im Browser sehen die Seiten dann wie in Abbildung 3.6 und 3.7 aus.

Abbildung 3.6
MyGourmet 9:
`showCustomer.xhtml`
im Browser

Abbildung 3.7
MyGourmet 9:
`editAddress.xhtml`
im Browser

Ein Ausschnitt von `showPersons.xhtml` mit den zusätzlichen `h:commandLink`-Tags zur Navigation auf die Detailseiten und zum Löschen einer Adresse ist in Listing 3.41 zu finden.

```
1  <h:dataTable var="address"
2      value="#{customerBean.customer.addresses}">
3    <h:column>
4      <f:facet name="header">
5        <h:outputText value="#{msgs.zip_code}"/>
6      </f:facet>
7      <h:outputText value="#{address.zipCode}"/>
8    </h:column>
9    <h:column>
10     <f:facet name="header">
11       <h:outputText value="#{msgs.city}"/>
12     </f:facet>
13     <h:outputText value="#{address.city}"/>
14   </h:column>
15   <h:column>
16     <f:facet name="header">
17       <h:outputText value="#{msgs.street}"/>
18     </f:facet>
19     <h:outputText value="#{address.street}"/>
20   </h:column>
21   <h:column>
22     <h:commandLink value="#{msgs.edit}"
23       action="#{addressBean.edit(address)}"/>
24      
25     <h:commandLink value="#{msgs.delete}"
26       action="#{customerBean.deleteAddress(address)}"/>
27   </h:column>
28 </h:dataTable>
```

Listing 3.41
MyGourmet 9: Adressdaten in showCustomer.xhtml

Die Klasse `Customer` wird um die Eigenschaft `addresses` erweitert. Die Liste besteht aus Instanzen der Klasse `Address` mit den Eigenschaften `zipCode`, `city`, `street` und `country`. Der Einfachheit halber wird die Liste mit zwei Elementen initialisiert, wenn sie leer ist. Listing 3.42 zeigt den zugehörigen Code der Klasse `Customer`.

Die Liste der Adressen kann somit bereits ausgegeben werden. Wie kommen wir aber jetzt von der Übersichtsseite zur Detailseite, und das auch noch mit den richtigen Daten? Der oben gezeigte Quelltext von `showCustomer.xhtml` verrät bereits den kompletten Trick. Der entscheidende Punkt ist der Einsatz einer Method-Expression mit einem Parameter, was die neue *Unified-EL* ermöglicht. Um die Navigation auf die Detailseite auszulösen, wird das `action`-Attribut des `h:commandLink`-Elements auf `#{addressBean.edit(address)}` gesetzt.

Sehen wir uns zum Abschluss noch das Löschen einer Adresse an. Auch dazu greifen wir auf die neue *Unified-EL* zurück und verwen-

Listing 3.42
MyGourmet 9: Adressdaten in Customer

```
1  private List<Address> addresses =
2      new ArrayList<Address>();
3  public List<Address> getAddresses() {
4      if (addresses.size() == 0) {
5          addresses.add(new Address(
6              1010, "Wien", "Stephansplatz 1", "Austria"));
7          addresses.add(new Address(
8              1040, "Wien", "Karlsplatz 1", "Austria"));
9      }
10     return addresses;
11 }
12 public void setAddresses(List<Address> addresses) {
13     this.addresses = addresses;
14 }
```

den eine Method-Expression mit einem Parameter. Das `h:commandLink`-Tag zum Löschen einer Adresse ist in Listing 3.41 ersichtlich. Mit der Method-Expression im Attribut `action` wird die zu löschende Adresse als Parameter an die Methode übergeben. Dadurch haben wir direkt in der Methode Zugriff auf die Adresse, was bislang nicht so einfach möglich war. Den Code der Action-Methode zeigt Listing 3.43.

Listing 3.43
MyGourmet 9: Action-Methode zum Löschen einer Adresse

```
1  public String deleteAddress(Address address) {
2      customer.getAddresses().remove(address);
3      return null;
4  }
```

Die neue Version der *Unified-EL* ist ein Teil von *Java EE 6* und wird automatisch mit allen Servern geliefert, die Servlet 3.0 und JSP 2.2 unterstützen (dazu zählen zum Beispiel Tomcat 7 oder Jetty 8). Falls Sie einen älteren Server einsetzen, müssen Sie trotzdem nicht auf die wichtigsten Features der neuen *Unified-EL* verzichten. Abschnitt 4.6.3 zeigt die Verwendung der alternativen EL-Implementierung von *JBoss*.

4 Advanced JSF

Nachdem in den vorangegangenen Kapiteln die Grundlagen von JSF im Mittelpunkt standen, wollen wir uns in diesem Kapitel den etwas weiterführenden Themen zuwenden.

Nach einer kurzen Vorstellung der Project-Stage in Abschnitt 4.1 zeigen wir Ihnen in Abschnitt 4.2 erweiterte Aspekte von Facelets, die hauptsächlich die Wiederverwendung von Inhalten betreffen. Ein zentrales Thema für beinahe jedes Webprojekt ist Templating. Abschnitt 4.3 zeigt daher ausführlich, wie Templating mit Facelets funktioniert. Abschnitt 4.4 präsentiert anschließend die Unterstützung von GET-Anfragen mit View-Parametern und – neu in JSF 2.2 – View-Actions. Abschließend werfen wir in Abschnitt 4.5 noch einen etwas ausführlicheren Blick auf den Faces-Context und den External-Context, bevor wir das Kapitel mit einigen Details der Konfiguration von JSF in Abschnitt 4.6 abschließen.

Damit die Praxis nicht zu kurz kommt, werden die vorgestellten Konzepte in den Beispielen *MyGourmet 10*, *MyGourmet 11* und *MyGourmet 12* umgesetzt.

4.1 Project-Stage

Die in JSF 2.0 eingeführte Project-Stage ist an `RAILS_ENV` von *Ruby on Rails* angelehnt und bietet eine Möglichkeit, die aktuelle Phase des Projekts für die Entwicklung bereitzustellen. Die möglichen Werte sind in der Enum `javax.faces.application.ProjectStage` festgelegt und lauten folgendermaßen:

- `Production` (Standardwert)
- `Development`
- `SystemTest`
- `UnitTest`

Sie können die Project-Stage überall dort einsetzen, wo Sie Code abhängig von der aktuellen Projektphase ausführen wollen.

Die Projektphase kann auf folgende Arten auf einen der oben angeführten Werte gesetzt werden:

- Über den Kontextparameter `javax.faces.PROJECT_STAGE` in der `web.xml`
- Über den Namen `java:comp/env/jsf/ProjectStage` mit JNDI

Mit dem Ausschnitt aus der `web.xml` in Listing 4.1 wird die Project-Stage zum Beispiel auf den Wert `Development` gesetzt.

Listing 4.1 Project-Stage in web.xml setzen

```
1  <context-param>
2    <param-name>javax.faces.PROJECT_STAGE</param-name>
3    <param-value>Development</param-value>
4  </context-param>
```

Zur Laufzeit wird die aktuelle Project-Stage im Application-Objekt abgelegt und kann mit der Methode `getProjectStage()` von dort ausgelesen werden. Listing 4.2 zeigt ein kleines Codebeispiel.

Listing 4.2 Überprüfen der Project-Stage (Variante 1)

```
1  FacesContext fc = FacesContext.getCurrentInstance();
2  Application a = fc.getApplication();
3  if (a.getProjectStage() == ProjectStage.Development) {
4    // Beliebiger Code
5  }
```

Mit der Hilfsmethode `isProjectStage(ProjectStage)` im `FacesContext` lässt sich das vorherige Codefragment noch weiter vereinfachen. In Listing 4.3 finden Sie ein Beispiel.

Listing 4.3 Überprüfen der Project-Stage (Variante 2)

```
1  FacesContext fc = FacesContext.getCurrentInstance();
2  if (fc.isProjectStage(ProjectStage.Development)) {
3    // Beliebiger Code
4  }
```

JSF berücksichtigt die Project-Stage bereits in der Spezifikation an einigen Stellen und das Potenzial für weitere Einsatzgebiete ist groß.

Wenn die Project-Stage auf `Development` gesetzt ist, wird in jede Seite eine `h:messages`-Komponente eingefügt, falls diese nicht vorhanden ist. Damit wird verhindert, dass Validierungsfehler in Formularen unbemerkt bleiben.

Ein weiteres Beispiel findet sich beim Ressourcenmanagement. JSF cacht Ressourcen nur dann, wenn die Project-Stage auf `Production` gesetzt ist. Andernfalls werden sie bei jedem Zugriff neu geladen.

In *MyFaces* steuert die Project-Stage zusätzlich das Überprüfen von Seitendeklarationen auf Änderungen. Ist die Project-Stage auf `Production gesetzt, aktualisiert Facelets Seitendeklarationen nach dem ersten Aufruf der Seite nicht mehr. Bei allen anderen Project-Stages werden Änderungen nach zwei Sekunden wieder berücksichtigt, was die Entwicklung erheblich vereinfacht. Mehr zu diesem Thema erfahren Sie in Abschnitt 4.6.1 bei der Beschreibung des Kontextparameters `javax.faces.FACELETS_REFRESH_PERIOD`.

4.2 Advanced Facelets

In allen bisherigen Beispielen haben wir Facelets nur als Seitendeklarationssprache und bessere Alternative zu JSP eingesetzt. Facelets kann aber viel mehr und bietet eine breite Palette an Features, die das Leben eines JSF-Entwicklers einfacher machen. Im Laufe dieses Abschnitts werden wir einige davon vorstellen.

Facelets stellt dazu eine eigene Tag-Bibliothek mit dem Namensraum `http://xmlns.jcp.org/jsf/facelets` bereit. Üblicherweise wird diese Bibliothek mit dem Präfix `ui` in Seitendeklarationen eingebunden. Die wichtigsten Tags daraus werden wir im Rest dieses Abschnitts präsentieren.

4.2.1 Wiederverwendung von Inhalten mit Facelets

Facelets bietet Entwicklern die Möglichkeit, Ansichten modular aufzubauen und wiederkehrende Inhalte an zentraler Stelle zu definieren. Das dafür grundlegende Konzept sind die sogenannten Kompositionen, die einen Teil eines Komponentenbaums gruppieren.

Facelets kann eine Ansicht aus einer beliebigen Anzahl von Kompositionen aufbauen, die jeweils in einem eigenen XHTML-Dokument deklariert sind. Trifft Facelets beim Aufbau des Komponentenbaums auf ein `ui:include`-Tag, wird das Dokument mit dem im Attribut `src` angegebenen Dateinamen in die Ansicht mit aufgenommen. Der Pfad des Dokuments kann absolut oder relativ zur aktuellen Ansicht angegeben sein.

Sehen wir uns das im Kontext von *MyGourmet* an. Listing 4.4 definiert eine Komposition für einen Seitenkopf, der unter `/WEB-INF/includes/header.xhtml` abgelegt ist.

In Listing 4.5 sehen Sie den Ausschnitt der Seitendeklaration `showCustomer.xhtml` mit dem über `ui:include` eingefügten Seitenkopf. Das Tag `ui:param` übergibt den Text für die Überschrift zweiter Ordnung als Parameter an das eingefügte Seitenfragment – doch dazu später mehr.

Wie funktioniert in Facelets die Zusammensetzung der Deklaration `showCustomer.xhtml` mit dem eingefügten Fragment `header.xhtml`?

Listing 4.4
Fragment für einen Seitenkopf

```
1  <html xmlns="http://www.w3.org/1999/xhtml"
2      xmlns:h="http://xmlns.jcp.org/jsf/html"
3      xmlns:ui="http://xmlns.jcp.org/jsf/facelets">
4  <head><title>MyGourmet header</title></head>
5  <body>
6    <ui:composition>
7      <h:panelGroup style="width: 100%; height: 40px;"
8        layout="block">
9        <h:graphicImage value="/images/logo.png"
10           style="float: left;"/>
11       <h1 style="display: inline; margin-left: 5px;">
12         #{msgs.title_main}
13       </h1>
14     </h:panelGroup>
15     <h2>#{pageTitle}</h2>
16   </ui:composition>
17 </body>
18 </html>
```

Listing 4.5
Einfügen des Seitenkopfs mit ui:include

```
1  <html xmlns="http://www.w3.org/1999/xhtml"
2      xmlns:ui="http://xmlns.jcp.org/jsf/facelets">
3  <head>
4    <title>#{msgs.title_main}</title>
5  </head>
6  <body>
7    <ui:include src="/WEB-INF/includes/header.xhtml">
8      <ui:param name="pageTitle"
9        value="#{msgs.title_show_customer}"/>
10   </ui:include>
11   ...
12 </body>
13 </html>
```

Wie Sie vielleicht bemerkt haben, handelt es sich bei beiden Dateien um komplette XHTML-Dokumente. Es soll allerdings nur ein einziges Dokument an den Browser geschickt werden. Des Rätsels Lösung liegt darin, wie Facelets das Tag `ui:composition` behandelt – es ignoriert beim Einfügen des Seitenfragments sämtliche Inhalte außerhalb des Tags `ui:composition`.

Nachdem Facelets das HTML-Grundgerüst des Seitenfragments in Listing 4.4 sowieso ignoriert, kann es auch entfernt werden. Das Wurzelelement des XHTML-Dokuments ist nicht länger `html`, sondern `ui:composition`. Streng genommen handelt es sich dann nicht mehr um ein XHTML-Dokument, was aber Facelets nichts ausmacht. Listing 4.6 zeigt die optimierte Variante von `header.xhtml`.

```
1  <ui:composition xmlns="http://www.w3.org/1999/xhtml"
2    xmlns:h="http://xmlns.jcp.org/jsf/html"
3    xmlns:ui="http://xmlns.jcp.org/jsf/facelets">
4    <h:panelGroup style="width: 100%; height: 40px;"
5      layout="block">
6      <h:graphicImage value="/images/logo.png"
7        style="float: left;"/>
8      <h1 style="display: inline; margin-left: 5px;">
9        #{msgs.title_main}
10     </h1>
11   </h:panelGroup>
12   <h2>#{pageTitle}</h2>
13 </ui:composition>
```

Listing 4.6
Fragment für einen Seitenkopf

Der Parameter `pageTitle` ermöglicht eine individuelle Definition der Überschrift bei jedem Einfügen des Fragments. Werfen Sie nochmals einen Blick auf Listing 4.4, dann sehen Sie die Verwendung dieses Parameters. Mit dem EL-Ausdruck `#{pageTitle}` wird der Wert direkt im h2-Element ausgewertet.

Das `ui:component`-Tag bietet die gleiche Funktionalität wie das Tag `ui:composition` – im Komponentenbaum wird aber zusätzlich eine Wurzelkomponente für die Komponentengruppe eingefügt.

Die hier gezeigte Vorgehensweise ist die einfachste Form, Komponentenbäume in Facelets aus mehreren Kompositionen aufzubauen. Wir werden Ihnen im Laufe der nächsten Abschnitte noch weitere Möglichkeiten zeigen, Seitendeklarationen modular aufzubauen.

4.2.2 Tag-Bibliotheken mit Facelets erstellen

Wir haben mittlerweile mit der Core-, der HTML- und der Facelets-Tag-Library drei verschiedene Tag-Bibliotheken kennengelernt. Jede von ihnen bietet unter einem im System eindeutigen Namensraum verschiedenste Tags zum einfachen Aufbau von Seitendeklarationen an. Wie wäre es, wenn Sie für Ihre eigenen Komponenten, Konverter und Validatoren auch eigene Tags definieren könnten? Das würde die tägliche Arbeit mit JSF doch erheblich vereinfachen. Facelets bietet auch dafür eine einfache Lösung an.

Eine benutzerdefinierte Tag-Bibliothek erlaubt die Definition von Tags für eigene Komponenten, Konverter und Validatoren. Wie die Tag-Bibliotheken der Standardkomponenten hat auch jede benutzerdefinierte Tag-Bibliothek einen im System eindeutigen Namensraum, mit dem sie in jede Seitendeklaration eingebunden werden kann. Neben Tag-Definitionen kann eine Tag-Bibliothek auch sogenannte EL-Funktionen enthalten, mit denen statische Funktionen in EL-Ausdrücken verfügbar gemacht werden.

Nachdem wir bis jetzt noch keine eigenen Komponenten erstellt haben, werden wir mit der Definition eines entsprechenden Tags noch bis Kapitel 6 warten. In Abschnitt 6.6 finden Sie sogar eine kurze Anleitung zum Aufbau einer eigenen Komponentenbibliothek. Wir wollen den folgenden Abschnitt mit der Definition einer EL-Funktion beginnen, wobei wir Ihnen auch gleich zeigen, wie Sie eine Tag-Bibliothek erstellen und im System registrieren können. Was wir Ihnen überdies nicht vorenthalten wollen, ist das Erstellen eines Tags für einen Konverter und einen Validator.

Definition einer EL-Funktion

JavaServer Pages ab Version 2.1 und Facelets bieten die Möglichkeit, statische Funktionen in EL-Ausdrücken verfügbar zu machen – und das mit einer beliebigen Anzahl von Parametern. Nachdem die Beispiele im Buch Facelets als Seitendeklarationssprache einsetzen, werden wir uns an dieser Stelle auf die Definition einer EL-Funktion mit Facelets beschränken. In JSP funktioniert die Definition allerdings sehr ähnlich.

> **Tipp:** EL-Funktionen sind mit der neuen Version der *Unified-EL* in *Java EE 6* oft nicht mehr notwendig, da beliebige Methoden – auch mit Parametern – aufgerufen werden können (siehe Abschnitt 2.5.3).

Als Beispiel implementieren wir eine Funktion, die für ein Geburtsdatum das Alter berechnet und als Zahl zurückliefert. Der dazu notwendige Java-Code beschränkt sich auf wenige Zeilen in der statischen Methode `getAge` der Klasse `MyGourmetUtil`. Diese Klasse ist in Listing 4.7 zu sehen.

Listing 4.7 Java-Code der EL-Funktion

```
1  public class MyGourmetUtil {
2    public static int getAge(Date birthday) {
3      Calendar birthCal = Calendar.getInstance();
4      birthCal.setTime(birthday);
5      Calendar today = Calendar.getInstance();
6      int age = today.get(Calendar.YEAR)
7        - birthCal.get(Calendar.YEAR);
8      if (today.get(Calendar.DAY_OF_YEAR)
9        < birthCal.get(Calendar.DAY_OF_YEAR))
10       age--;
11     return age;
12   }
13 }
```

Die hinter der EL-Funktion liegende Methode ist damit vorhanden, jetzt muss sie noch in einer Tag-Bibliothek verfügbar gemacht werden. Listing 4.8 zeigt die Tag-Bibliothek mygourmet.taglib.xml mit der Definition der EL-Funktion in einem function-Element.

Listing 4.8
Tag-Bibliothek mit einer EL-Funktion

```
1  <facelet-taglib version="2.2"
2    xmlns="http://xmlns.jcp.org/xml/ns/javaee"
3    xmlns:xsi="http://www.w3.org/2001/XMLSchema-instance"
4    xsi:schemaLocation="http://xmlns.jcp.org/xml/ns/javaee
5      http://xmlns.jcp.org/xml/ns/javaee/
6      web-facelettaglibrary_2_2.xsd">
7    <namespace>http://at.irian/mygourmet</namespace>
8    <function>
9      <function-name>getAge</function-name>
10     <function-class>
11       at.irian.jsfatwork.gui.util.MyGourmetUtil
12     </function-class>
13     <function-signature>
14       int getAge(java.util.Date)
15     </function-signature>
16   </function>
17 </facelet-taglib>
```

Der Name, unter dem die Funktion später in EL-Ausdrücken einsetzbar ist, wird im Kindelement function-name angegeben. Die Klasse und die aufzurufende Methode werden in den Elementen function-class und function-signature definiert. Sie müssen in beiden Werten qualifizierte Namen verwenden, damit die jeweiligen Klassen gefunden werden.

Das Einbinden der Tag-Bibliothek in die Anwendung erfolgt mit dem Kontextparameter javax.faces.FACELETS_LIBRARIES in der web.xml. Facelets interpretiert den Wert dieses Parameters als eine über Semikolons separierte Liste von Tag-Bibliotheken. Nach der Registrierung ist die Tag-Bibliothek über die im Element namespace definierte URI http://at.irian/mygourmet im System verfügbar. Listing 4.9 zeigt den Ausschnitt der web.xml-Datei.

Listing 4.9
Tag-Bibliothek in der web.xml einbinden

```
1  <context-param>
2    <param-name>javax.faces.FACELETS_LIBRARIES</param-name>
3    <param-value>/WEB-INF/mygourmet.taglib.xml</param-value>
4  </context-param>
```

Facelets bindet Tag-Bibliotheken aus Jar-Dateien im Classpath automatisch ein, wenn sie im META-INF-Verzeichnis liegen und ihr Dateiname mit .taglib.xml endet.

Dem Einsatz der EL-Funktion steht jetzt nichts mehr im Weg. Die benutzerdefinierte Tag-Bibliothek `mygourmet.taglib.xml` wird ähnlich den bestehenden Tag-Bibliotheken eingebunden. In Listing 4.10 sehen wir die Ausgabe des Alters unter Zuhilfenahme unserer Funktion. Bitte beachten Sie, dass beim Aufruf der Funktion das Präfix `mg:` mit angegeben werden muss.

Listing 4.10
EL-Funktion im Einsatz

```
1  <html xmlns="http://www.w3.org/1999/xhtml"
2     xmlns:h="http://xmlns.jcp.org/jsf/html"
3     xmlns:mg="http://at.irian/mygourmet">
4  ...
5  <h:outputText value=
6     "#{mg:getAge(customerBean.customer.birthday)}"/>
7  ...
8  </html>
```

Definition eines Konverter-Tags

In Abschnitt 2.11.2 haben wir bereits einen Konverter für die Postleitzahl definiert und unter dem Bezeichner `at.irian.ZipCode` registriert. Eingebunden wurde dieser Konverter mit `f:converter` unter Angabe dieses Bezeichners. Schön wäre es, wenn ein eigenes Tag mit einem sprechenden Namen und der Möglichkeit, Attribute an diesen Konverter zu übergeben, existieren würde – nichts einfacher als das.

Das Hinzufügen der Zeilen in Listing 4.11 zu unserer Bibliothek reicht aus, um den Konverter unter dem Tag `convertZipCode` zur Verfügung zu stellen. Beim Aufbau des Komponentenbaums fügt Facelets dann für jedes Tag mit dem Namen `convertZipCode` aus unserer Bibliothek den Konverter mit dem Bezeichner `at.irian.ZipCode` ein.

Listing 4.11
Definition eines Konverter-Tags

```
1  <tag>
2     <tag-name>convertZipCode</tag-name>
3     <converter>
4        <converter-id>at.irian.ZipCode</converter-id>
5     </converter>
6  </tag>
```

Listing 4.12 zeigt das neue Tag in einer Seitendeklaration. Als Voraussetzung gilt auch hier, dass die Tag-Bibliothek in der Deklaration unter dem Präfix `mg` bekannt gemacht wurde.

In *MyGourmet 12* (siehe Abschnitt 4.4.4) erstellen wir einen weiteren benutzerdefinierten Konverter mit eigenem Tag zum Umwandeln von *Collections* in Zeichenketten. Im nächsten Abschnitt über Validatoren zeigen wir Ihnen, wie auch Attribute übergeben werden können.

```
<h:inputText id="zipCode" size="30"
    value="#{addressBean.address.zipCode}">
  <mg:convertZipCode/>
</h:inputText>
```

Listing 4.12
Einsatz des
benutzerdefinierten
Konverter-Tags

Definition eines Validator-Tags

Der Vorgang der Definition eines Tags für einen Konverter funktioniert in exakt der gleichen Weise auch für Validatoren. Obwohl in *MyGourmet* die Validierung über Bean-Validation abgewickelt wird, werden wir hier einen Validator für das Alter einer Person registrieren. Der Validator soll über die beiden optionalen Eigenschaften minAge und maxAge steuerbar sein.

Listing 4.13 zeigt die Zeilen für die Definition des Validator-Tags. Der interessante Aspekt an diesem Validator sind die beiden Eigenschaften minAge und maxAge.

```
1  <tag>
2    <tag-name>validateAge</tag-name>
3    <validator>
4      <validator-id>at.irian.Age</validator-id>
5    </validator>
6  </tag>
```

Listing 4.13
Definition eines
Validator-Tags

Die Werte der beiden Eigenschaften können direkt über Attribute des Tags an den Validator übergeben werden. Facelets verknüpft diese dann automatisch mit gleichnamigen Eigenschaften der dahinterliegenden Validator-Objekte. In Listing 4.14 sehen Sie das Tag mg:validateAge mit gesetztem Attribut minAge im Einsatz.

```
1  <h:inputText id="birthday" size="30"
2      value="#{customerBean.customer.birthday}">
3    <f:convertDateTime pattern="dd.MM.yyyy"/>
4    <mg:validateAge minAge="18"/>
5  </h:inputText>
```

Listing 4.14
Einsatz des
benutzerdefinierten
Validator-Tags

4.2.3 *MyGourmet 10*: Advanced Facelets

Das Beispiel *MyGourmet 10* fasst alle Änderungen aus Abschnitt 4.2 zusammen. Ein Großteil der Neuerungen hat direkt oder indirekt mit der neuen Tag-Bibliothek /WEB-INF/mygourmet.taglib.xml zu tun, die unter dem Namensraum http://at.irian/mygourmet in der Anwendung verfügbar ist.

Alle Ansichten haben jetzt einen einheitlichen Seitenkopf, der über `mg:pageHeader` eingebunden ist. Genauso gut wäre es möglich, direkt das dahinterliegende Seitenfragment `header.xhtml` aus dem Verzeichnis `/WEB-INF/includes` über `ui:include` zu verwenden.

Der Konverter für die Postleitzahl in `editAddress.xhtml` und der Validator für das Alter des Kunden in `editCustomer.xhtml` sind jetzt direkt über Tags aus der neuen Bibliothek eingebunden. In der Ansicht `showCustomer.xhtml` wird zusätzlich das Alter der Person über die EL-Funktion `mg:getAge` ausgegeben.

4.3 Templating

Layout und Design spielen bei der Entwicklung vieler Webanwendungen eine wichtige Rolle. Neben einem ausgefeilten grafischen Design ist eine konsistente und durchgängige Seitenstruktur oft die Grundvoraussetzung für den Erfolg einer Applikation. Ein einheitliches Seitenlayout vereinfacht nicht nur die Bedienbarkeit für den Benutzer, sondern ermöglicht auch die konsequente Umsetzung eines Unternehmensdesigns (Corporate Identity) auf allen Seiten. Diese Anforderungen lassen sich in der Entwicklung mithilfe von Templates umsetzen.

Der Einsatz von Templates verringert nicht nur die Redundanz der erstellten Anwendung, sondern bietet auch entscheidende Vorteile während der Entwicklung. Templates fördern durch den modularen Aufbau der Seiten die Wiederverwendung von Code und erleichtern die Trennung von Design und Inhalt. Diese Entkopplung unterstützt eine konsequente Durchsetzung des Designs im gesamten Projekt und schwächt die Auswirkung von nachträglichen Änderungen ab. Im Idealfall muss dann nur das Template oder ein zentral definiertes Seitenfragment angepasst werden, was Entwicklungs- und Wartungskosten spart.

Facelets bietet eine sehr elegante Templating-Lösung, die perfekt in den JSF-Lebenszyklus integriert ist. Ein Template ist in Facelets in erster Linie eine XHTML-Datei – wie jede andere Seitendeklaration. Den Unterschied macht das Tag `ui:insert` aus der *Facelets-Tag-Library*, mit dem ersetzbare Bereiche im Template definiert werden können. Eine Seitendeklaration, die auf diesem Template aufbaut (der sogenannte Template-Client), kann diese Bereiche mit dem eigentlichen Content ersetzen. Die komplette Ansicht besteht dann aus dem im Template definierten Inhalt und den ersetzten Bereichen aus dem Template-Client.

Sehen wir uns nun anhand eines kleinen Beispiels an, wie das Templating mit Facelets in der Praxis aussieht. Die Seiten dieses Beispiels sollen über eine Kopfzeile, einen Content-Bereich und eine Fußzeile verfügen. Diese Anforderung setzen wir in Form eines Templates mit der entsprechenden Struktur und drei ersetzbaren Bereichen um. Dadurch ist das Layout zentral definiert und einfach auf alle Seiten anwendbar. Das entsprechende Template mit dem Namen `template.xhtml` ist in Listing 4.15 zu finden.

```
1  <html xmlns="http://www.w3.org/1999/xhtml"
2      xmlns:h="http://xmlns.jcp.org/jsf/html"
3      xmlns:ui="http://xmlns.jcp.org/jsf/facelets">
4  <head>
5      <title>MyGourmet</title>
6      <link rel="stylesheet" type="text/css" href="style.css"/>
7  </head>
8  <body>
9      <div id="header">
10         <ui:insert name="header">
11             <h1>MyGourmet</h1>
12         </ui:insert>
13     </div>
14     <div id="content">
15         <ui:insert name="content"/>
16     </div>
17     <div id="footer">
18         <ui:insert name="footer">
19             <h:outputText value="Copyright (c) 2012"/>
20         </ui:insert>
21     </div>
22 </body>
23 </html>
```

Listing 4.15
Beispiel eines Templates in Facelets

Das Template ist ein einfaches XHTML-Dokument, in dem die grundlegende Seitenstruktur mit `div`-Elementen abgebildet ist. Die drei `ui:insert`-Tags mit den Namen `header`, `content` und `footer` definieren die ersetzbaren Bereiche. Bei den `ui:insert`-Bereichen für die Kopf- und die Fußzeile nutzen wir die Möglichkeit, Default-Content zu definieren. Falls ein Template-Client den entsprechenden Bereich nicht überschreibt, fügt Facelets den Inhalt innerhalb des `ui:insert`-Tags in die Ausgabe ein. Diese Vorgehensweise ist besonders dann praktikabel, wenn der Inhalt in weiten Teilen der Applikation gleich bleibt.

Im nächsten Schritt werden wir die Seite `showCustomer.xhtml` erstellen. Sie basiert auf unserem Template und definiert einen eigenen Content-Bereich. Facelets bietet dafür die Tags `ui:composition` und `ui:define` an. `ui:composition` stellt eine Verbindung zum Template mit dem im Attribut `template` angegebenen Namen her – in unserem Fall `template.xhtml`. Innerhalb von `ui:composition` können die Zielbereiche des Templates mit `ui:define`-Blöcken überschrieben werden. Welcher mit `ui:insert` definierte Bereich des Templates durch den `ui:define`-Block ersetzt wird, bestimmt das Attribut `name`.

Bevor wir etwas genauer analysieren, wie Facelets eine Ansicht mit einem Template rendert, werfen wir in Listing 4.16 noch einen Blick auf den kompletten Template-Client `showCustomer.xhtml`. Auch hier haben wir auf das XHTML-Grundgerüst verzichtet und direkt das Tag `ui:composition` als Wurzelelement verwendet.

Listing 4.16
Beispiel eines Template-Clients in Facelets

```
1  <ui:composition template="template.xhtml"
2    xmlns="http://www.w3.org/1999/xhtml"
3    xmlns:h="http://xmlns.jcp.org/jsf/html"
4    xmlns:ui="http://xmlns.jcp.org/jsf/facelets">
5    <ui:define name="content">
6      <h2>Kundendaten</h2>
7      <h:panelGrid id="grid" columns="2">
8        <h:outputText value="Vorname:"/>
9        <h:outputText value="#{customer.firstName}"/>
10       <h:outputText value="Nachname:"/>
11       <h:outputText value="#{customer.lastName}"/>
12     </h:panelGrid>
13   </ui:define>
14 </ui:composition>
```

Wie baut Facelets die Ansicht aus `showCustomer.xhtml` mit dem Template auf? Wie schon beim Einsatz von `ui:include` ignoriert Facelets auch hier sämtliche Inhalte außerhalb `ui:composition` und der Aufbau des Komponentenbaums beginnt mit dem referenzierten Template. Während des Seitenerstellungsvorgangs werden die mit `ui:insert` definierten Bereiche im Template ersetzt. In unserem Beispiel kommt der Inhalt der Kopf- und Fußzeile aus dem Template und der Inhalt des Content-Bereichs stammt aus dem `ui:define`-Block in `showCustomer.xhtml`.

Abbildung 4.1 zeigt die ersetzbaren `ui:insert`-Bereiche des Templates anhand der gerenderten Ausgabe unseres Beispiels. Die Umrahmungen mit den Namen der einzelnen Teile in der linken oberen Ecke dienen nur der besseren Visualisierung und wurden nicht von JSF gerendert.

Facelets bietet für das Templating noch einiges mehr als die im letzten Abschnitt beschriebene Basisfunktionalität. Nach der Vorstellung von mehrstufigem Templating in Abschnitt 4.3.1 werden wir in Abschnitt 4.3.2 einen Blick auf den Einsatz von mehreren Templates in einem Template-Client werfen.

```
header
```
MyGourmet
```
content
```
Kundendaten

Vorname: Michael
Nachname: Kurz

```
footer
```
Copyright (c) 2012

Abbildung 4.1
Ersetzbare Bereiche des Templating-Beispiels

4.3.1 Mehrstufiges Templating

Mehrstufiges Templating ermöglicht den Aufbau einer Hierarchie von Templates. Das ist besonders dann praktisch, wenn eine Anwendung in mehrere Bereiche gegliedert ist, die ein gemeinsames Layout, aber unterschiedliche Inhalte haben. Im Fall von *MyGourmet* wäre das zum Beispiel ein Kundenbereich zum Bestellen von Gerichten, ein Bereich für Restaurants und Anbieter und ein allgemeiner Administrationsbereich. Das grundlegende Layout der Seiten mit Kopfzeile, linker Seitenleiste, Content-Bereich und Fußzeile bleibt gleich und wird daher im Haupttemplate aufgebaut. Dort landet auch ein Standardwert für den Inhalt der Kopf- und Fußzeile. In den abgeleiteten Templates wird die linke Seitenleiste überschrieben und mit bereichsspezifischem Inhalt gefüllt. Der Content-Bereich bleibt weiterhin leer und wird erst in den konkreten Seiten überschrieben. Abbildung 4.2 zeigt die mehrstufige Templating-Hierarchie in *MyGourmet* inklusive der bereits bekannten Seite showCustomer.xhtml aus dem Kundenbereich.

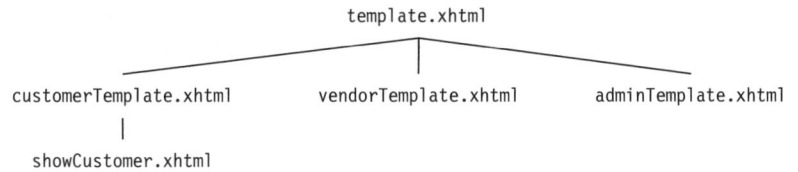

Abbildung 4.2
Templating-Hierarchie von MyGourmet

Der Aufbau einer mehrstufigen Templating-Hierarchie gestaltet sich einfach, da jeder Template-Client wiederum die Rolle eines Templates einnehmen kann – in Facelets gibt es keine strikte Trennung zwischen diesen beiden Rollen. Die oben erwähnten und in Abbildung 4.2 ersichtlichen Templates für die Anwendungsbereiche nehmen beide Rollen ein. Einerseits sind sie Template-Clients, da sie mit folgendem Code das Haupttemplate referenzieren:

```
<ui:composition template="template.xhtml">
```

Für die konkreten Seiten im Anwendungsbereich sind sie allerdings Templates, die neben den geerbten Inhalten aus dem Haupttemplate den Inhalt der linken Seitenleiste deklarieren. In der Seite `customerPage.xhtml` wird das Template dann beispielsweise mit folgendem Code referenziert:

```
<ui:composition template="customerTemplate.xhtml">
```

Eine genauere Betrachtung des mehrstufigen Templatings in der Praxis folgt mit Beispiel *MyGourmet 11* in Abschnitt 4.3.3.

4.3.2 Mehrere Templates pro Seite

In manchen Fällen macht es Sinn, neben einem Template für die Ansicht selbst zusätzliche Templates für wiederkehrende Bereiche der Seite zu verwenden. Denken Sie zum Beispiel an speziell gestaltete Bereiche in einer Seitenleiste oder an Vorlagen für unterschiedliche Typen von Seiteninhalten. Die bereits bekannte Methode mit `ui:composition` führt in diesem Fall nicht zum Erfolg, da der Content außerhalb des Tags abgeschnitten wird. Bei zwei geschachtelten `ui:composition`-Tags mit gesetztem `template`-Attribut gewinnt immer das innere – dieser Ansatz ist also für unsere Zwecke nicht brauchbar.

Facelets bietet aber auch dafür eine Lösung an. Mit `ui:decorate` existiert eine Variante von `ui:composition`, bei deren Verwendung der außerhalb des Tags liegende Code nicht abgeschnitten wird. Wie der Name bereits sagt, wird der Content innerhalb von `ui:decorate` mit dem Inhalt des referenzierten Templates dekoriert.

Sehen wir uns das anhand eines kleinen Beispiels an. Listing 4.17 zeigt einen Ausschnitt aus dem Quelltext eines Template-Clients, der ein Template für die Seite und eines für eine Box in der Seitenleiste beinhaltet.

Innerhalb von `ui:decorate` wird dem referenzierten Template `sideBox.xhtml` mit dem Tag `ui:param` der Parameter mit dem Namen `title` übergeben. Der restliche Inhalt von `ui:decorate` bildet den Inhalt der Box.

Das Template für die Box ist ein XHTML-Dokument mit einer kleinen Besonderheit. Da es sich um ein Template für einen Teil der kompletten Seite handelt, darf das HTML-Grundgerüst nicht gerendert werden. Dazu dient das Tag `ui:composition` – diesmal allerdings ohne das

Listing 4.17
Template-Client mit mehreren Templates

```
1  <ui:composition template="template.xhtml">
2    ...
3    <ui:define name="left_sidebar">
4      <ui:decorate template="sideBox.xhtml">
5        <ui:param name="title" value="Meldungen"/>
6        <h:outputText value="#{bean.msg}"/>
7      </ui:decorate>
8    </ui:define>
9    ...
10 </ui:composition>
```

Attribut `template`. Auf diese Weise eingesetzt definiert es einen Teilkomponentenbaum bestehend aus seinem Inhalt. Alle Elemente außerhalb werden abgeschnitten.

Der im Template-Client gesetzte Parameter `title` ist im Template als Variable verfügbar und wird über einen EL-Ausdruck referenziert. Der Inhalt der Box steht direkt im `ui:decorate`-Tag. Durch den Einsatz von `ui:insert` ohne das Attribut `name` fügt Facelets beim Rendern den kompletten Inhalt von `ui:decorate` ein. Das komplette Template sideBox.xhtml für die Box finden Sie in Listing 4.18.

Listing 4.18
Template sideBox.xhtml

```
1  <ui:composition xmlns="http://www.w3.org/1999/xhtml"
2    xmlns:ui="http://xmlns.jcp.org/jsf/facelets">
3    <div class="side_box">
4      <p class="header">#{title}</p>
5      <ui:insert>Default body</ui:insert>
6    </div>
7  </ui:composition>
```

Das Beispiel *MyGourmet 11* in Abschnitt 4.3.3 benutzt ebenfalls mehrere Templates pro Seite, um Boxen in der Seitenleiste zu formatieren.

4.3.3 *MyGourmet 11*: Templating mit Facelets

Nach der Vorstellung der Templating-Fähigkeiten von Facelets wird es Zeit, diese in unserem Beispiel anzuwenden. *MyGourmet 11* erweitert das Vorgängerbeispiel *MyGourmet 10* um ein einfaches, mithilfe von Templates umgesetztes Layout. Bevor wir allerdings auf die Details der Implementierung eingehen, wollen wir kurz präsentieren, wie die Anwendung im Browser aussieht. Abbildung 4.3 zeigt die gerenderte Ausgabe der Seite showCustomer.xhtml.

In diesem Beispiel kommt die bereits kurz vorgestellte mehrstufige Template-Hierarchie aus Abbildung 4.2 zum Einsatz. Das Haupttemplate mit dem Namen template.xhtml bietet nicht viel Neues. Es

Abbildung 4.3
MyGourmet 11: Kundenseite im Browser

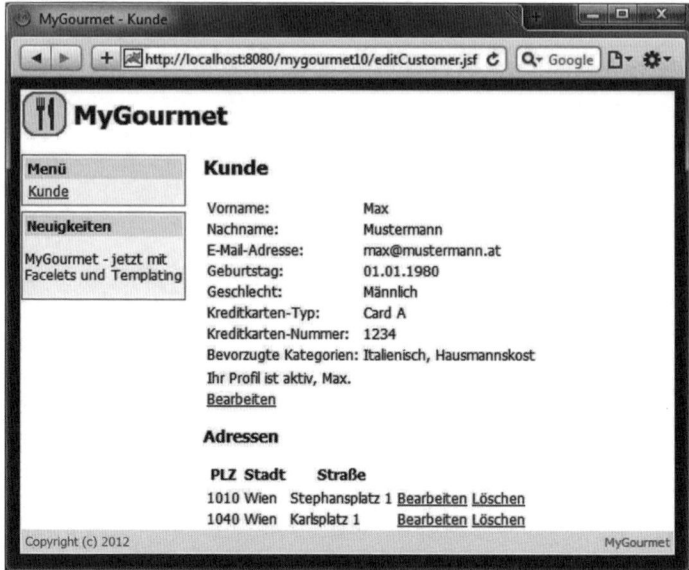

definiert das grundlegende Layout der Anwendung mit je einem `div`-Container für die Kopfzeile, die linke Seitenleiste, den Content-Bereich und die Fußzeile. Innerhalb dieser Container befindet sich je ein `ui:insert`-Tag mit einem eindeutigen Namen. Das in Abbildung 4.3 ersichtliche Design ist in einem verlinkten CSS-Dokument definiert.

Wenden wir uns nun dem Template für die Seiten im Kundenbereich (`customerTemplate.xhtml`) zu. Es leitet sich vom Haupttemplate ab und definiert die Standardinhalte der Kopf- und Fußzeile und der Seitenleiste für den Kundenbereich. Einen Ausschnitt zeigt Listing 4.19.

Listing 4.19
MyGourmet 11: Template für Kundenseiten

```
1  <ui:composition template="template.xhtml">
2    <ui:define name="header">
3      <h:graphicImage value="/images/logo.png"/>
4      <h1>#{msgs.title_main}</h1>
5    </ui:define>
6    <ui:define name="left_sidebar">
7      <ui:include src="leftSideBar.xhtml"/>
8    </ui:define>
9    <ui:define name="footer">
10     <h:outputText value="#{msgs.footer_left_text}"
11         style="float: left;"/>
12     <h:outputText value="#{msgs.footer_right_text}"
13         style="float: right"/>
14   </ui:define>
15 </ui:composition>
```

Die Definition der Kopf- und Fußzeile erfolgt direkt im Template – die Inhalte sind relativ überschaubar. Für die Seitenleiste kommt jedoch eine andere Vorgehensweise zum Einsatz: Ihr Inhalt wird im separaten XHTML-Dokument `leftSideBar.xhtml` definiert und mit dem Tag `ui:include` in das Template eingebunden.

Die Seitenleiste besteht aus einer Box mit einem kleinen Menü und einer Box mit aktuellen Meldungen. Die Umsetzung entspricht dem in Abschnitt 4.3.2 vorgestellten Beispiel für den Einsatz von mehreren Templates mit `ui:decorate`. Listing 4.20 zeigt einen Ausschnitt der `leftSideBar.xhtml`-Datei.

***Listing 4.20**
MyGourmet 11: linke Seitenleiste*

```
1  <ui:composition>
2    <ui:decorate template="/META-INF/templates/sideBox.xhtml">
3      <ui:param name="title" value="#{msgs.menu_title}"/>
4      <h:form id="menu">
5        <h:panelGrid columns="1">
6          <h:commandLink action="showCustomer">
7            #{msgs.menu_show_customer}
8          </h:commandLink>
9        </h:panelGrid>
10     </h:form>
11   </ui:decorate>
12   <ui:decorate template="/META-INF/templates/sideBox.xhtml">
13     <ui:param name="title" value="#{msgs.news_title}"/>
14     <p>MyGourmet - jetzt mit Facelets und Templating</p>
15   </ui:decorate>
16 </ui:composition>
```

4.4 Bookmarks und GET-Anfragen in JSF

JSF vor Version 2.0 ist nur eingeschränkt in der Lage, bookmarkfähige Links zu erzeugen und mit GET-Anfragen umzugehen. Das liegt vor allem an der Tatsache, dass jeder Klick auf eine `h:commandLink`- oder `h:commandButton`-Komponente eine POST-Anfrage auslöst. Diesem Umstand wird ab Version 2.0 der Spezifikation mit einer erweiterten Unterstützung von GET-Anfragen Rechnung getragen. Das Basispaket, bestehend aus GET-Navigation (siehe Abschnitt 4.4.1) und View-Parametern (siehe Abschnitt 4.4.2), ist bereits in JSF 2.0 enthalten. JSF 2.2 rundet dieses Paket mit View-Actions (siehe Abschnitt 4.4.3) noch weiter ab.

4.4.1 Navigation mit h:link und h:button

Die Basis der GET-Unterstützung bilden mit `h:link` und `h:button` zwei Komponenten, die als Link beziehungsweise Schaltfläche gerendert werden und eine GET-Anfrage absetzen. Der Clou ist, dass dabei trotzdem der Navigationsmechanismus von JSF zum Einsatz kommt. Zu diesem Zweck haben beide Komponenten das Attribut `outcome`, dessen Wert zum Auflösen der URL an den Navigation-Handler übergeben wird. Dieser versucht zuerst einen Navigationsfall zu finden, für den `from-outcome` mit dem Wert von `outcome` übereinstimmt. Bleibt die Suche erfolglos, wird der Wert von `outcome` direkt als View-ID interpretiert. Im Unterschied zur klassischen Navigation wird die View-ID bereits beim Rendern der Ansicht aufgelöst und nicht dynamisch in der Invoke-Application-Phase beim Postback. Dieses Konzept wird daher auch als *präemptive Navigation* bezeichnet.

Zur Demonstration der GET-Fähigkeiten erhält *MyGourmet* zwei neue Ansichten. Die erste neue Seite mit der View-ID `providerList.xhtml` zeigt eine Liste von Anbietern, die Essen ausliefern. Jeder Eintrag dieser Liste verweist mit einem `h:link`-Tag auf die Detailseite `showProvider.xhtml`. Listing 4.21 zeigt einen Ausschnitt der Seitendeklaration `providerList.xhtml` mit dem Link zur Detailseite.

Listing 4.21
`h:link` *im Einsatz*

```
1  <h:dataTable var="provider"
2      value="#{providerBean.providerList}">
3    <h:column>
4      <f:facet name="header">
5        <h:outputText value="#{msgs.provider_name}"/>
6      </f:facet>
7      <h:link outcome="showProvider" value="#{provider.name}">
8        <f:param name="id" value="#{provider.id}"/>
9      </h:link>
10   </h:column>
11 </h:dataTable>
```

Der Wert des Attributs `value` wird dabei als Linktext gerendert. Wir nutzen an dieser Stelle die implizite Navigation und geben im Attribut `outcome` direkt die View-ID der Detailseite an. Der eindeutige Bezeichner des entsprechenden Anbieters wird mit dem Tag `f:param` als Kind der Linkkomponente bereitgestellt.

Listing 4.22 zeigt, wie JSF die Links rendert. Hier sehen Sie auch, was der Begriff *präemptive Navigation* in der Praxis bedeutet. Bereits beim Rendern der Ansicht wird für jede `h:link`- oder `h:button`-Komponente die resultierende URL abhängig vom Attribut `outcome` bestimmt. Aktiviert der Benutzer einen der Links beziehungsweise eine der Schaltflächen, schickt der Browser eine simple GET-Anfrage an den Server und es gibt in diesem Fall keinen Postback. Deswegen ist es auch nicht notwendig, `h:link` und `h:button` in ein `h:form`-Tag einzubetten.

```
1 <a href="/showProvider.jsf?id=1">Pizzeria Venezia</a>
2 <a href="/showProvider.jsf?id=2">Rhodos</a>
3 <a href="/showProvider.jsf?id=3">Frying Dutchman</a>
```

Listing 4.22
Gerenderte Ausgabe von `h:link`

Nachdem der Browser eine GET-Anfrage schickt, stimmt auch die URL in der Adressleiste mit der tatsächlich gerenderten Seite überein. Der Anwender kann daher auch ein Lesezeichen auf diese Ansicht setzen. Das hört sich trivial an, trifft aber bei der klassischen Navigation nicht immer zu, da die Befehlskomponenten `h:commandLink` und `h:commandButton` erst einen Postback auf die aktuelle Seite machen, bevor JSF die Navigation ausführt und eine neue Ansicht rendert. Daher hinkt die Adressleiste um eine Ansicht hinterher.

4.4.2 View-Parameter

Wenn der Benutzer den von `h:link` gerenderten Link aktiviert, muss JSF den übergebenen Parameter `id` verarbeiten und den richtigen Anbieter anzeigen. Dabei kommen die sogenannten View-Parameter ins Spiel, die Request-Parameter direkt ans Modell binden. Diese Parameter sind im Grunde nichts anderes als Eingabekomponenten, die über Request-Parameter befüllt werden. Wie bei allen Eingabekomponenten werden auch hier die Werte zuerst konvertiert und validiert.

View-Parameter werden in einer Seitendeklaration innerhalb des Tags `f:metadata` in Form von `f:viewParam`-Komponenten angegeben. Listing 4.23 zeigt den `f:metadata`-Bereich der Ansicht showProvider.xhtml. Der darin eingebettete View-Parameter verbindet den Request-Parameter mit dem Namen `id` direkt mit der Eigenschaft `providerBean.id` in der Backing-Bean.

```
1 <f:metadata>
2   <f:viewParam name="id" value="#{providerBean.id}"/>
3 </f:metadata>
```

Listing 4.23
View-Parameter im Einsatz

Sie können überprüfen, ob sich der View-Parameter wie eine Eingabekomponente verhält (oder treffender gesagt eine ist): Rufen Sie die Seite im Browser mit einem nicht numerischen Wert für den Parameter `id` auf. Das Ergebnis ist eine Fehlermeldung des JSF-Number-Konverters, da die Eigenschaft `providerBean.id` den Typ `long` aufweist. Es ist auch ohne Weiteres möglich, einen Validator einzusetzen oder die Eigenschaft mit Bean-Validation-Metadaten zu versehen.

Nachdem der Bezeichner erfolgreich in die Bean übertragen wurde, müssen vor dem Rendern der Ansicht noch die Daten des Anbieters geladen werden. JSF 2.2 bietet dazu mit den neuen View-Actions die eleganteste Lösung an. Alternativ können Sie – speziell wenn Sie noch JSF 2.0 oder 2.1 einsetzen – das Laden der Daten auch über das System-Event `PreRenderViewEvent` realisieren. Wir zeigen Ihnen beide Varianten in Abschnitt 4.4.3.

Wenn die Zielseite eines `h:link`- oder `h:button`-Elements View-Parameter enthält, können diese automatisch übernommen werden. Dazu muss lediglich das Attribut `includeViewParams` der Tags `h:link` und `h:button` auf den Wert `true` gesetzt werden. Als Beispiel fügen wir auf `showProvider.xhtml` folgenden Link auf die Seite `editProvider.xhtml` zum Bearbeiten des Anbieters hinzu:

```
<h:link outcome="editProvider" includeViewParams="true"
        value="#{msgs.edit_provider}"/>
```

Beim Rendern der HTML-Ausgabe dieses Links werden die View-Parameter der Zielseite als Parameter hinzugefügt. Vorausgesetzt, `editProvider.xhtml` definiert denselben View-Parameter wie `showProvider.xhtml`, ergibt sich folgende URL: `/editProvider.xhtml?id=1`.

Positionierung von f:metadata

Das Tag `f:metadata` muss immer ein direktes Kind von `f:view` sein und darf nicht in ein Template oder ein mit `ui:include` eingefügtes Seitenfragment ausgelagert werden. Die Verbindung von Templating und View-Parametern lässt sich dennoch sehr einfach bewerkstelligen. Dazu muss das Template einen ersetzbaren Bereich für die View-Parameter definieren, der dann im Template-Client ersetzt wird. Listing 4.24 zeigt ein Beispiel für ein Template mit dem ersetzbaren Bereich `metadata`.

*Listing 4.24
Template mit
View-Parametern*

```
1  <html xmlns="http://www.w3.org/1999/xhtml"
2        xmlns:ui="http://xmlns.jcp.org/jsf/facelets"
3        xmlns:f="http://xmlns.jcp.org/jsf/core">
4  <body>
5    <f:view>
6      <ui:insert name="metadata"/>
7      <div id="content">
8        <ui:insert name="content"/>
9      </div>
10   </f:view>
11 </body>
12 </html>
```

Listing 4.25 zeigt einen Template-Client, der auf dem zuvor definierten Template aufbaut und den View-Parameter-Bereich überschreibt. Wie Sie sehen, muss das komplette `f:metadata`-Tag im Template-Client deklariert werden.

```
1  <ui:composition template="template.xhtml"
2      xmlns="http://www.w3.org/1999/xhtml"
3      xmlns:ui="http://xmlns.jcp.org/jsf/facelets"
4      xmlns:f="http://xmlns.jcp.org/jsf/core">
5    <ui:define name="metadata">
6      <f:metadata>
7        <f:viewParam name="id" value="#{bean.id}"/>
8      </f:metadata>
9    </ui:define>
10   <ui:define name="content">
11     Page content
12   </ui:define>
13 </ui:composition>
```

Listing 4.25
Template-Client mit View-Parametern

Lebenszyklus mit View-Parametern

Wir klären jetzt noch die Frage, wie sich die Ausführung des Lebenszyklus ändert, wenn View-Parameter ins Spiel kommen. Bei einer initialen Anfrage auf eine Ansicht handelt es sich ja immer um eine GET-Anfrage. Vor JSF 2.0 sprang bei einer solchen Anfrage die Ausführung des Lebenszyklus nach Phase 1 sofort zu Phase 6 und die Ansicht wurde gerendert.

Dieses Verhalten hat sich verändert: In Phase 1 wird zunächst geprüft, ob es einen Metadatenbereich und View-Parameter gibt. Wenn ja, wird eine neue Ansicht erzeugt, die nur die View-Parameter enthält. Damit wird dann der komplette Lebenszyklus durchlaufen. Gibt es in der Anfrage Parameter, werden die Daten in den folgenden Phasen wie bei einem Postback behandelt: Zuerst werden Sie den einzelnen View-Parametern zugeordnet, dann konvertiert und validiert und ins Modell zurückgeschrieben, falls keine Fehler aufgetreten sind. Abschließend wird die Ansicht wie bisher gerendert.

4.4.3 View-Actions

Bis jetzt haben wir Action-Methoden immer in Kombination mit `h:commandButton` oder `h:commandLink` verwendet. Diese klassischen Action-Methoden werden aber nur dann während des Lebenszyklus ausgeführt, wenn ein Benutzer durch einen Klick auf eine Schaltfläche oder einen Link einen Submit ausgelöst hat. View-Actions ermöglichen dahingegen ab JSF 2.2 das Ausführen von Action-Methoden beim initialen Laden einer Seite durch eine GET-Anfrage.

View-Actions waren ursprünglich bereits für JSF 2.0 geplant, da sie einen integralen Bestandteil der GET-Unterstützung bilden. Aus Zeitgründen haben sie es aber erst mit Version 2.2 in die JSF-Spezifikation geschafft.

Wir wollen nun unser weiter oben gegebenes Versprechen einlösen und das Laden der Anbieterdaten mithilfe einer View-Action zeigen. View-Actions werden in einer Seitendeklaration mit dem Tag `f:viewAction` angegeben, das analog zu `f:viewParam` innerhalb von `f:metadata` liegen muss. Die Action-Methode wird dabei wie etwa von `h:commandButton` bekannt als Method-Expression im Attribut action referenziert.

Listing 4.26 zeigt den `f:metadata`-Bereich der Ansicht showProvider.xhtml mit der View-Action und dem View-Parameter aus dem letzten Abschnitt. Die in Abschnitt 4.4.2 definierten Regeln zur Positionierung von `f:metadata` gelten natürlich auch beim Einsatz von View-Actions.

Listing 4.26
View-Action im Einsatz

```
1  <f:metadata>
2    <f:viewParam name="id" value="#{providerBean.id}"/>
3    <f:viewAction action="#{providerBean.loadProvider}"/>
4  </f:metadata>
```

In der referenzierten Action-Methode `loadProvider` werden die Anbieterdaten für die vom View-Parameter gesetzte ID geladen. Nachdem JSF View-Actions standardmäßig in der Invoke-Application-Phase ausführt, können wir ohne Probleme auf den Wert von id zugreifen. Dadurch ist aber auch gewährleistet, dass die Methode bei einem Konvertierungsfehler erst gar nicht ausgeführt wird (die Ausführung des Lebenszyklus springt ja vorher schon zur Render-Response-Phase). Wie bei allen Action-Methoden wird der Rückgabewert für die Navigation verwendet. Nachdem wir auf der Seite bleiben wollen, geben wir hier einfach null zurück. Listing 4.27 zeigt die Action-Methode.

Listing 4.27
Action-Methode für View-Action

```
1  public String loadProvider() {
2    provider = findProvider(id);
3    if (provider == null) {
4      GuiUtil.addErrorMessage("error_non_existing_provider", id);
5    }
6    return null;
7  }
```

Die Navigation mit View-Actions funktioniert im Grunde genau so wie bei normalen Action-Methoden. Der einzige Unterschied ist, dass eine von View-Actions initiierte Navigation immer automatisch als Redirect ausgeführt wird. Listing 4.28 zeigt eine Variante der vorherigen Action-Methode, die bei nicht existierenden Anbieterdaten auf eine Fehlerseite mit der View-ID error.xhtml weiterleitet. Auf diese Art und Weise lässt sich zum Beispiel auch eine einfache Loginlösung mit View-Actions basteln: Solange der Benutzer nicht eingeloggt ist, löst die Action-Methode immer einen Redirect auf die Login-Seite aus.

```
1  public String loadProvider() {
2    provider = findProvider(id);
3    if (provider == null) {
4      return "error";
5    }
6    return null;
7  }
```

Listing 4.28
Action-Methode für View-Action mit Navigation

Wie bereits erwähnt führt JSF View-Actions standardmäßig in der Phase Invoke-Application aus. Bei Bedarf können View-Actions allerdings in jeder Phase von 2 bis 5 durchgeführt werden. Sie müssen dazu lediglich im Attribut phase einen der folgenden Werte eintragen: APPLY_REQUEST_VALUES, PROCESS_VALIDATIONS, UPDATE_MODEL_VALUES oder INVOKE_APPLICATION. Damit unsere View-Action in Phase 2 des Lebenszyklus in die Tat umgesetzt wird, müssten wir f:viewAction wie folgt ändern:

```
<f:viewAction action="#{providerBean.loadProvider}"
    phase="APPLY_REQUEST_VALUES"/>
```

Beachten Sie aber, dass in diesem Fall das Feld id noch nicht gesetzt ist – das wird erst in Phase 4 erledigt! Die View-Action wird ebenfalls bereits in Phase 2 des Lebenszyklus ausgeführt, wenn das Attribut immediate auf true gesetzt wird.

View-Actions werden standardmäßig nur bei initialen GET-Requests auf die Seite aufgerufen. Soll die View-Action zusätzlich auch bei Postbacks ausgeführt werden, muss das Attribut onPostback auf true gesetzt werden.

View-Actions im Vergleich zum System-Event PreRenderViewEvent

Mit JSF 2.0 oder 2.1 können Sie als Alternative zu View-Actions das System-Event PreRenderViewEvent verwenden. Mit JSF 2.2 funktioniert das natürlich weiterhin – View-Actions sind aber deutlich flexibler. Dazu registrieren wir über das Tag f:event direkt in der Seitendeklaration die Methode `preRenderView` der Managed-Bean als Listener für dieses Ereignis. Hier die Registrierung in `showProvider.xhtml`:

```
<f:event type="preRenderView"
    listener="#{providerBean.preRenderView}"/>
```

Listing 4.29 zeigt die zuvor registrierte Listener-Methode in der Klasse `ProviderBean`. Hier erfolgt das Laden der Anbieterdaten, falls beim Konvertieren und Validieren des View-Parameters kein Fehler aufgetreten ist. Seit JSF 2.0 lässt sich diese Abfrage einfach über die Methode `isValidationFailed` am Faces-Context bewerkstelligen. Sollte kein Anbieter mit dem angegebenen Bezeichner existieren, erzeugen wir eine entsprechende Nachricht.

Listing 4.29
Listener-Methode für PreRenderViewEvent

```
1  public void preRenderView(ComponentSystemEvent ev) {
2    FacesContext ctx = FacesContext.getCurrentInstance();
3    if (!ctx.isValidationFailed()) {
4      this.provider = findProvider(id);
5      if (provider == null) {
6        GuiUtil.addErrorMessage("error_non_existing_provider", id);
7      }
8    }
9  }
```

Anhand des Beispiels zeigt sich auch schon der erste Unterschied zwischen View-Actions und einem Listener für das `PreRenderViewEvent`. Die Listener-Methode wird immer zu Beginn der Phase 6 des Lebenszyklus ausgeführt – und das sowohl für initiale Anfragen als auch für Postbacks. Das würde für unser Beispiel bedeuten, dass die Anbieterdaten bei jedem Request neu geladen werden. Nachdem die Managed-Bean aber im View-Scope liegt, ist das eigentlich nicht notwendig. Mit der View-Action werden die Daten nur beim ersten Zugriff auf die Seite über eine GET-Anfrage geladen. Und das auch nur dann, wenn die Konvertierung des View-Parameters nicht fehlschlägt.

Mit View-Actions können Sie außerdem bei Bedarf ohne Probleme in die Navigation eingreifen.

Ein weiterer Unterschied fällt nicht sofort auf den ersten Blick auf. Im Gegensatz zum Aufruf des Listeners für das `PreRenderViewEvent` ist zum Zeitpunkt des Aufrufs der View-Action der Komponentenbaum noch nicht aufgebaut. Dadurch ist es zwar einerseits nicht möglich auf einzelne Komponenten zuzugreifen, andererseits ergibt sich dadurch aber ein Performance-Vorteil.

4.4.4 *MyGourmet 12*: GET-Unterstützung

Das Beispiel *MyGourmet 12* fasst alle Änderungen rund um das Thema View-Parameter und View-Actions zusammen. Die augenscheinlichste Neuerung ist der neue Anbieterbereich in der Anwendung. Als Einstiegspunkt dient die Seite `providerList.xhtml` mit einer Übersicht der Anbieter. Diese Liste wird beim Erzeugen der Backing-Bean `Provider-Bean` mit einigen Werten initialisiert. Von dieser Seite führt pro Anbieter eine `h:link`-Komponente zu `showProvider.xhtml`. Die Daten eines Anbieters werden in Instanzen der Klasse `Provider` abgelegt.

Beim Aufruf der Seite `showProvider.xhtml` wird die als Request-Parameter mitgeschickte ID des Anbieters mit einem View-Parameter in der Managed-Bean gespeichert. Eine View-Action sorgt dann dafür, dass die Anbieterdaten für diese ID geladen werden.

Da wir seit *MyGourmet 11* Templating benutzen, mussten wir das Template (wie in Abschnitt 4.4.2 beschrieben) für den Einsatz von View-Parametern anpassen.

Eine weitere kleine Änderung betrifft die linke Seitenleiste. Damit der Anbieterbereich erreichbar ist, haben wir das Menü um einen Link erweitert. Zur besseren Unterstützung von Bookmarking haben wir das Menü auf `h:link`-Komponenten umgestellt. Als angenehmer Nebeneffekt kann dadurch die Form eingespart werden.

Listing 4.30 zeigt den Einsatz eines neuen Konverters, der *Collections* in Zeichenketten umwandelt. Mit dem Attribut `bundleName` kann ihm der Name eines Resource-Bundles übergeben werden, aus dem die Einträge der Liste aufgelöst werden. Nachdem mittlerweile der Anbieter und der Kunde eine Liste von Kategorien aufweisen, die aber nur symbolische Konstanten enthalten, spart dieser Konverter einiges an Quelltext.

```
1  <h:outputText value="#{providerBean.provider.categories}">
2    <mg:convertList separator=", " bundleName="msgs"/>
3  </h:outputText>
```

Listing 4.30
MyGourmet 12: Einsatz des Listenkonverters

Listing 4.31 zeigt die `getAsString`-Methode und die Eigenschaften der Konverterklasse `ListConverter`, die über die Attribute des Custom-Tags `mg:convertList` gesetzt werden. Dieses Tag wurde, wie schon im letzten Beispiel gezeigt, in der Tag-Bibliothek `mygourmet.taglib.xml` definiert.

Listing 4.31
MyGourmet 12:
Listenkonverter

```
1   private String separator;
2   private String bundleName;
3
4   public String getAsString(FacesContext ctx,
5     UIComponent comp, Object value) {
6    StringBuilder builder = new StringBuilder();
7    if (value instanceof Collection) {
8     for (Object obj : (Collection)value) {
9      String item = obj.toString();
10     if (builder.length() > 0 && separator != null) {
11      builder.append(separator);
12     }
13     if (bundleName != null && bundleName.length() > 0) {
14      builder.append(GuiUtil.getResourceText(
15        ctx, bundleName, item));
16     } else {
17      builder.append(item);
18     }
19    }
20   }
21   return builder.toString();
22  }
```

4.5 Die JSF-Umgebung: Faces-Context und External-Context

Bisher sind wir immer wieder auf den Faces-Context gestoßen. Dieser Kontext stellt die zentrale Schaltstelle einer JSF-Anwendung dar und wird durch die Klasse javax.faces.context.FacesContext repräsentiert. Er wird ganz am Anfang jeder HTTP-Anfrage vom *Faces-Servlet* initialisiert und steht dem Entwickler ab dann als Parameter vieler Methoden, aber auch jederzeit über den Aufruf der Methode FacesContext.getCurrentInstance() zur Verfügung.

Mit dem Faces-Context ist ein direkter Zugriff auf den EL-Resolver möglich. Damit lassen sich Objekte, die über die *Unified-EL* verfügbar sind, direkt im Java-Code auflösen. Listing 4.32 zeigt zum Beispiel, wie der Zugriff auf eine Managed-Bean namens personList aussieht.

Listing 4.32
Zugriff auf eine Managed-Bean im Java-Code

```
1   FacesContext fc = FacesContext.getCurrentInstance();
2   fc.getApplication().getELResolver().getValue(
3    fc.getELContext(), null, "personList");
```

Eine wichtige Anwendung des Faces-Contexts ist das Hinzufügen von Nachrichten für die Darstellung auf der Webseite – und die Möglich-

4.5 Die JSF-Umgebung: Faces-Context und External-Context

keit, auf die bisher hinzugefügten Nachrichten zuzugreifen. Zu diesem Zweck existieren folgende Methoden:

- `addMessage(String clientId, FacesMessage message)`:
  Fügt eine Nachricht zum Faces-Context hinzu. Falls eine Client-ID angegeben wird, bezieht sich die Nachricht auf die entsprechende Komponente, andernfalls ist sie global.
- `Iterator<FacesMessage> getMessages()`:
  Gibt einen `Iterator` über alle Nachrichten im Faces-Context zurück. Es sind auch jene inkludiert, die einer Komponente zugeordnet sind.
- `Iterator<FacesMessage> getMessages(String clientId)`:
  Gibt einen `Iterator` über alle Nachrichten im Faces-Context für die Komponente mit der angegebenen Client-ID zurück.
- `List<FacesMessage> getMessageList()`:
  Gibt eine Liste mit allen Nachrichten im Faces-Context zurück (ab JSF 2.0). Es sind auch jene inkludiert, die einer Komponente zugeordnet sind.
- `List<FacesMessage> getMessageList(String clientId)`:
  Gibt eine Liste über alle Nachrichten im Faces-Context für die Komponente mit der angegebenen Client-ID zurück (ab JSF 2.0).

Weiterführende Details zum Hinzufügen und Verwalten von Nachrichten finden Sie in Abschnitt 2.13.

Über den Faces-Context gelangen Sie auch zur *Application*, und die hilft Ihnen sowohl beim Erzeugen von neuen Komponenten als auch von Method- und Value-Expressions (siehe Listing 4.33).

Applikationsobjekte anlegen

```
1  fc.getApplication().getExpressionFactory().
2    createValueExpression(ELContext ctx,
3      String expression, Class expectedType);
4
5  fc.getApplication().getExpressionFactory().
6    createMethodExpression(ELContext ctx, String expression,
7      Class expectedReturnType, Class[] params);
8
9  fc.getApplication().createComponent(String componentType);
```

Listing 4.33
Applikationsobjekte anlegen

Wobei der `ELContext` – wie in Listing 4.32 bereits gezeigt – als Eigenschaft des Faces-Contexts verfügbar ist. Auch hier zahlt es sich aus, Utility-Methoden für das Erzeugen neuer Elemente vorzusehen.

Ein wichtiger Bereich im Faces-Context ist die Möglichkeit, den Lebenslauf einer HTTP-Anfrage zu beeinflussen. Dazu gibt es folgende

Lebenslauf beeinflussen

Methoden, die bereits bei der Ereignisbehandlung in Abschnitt 2.8 zum Einsatz gekommen sind:

- `renderResponse()`:
  Nach Abschluss der momentan laufenden Phase wird sofort die HTTP-Antwort gerendert (die Ausführung des Lebenszyklus springt sofort zur Render-Response-Phase).
- `responseComplete()`:
  Die Abarbeitung des Lebenszyklus wird nach Abschluss der momentan laufenden Phase beendet.

External-Context Schließlich bietet der Faces-Context noch die Möglichkeit, auf den External-Context zuzugreifen. Der External-Context ist der Wrapper rund um die der Webanwendungsumgebung zugrundeliegende Funktionalität; also in den meisten Fällen um entweder den `ServletContext` oder `PortletContext`. Hier der für einen Zugriff notwendige Code:

```
FacesContext fc = FacesContext.getCurrentInstance();
ExternalContext ec = fc.getExternalContext();
```

Auch der External-Context bietet einige interessante Methoden, die sich aus der Funktionalität des Basis-Contexts ergeben. Hier eine selektive Auswahl:

- `Map<String,Object> getRequestMap()` liefert eine veränderbare *Map* mit allen Attributen des Requests zurück. Dazu zählen unter anderem auch alle instanziierten Managed-Beans im Gültigkeitsbereich request, nicht aber die Request-Parameter.
- `Map<String,String> getRequestParameterMap()` liefert eine nicht veränderbare *Map* mit allen Request-Parametern zurück. Der Name des Parameters ist dabei der Schlüssel der *Map*.
- `Map<String,Object> getSessionMap()` liefert eine veränderbare *Map* mit allen Attributen der Session zurück. Dazu zählen unter anderem auch alle instanziierten Managed-Beans im Gültigkeitsbereich session.
- `String getRemoteUser()` liefert den Namen des Benutzers zurück, der den Request abgesetzt hat, falls dieser vorher authentifiziert wurde.
- `boolean isUserInRole(roleName)` prüft Rollenberechtigungen und liefert true zurück, wenn der authentifizierte Benutzer für die Rolle `roleName` authorisiert ist.

Der External-Context bietet noch einige weitere Methoden, die Sie am besten der API-Dokumentation entnehmen.

4.6 Konfiguration von JavaServer Faces

JSF verwendet ein Minimum an zu editierenden XML-Dateien. Sieht man von einer eventuellen Verwendung ergänzender Bibliotheken oder *Portlets* ab, existieren nur zwei Konfigurationsdateien für eine JSF-basierte Webanwendung:

- *Webanwendung-Konfigurationsdatei* web.xml:
  Wie bei allen Java-EE-Webapplikationen dient dieser *Deployment-Deskriptor* zum Setzen zentraler Einstellungen in der Applikation. Hier finden sich Definitionen von Kontextparametern, Listenern, Filtern, das *Faces-Servlet* oder auch das *Servlet-Mapping* wieder. Details dazu finden Sie in Abschnitt 4.6.1.
- *JSF-Konfigurationsdatei* faces-config.xml:
  Diese XML-Datei ist die zentrale Konfigurationsdatei von JSF. Details dazu enthält Abschnitt 4.6.2.

Abschnitt 4.6.3 zeigt die Konfiguration zur Verwendung der alternativen EL-Implementierung von *JBoss*. Damit lassen sich auch auf älteren Servern (vor *Java EE 6*) die Features der neuen *Unified-EL* nutzen.

4.6.1 Die Webkonfigurationsdatei web.xml

Sehen wir uns nun im Folgenden eine typische web.xml-Datei einer JSF-Applikation genauer an. Der wichtigste Teil des Deployment-Deskriptors ist die Spezifikation des *Faces-Servlets*, das die Anfragen an die JSF-Anwendung bearbeitet, und dessen *Mapping*. Ein weiterer wichtiger Aspekt der Webapplikation, der in diesem Abschnitt behandelt wird, sind Konfigurationsparameter.

Faces-Servlet und Mapping

Jede JSF-Applikation muss ein Faces-Servlet konfigurieren. Listing 4.34 zeigt nochmals die web.xml-Datei des Beispiels *MyGourmet 1*, in der das von JSF mitgelieferte Servlet javax.faces.webapp.FacesServlet inklusive des zugehörigen Servlet-Mappings definiert sind.

Welche Anfrage auf welches Servlet weitergeleitet wird, zeigt das servlet-mapping-Element an. Der Wert des url-pattern-Elements definiert ein Präfix oder Postfix der Anfrageadresse, das dem *Faces-Servlet* zugewiesen wird. Im Beispiel *MyGourmet 1* wurde die Postfix-Zuordnung (auch *Extension-Mapping* genannt) *.jsf gewählt, wobei sämtliche Anfragen mit der Endung .jsf durch das *Faces-Servlet* gehandhabt werden. Intern wird diese Adresse dann auf die View-ID der Seitendefinition umgelegt.

Listing 4.34
Deployment-Deskriptor von MyGourmet 1

```xml
<web-app xmlns="http://java.sun.com/xml/ns/javaee"
    xmlns:xsi="http://www.w3.org/2001/XMLSchema-instance"
    xsi:schemaLocation="http://java.sun.com/xml/ns/javaee
      http://java.sun.com/xml/ns/javaee/web-app_3_0.xsd"
    version="3.0">
  <description>JSF 2.0 - MyGourmet 1</description>
  <servlet>
    <servlet-name>Faces Servlet</servlet-name>
    <servlet-class>
      javax.faces.webapp.FacesServlet
    </servlet-class>
    <load-on-startup>1</load-on-startup>
  </servlet>
  <servlet-mapping>
    <servlet-name>Faces Servlet</servlet-name>
    <url-pattern>*.jsf</url-pattern>
  </servlet-mapping>
  <welcome-file-list>
    <welcome-file>index.html</welcome-file>
  </welcome-file-list>
</web-app>
```

Die zweite Möglichkeit, ein *Servlet-Mapping* zu definieren, ist eine Präfix-Zuordnung `<url-pattern>/faces/*</url-pattern>`. Die View-ID der Seitendefinition ergibt sich in diesem Fall direkt aus der URL, nachdem das Präfix entfernt wurde.

Sehen wir uns kurz den entscheidenden Unterschied zwischen Präfix- und Postfix-Mapping anhand eines Beispiels an. Wir wollen dazu die Seite mit der Seitendefinition `/helloWorld.jsp` der fiktiven Webanwendung `http://www.mustermann.org` im Browser laden. Mit einem Postfix-Mapping müssen wir dazu die URL

`http://www.mustermann.org/helloWorld.jsf`

in die Adressleiste eingeben. Mit einem Präfix-Mapping sieht die URL folgendermaßen aus:

`http://www.mustermann.org/faces/helloWorld.jsp`

In der Regel sind beide Methoden für eine JSF-Anwendung einsetzbar. In manchen Fällen, wie beim Einsatz von Tomahawk oder Trinidad, kann es allerdings von Vorteil sein, ein Präfix-Mapping zu verwenden.

Kontextparameter

An erster Stelle in der Konfiguration stehen üblicherweise die Kontextparameter. Die optionale Angabe von context-param-Elementen dient der Definition von Parametern zur Initialisierung des *Servlet-Contexts*. Hier können Basiseinstellungen vorgenommen werden. Die folgende Liste zeigt eine Übersicht der wichtigsten Einstellungen für JSF:

❏ `javax.faces.CONFIG_FILES`:
  Über `param-value` können JSF-Konfigurationsdateien angegeben werden. Auch wenn der Wert dieses Parameters leer bleibt, wird die Standarddatei `WEB-INF/faces-config.xml` immer geladen, daher ist der Parameter optional.
  Für eine bessere Übersichtlichkeit kann es auch wünschenswert sein, mehrere solcher Dateien einzuführen. Die Namen dieser Dateien müssen dann im `param-value`-Element durch Kommata voneinander getrennt werden. Listing 4.35 zeigt ein entsprechendes Beispiel.

```
<param-name>javax.faces.CONFIG_FILES</param-name>
<param-value>
    /WEB-INF/faces-navigation.xml,
    /WEB-INF/faces-I18N.xml
</param-value>
```

Listing 4.35
Einsatz mehrerer Konfigurationsdateien

❏ `javax.faces.DEFAULT_SUFFIX`:
  Dieser Parameter definiert eine durch Leerzeichen getrennte Liste von Erweiterungen für View-Identifier, die JSF als JSP-Deklarationen interpretieren soll. Der Standardwert ist `.jsp`.
❏ `javax.faces.FACELETS_BUFFER_SIZE`:
  Mit diesem Parameter kann die Größe des Buffers der HTTP-Response gesetzt werden. Der Buffer kann mit dem Wert -1 deaktiviert werden, was auch der Standardwert ist.
❏ `javax.faces.FACELETS_LIBRARIES`:
  Mit diesem Parameter werden Tag-Bibliotheken für Facelets in die Anwendung eingebunden. Als Wert wird eine durch Semikolons separierte Liste von Pfaden relativ zum Wurzelverzeichnis der Anwendung erwartet. Listing 4.36 zeigt, wie zwei im Verzeichnis `WEB-INF` liegende Tag-Bibliotheken eingebunden werden.

```
<context-param>
  <param-name>javax.faces.FACELETS_LIBRARIES</param-name>
  <param-value>
    /WEB-INF/mygourmet.taglib.xml;
    /WEB-INF/converters.taglib.xml
  </param-value>
</context-param>
```

Listing 4.36
Einbinden mehrerer Tag-Bibliotheken

- `javax.faces.FACELETS_REFRESH_PERIOD`:
  Dieser Parameter definiert die Zeitdauer in Sekunden, nach der Facelets Seitendeklarationen bei Anfragen auf Änderungen überprüft. Ein Wert von 10 bedeutet zum Beispiel, dass nach dem Kompilieren der Seitendeklaration für mindestens 10 Sekunden keine Änderungen berücksichtigt werden.
  Während der Entwicklung sollte der Wert möglichst niedrig sein, damit Änderungen am Server sofort berücksichtigt werden.
  Ein Wert von -1 schaltet die Überprüfung von Änderungen komplett aus. Diese Einstellung bietet sich speziell für Produktionssysteme an, da die Überprüfung natürlich auch einen minimalen Aufwand darstellt. Beachten Sie aber, dass in diesem Fall Änderungen an Seitendeklarationen ohne Serverneustart nicht mehr möglich sind.
  Der Standardwert für diesen Parameter beträgt in *Mojarra* 2. *MyFaces* definiert den Standardwert abhängig von der aktuellen Project-Stage. Ist die Project-Stage auf `Production` gesetzt, beträgt der Standardwert -1, ansonsten 2.

- `javax.faces.FACELETS_SKIP_COMMENTS`:
  Wenn dieser Parameter auf den Wert `true` gesetzt ist, entfernt Facelets beim Kompilieren sämtliche Kommentare aus den Seitendeklarationen. Damit können Sie sicherstellen, dass von Entwicklern eingefügte Kommentare nicht in der gerenderten Ausgabe auftauchen.

- `javax.faces.FACELETS_SUFFIX`:
  Dieser Parameter definiert eine durch Leerzeichen getrennte Liste von Erweiterungen für View-Identifier, die JSF als Facelets-Deklarationen interpretieren soll. Der Standardwert ist `.xhtml`.

- `javax.faces.FACELETS_VIEW_MAPPINGS`:
  Dieser Parameter definiert eine durch Semikolons getrennte Liste von View-Identifiern, die JSF als Facelets-Deklarationen interpretieren soll. Diese Liste kann auch Einträge mit Wildcards wie /secure/* enthalten.

- `javax.faces.FULL_STATE_SAVING_VIEW_IDS`:
  Dieser Parameter definiert eine durch Kommata getrennte Liste von View-Identifiern, für die JSF das aus Version 1.2 bekannte Full-State-Saving verwenden soll.

- `javax.faces.INTERPRET_EMPTY_STRING_SUBMITTED_VALUES_AS_NULL`:
  Das Setzen dieses Parameters auf den Wert `true` bewirkt, dass JSF vor der Validierung bei allen Eingabekomponenten, deren Submitted-Value eine leere Zeichenkette ist, den Submitted-Value auf `null` setzt. Dieses Verhalten ist standardmäßig nicht aktiviert.

- `javax.faces.PARTIAL_STATE_SAVING`:
  Mit diesem Parameter lässt sich steuern, ob das mit JSF 2.0 eingeführte Partial-State-Saving in der Anwendung eingesetzt wird. Der Wert `true` aktiviert Partial-State-Saving. Das Gleiche gilt auch, wenn der Parameter nicht gesetzt wird. Alle anderen Werte, wie etwa `false`, deaktivieren das Partial-State-Saving für die gesamte Anwendung.
- `javax.faces.PROJECT_STAGE`:
  Mit diesem Parameter kann die Projektphase der Anwendung auf einen der folgenden Werte gesetzt werden: `Production` (Standardwert), `Development`, `SystemTest` oder `UnitTest`.
- `javax.faces.STATE_SAVING_METHOD`:
  JSF speichert beim Rendern einer Ansicht den Zustand des Komponentenbaums für nachfolgende Anfragen auf dieselbe Ansicht. Die Datenhaltung kann entweder auf dem Client oder auf dem Server geschehen. Ist `param-value` auf `server` gesetzt, verringert sich der Bandbreitenbedarf, dafür wird der Server stärker unter Last gesetzt. Steht `param-value` hingegen auf `client`, steigt das Datenaufkommen und der Komponentenbaum muss clientseitig in `<input type="hidden"/>`-Felder serialisiert (*Base64-encoded*) werden. Ist kein ausdrücklicher Grund vorhanden, den Status der Applikation auf dem Client zu speichern, wird empfohlen, die Standardmethode `server` nicht zu überschreiben.
- `javax.faces.VALIDATE_EMPTY_FIELDS`:
  Dieser Parameter steuert das Validierungsverhalten von JSF für Eingabekomponenten, deren Wert `null` oder leer ist. Folgende drei Werte sind möglich, der Standardwert ist `auto`:
  - `true`: JSF validiert alle Eingabekomponenten.
  - `auto`: JSF validiert Eingabekomponenten, deren Wert `null` oder leer ist, wenn Bean-Validation in der Anwendung verfügbar ist.
  - `false`: JSF validiert keine Eingabekomponenten, deren Wert `null` oder leer ist.
- `javax.faces.WEBAPP_CONTRACTS_DIRECTORY`:
  Definiert das Verzeichnis, aus dem JSF Resource-Library-Contracts in der Webapplikation auflöst. Der Standardwert ist `/contracts`. Details dazu finden Sie in Abschnitt 5.6.1.
- `javax.faces.WEBAPP_RESOURCES_DIRECTORY`:
  Definiert das Verzeichnis, aus dem JSF Ressourcen in der Webapplikation auflöst. Der Standardwert ist `/resources`. Details dazu finden Sie in Abschnitt 5.1.

4.6.2 Die JSF-Konfigurationsdatei – faces-config.xml

In diesem Abschnitt geht es darum, zentrale Einstellungen für *JavaServer Faces* zu treffen. Einerseits bietet die `faces-config.xml` die Möglichkeit, alltägliche Konfigurationseinstellungen in der Entwicklung einer JSF-Applikation zu setzen. Dazu gehört die Konfiguration von Managed-Beans, Navigationsregeln sowie Einstellungen zur Applikation selbst. Der zweite Aufgabenbereich, die Registrierung von Komponenten, Renderern, Validatoren und Konvertern, ist für den Entwickler von Komponenten (und Komponentenbibliotheken) interessant. Zuletzt gibt es noch erweiterte Möglichkeiten, wie das Einbinden von *Phase-Listenern* und die Konfiguration von *Factories* für die Erzeugung von JSF-Kernklassen.

JSF bietet ab Version 2.0 für viele Einstellungen in der Konfigurationsdatei `faces-config.xml` alternativ die Möglichkeit, Annotationen einzusetzen.

Die Konfiguration von Managed-Beans erfolgt in jeweils einem `managed-bean`-Element pro Bean oder ab JSF 2.0 mit der Annotation `@ManagedBean`. Eine genauere Beschreibung der umfassenden Einstellmöglichkeiten findet sich in Abschnitt 2.4.2.

Die Regeln für die Navigation in einer JSF-Anwendung werden mithilfe von `navigation-rule`-Elementen definiert. Wie das genau funktioniert, zeigt Abschnitt 2.7. Im Laufe der Entwicklung einer JSF-Webapplikation können sehr viele Navigationsregeln anfallen. Um die Übersicht zu behalten, empfiehlt sich die Auslagerung einzelner Teile der Konfiguration in separate Dateien, wie es im Abschnitt der JSF-Konfigurationsdatei `faces-config.xml` beschrieben wurde.

Anwendungseinstellungen – application

Ein zentrales Element in der `faces-config.xml` ist das Tag `application`. Darin werden wichtige Einstellungen für Kernbereiche von JSF getroffen. Das Element `application` kann als die zentrale Schaltstelle einer JSF-Anwendung betrachtet werden. Hier ist es möglich, neben Einstellungen zur Lokalisierung und der Definition von Message- und Resource-Bundles essenzielle Teile wie den View-Handler oder den EL-Resolver von JSF mit eigenen Implementierungen zu dekorieren. Damit wird dem Benutzer ein mächtiges Werkzeug in die Hand gegeben, um die Applikation an eigene Bedürfnisse anzupassen.

Listing 4.37 zeigt ein Beispiel für eine `faces-config.xml`, auf deren Elemente wir weiter unten eingehen werden.

In der folgenden Auflistung finden Sie eine Übersicht der wichtigsten Einstellungen. Bei den einzelnen Punkten handelt es sich jeweils um Kindelemente des Tags `application`:

4.6 Konfiguration von JavaServer Faces

```xml
1  <faces-config>
2    <application>
3      <navigation-handler>
4        at.irian.jsfatwork.MyNavigationHandler
5      </navigation-handler>
6      <el-resolver>
7        org.springframework.web.jsf.el.SpringBeanFacesELResolver
8      </el-resolver>
9      <message-bundle>
10       at.irian.jsfatwork.messages
11     </message-bundle>
12     <locale-config>
13       <default-locale>de</default-locale>
14       <supported-locale>en</supported-locale>
15     </locale-config>
16     <resource-bundle>
17       <base-name>at.irian.jsfatwork.text</base-name>
18       <var>text</var>
19     </resource-bundle>
20   </application>
21 </faces-config>
```

Listing 4.37
faces-config.xml
mit Spring-EL-Resolver

- ❏ `locale-config` ist ein Container zur Definition der von der Anwendung unterstützten Sprachen. In Listing 4.37 ist zum Beispiel Deutsch als Standardsprache und Englisch als unterstützte Sprache definiert. Die Konfiguration der Internationalisierung wird ausführlicher in Abschnitt 2.14 behandelt.
- ❏ `message-bundle` definiert den Namen des Resource-Bundles, das die Nachrichten der Applikation enthält, wie Listing 4.37 zeigt. Genauere Informationen hierzu finden Sie in Abschnitt 2.14.2.
- ❏ `resource-bundle` ist ein Container für die Definition eines Resource-Bundles, das Texte für die Anwendung enthält. Im Beispiel in Listing 4.37 wird das Resource-Bundle `at.irian.jsfatwork.text` unter dem Namen text in Seitendefinitionen verfügbar gemacht. Genauere Informationen hierzu finden sich in Abschnitt 2.14.3.
- ❏ `navigation-handler` definiert die Klasse des verwendeten *Navigation-Handlers*. Dieser kann zum Beispiel für erweitertes Logging oder andere spezielle Zwecke im Navigationsbereich überschrieben werden.
- ❏ `view-handler` definiert die Klasse des verwendeten *View-Handlers*, für den es eine Grundimplementierung gibt. Mit Facelets und JSF vor Version 2.0 musste hier der Facelets-View-Handler eingetragen werden.
- ❏ `state-manager` definiert die Klasse des verwendeten *State-Managers*.

❏ el-resolver definiert die Klasse des verwendeten *EL-Resolvers*, der für die Auflösung der Value-Expressions zuständig ist. Hier kann zum Beispiel der für *Spring* eingetragen werden.

Die weiteren möglichen Elemente der faces-config.xml, wie die Registrierung der Renderer, Konverter oder Validatoren, werden in den Abschnitten 2.11 und 2.12 beziehungsweise in Kapitel 6 (für die Konfiguration von Komponenten) noch genauer behandelt.

4.6.3 Konfiguration der *Unified-EL*

Falls Sie einen älteren Server (wie Tomcat 6 oder Jetty 7) einsetzen, müssen Sie trotzdem nicht auf die wichtigsten Features der neuen *Unified-EL* aus *Java EE 6* verzichten.

Die alternative EL-Implementierung von *JBoss* bietet die wichtigsten Features der neuen *Unified-EL*, implementiert aber noch die alte API. Dadurch lassen sich Probleme mit älteren Servern vermeiden. Die *JBoss-EL* in Version 2.0.1.GA erhalten wir über eine Abhängigkeit in der Maven-Projektdatei pom.xml (siehe Listing 4.38).

Listing 4.38
Maven-Abhängigkeit zur JBoss-EL

```
1  <dependency>
2      <groupId>org.jboss.el</groupId>
3      <artifactId>jboss-el</artifactId>
4      <version>2.0.1.GA</version>
5      <scope>compile</scope>
6  </dependency>
```

Im zweiten Schritt müssen wir JSF davon überzeugen, die alternative Implementierung zu verwenden. Dazu muss über einen Kontextparameter die Klasse org.jboss.el.ExpressionFactoryImpl als ExpressionFactory gesetzt werden. Tabelle 4.1 zeigt die Namen der Kontextparameter für *Apache MyFaces* und *Mojarra*.

Tabelle 4.1
Kontextparameter zum Definieren der Expression-Factory

Implementierung	Parameter
Apache MyFaces	org.apache.myfaces.EXPRESSION_FACTORY
Mojarra	com.sun.faces.expressionFactory

5 Verwaltung von Ressourcen

In JSF handelt es sich bei Ressourcen um Artefakte wie Bilder, Skripte oder Stylesheets, die eine Komponente benötigt, um vollständig am Client angezeigt zu werden.

Die Verwaltung von Ressourcen ist eine Anforderung, die in der einen oder anderen Form für jede Anwendung relevant ist. Besonders für Komponentenbibliotheken ist es wichtig, die Abhängigkeiten zwischen Komponenten und Ressourcen wie Skripten oder Stylesheets zu definieren. Außerdem müssen diese Ressourcen für den Anwendungsentwickler transparent zur Verfügung gestellt werden. Vor JSF 2.0 hat es dafür keinen standardisierten Weg gegeben. Viele Anbieter haben daher eigenständige Lösungen entwickelt, die allerdings in den wenigsten Fällen miteinander kompatibel sind.

Ab JSF 2.0 gibt es einen standardisierten Weg, Ressourcen zu verwalten und flexibel in der Ansicht zu positionieren. Davon profitieren nicht nur Komponentenbibliotheken, sondern alle Anwendungen mit eigenen Bildern, Stylesheets oder Skripten. Die Abschnitte 5.1 bis 5.5 zeigen ausführlich, wie die Verwaltung von Ressourcen funktioniert.

JSF 2.2 bietet mit den sogenannten Resource-Library-Contracts eine Möglichkeit zur Definition austauschbarer Templates und Ressourcen, wie Abschnitt 5.6 zeigt.

5.1 Identifikation von Ressourcen – Teil 1

Ressourcen werden in JSF im einfachsten Fall durch ihren Namen identifiziert. Sehen wir uns das am besten anhand eines Beispiels an. Folgender Code fügt das Bild `image.png` in eine Ansicht ein:

```
<h:graphicImage name="image.png"/>
```

Erfahrene JSF-Entwickler werden sofort bemerkt haben, dass in JSF 1.2 noch kein Attribut `name` für das `h:graphicImage`-Tag definiert ist. Der Wert dieses Attributs ist der Name der Ressource, die als Bild ausgegeben werden soll. Es handelt sich dabei nicht um eine Pfadangabe im klassischen Sinn, sondern um einen Bezeichner, der intern in den tatsächlichen Pfad der Ressource aufgelöst wird.

JSF sucht Ressourcen an den folgenden Stellen einer Anwendung (in der angegebenen Reihenfolge):

1. Im Wurzelverzeichnis der Webapplikation unter /resources
2. In /META-INF/resources und somit auch in allen Jar-Dateien im Classpath

In unserem Fall versucht JSF die Bezeichnung image.png an einem der oben genannten Orte aufzulösen. Daher legen wir folgende Datei an:

/resources/image.png

Das oben angeführte Beispiel zeigt den einfachen Fall einer Ressource, die über ihren Namen referenziert wird. JSF bietet aber darüber hinaus eine Einteilung in Bibliotheken, eine Versionierung und die Lokalisierung von Ressourcen.

Bibliotheken sind eine Möglichkeit, Ressourcen unter einem gemeinsamen Namen zu gruppieren. Der Bibliotheksname wird dann gemeinsam mit dem Ressourcennamen zur Identifikation der Ressource verwendet. Wir erweitern unser Beispiel um eine Bibliothek images, in der alle Bilder abgelegt sind. Die Codezeile von oben ändert sich wie folgt ab:

```
<h:graphicImage library="images" name="image.png"/>
```

JSF interpretiert die Bibliothek beim Auflösen der Ressource als zusätzliches Verzeichnis. Der Pfad der Bilddatei sieht folgendermaßen aus:

/resources/images/image.png

Doch damit noch nicht genug – Ressourcen und Bibliotheken können in mehreren Versionen existieren und lokalisiert werden. Die Funktionsweise zeigt Abschnitt 5.4.

JSF 2.2   In Versionen vor 2.2 sucht JSF Ressourcen in der Webanwendung immer im Verzeichnis /resources. Dieser Pfad hat aber den Nachteil, dass er ohne zusätzliche Absicherungen nach außen verfügbar ist. Das ist insbesondere für Kompositkomponenten nicht immer das gewünschte Verhalten. Ab JSF 2.2 lässt sich dieses Verzeichnis daher über den Kontextparameter javax.faces.WEBAPP_RESOURCES_DIRECTORY in der web.xml anpassen. Im Beispiel in Listing 5.1 liegt das Verzeichnis innerhalb von /WEB-INF, wodurch es von außen nicht zugänglich ist.

Nachdem die Ressourcen nur intern von JSF aus diesem Verzeichnis gelesen werden und nach außen unter einer anderen URL zur Verfügung stehen, ist das kein Problem für die Applikation. Der Pfad für das Beispiel mit der Bibliothek von oben sieht dann folgendermaßen aus:

/WEB-INF/resources/images/image.png

```
1  <context-param>
2    <param-name>
3      javax.faces.WEBAPP_RESOURCES_DIRECTORY
4    </param-name>
5    <param-value>/WEB-INF/resources</param-value>
6  </context-param>
```

Listing 5.1
Konfiguration des Verzeichnisses für Ressourcen

Das Auflösen der Ressourcen und das Ausliefern der Daten an den Client übernimmt die Klasse `Resource-Handler`. Wie viele andere Teile von JSF kann auch der `Resource-Handler` über die `faces-config.xml` mit einer eigenen Implementierung dekoriert werden. Denkbar wären Implementierungen, die Ressourcen aus einer Datenbank holen oder dynamisch erzeugen – der Fantasie sind keine Grenzen gesetzt.

5.2 Ressourcen im Einsatz

Es gibt mehrere Wege, ab JSF 2.0 Ressourcen in die Seite einzubinden. Folgende Standardkomponenten verfügen über die Attribute `name` und `library`, um direkt die auszugebende Ressource zu referenzieren:

- `h:graphicImage` gibt den Link auf ein Bild aus.
- `h:outputScript` gibt den Link auf ein Skript aus.
- `h:outputStylesheet` gibt den Link auf ein Stylesheet aus.

Ressourcen können auch direkt über einen EL-Ausdruck im Attribut `value` der entsprechenden Komponente referenziert werden – das implizite Objekt `resource` dient diesem Zweck. Eigenschaften dieses Objekts werden beim Auswerten des Ausdrucks als Ressourcenbezeichner interpretiert. Dieser Bezeichner kann der Name der Ressource oder der Name der Bibliothek gefolgt vom Namen der Ressource mit einem Doppelpunkt als Trennzeichen sein.

Hier nochmals das Beispiel aus dem letzten Abschnitt, diesmal allerdings über einen EL-Ausdruck realisiert:

```
<h:graphicImage value="#{resource['images:image.png']}"/>
```

Kommt als Seitendeklarationssprache Facelets zum Einsatz, kann dieser EL-Ausdruck sogar direkt im HTML-Code verwendet werden:

```
<img src="#{resource['images:image.png']}"/>
```

Die dritte Methode zum Einbinden von Ressourcen erfolgt im Java-Code und ist vor allem für Entwickler von Komponenten interessant. Mit den beiden Annotationen `@ResourceDependency` und `@ResourceDependencies` können Abhängigkeiten zu Ressourcen bereits in der

Komponenten- beziehungsweise Rendererklasse definiert werden. Folgender Code verknüpft zum Beispiel eine Komponente mit der Ressource script.js aus der Bibliothek scripts:

```
1  @ResourceDependency(name="script.js", library="scripts")
2  public class MyComponent extends UIComponentBase {
3    ...
4  }
```

Diese Methode wird hier nur der Vollständigkeit halber erwähnt. Weiterführende Informationen zum Thema Komponentenentwicklung und Ressourcen finden Sie in Abschnitt 6.2.3.

5.3 Positionierung von Ressourcen

Einen wichtigen Aspekt des Ressourcenmanagements von JSF haben wir bis jetzt noch nicht erwähnt. Stellen Sie sich vor, Sie benutzen eine Komponente aus einer Komponentenbibliothek, die ein spezielles Skript oder Stylesheet verwendet. Wie kommt diese Ressource dann in die Ansicht? Als Anwender der Bibliothek wollen wir uns nicht darum kümmern. Bei einigen Ressourcen wie Stylesheets und manchen Skripten kommt noch hinzu, dass sie an speziellen Stellen der Ansicht ausgegeben werden müssen, damit beim Benutzer die Seite richtig funktioniert. Wie die Verbindung zwischen Komponente und Ressource modelliert wird, haben wir bereits im letzten Abschnitt gezeigt. Das erklärt aber noch nicht, wie ein Link auf die Ressource in die Ansicht übernommen wird.

JSF erlaubt die Positionierung einzelner Ressourcen in definierten Bereichen der Ansicht wie dem Head oder dem Body. Damit JSF diese Bereiche richtig identifizieren kann, gibt es folgende neue Komponenten in der *HTML-Tag-Library*:

- h:head umschließt den Head-Bereich der Seite.
- h:body umschließt den Body-Bereich der Seite.

Beim Einbinden einer Ressource kann einer dieser Bereiche direkt adressiert werden. Dafür existiert in @ResourceDependency das Element target und in h:outputScript ein gleichnamiges Attribut. Die erlaubten Werte sind head, body und form, wobei *Stylesheets* allerdings unabhängig von der Angabe immer im Head ausgegeben werden (gemäß HTML-Standard müssen *Stylesheets* im Head-Bereich verlinkt werden, damit der Quelltext der Seite gültiges HTML bleibt).

Damit das Positionieren von Ressourcen funktioniert, ist es unbedingt nötig, h:head und h:body in allen Ansichten einzusetzen. Mit Facelets können Sie das in einem Template zentral für alle Seiten erledigen. Wie das funktioniert, erfahren Sie in Abschnitt 4.3.

Sehen wir uns anhand eines Beispiels an, wie das Positionieren von Ressourcen in der Praxis aussieht. Das folgende Dokument enthält im Body-Bereich ein Stylesheet ohne Positionsangabe und ein Skript mit der Position head:

```
1  <html xmlns="http://www.w3.org/1999/xhtml"
2        xmlns:h="http://xmlns.jcp.org/jsf/html">
3    <h:head>
4      <title>Ressourcen-Test</title>
5    </h:head>
6    <h:body>
7      <h:outputStylesheet name="style.css"/>
8      <h:outputScript name="test.js" target="head"/>
9      <h:outputText value="Test"/>
10   </h:body>
11 </html>
```

Hier der gerenderte HTML-Code:

```
1  <html xmlns="http://www.w3.org/1999/xhtml">
2    <head>
3      <title>Ressourcen-Test</title>
4      <link type="text/css" rel="stylesheet"
5            href="/app/javax.faces.resource/style.css.jsf"/>
6      <script type="text/javascript"
7              src="/app/javax.faces.resource/test.js.jsf">
8      </script>
9    </head>
10   <body>
11     Test
12   </body>
13 </html>
```

Der Code zeigt, dass beide Ressourcen, das Skript und das Stylesheet, im Head-Bereich der Seite gerendert wurden. Mit Komponenten aus einer Bibliothek funktioniert das genauso – vorausgesetzt, der Entwickler hat die Komponente mit @ResourceDependency annotiert und das target-Attribut auf den Wert head gesetzt. Wenn Sie dann h:head und h:body auf der Seite einsetzen, erledigt JSF den Rest.

5.4 Identifikation von Ressourcen – Teil 2

In Abschnitt 5.1 haben wir kurz darauf hingewiesen, dass JSF bei Ressourcen und Bibliotheken Versionierung und Lokalisierung unterstützt.

5 Verwaltung von Ressourcen

Versionsnummern sind bei Bibliotheken und Ressourcen mit durch Unterstrich (_) getrennte Zahlen wie 1_0 oder 1_0_1 angegeben. Sie werden, getrennt durch einen Schrägstrich (/), an den Namen der Ressource oder der Bibliothek angehängt. Bei Ressourcennamen kann die Version zusätzlich eine Dateierweiterung wie .png oder .css aufweisen. Warum das so ist, sehen wir gleich. Hier unser Beispiel mit Versionsnummern für die Bibliothek und die Ressource:

```
<h:graphicImage library="images/1_0"
    name="image.png/1_1.png"/>
```

JSF interpretiert Bibliotheksversionen beim Auflösen als ein weiteres Verzeichnis im Pfad der Ressource. Ressourcenversionen werden dahingegen etwas anders behandelt. Existiert eine Ressource in mehreren Versionen, wird der Name der Ressource zu einem Verzeichnis, und die einzelnen Versionen sind die eigentlichen Ressourcendateien. Der neue Pfad der Bilddatei lautet dann folgendermaßen:

```
/resources/images/1_0/image.png/1_1.png
```

In den meisten Fällen ist es aber nicht nötig, die Versionsnummern beim Einsatz von Ressourcen zu definieren. Wenn keine expliziten Versionen angegeben sind, verwendet JSF automatisch die Ressource mit der höchsten Versionsnummer.

Um die verschiedenen Kombinationen von Ressourcennamen, Bibliotheksnamen und Versionsnummern zu veranschaulichen, wollen wir unser Beispiel erweitern. Abbildung 5.1 zeigt das Ressourcenverzeichnis der Anwendung mit einer Bibliothek und den zwei Ressourcen image.png und new.png. Links neben dem Namen der Bilddatei ist jeweils das Bild selbst dargestellt.

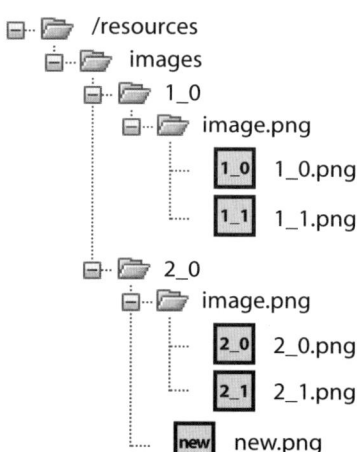

Abbildung 5.1
Beispiele von Ressourcen

Basierend auf dem Verzeichnisbaum aus Abbildung 5.1 wollen wir nun verschiedene Ressourcen auflösen und uns das Ergebnis ansehen. Tabelle 5.1 zeigt für eine Reihe von Kombinationen aus Bibliotheks- und Ressourcenname, welches Bild dadurch angezeigt wird. Beachten Sie bitte vor allem Namen ohne Versionsangaben und wie diese immer zur höchsten Version aufgelöst werden.

Tabelle 5.1
Beispiele zur Auflösung von Ressourcen

Bibliothek	Ressource	
images	image.png	2_1
images	image.png/2_1.png	2_1
images/2_0	image.png	2_1
images/2_0	image.png/2_1.png	2_1
images	image.png/2_0.png	2_0
images/1_0	image.png/1_0.png	1_0
images/1_0	image.png	1_1
images	new.png	new

Zum Schluss wollen wir noch die Lokalisierung von Ressourcen besprechen. JSF sucht beim Auflösen von Ressourcen nach folgendem Eintrag im *Application-Message-Bundle*:

```
javax.faces.resource.localePrefix=<Wert>
```

Falls dieser Eintrag für das aktuelle Locale gesetzt ist, wird dessen Wert als Teil des Pfads der Ressourcendatei interpretiert. Ist der Wert im deutschen Resource-Bundle beispielsweise auf de gesetzt, sieht der Pfad zu unserem Bild wie folgt aus:

```
/resources/de/images/image.png
```

Weiterführende Informationen zur Internationalisierung und zum Application-Message-Bundle finden sich in Abschnitt 2.14.

5.5 Ressourcen in *MyGourmet 12*

Die Umstellung von *MyGourmet* auf Ressourcen ist im momentanen Stand der Entwicklung trivial – wir erstellen dafür kein neues Beispiel.

Die wichtigste Änderung ist die Umstellung des Haupttemplates template.xhtml auf die Elemente h:head und h:body. Dafür müssen aber nur die entsprechenden HTML-Elemente ersetzt werden. Sobald das geschehen ist, können auch das Stylesheet und das Logo ins Verzeichnis /resources verschoben und als Ressourcen verwendet werden.

Die Ressourcenverwaltung wird erst ab dem nächsten Beispiel *MyGourmet 13* interessant, wenn sich alles um die in JSF 2.0 eingeführten Kompositkomponenten dreht. Mehr dazu erfahren Sie in Abschnitt 6.1.

5.6 Resource-Library-Contracts

JSF 2.2 Die Pläne für JSF 2.2 sahen ursprünglich ein »Multi-Templating« genanntes System zur Unterstützung von Themes vor. Dieses System hat es aber nicht bis in die finale Version der Spezifikation geschafft. Übrig geblieben sind die sogenannten Resource-Library-Contracts, eine Notlösung mit grundlegenden Features zur Unterstützung austauschbarer Templates und mit Potenzial für künftige Erweiterungen.

Resource-Library-Contracts gruppieren Templates und Ressourcen zu einer austauschbaren Einheit. Ein Contract besteht aus einem oder mehreren Facelets-Templates, deren mit `ui:insert` definierten ersetzbaren Bereichen und einer beliebigen Anzahl von Ressourcen. Die Templates, deren ersetzbare Bereiche und die Ressourcen bilden somit eine (informelle) Schnittstelle, aus der hervorgeht, wie ein Resource-Library-Contract eingesetzt werden kann. Alle Resource-Library-Contracts mit derselben Schnittstelle können gegeneinander ausgetauscht werden.

5.6.1 Ein erstes Beispiel

Ein Resource-Library-Contract ist im Grunde genommen ein Container für Templates und Ressourcen, der in einem speziellen Verzeichnis abgelegt wird. JSF sucht Resource-Library-Contracts standardmäßig an folgenden Stellen einer Anwendung (in der angegebenen Reihenfolge):

1. Im Wurzelverzeichnis der Webapplikation unter `/contracts`
2. In `/META-INF/contracts` und somit auch in allen Jar-Dateien im Classpath

Abbildung 5.2 zeigt den Inhalt des Contracts mit dem Namen `contract1` im Verzeichnis `/contracts` der Webapplikation.

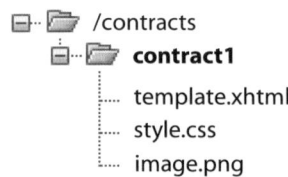

Abbildung 5.2
Resource-Library-Contract in der Applikation

5.6 Resource-Library-Contracts

Dieser Resource-Library-Contract beinhaltet das Template template.xhtml, das Stylesheet style.css und das Bild image.png. Das Template definiert die ersetzbaren Bereiche header und content und bindet das Stylesheet als JSF-Ressource ein, wie Listing 5.2 zeigt.

```
1  <html xmlns="http://www.w3.org/1999/xhtml"
2      xmlns:ui="http://xmlns.jcp.org/jsf/facelets"
3      xmlns:h="http://xmlns.jcp.org/jsf/html">
4  <h:head><title>Contract Template</title></h:head>
5  <h:body>
6    <h:outputStylesheet name="style.css"/>
7    <div class="header">
8      <ui:insert name="header"/>
9    </div>
10   <div class="content">
11     <ui:insert name="content"/>
12   </div>
13 </h:body>
14 </html>
```

Listing 5.2
Template für Resource-Library-Contract

Die Schnittstelle dieses Contracts besteht somit aus dem Template template.xhtml und dessen ersetzbaren Bereichen header und content. Das Stylesheet und das Bild beachten wir momentan nicht weiter (mehr dazu in Abschnitt 5.6.2). Mit diesem Wissen können wir das Template aus dem Contract bereits in einer Facelets-Seite einsetzen, wie Listing 5.3 zeigt.

```
1  <ui:composition template="/template.xhtml">
2    <ui:define name="header">
3      <h1>Überschrift</h1>
4    </ui:define>
5    <ui:define name="content">
6      <p>Beliebiger Inhalt</p>
7    </ui:define>
8  </ui:composition>
```

Listing 5.3
Template-Client für Resource-Library-Contract

Das Template aus dem Resource-Library-Contract wird nur über seinen Namen referenziert. Dabei stellt sich die Frage, wie es aus dem Contract in die Seite kommt. Dazu müssen wir zwei neue Aspekte von JSF 2.2 berücksichtigen. Zum einen stellt JSF standardmäßig alle Resource-Library-Contracts, die beim Starten der Applikation gefunden werden, allen Seiten zur Verfügung. Nachdem es in unserem Beispiel nur einen Contract gibt, ist das genau das gewünschte Verhalten. Zum anderen versucht JSF ab Version 2.2, XHTML-Dateien und Ressourcen immer zuerst aus den der Seite zugeordneten Contracts zu laden.

JSF sucht also in unserem Fall das Template `template.xhtml` wie gewünscht zuerst im Contract `contract1`. Selbst wenn im Wurzelverzeichnis der Applikation auch ein Template mit dem Namen `template.xhtml` existiert, kommt zuerst jenes aus dem Contract zum Zug.

Der Einsatz von Resource-Library-Contracts wird erst richtig interessant, wenn mehrere Contracts mit derselben Schnittstelle in einer Applikation zur Verfügung stehen. Damit lassen sich zum Beispiel Templates mit unterschiedlichem Styling für verschiedene Bereiche der Anwendung realisieren. In diesem Fall muss natürlich gewährleistet sein, dass es eine eindeutige Zuordnung von Contracts zu Seiten gibt. Abschnitt 5.6.3 zeigt, wie das funktioniert.

Packt man Resource-Library-Contracts in Jar-Dateien, ergeben sich weitere interessante Anwendungsfälle. Contracts lassen sich dadurch sehr einfach durch das Ersetzen einer Jar-Datei austauschen oder in mehreren Applikationen einsetzen. Abschnitt 5.6.4 zeigt, was Sie dabei beachten müssen.

Konfiguration des Contracts-Verzeichnisses

Wie bereits erwähnt sucht JSF Resource-Library-Contracts in der Webanwendung standardmäßig im Verzeichnis `/contracts`. Dieser Pfad kann aber in der `web.xml` über den Kontextparameter `javax.faces.WEBAPP_CONTRACTS_DIRECTORY` angepasst werden. Im Beispiel in Listing 5.4 liegt das Verzeichnis innerhalb von `/WEB-INF`, wodurch es auch nicht mehr von außen zugänglich ist.

Listing 5.4
Konfiguration des Verzeichnisses für Contracts

```
1  <context-param>
2    <param-name>
3      javax.faces.WEBAPP_CONTRACTS_DIRECTORY
4    </param-name>
5    <param-value>/WEB-INF/contracts</param-value>
6  </context-param>
```

5.6.2 Ressourcen aus Resource-Library-Contracts

Neben Templates können Resource-Library-Contracts auch eine beliebige Anzahl von Ressourcen enthalten. Der Resource-Library-Contract aus Abschnitt 5.6.1 beinhaltet zum Beispiel neben dem Template auch noch die Ressourcen `style.css` und `image.png`. Diese Ressourcen können über ihren Namen in eine Seite eingebunden werden. Das Stylesheet wird ja bereits mit `h:outputStylesheet` im Template verwendet, wie Listing 5.2 zeigt.

Das Einbinden von Ressourcen aus einem Contract funktioniert aber nicht nur innerhalb des Contracts. Wie schon bei den Templates versucht JSF ab Version 2.2, auch Ressourcen immer zuerst aus den einer Seite zugeordneten Contracts zu laden. Listing 5.5 zeigt nochmals den Template-Client aus Listing 5.3 – diesmal allerdings zusätzlich mit dem Bild image.png.

Listing 5.5
Template-Client für Resource-Library-Contract mit Ressource

```
1  <ui:composition template="/template.xhtml">
2    <ui:define name="header">
3      <h1>Überschrift</h1>
4    </ui:define>
5    <ui:define name="content">
6      <p>Beliebiger Inhalt</p>
7      <h:graphicImage name="image.png"/>
8    </ui:define>
9  </ui:composition>
```

5.6.3 Zuordnung von Resource-Library-Contracts

Existieren mehrere Contracts mit derselben Schnittstelle in einer Applikation, muss die Zuordnung von Contracts zu Seiten angepasst werden. Andernfalls stellt JSF wiederum alle Contracts in allen Seiten zur Verfügung, was zu unvorhersehbaren Ergebnissen führen kann.

JSF baut beim Starten der Applikation eine Liste aller verfügbaren Resource-Library-Contracts auf. Diese Liste hat allerdings keine eindeutig definierte Ordnung. Nachdem JSF aber beim Laden von XHTML-Dateien und Ressourcen die Liste der für die Seite verfügbaren Contracts durchgeht und einfach den ersten Treffer verwendet, bleibt es also in gewissem Maß dem Zufall überlassen, welcher Contract zum Einsatz kommt.

Die Zuordnung von Resource-Library-Contracts zu Seiten der Applikation lässt sich auf zwei Arten definieren. Es kann eine grundlegende Zuordnung für einzelne Seiten oder für ganze Seitenbereiche in der faces-config.xml gemacht werden. Für einzelne Seiten kann die Zuordnung mit f:view zudem gezielt definiert werden.

Die Zuordnung von Contracts zu Seiten in der faces-config.xml basiert auf URL-Mustern. Mögliche Werte für die Muster umfassen einzelne Seiten wie /page1.xhtml, Seitenbereiche wie /customer/* oder die gesamte Applikation mit *. Pro Muster wird eine Liste aller anzuwendenden Contract-Namen angegeben. Bei der Auswertung berücksichtigt JSF zuerst immer exakte Übereinstimmungen für konkrete Seiten und ansonsten das längste zutreffende Muster.

Die Konfiguration erfolgt im Element `resource-library-contracts` innerhalb `application`. Dort wird für jede Kombination von URL-Muster und Contract-Namen ein `contract-mapping`-Element eingefügt. Das URL-Muster kommt dabei ins Element `url-pattern` und die kommaseparierte Liste von Contract-Namen ins Element `contracts`. Mit der in Listing 5.6 gezeigten Konfiguration wird allen Seiten, deren View-ID mit `/special/` beginnt, der Contract `layout-special` und alle anderen Seiten der Contract `layout` zugeordnet.

Listing 5.6 Zuordnung von Resource-Library-Contracts in der faces-config.xml

```
1  <application>
2    <resource-library-contracts>
3      <contract-mapping>
4        <url-pattern>/special/*</url-pattern>
5        <contracts>layout-special</contracts>
6      </contract-mapping>
7      <contract-mapping>
8        <url-pattern>*</url-pattern>
9        <contracts>layout</contracts>
10     </contract-mapping>
11   </resource-library-contracts>
12 </application>
```

Die Zuordnung von Resource-Library-Contracts kann für einzelne Seiten gezielt überschrieben werden. Dazu gibt es im Tag `f:view` das neue Attribut `contracts`, in dem eine kommaseparierte Liste von Contract-Namen angegeben werden kann. Listing 5.7 zeigt ein Beispiel.

Listing 5.7 Zuordnung von Resource-Library-Contracts mit f:view

```
1  <f:view contracts="contract1">
2    <ui:composition template="/template.xhtml">
3      ...
4    </ui:composition>
5  </f:view>
```

Im Attribut `contracts` kann auch eine Value-Expression angegeben werden, wie das folgende Beispiel zeigt:

```
1  <f:view contracts="#{bean.contracts}">
2    ...
3  </f:view>
```

Die referenzierte Bean-Eigenschaft muss die Liste der Contract-Namen in Form einer Zeichenkette zurückliefern. Damit besteht die Möglichkeit, die einer Seite zugeordneten Contracts dynamisch zu ändern.

Wenn Sie jetzt auf die Idee kommen, das global in einem Template zu definieren, müssen wir Sie leider enttäuschen. JSF erlaubt die Definition der Contracts über `f:view` explizit nur in der ersten Datei, die beim Aufbau der Seite verarbeitet wird (also im Template-Client).

5.6.4 Resource-Library-Contracts in Jar-Dateien

Resource-Library-Contracts in Jar-Dateien bieten einige Vorteile. Sie können einerseits in mehreren Applikationen eingesetzt werden und lassen sich andererseits beim Bauen der Applikation einfach austauschen. Dabei sollten Sie allerdings darauf achten, dass der neue Contract dieselbe Schnittstelle definiert.

Jar-Dateien mit Resource-Library-Contracts sind schnell erstellt. Dazu müssen die Contracts nur in das Verzeichis `/META-INF/contracts` kopiert werden. Für den aus Abschnitt 5.6.1 bekannten Contract contract1 sieht die Verzeichnisstruktur dann wie in Abbildung 5.3 aus.

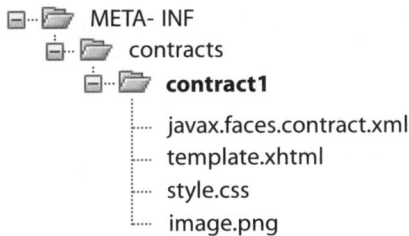

Abbildung 5.3
Resource-Library-Contract in Jar-Datei

JSF berücksichtigt Resource-Library-Contracts aus Jar-Dateien nur dann, wenn sie eine Datei mit dem Namen `javax.faces.contract.xml` beinhalten. In JSF 2.2 kann diese Datei noch leer sein, was aber in zukünftigen Versionen von JSF nicht so bleiben muss.

5.6.5 *MyGourmet 12* mit Resource-Library-Contracts

In diesem Abschnitt präsentieren wir eine Variante von *MyGourmet 12*, bei der das Basis-Template der Applikation mithilfe von Resource-Library-Contracts verwaltet wird. Das erlaubt uns die Definition von zwei Contracts mit unterschiedlichem Design für den Kundenbereich und den Anbieterbereich der Applikation.

Die beiden Designs werden jeweils als Contract realisiert: `base-color` für das bereits bekannte Design und `base-gray` für eine in Grau gehaltene Variante. Beide Contracts beinhalten folgende Ressourcen:

❑ Das bereits bekannte Template `template.xhtml` ohne Änderungen
❑ Das für jeden Contract angepasste Stylesheet `mygourmet.css`
❑ Das für jeden Contract farblich angepasste Bild `logo.png`

Abbildung 5.4 zeigt die Resource-Library-Contracts `base-color` und `base-gray` in der Verzeichnisstruktur der Applikation.

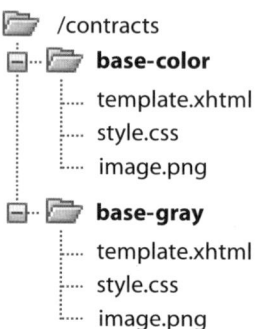

Abbildung 5.4
Resource-Library-Contracts in MyGourmet 12

Um die Zuordnung von Contracts zu Seiten einfacher zu machen, haben wir die Seiten im Kundenbereich nach `/views/customer` und die Seiten im Anbieterbereich nach `/views/provider` verschoben. Damit können wir den Kundenseiten den Contract `base-color` und den Anbieterseiten den Contract `base-gray` zuordnen. Listing 5.8 zeigt die entsprechende Konfiguration in der `faces-config.xml`.

Listing 5.8
Konfiguration in MyGourmet 12

```
1  <resource-library-contracts>
2    <contract-mapping>
3      <url-pattern>/views/customer/*</url-pattern>
4      <contracts>base-color</contracts>
5    </contract-mapping>
6    <contract-mapping>
7      <url-pattern>/views/provider/*</url-pattern>
8      <contracts>base-gray</contracts>
9    </contract-mapping>
10 </resource-library-contracts>
```

Die Seiten der Applikation benutzen weiterhin das Template `customer-Template.xhtml`. Dort müssen wir noch den Pfad des Basis-Templates auf den Wert `/template.xhtml` ändern – dieses Template kommt jetzt wie das Stylesheet aus dem Contract. Das Logo wird als Ressource mit dem Namen `logo.png` ebenfalls aus dem Contract eingebunden.

6   Die eigene JSF-Komponente

Seinem Ruf als Komponentenframework wird *JavaServer Faces* mehr als gerecht: Komponenten sind ein essenzieller Bestandteil von JSF und bilden einen zentralen Erweiterungspunkt. Es gibt wohl bei keinem anderen Webframework so viele Möglichkeiten zur Erweiterung und zum Erstellen von eigenen Komponenten, die harmonisch mit dem Framework interagieren. Die Standardkomponenten und diverse Erweiterungen und Komponentenbibliotheken aus dem JSF-Umfeld decken bereits ein beachtliches Funktionsspektrum ab. Die meisten Entwickler werden aber früher oder später auf Anwendungsfälle stoßen, die damit nicht realisierbar sind. Spätestens dann ist eine eigene Komponente sinnvoll.

Vor Version 2.0 von JSF war die Komponentenentwicklung jedoch relativ aufwendig. Es galt immer abzuwägen, ob sich dieser Schritt im konkreten Fall auszahlt oder sich das Problem nicht auch anderweitig lösen lässt. JSF machte in Version 2.0 in diesem Bereich einen großen Schritt auf die Entwickler zu. Mit den neuen Kompositkomponenten (Composite-Components) existiert eine wirklich sehr einfache Möglichkeit, Komponenten deklarativ zu erstellen – ohne eine Zeile Java-Code oder XML-Konfiguration zu schreiben. Wie das funktioniert, zeigen wir Ihnen in Abschnitt 6.1.

So wichtig die Kompositkomponenten auch sind, sie können nicht jedes Problem lösen. Speziell komplexere Aufgaben lassen sich weiterhin nur mit den höchstflexiblen klassischen Komponenten realisieren. Dass aber auch deren Erstellung kein Hexenwerk ist, zeigen wir Ihnen in Abschnitt 6.2. Mit JSF ab Version 2.0 und Facelets ist es im Vergleich sogar noch etwas einfacher geworden.

In Abschnitt 6.3 gehen wir noch einen Schritt weiter und kombinieren Kompositkomponenten mit klassischen Komponenten. Mit diesem Ansatz lassen sich Kompositkomponenten bei Bedarf sehr einfach mit Java-Code erweitern. Sie werden sehen, dass die beiden Konzepte perfekt miteinander harmonieren und die Entwicklung von eigenen Komponenten damit noch flexibler wird.

In Abschnitt 6.4 zeigen wir Ihnen, wie Sie einzelne Teile einer existierenden Komponente ersetzen: Es muss nicht immer eine komplette Komponente sein. Das Beispiel *MyGourmet 13* fasst alle im Laufe des

Kapitels gemachten Änderungen zusammen und wird in Abschnitt 6.5 behandelt.

Sie wollen eine eigene Komponentenbibliothek mit all Ihren Komponenten erstellen? Kein Problem, Abschnitt 6.6 zeigt, wie das funktioniert. In Abschnitt 6.7 finden Sie nochmals *MyGourmet 13* – diesmal allerdings mit Komponentenbibliothek.

6.1 Kompositkomponenten

Kompositkomponenten waren aus unserer Sicht eines der wichtigsten neuen Features von JSF 2.0. Entwickler erhalten durch die Verbindung von Facelets und Ressourcen die Möglichkeit, Komponenten aus beinahe beliebigen Seitenfragmenten aufzubauen – daher auch der Name. Eine Kompositkomponente ist im Grunde nichts anderes als ein XHTML-Dokument, das in einer Ressourcenbibliothek abgelegt ist und die Komponente deklariert.

Nach einer kurzen Einführung anhand eines Beispiels in Abschnitt 6.1.1 werden wir in den Abschnitten 6.1.2 und 6.1.3 etwas genauer auf die Deklaration von Kompositkomponenten und die einzelnen Tags der Composite-Tag-Bibliothek eingehen. Anschließend zeigt Abschnitt 6.1.4 die Kombination von Kompositkomponenten und Ressourcen. In den Abschnitten 6.1.5 bis 6.1.8 finden Sie einige praxisorientierte Beispiele und Abschnitt 6.1.9 zeigt abschließend noch einige Fallstricke beim Einsatz von Kompositkomponenten.

6.1.1 Eine erste Kompositkomponente

Die Definition des Namensraums und des Tags der Komponente ergibt sich per Konvention aus der Ressourcenbibliothek und dem Namen des XHTML-Dokuments. Als erstes Beispiel wandeln wir die Box in der Seitenleiste in eine Kompositkomponente mit dem Namen panelBox um. Da alle im Laufe dieses Abschnitts erstellten Komponenten in der Bibliothek mygourmet landen, legen wir zuerst dieses Verzeichnis unter /resources an. Darin erstellen wir dann die Deklaration der Komponente mit dem Namen panelBox.xhtml. Abbildung 6.1 zeigt den Verzeichnisbaum. Ausführlichere Informationen zum Thema Ressourcen finden Sie in Kapitel 5.

Abbildung 6.1
Ressource der Kompositkomponente panelBox

6.1 Kompositkomponenten

Sobald `panelBox.xhtml` in der Bibliothek `mygourmet` existiert, ist die Komponente einsatzfähig. Das Einbinden erfolgt wie bei allen Komponenten über den Namensraum und das Tag. Per Konvention leitet sich der Namensraum von Kompositkomponenten aus dem Präfix `http://xmlns.jcp.org/jsf/composite/` gefolgt vom Bibliotheksnamen – in unserem Fall `mygourmet` – ab. Das Tag erhält seinen Namen von der Deklaration und lautet `panelBox`. Listing 6.1 zeigt, wie die Komponente in einer Seitendeklaration zum Einsatz kommt. Das gewählte Präfix `mc` ist wie immer beliebig, bietet sich aber als Abkürzung von *MyGourmet-Components* an.

```
1  <html xmlns:mc="http://xmlns.jcp.org/jsf/composite/mygourmet">
2    ...
3    <mc:panelBox title="Panel-Header">
4      <h:outputText value="Ein Text"/>
5    </mc:panelBox>
6    ...
7  </html>
```

Listing 6.1
Einbinden einer Kompositkomponente

Da wir die Komponente bereits einbinden können, wird es Zeit, einen Blick auf die Deklaration zu werfen. Listing 6.2 zeigt eine erste Version von `panelBox.xhtml`, deren Inhalt stark an das zuvor eingesetzte Template `sideBox.xhtml` (siehe Abschnitt 4.3.2) angelehnt ist.

```
1  <ui:composition xmlns="http://www.w3.org/1999/xhtml"
2      xmlns:cc="http://xmlns.jcp.org/jsf/composite"
3      xmlns:ui="http://xmlns.jcp.org/jsf/facelets">
4    <cc:interface>
5      <cc:attribute name="title"/>
6    </cc:interface>
7    <cc:implementation>
8      <div class="side_box">
9        <p class="header">#{cc.attrs.title}</p>
10       <cc:insertChildren/>
11     </div>
12   </cc:implementation>
13 </ui:composition>
```

Listing 6.2
Kompositkomponente panelBox

JSF fasst im Namensraum `http://xmlns.jcp.org/jsf/composite` alle zur Deklaration einer Kompositkomponente notwendigen Tags zusammen. Wenn Sie Listing 6.2 näher betrachten, werden Sie bemerken, dass es sich wie schon beim Templating um ein XHTML-Dokument mit dem Wurzelelement `ui:composition` handelt. Für die Deklaration der Komponente sind aber nur die mit `cc:interface` und `cc:implementation` umschlossenen Bereiche relevant. Facelets ignoriert den Rest.

Der Bereich innerhalb von `cc:interface` definiert die Schnittstelle der Komponente nach außen. Bei unserer Box fällt dieser Bereich relativ klein aus und umfasst nur ein Attribut mit dem Namen `title`. Der Wert dieses Attributs wird über das Tag der Komponente gesetzt, wie bereits Listing 6.1 gezeigt hat. Wie dieses Attribut innerhalb der Komponente verwendet wird, zeigen wir gleich.

Im Bereich `cc:implementation` folgt die Implementierung der Komponente, die aus einem beliebigen Mix aus JSF-Tags, HTML-Tags und Tags der Composite-Tag-Bibliothek zusammengesetzt sein kann. Unsere Box besteht aus einem `div`-Element, in dem als erster Absatz der Titel ausgegeben wird. Da der Titel ein Attribut der Komponente ist, müssen wir irgendwie auf dessen Wert zugreifen. Dazu führt JSF 2.0 das implizite Objekt `cc` als Referenz auf die aktuelle Kompositkomponente ein. Der Zugriff auf das Attribut erfolgt mit der Value-Expression `#{cc.attrs.title}`, wobei die Eigenschaft `attrs` eine Map aller Attribute zurückliefert. Das Tag `cc:insertChildren` veranlasst JSF dazu, sämtliche Inhalte einzufügen, die beim Einsatz der Komponente innerhalb des Tags angegeben werden. Im Beispiel aus Listing 6.1 ist das die `h:outputText`-Komponente mit dem Wert *Ein Text*.

Bleibt noch zu klären, wie JSF mit Kompositkomponenten in einer Seitendeklaration umgeht. Listing 6.3 zeigt, wie der Inhalt der Seitenleiste aus *MyGourmet* mit der Komponente `panelBox` aussieht.

Listing 6.3
Seitenleiste in MyGourmet mit panelBox

```
1  <mc:panelBox id="menu" title="#{msgs.menu_title}">
2    <h:panelGrid columns="1">
3      <h:link outcome="providerList"
4        value="#{msgs.menu_provider_list}"/>
5      <h:link outcome="showCustomer"
6        value="#{msgs.menu_show_customer}"/>
7    </h:panelGrid>
8  </mc:panelBox>
9  <mc:panelBox id="news" title="#{msgs.news_title}">
10   <p>MyGourmet - jetzt mit Facelets und Templating</p>
11 </mc:panelBox>
```

Trifft Facelets beim Aufbau der Ansicht in der Seitendeklaration auf eine Kompositkomponente, wird im Standardfall eine Komponente vom Typ `UINamingContainer` erzeugt und in den Komponentenbaum eingefügt (Abschnitt 6.3 zeigt, wie Sie an dieser Stelle eine eigene Komponente verwenden können). Diese Komponente bildet den Wurzelknoten für sämtliche weitere Inhalte der Kompositkomponente. Ihre Kinder werden allerdings erst beim weiteren Abarbeiten der Seitendeklaration aus dem Inhalt der Kompositkomponente selbst und dem Inhalt des Tags in der aufrufenden Seite erstellt und hinzugefügt. Diese Vorgehensweise ist mit dem Aufbau einer Ansicht mit Templates vergleichbar.

Was heißt das konkret für unser Beispiel? Nach dem Erstellen des Wurzelknotens setzt Facelets die Verarbeitung mit `panelBox.xhtml` fort. Nachdem das `div`-Element und der Absatz mit dem Titel verarbeitet wurden, kommt das Tag `cc:insertChildren` an die Reihe. Wie Sie in Listing 6.3 sehen, haben beide `panelBox`-Tags Inhalte, die an dieser Stelle in den Komponentenbaum aufgenommen werden.

6.1.2 Der Bereich cc:interface

Der Bereich `cc:interface` definiert die Schnittstelle der Komponente nach außen und umfasst alle Merkmale, die für Benutzer der fertigen Komponente relevant sind. Neben der Definition von Attributen und Facets ist es auch möglich, das Verhalten einzelner interner Komponenten nach außen bekanntzugeben.

Hier eine Liste aller Tags, die in der Schnittstelle einer Kompositkomponente verwendet werden können:

- `cc:attribute`
  Dieses Tag definiert ein Attribut der Kompositkomponente.
- `cc:facet`
  Dieses Tag definiert ein Facet der Kompositkomponente.
- `cc:valueHolder`
  Dieses Tag definiert einen Namen, unter dem eine interne Komponente verfügbar ist, die `ValueHolder` implementiert.
- `cc:editableValueHolder`
  Dieses Tag definiert einen Namen, unter dem eine interne Komponente verfügbar ist, die `EditableValueHolder` implementiert.
- `cc:actionSource`
  Dieses Tag definiert einen Namen, unter dem eine interne Komponente verfügbar ist, die `ActionSource2` implementiert.

Nach diesem kurzen Überblick folgen jetzt noch einige Details zu den Möglichkeiten der einzelnen Tags. Zu diesem Zweck finden Sie in Listing 6.4 die Kompositkomponente `simpleInput`, die aus einem Eingabefeld und einer Submit-Schaltfläche besteht.

Attribute

Wenden wir uns zuerst der Definition von Attributen mit dem Tag `cc:attribute` zu. Die Komponente `simpleInput` definiert eine Reihe von Attributen unterschiedlicher Ausprägung. Mit `required` kann gesteuert werden, ob das Attribut beim Einsatz der Komponente verpflichtend

Listing 6.4
Kompositkomponente
simpleInput

```
1  <ui:composition xmlns="http://www.w3.org/1999/xhtml"
2      xmlns:h="http://xmlns.jcp.org/jsf/html"
3      xmlns:cc="http://xmlns.jcp.org/jsf/composite"
4      xmlns:ui="http://xmlns.jcp.org/jsf/facelets">
5    <cc:interface>
6      <cc:attribute name="inputLabel" required="false"
7          default="Input"/>
8      <cc:attribute name="submitLabel" default="Submit"/>
9      <cc:attribute name="action" required="true"
10         targets="submit"/>
11     <cc:attribute name="value" required="true"/>
12     <cc:editableValueHolder name="input" targets="inputText"/>
13     <cc:actionSource name="submit"/>
14   </cc:interface>
15   <cc:implementation>
16     <h:outputLabel for="input" value="#{cc.attrs.inputLabel}"/>
17     <h:inputText id="inputText" value="#{cc.attrs.value}"/>
18     <h:commandButton id="submit"
19         value="#{cc.attrs.submitLabel}"/>
20   </cc:implementation>
21 </ui:composition>
```

anzugeben ist oder nicht. Die Attribute `inputLabel` und `submitLabel` sind beide optional, da bei dem einen `required` explizit auf `false` gesetzt ist und beim anderen überhaupt fehlt. Für optionale Attribute kann im Attribut `default` ein Standardwert definiert werden.

Der Typ eines Attributs kann im Attribut `type` in Form eines voll qualifizierten Klassennamens angegeben werden. Der Standardwert für `type` ist `java.lang.Object`.

Attribute können auch Method-Expressions für Action-Methoden oder Event-Listener enthalten. Dazu muss lediglich im Attribut `method-signature` die Signatur der Methode angegeben werden. Dabei ist es wichtig, immer voll qualifizierte Klassennamen für den Rückgabewert und die Parameter zu verwenden. Wie das Beispiel in Listing 6.5 zeigt, wird die übergebene Method-Expression analog zu anderen Attributen direkt über `cc.attrs` referenziert. Es macht keinen Sinn, `type` und `method-signature` gleichzeitig in `cc:attribute` zu verwendet. Sollte das dennoch einmal der Fall sein, wird der Wert von `method-signature` einfach ignoriert.

Attribute mit den Namen `action`, `actionListener`, `validator` und `valueChangeListener`, die bereits aus vorherigen Kapiteln bekannt sind, nehmen hier eine Sonderstellung ein. JSF verknüpft in solchen Attributen Method-Expressions automatisch mit Komponenten im Bereich `cc:implementation`, deren IDs im Attribut `targets` angegeben sind. Der

```
1  <cc:interface>
2    <cc:attribute name="submitAction"
3      method-signature="java.lang.String action()"/>
4  </cc:interface>
5  <cc:implementation>
6    <h:commandButton action="#{cc.attrs.submitAction}"/>
7  </cc:implementation>
```

Listing 6.5
Method-Expressions als Attribute

Wert von `targets` muss nicht auf eine ID beschränkt sein, sondern kann auch eine Liste von IDs enthalten, die durch Leerzeichen separiert sind. Das Attribut `method-signature` kann in diesen Fällen leer bleiben, da die Methoden-Signaturen ohnehin von JSF vorgegeben sind.

Im Beispiel aus Listing 6.4 ist das Attribut mit dem Namen `action` über den Wert in `targets` an die Komponente mit der ID `submit` gebunden. Das Attribut `action` im Tag `h:commandButton` darf in diesem Fall nicht explizit gesetzt sein. Der Vorteil dieser Variante ist, dass Benutzer der Komponente im Attribut `action` sowohl einen String als auch eine Method-Expression angeben können – genau so wie es zum Beispiel auch bei `h:commandButton` funktioniert.

So weit, so gut. Der Ansatz mit dem Attribut `targets` hat in JSF 2.0 allerdings einen entscheidenden Nachteil. Die spezielle Behandlung der oben genannten Attribute `action`, `actionListener`, `validator` und `valueChangeListener` funktioniert nur, wenn das Attribut der Kompositkomponente genau einen dieser Namen hat. Aus diesem Grund ist es mit JSF 2.0 zum Beispiel auch nicht möglich, mehr als ein »echtes« action-Attribut zu definieren. Abschnitt 6.1.9 zeigt, wie dieses Problem mit JSF 2.0 umgangen und ab JSF 2.1 gelöst werden kann.

An dieser Stelle möchten wir Sie noch darauf hinweisen, dass Facelets alle Attribute in der Kompositkomponente ablegt, die der Benutzer des Tags angibt – auch wenn sie nicht mit `cc:attribute` definiert sind. Wir raten Ihnen aber dazu, alle Attribute zu definieren. Damit geben Sie Benutzern der Kompositkomponente einen klaren Kontrakt über die Schnittstelle und das Verhalten in die Hand.

Facets

Mit `cc:facet` kann ein benanntes Facet für eine Kompositkomponente definiert werden. Der Name des Facets wird dabei im Attribut `name` angegeben. Ist das Attribut `required` explizit auf `true` gesetzt, muss der Benutzer der Komponente das Facet verpflichtend hinzufügen. Das Beispiel in Listing 6.6 zeigt den Bereich `cc:interface` einer Kompositkomponente mit zwei Facet-Definitionen. Abschnitt 6.1.3 zeigt Details zu Facets in Kompositkomponenten.

*Listing 6.6
Kompositkomponente
simpleInput im
Einsatz*

```
1  <cc:interface>
2    <cc:facet name="header" required="true"/>
3    <cc:facet name="footer"/>
4  </cc:interface>
```

Verhaltensdefinitionen

Interne Komponenten im Bereich cc:implementation, die ein spezielles Verhaltens-Interface implementieren (siehe Abschnitt 3.13 für Details), können mit den Tags cc:actionSource, cc:editableValueHolder und cc:valueHolder nach außen bekannt gegeben werden. Damit bekommen Benutzer der Kompositkomponente die Möglichkeit, Objekte wie Event-Listener, Konverter oder Validatoren an diese Komponente zu binden. Das Beispiel aus Listing 6.4 definiert eine Action-Source mit dem Namen submit und einen Editable-Value-Holder mit dem Namen input.

Der Editable-Value-Holder mit dem Namen input ist über den Wert des Attributs targets an das Eingabefeld mit der ID inputText gebunden – hier ist auch eine Liste von IDs möglich, die durch Leerzeichen separiert sind. Wenn sich der Name und die ID der verbundenen Komponente nicht unterscheiden, kann das Attribut targets auch wegfallen. Bei der Action-Source mit dem Namen submit trifft genau das zu: Die Schaltfläche mit der ID submit ist an die Action-Source gebunden.

Bleibt noch zu klären, wie Benutzer von Kompositkomponenten Event-Listener, Konverter oder Validatoren an die Kompositkomponente anhängen können. In JSF 2.0 haben zu diesem Zweck f:actionListener, f:valueChangeListener sowie alle Konverter- und Validator-Tags in der Core-Tag-Library das Attribut for bekommen. Darin kann der Name eines Action-Listeners, eines Value-Holders oder eines Editable-Value-Holders angegeben werden. Listing 6.7 zeigt ein Beispiel für den Einsatz der Komponente simpleInput mit einem Action-Listener, einem Validator und einem Value-Change-Listener.

*Listing 6.7
Kompositkomponente
simpleInput im
Einsatz*

```
1  <mc:simpleInput action="#{customerBean.save}"
2      value="#{customerBean.longValue}" submitLabel="Save">
3    <f:actionListener for="submit"
4        binding="#{customerBean.saveListener}"/>
5    <f:validateLongRange for="input" minimum="10"/>
6    <f:valueChangeListener for="input"
7        binding="#{customerBean.valueChangeListener}"/>
8  </mc:simpleInput>
```

Aktiviert ein Benutzer im Browser die Schaltfläche, wird in der Process-Validations-Phase zuerst der Validator aufgerufen. Wenn der Wert gültig ist und sich geändert hat, kommt anschließend der Value-Change-Listener zum Zug. In der Invoke-Application-Phase wird dann zuerst der Listener mit `for="submit"` und dann die in `action` angegebene Action-Methode ausgeführt.

6.1.3 Der Bereich cc:implementation

Der Bereich `cc:implementation` enthält alle JSF-Tags, HTML-Elemente und anderweitigen Inhalte, aus denen die Kompositkomponente aufgebaut ist.

Im Implementierungsteil gibt es mehrere Möglichkeiten, Inhalte einzufügen, die ein Benutzer der Kompositkomponente innerhalb der Komponenten-Tags angegeben hat. Folgende Tags der Composite-Tag-Bibliothek sind dafür relevant:

- `cc:insertChildren`
  Dieses Tag veranlasst JSF dazu, beim Aufbau des Komponentenbaums den Inhalt des Tags aus der Seitendeklaration des Benutzers zu übernehmen.
- `cc:renderFacet`
  Dieses Tag veranlasst JSF dazu, den Inhalt des Facets mit dem Namen `name` in den Komponentenbaum einzufügen. Das Facet muss ein Kind der Kompositkomponente sein.
- `cc:insertFacet`
  Dieses Tag veranlasst JSF dazu, den Inhalt des Facets mit dem Namen `name` als Facet zu einer anderen Komponente hinzuzufügen. Das Facet muss ein Kind der Kompositkomponente sein.

Eine wichtige Rolle spielt im Implementierungsteil das implizite Objekt `cc`, mit dem in EL-Ausdrücken die aktuelle Kompositkomponente referenziert werden kann. Die wichtigsten Eigenschaften dieses Objekts sind `cc.attrs` zum Zugriff auf die Attribute der Kompositkomponente und `cc.facets` zum Zugriff auf Facets. Da beide Eigenschaften vom Typ Map sind, kann direkt mit der Punktnotation auf einzelne Elemente zugegriffen werden. Das implizite Objekt `cc` referenziert die Wurzelkomponente der Kompositkomponente und hat daher den Typ `UIComponent`. Dadurch ist es natürlich möglich, auch andere Eigenschaften der Komponente wie `cc.clientId` zu verwenden.

Auf den praktischen Aspekt des Implementierungsteils werden wir an dieser Stelle nicht weiter eingehen. Was aber nicht heißen soll, dass wir ihn vernachlässigen. Wir möchten Sie für weiterführende Beispiele nur auf die nächsten Abschnitte verweisen, in denen wir einige Kompositkomponenten präsentieren.

6.1.4 Ressourcen in Kompositkomponenten

Bevor wir uns im nächsten Abschnitt tatsächlich auf die konkreten Beispiele stürzen, werfen wir noch einen Blick auf den Einsatz von JSF-Ressourcen in Kompositkomponenten. Nachdem wir uns mit der Komponente bereits in einer Bibliothek befinden, ist es ein Leichtes, dort zusätzliche Bilder, Stylesheets oder Skripte unterzubringen.

Die Ressourcen werden wie in Abschnitt 5.2 beschrieben mit den Tags h:graphicImage, h:outputScript und h:outputStylesheet in die Komponente eingebunden. Der Vorteil dieser Lösung ist, dass sich Benutzer der Komponente keine Gedanken darüber machen müssen. Wenn sie h:head und h:body verwenden, werden die referenzierten Ressourcen automatisch in die Ansicht aufgenommen. Listing 6.8 zeigt ein Beispiel mit dem Skript script.js und dem Stylesheet style.css, die beide zusätzlich zur Kompositkomponente in der Bibliothek mygourmet liegen.

Listing 6.8
Ressourcen in einer Kompositkomponente

```
1  <cc:implementation>
2    <h:outputScript library="mygourmet"
3      name="script.js" target="head"/>
4    <h:outputStylesheet name="style.css" library="mygourmet"/>
5  </cc:implementation>
```

Ab JSF 2.1 gibt es die Möglichkeit, mit dem Namen this die Bibliothek der aktuellen Kompositkomponente zu referenzieren. Das funktioniert allerdings nur, wenn die Ressource über einen EL-Ausdruck im Attribut value referenziert wir (siehe Abschnitt 5.2). Damit lässt es sich vermeiden, den Namen der Bibliothek direkt anzugeben und die Komponente funktioniert auch mit geändertem Bibliotheksnamen ohne Probleme. Listing 6.9 zeigt das Beispiel aus Listing 6.8 mit der Bibliothek this.

Listing 6.9
Bibliotheksname this

```
1  <cc:implementation>
2    <h:outputScript target="head"
3      value="#{resource['this:script.js']}"/>
4    <h:outputStylesheet value="#{resource['this:style.css']}"/>
5  </cc:implementation>
```

Die Referenzierung von Ressourcen mit dem Bibliotheksnamen this funktioniert nur innerhalb von Kompositkomponenten.

6.1.5 Die Komponente mc:panelBox

Zu Beginn dieses Abschnitts haben wir bereits eine einfache Version der Kompositkomponente panelBox gezeigt, die wir noch um einige Aspekte erweitern werden. Listing 6.10 zeigt die komplette Komponente.

```
1  <ui:composition xmlns="http://www.w3.org/1999/xhtml"
2      xmlns:h="http://xmlns.jcp.org/jsf/html"
3      xmlns:cc="http://xmlns.jcp.org/jsf/composite"
4      xmlns:ui="http://xmlns.jcp.org/jsf/facelets"
5      xmlns:c="http://xmlns.jcp.org/jsp/jstl/core">
6  <cc:interface>
7    <cc:attribute name="styleClass" default="box"/>
8    <cc:attribute name="style" required="false"/>
9    <cc:attribute name="headerClass" default="box-header"/>
10   <cc:facet name="header" required="false"/>
11 </cc:interface>
12 <cc:implementation>
13   <h:outputStylesheet library="mygourmet"
14       name="components.css"/>
15   <div class="#{cc.attrs.styleClass}"
16       style="#{cc.attrs.style}">
17     <c:if test="#{!empty cc.facets.header}">
18       <p class="#{cc.attrs.headerClass}">
19         <cc:renderFacet name="header"/>
20       </p>
21     </c:if>
22     <cc:insertChildren/>
23   </div>
24 </cc:implementation>
25 </ui:composition>
```

Listing 6.10
Finale Version der Kompositkomponente panelBox

In der einfachen Variante der Komponente war der Header noch als Attribut implementiert. Aus Gründen der Flexibilität ist der Header jetzt ein Facet der Komponente. Damit ist es auch möglich, komplexere Inhalte in den Header zu verfrachten. Die Definition des Facets erfolgt im Interface-Bereich der Komponente mit dem Tag `cc:facet`. In der gerenderten Ausgabe soll der Inhalt des Facets in einem Absatz dargestellt werden – allerdings nur, wenn der Benutzer das Facet angegeben hat. Sehen wir uns dieses Problem Schritt für Schritt an. Das Einfügen des Facets erfolgt mit `cc:renderFacet` und macht keine Probleme, wenn der Benutzer nichts angegeben hat. Problematisch ist erst das umschließende p-Element, das natürlich nicht in der Ausgabe auftauchen soll, wenn es kein Facet gibt. Die Lösung ist einfach. Mit einem `c:if`-Tag wird mit dem Ausdruck `#{!empty cc.facets.header}` überprüft, ob das Facet header angegeben wurde. Ist das nicht der Fall, wird der Block innerhalb `c:if` nicht in den Komponentenbaum eingefügt.

Der zweite interessante Aspekt dieser Kompositkomponente ist das Styling mit CSS. Alle Komponenten in der Bibliothek mygourmet sollen ein einheitliches Styling erhalten, das allerdings von außen geändert werden kann. In der Komponente definieren wir mit dem Tag `h:outputStylesheet` eine Abhängigkeit auf das Stylesheet components.css. Fürs Styling kommen die Attribute `styleClass` und `headerClass` mit Defaultwerten zum Einsatz. So ist gewährleistet, dass die internen CSS-Klassen bei Bedarf überschrieben werden können.

Die Deklaration der beiden `panelBox`-Komponenten in der Seitenleiste von *MyGourmet 13* ist in Listing 6.11 zu sehen. Abbildung 6.2 zeigt die gerenderte Ausgabe mit Default-Styling.

Listing 6.11
Kompositkomponente `panelBox` *im Einsatz*

```
1  <mc:panelBox id="menu">
2    <f:facet name="header">
3      <h:outputText value="#{msgs.menu_title}"/>
4    </f:facet>
5    <h:panelGrid columns="1">
6      <h:link outcome="providerList"
7        value="#{msgs.menu_provider_list}"/>
8      <h:link outcome="showCustomer"
9        value="#{msgs.menu_show_customer}"/>
10    </h:panelGrid>
11  </mc:panelBox>
12  <mc:panelBox id="news">
13    <f:facet name="header">
14      <h:outputText value="#{msgs.news_title}"/>
15    </f:facet>
16    <p>MyGourmet - jetzt mit Facelets und Templating</p>
17  </mc:panelBox>
```

Abbildung 6.2
Gerenderte Ausgabe von `panelBox` *in MyGourmet 13*

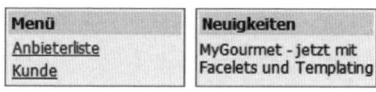

6.1.6 Die Komponente mc:dataTable

Die Komponente `mc:dataTable` zeigt, wie Kompositkomponenten die tägliche Arbeit mit JSF erleichtern können. `mc:dataTable` bietet keine neue Funktionalität, sondern stellt eine Art Wrapper für `h:dataTable` dar. Damit ist es möglich, die Standardkomponente mit einem Default-Style zu erweitern. Listing 6.12 zeigt die Deklaration der Komponente. Damit die Tabelle auch Daten anzeigt, brauchen wir die Attribute `var` und `value` in der Schnittstelle der Kompositkomponente, die dann im Implementierungsteil an `h:dataTable` weitergegeben werden. Hier ergibt sich allerdings ein Problem. Das Attribut `var` von `h:dataTable` darf nicht über eine Value-Expression gesetzt werden. Deshalb müssen wir hier

6.1 Kompositkomponenten

```
1  <ui:composition xmlns="http://www.w3.org/1999/xhtml"
2      xmlns:h="http://xmlns.jcp.org/jsf/html"
3      xmlns:cc="http://xmlns.jcp.org/jsf/composite"
4      xmlns:ui="http://xmlns.jcp.org/jsf/facelets"
5      xmlns:c="http://xmlns.jcp.org/jsp/jstl/core">
6  <cc:interface>
7      <cc:attribute name="var"/>
8      <cc:attribute name="value"/>
9      <cc:facet name="header"/>
10     <cc:facet name="footer"/>
11 </cc:interface>
12 <cc:implementation>
13     <h:outputStylesheet library="mygourmet"
14         name="components.css"/>
15     <h:dataTable id="table" value="#{cc.attrs.value}"
16         styleClass="mygourmet-table" headerClass=
17         "mygourmet-table-header" rowClasses=
18         "mygourmet-table-rownobg, mygourmet-table-rowbg"
19         columnClasses="mygourmet-table-cell">
20         <c:set target="#{component}" property="var"
21             value="#{cc.attrs.var}"/>
22         <cc:insertFacet name="header"/>
23         <cc:insertChildren/>
24         <cc:insertFacet name="footer"/>
25     </h:dataTable>
26 </cc:implementation>
27 </ui:composition>
```

Listing 6.12
Kompositkomponente
dataTable

einen kleinen Trick anwenden. Facelets bietet mit der JSTL-Funktion c:set ein Tag, um Eigenschaften von Beans zu setzen. Ab JSF 2.0 steht die aktuelle Komponente direkt mit dem impliziten Objekt component zur Verfügung. Mit c:set als direktes Kind von h:dataTable ist es somit möglich, das Attribut var doch zu setzen.

Die CSS-Klassen werden bei mc:dataTable direkt gesetzt, könnten aber wie bei der Komponente panelBox auch mit Attributen, die über Defaultwerte verfügen, realisiert werden. Das Stylesheet components.css wird genau wie zuvor als Ressource eingebunden.

Der Implementierungsteil zeigt deutlich den Unterschied zwischen cc:renderFacet und cc:insertFacet. Im aktuellen Beispiel kommt cc:insertFacet zum Einsatz, um die Facets header und footer an h:dataTable weiterzureichen. Sie sollen ja nicht von der Kompositkomponente, sondern von h:dataTable gerendert werden. Zu guter Letzt bleibt noch das Tag composite:insertChildren übrig, mit dem die Kindelemente des Tags in der aufrufenden Deklaration an h:dataTable weitergegeben werden. `mc:dataTable` wird dadurch wie `h:dataTable` verwendet, in dem der Inhalt mit `h:column`-Tags deklariert wird.

Abbildung 6.3 zeigt die gerenderte Ausgabe von `mc:dataTable` aus der Ansicht `providerList.xhtml`.

Abbildung 6.3
Gerenderte Ausgabe von `dataTable`

Name	PLZ	Kategorien
Pizzeria Venezia	1010	Italienisch
Restaurant Mykonos	1040	Griechisch
Zur lustigen Wirtin	1010	Italienisch, Hausmannskost

6.1.7 Die Komponente mc:collapsiblePanel

Die Kompositkomponente `mc:collapsiblePanel` rendert einen Bereich der Seite, der über eine Schaltfläche ein- und ausgeblendet werden kann. Diese Schaltfläche wird als Icon gerendert, das sich je nach Einklappzustand des Panels ändert. Direkt neben dem Icon wird der Inhalt des optionalen Facets `header` dargestellt. Listing 6.13 zeigt die Deklaration der Komponente.

Das Ein- und Ausklappen des Inhalts der Komponente erfolgt mithilfe der Attribute `collapsed`, das den Einklappzustand steuert, und `toggle`, das die Action-Methode zum Umschalten des Einklappzustands aufnimmt. Die beiden Attribute sind in das Attribut `model` eingebettet, wodurch Benutzer der Komponente nur eine Bean übergeben müssen, die über die Eigenschaft `collapsed` und eine Methode mit der in `toggle` definierten Signatur verfügt.

Der Inhalt des Panels ist in eine `h:panelGroup`-Komponente eingebettet, mit deren `rendered`-Attribut das Ein- und Ausblenden realisiert wird. Der Wert dieses Attributs wird dazu mit dem Ausdruck `#{!cc.attrs.model.collapsed}` vom übergebenen Zustand abhängig gemacht. Beachten Sie hier bitte auch den Zugriff auf das geschachtelte Attribut der Kompositkomponente.

Die Schaltfläche zum Umschalten des Einklappzustands wird in Form von Bildern gerendert. Wie schon das Stylesheet aus den letzten Beispielen liegen die beiden Bilder auch direkt in der Ressourcenbibliothek. Sie werden im Attribut `image` des `h:commandButton`-Tags über das implizite Objekt `resource` eingebunden. Die Schaltfläche selbst ist unter dem Namen `toggle` als Action-Source nach außen verfügbar.

Listing 6.14 zeigt ein Einsatzszenario der Komponente und in Abbildung 6.4 finden Sie die gerenderte Ausgabe beider Einklappzustände.

Die hier gezeigte Kompositkomponente `collapsiblePanel` funktioniert so weit einwandfrei, hat aber noch einen entscheidenden Schönheitsfehler. Die Logik zum Ein- und Ausblenden der Kindkomponenten

6.1 Kompositkomponenten

Listing 6.13 Kompositkomponente collapsiblePanel

```
1  <ui:composition xmlns="http://www.w3.org/1999/xhtml"
2      xmlns:h="http://xmlns.jcp.org/jsf/html"
3      xmlns:cc="http://xmlns.jcp.org/jsf/composite"
4      xmlns:ui="http://xmlns.jcp.org/jsf/facelets">
5  <cc:interface>
6    <cc:attribute name="model" required="true">
7    <cc:attribute name="collapsed" required="true"/>
8    <cc:attribute name="toggle" required="true"
9        method-signature="java.lang.String f()"/>
10   </cc:attribute>
11   <cc:actionSource name="toggle"/>
12   <cc:facet name="header"/>
13 </cc:interface>
14 <cc:implementation>
15   <h:panelGroup layout="block"
16       styleClass="collapsiblePanel-header">
17     <h:commandButton id="toggle"
18         action="#{cc.attrs.model.toggle}"
19         styleClass="collapsiblePanel-img"
20         image="#{resource[cc.attrs.model.collapsed
21             ? 'mygourmet:toggle-plus.png'
22             : 'mygourmet:toggle-minus.png']}"/>
23     <cc:renderFacet name="header"/>
24   </h:panelGroup>
25   <h:panelGroup layout="block"
26       rendered="#{!cc.attrs.model.collapsed}">
27     <cc:insertChildren/>
28   </h:panelGroup>
29 </cc:implementation>
30 </ui:composition>
```

Listing 6.14 Kompositkomponente collapsiblePanel im Einsatz

```
1  <mc:collapsiblePanel model="#{customerBean}">
2    <f:facet name="header"><h3>Information</h3></f:facet>
3    Diese Information ist klappbar.<br/>
4    Diese Information ist klappbar.
5  </mc:collapsiblePanel>
```

Abbildung 6.4 Gerenderte Ausgabe von collapsiblePanel

muss vom Benutzer der Komponente über das Attribut model bereitgestellt werden. Das entspricht nicht unserer ursprünglichen Definition von Komponenten als eigenständige und wiederverwendbare Bausteine. Aus diesem Grund werden wir in Abschnitt 6.3 die Komponente um diese Funktionalität erweitern. Dazu zeigen wir Ihnen aber vorher noch in Abschnitt 6.2 das Erstellen von klassischen Komponenten.

6.1.8 Die Komponente mc:inputSpinner

Die Kompositkomponente `mc:inputSpinner` rendert eine Eingabekomponente mit zwei Buttons, die über JavaScript den Zahlenwert des Eingabefelds erhöhen oder reduzieren. Die Schnittstelle der Komponente nach außen ist sehr übersichtlich. Sie umfasst die Attribute `value` für die Eingabekomponente und `inc`, das den Betrag definiert, der addiert beziehungsweise subtrahiert wird. Zusätzlich ist die Eingabekomponente unter dem Namen `input` verfügbar. Listing 6.15 zeigt die Deklaration.

Listing 6.15
Kompositkomponente inputSpinner

```
1  <ui:composition xmlns="http://www.w3.org/1999/xhtml"
2    xmlns:h="http://xmlns.jcp.org/jsf/html"
3    xmlns:cc="http://xmlns.jcp.org/jsf/composite"
4    xmlns:ui="http://xmlns.jcp.org/jsf/facelets">
5    <cc:interface>
6      <cc:attribute name="value" required="true"
7        type="java.lang.Integer"/>
8      <cc:attribute name="inc" default="1"/>
9      <cc:editableValueHolder name="input"/>
10   </cc:interface>
11   <cc:implementation>
12     <h:outputStylesheet library="mygourmet"
13       name="components.css"/>
14     <h:outputScript library="mygourmet"
15       name="inputSpinner.js" target="head"/>
16     <h:panelGroup>
17       <h:inputText id="input" value="#{cc.attrs.value}"
18         styleClass="inputSpinner-input"/>
19       <h:panelGroup id="buttons"
20         styleClass="inputSpinner-buttons">
21         <h:graphicImage styleClass="inputSpinner-button"
22           name="spin-up.png" library="mygourmet"
23           onclick="return changeNumber(
24             '#{cc.clientId}:input', #{cc.attrs.inc});"/>
25         <h:graphicImage styleClass="inputSpinner-button"
26           name="spin-down.png" library="mygourmet"
27           onclick="return changeNumber(
28             '#{cc.clientId}:input', #{-cc.attrs.inc});"/>
29       </h:panelGroup>
30     </h:panelGroup>
31   </cc:implementation>
32 </ui:composition>
```

Der Implementierungsteil umfasst das Einbinden der benötigten Ressourcen, die Eingabekomponente und eine `h:panelGroup` mit zwei Bildern, die über JavaScript als Schaltfläche zum Ändern des Werts fungieren. Die Komponente lädt also insgesamt vier Ressourcen: Zum einen das bereits bekannte Stylesheet `components.css`, dann das Skript `inputSpinner.js` zum Ändern des Werts und die beiden Bilder `spin-up.png` und `spin-down.png`.

Das Erhöhen und Reduzieren des Werts der Eingabekomponente erfolgt in der Funktion `changeNumber`, die als Parameter die Client-ID der Eingabekomponente und den Wert zum Addieren bekommt. Durch das Übergeben der Client-ID ist es ohne Probleme möglich, mehrere `inputSpinner`-Komponenten in einer Ansicht zu verwenden. Listing 6.16 zeigt die JavaScript-Funktion aus der Ressource `inputSpinner.js`.

```
1  function changeNumber(clientId, increment) {
2    var inc = Number(increment);
3    if (isNaN(inc) || inc == 0 ) inc = 1;
4    var input = document.getElementById(clientId);
5    var val = Number(input.value);
6    if (isNaN(val)) val = 0;
7    input.value = val + inc;
8    return false;
9  }
```

Listing 6.16
JavaScript für `inputSpinner`

Die Funktion wird über das Attribut `onclick` der beiden Bilder ausgeführt. Interessant ist dort das Berechnen der Client-ID der Eingabekomponente. Da die Kompositkomponente selbst ein Naming-Container ist, muss auch ihre ID berücksichtigt werden. Diese bekommen wir mit dem Ausdruck `cc.clientId` und durch das Anhängen von `:input` ergibt sich die Client-ID der Eingabekomponente.

Die Komponente wird wie jede andere Eingabekomponente eingesetzt. In Abbildung 6.5 sehen Sie die gerenderte Ausgabe.

Abbildung 6.5
Gerenderte Ausgabe von `inputSpinner`

6.1.9 Fallstricke in der Praxis

Dieser Abschnitt zeigt eine Reihe von Fallstricken, die beim Einsatz von Kompositkomponenten bedacht werden müssen.

Kompositkomponenten im Komponentenbaum

Beim Einsatz von Kompositkomponenten wird wie in Abschnitt 6.1.1 beschrieben immer eine Wurzelkomponente in den Komponentenbaum eingefügt. In den meisten Fällen ist dieses Verhalten auch erwünscht, um zum Beispiel doppelte IDs bei mehrfachem Einsatz der Komponente zu vermeiden. In wenigen Spezialfällen kann diese Wurzelkomponente allerdings unerwartete Nebeneffekte haben.

Sehen wir uns dazu im folgenden Beispiel die Kompositkomponente `inputField` an, die eine `h:inputText`-Komponente mit einer zugeordneten `h:outputLabel`-Komponente zusammenfasst:

```
1 <cc:interface>
2   <cc:attribute name="value"/>
3 </cc:interface>
4 <cc:implementation>
5   <h:outputLabel for="input" value="Input:"/>
6   <h:inputText id="input" value="#{cc.attrs.value}"/>
7 </cc:implementation>
```

Im folgenden Beispiel werden zwei der oben gezeigten `inputField`-Komponenten in einer `h:panelGrid`-Komponente angeordnet:

```
1 <h:panelGrid columns="2">
2   <mc:inputField value="#{testBean.value1}"/>
3   <mc:inputField value="#{testBean.value2}"/>
4 </h:panelGrid>
```

Die vermutlich erwartete Ausgabe an dieser Stelle wäre, dass eine Tabelle mit zwei Zeilen gerendert wird, die in der ersten Spalte die Labels und in der zweiten Spalte die Eingabefelder beinhaltet. Das tatsächliche Ergebnis ist allerdings anders: JSF rendert eine Tabelle mit nur einer Zeile. Dieses Verhalten ist aus Sicht von JSF auch korrekt. Das Panel-Grid »sieht« ja nur die Wurzelkomponente der Kompositkomponente und stellt den kompletten Inhalt in einer Zelle dar.

Momentan (einschließlich JSF 2.2) gibt es leider keine Möglichkeit, dieses Verhalten zu umgehen.

Verwendung mehrerer Action-Attribute

In Abschnitt 6.1.2 haben wir gezeigt, wie die Attribute `action`, `actionListener`, `validator` und `valueChangeListener` über das Attribut `targets` mit internen Komponenten verknüpft werden können. Die spezielle Behandlung dieser Attribute funktioniert jedoch nur, wenn das Attribut der Kompositkomponente genau einen dieser Namen hat. Da der Name des Attributs aber eindeutig sein muss, ist es mit JSF 2.0 nicht möglich, mehr als ein »echtes« action-Attribut zu definieren.

Spätestens dann, wenn wir zu einer Kompositkomponente eine zweite Schaltfläche hinzufügen wollen, brauchen wir aber ein zweites action-Attribut. Als Notlösung kann in JSF 2.0 in diesem Fall ein Attribut mit einer entsprechenden Methodensignatur zum Einsatz kommen wie Abbildung 6.17 zeigt.

```
1  <cc:interface>
2    <cc:attribute name="action" targets="submit"/>
3    <cc:attribute name="cancelAction"
4      method-signature="java.lang.String action()"/>
5  </cc:interface>
6  <cc:implementation>
7    <h:commandButton id="submit"/>
8    <h:commandButton id="cancel"
9      action="#{cc.attrs.cancelAction}"/>
10 </cc:implementation>
```

Listing 6.17
Mehrere Action-Attribute mit JSF 2.0

Ab JSF 2.1 gibt es eine elegantere Lösung für dieses Problem. Mit dem bereits bekannten Attribut targets und dem neuen Attribut targetAttributeName kann cc:attribute mit einem bestimmten Attribut einer internen Komponente verknüpft werden. Abbildung 6.18 zeigt diesen Ansatz für das obige Beispiel.

```
1  <cc:interface>
2    <cc:attribute name="submitAction" targets="save"
3      targetAttributeName="action"/>
4    <cc:attribute name="cancelAction" targets="cancel"
5      targetAttributeName="action"/>
6  </cc:interface>
7  <cc:implementation>
8    <h:commandButton id="submit"/>
9    <h:commandButton id="cancel"/>
10 </cc:implementation>
```

Listing 6.18
Mehrere Action-Attribute mit JSF 2.1

Der Wert des Attributs submitAction wird in diesem Beispiel mit dem Attribut action der internen Komponente mit der ID submit verknüpft. Analog wird der Wert des Attributs cancelAction an das Attribut action der internen Komponente mit der ID cancel weitergereicht. targetAttributeName enthält also immer dann den Namen des »Zielattributs«, wenn sich dieser vom Namen in name unterscheidet.

Auflösung des Typs von Attributen

Mit JSF 2.0 und 2.1 kann es zu Problemen mit Attributen von Kompositkomponenten kommen, wenn beim Einsatz der Komponente null als Attributwert übergeben wird. JSF kann in diesem Fall den Typ des übergebenen Werts nicht auflösen, was in bestimmten Situationen zu fehlerhaftem Verhalten führt.

Dieses Fehlverhalten lässt sich anhand eines Beispiels sehr einfach demonstrieren. Die Kompositkomponente `inputTest` hat ein Attribut mit dem Namen `value`, das im Implementierungsteil in einer Eingabekomponente benutzt wird:

```
<cc:interface>
  <cc:attribute name="value"/>
</cc:interface>
<cc:implementation>
  <h:inputText id="input" value="#{cc.attrs.value}"/>
</cc:implementation>
```

Der Fehler tritt auf, wenn beim Einsatz der Komponente eine Value-Expression verwendet wird, die zu `null` evaluiert (vorausgesetzt die Eigenschaft `longValue` hat den Typ `java.lang.Long` und nicht `long`):

```
<mc:inputTest value="#{testController.longValue}"/>
```

JSF kann in Version 2.0 und 2.1 den Typ in diesem Fall nicht auflösen. Daher wird in der Eingabekomponente auch kein entsprechender Konverter gesetzt – was sonst automatisch basierend auf dem Typ `java.lang.Long` gemacht werden würde. Der fehlende Konverter kann zu unerwartetem Verhalten im Lebenszyklus führen. Bei einer ungültigen Benutzereingabe wird dann zum Beispiel statt der Anzeige einer Fehlermeldung eine `ClassCastException` geworfen.

Mit JSF 2.2 tritt dieses Problem nicht mehr auf, da der Algorithmus zur Auflösung des Typs von Attributen geändert wurde (in *Apache MyFaces* wird dieser Algorithmus bereits ab den Versionen 2.0.10 und 2.1.4 eingesetzt). Für frühere JSF-Versionen können Sie dieses Problem verhindern, indem Sie in `h:inputText` explizit einen Konverter verwenden (falls der Typ eindeutig ist) oder indem Sie auf den Wert `null` für diese Attribute verzichten.

6.2 Klassische Komponenten

Nach der Einführung in das Thema Kompositkomponenten zeigen wir Ihnen in diesem Abschnitt, wie Sie mit JSF eine klassische Komponente für den Einsatz mit Facelets erstellen. Auf den ersten Blick kann dieser Vorgang etwas kompliziert wirken, da er eine Reihe von Schritten umfasst – vor allem auch wegen der vielen Webtechnologien, die dabei verwendet werden.

Die Erstellung einer Komponente besteht aus folgenden Schritten:

❑ Komponentenfamilie, Komponententyp und Renderertyp definieren

- Komponentenklasse schreiben
- Rendererklasse schreiben
- Komponentenklasse und Rendererklasse registrieren
- Tag-Definition schreiben und in Bibliothek aufnehmen
- Tag-Handler-Klasse schreiben
- Bibliothek in die Seite einbinden

Jeden einzelnen dieser Punkte werden wir uns jetzt anhand eines kleinen Beispiels genauer ansehen. Zu Demonstrationszwecken erstellen wir die Kompositkomponente `inputSpinner` nochmals als klassische JSF-Komponente.

6.2.1 Vorarbeiten: Komponentenfamilie, Komponententyp und Renderertyp definieren

Bevor wir mit dem Schreiben der Komponente beginnen, sollten wir uns darüber klar werden, ob und wie die Komponente von einer anderen Komponente ableitbar ist oder ob wir vollständig »von der grünen Wiese« weg beginnen müssen. Üblicherweise ist es sinnvoll, von einer bestehenden Basiskomponente abzuleiten.

Die Wahl der Basisklasse

Kandidaten für die Basisklasse sind von `UIComponent` abgeleitete Klassen, im Standard also die folgenden Komponentenklassen:

- `UIOutput`:
  Komponente, die einen Wert darstellt (und keine Eingabe erlaubt).
- `UIInput`:
  Komponente, die die Eingabe eines Werts ermöglicht.
- `UISelectOne`:
  Komponente, die die Auswahl genau eines Werts aus einer Reihe von Werten ermöglicht.
- `UISelectMany`:
  Komponente, die die Auswahl mehrerer Werte aus einer Reihe von Werten ermöglicht.
- `UICommand`:
  Komponente, die eine Aktion ausführt.
- `UIPanel`:
  Komponente, die als Behälter für eine oder mehrere andere Komponenten dient.
- `UIMessage`:
  Komponente, die zur Anzeige einer Nachricht dient.

Häufig wird von einer der drei Komponenten `UICommand`, `UIInput` oder `UIPanel` abgeleitet, weil diese drei Klassen bereits sehr viel Logik für das Arbeiten mit häufig wiederkehrenden Aufgaben bereitstellen.

Wann ist das Ableiten von `UIInput` sinnvoll? Das ist dann angebracht, wenn die Komponente genau einen Wert aus dem Modell präsentieren soll. Dinge wie Konvertierung, Validierung, Schreiben und Lesen des Werts aus und in das Modell werden von dieser Klasse bereits erledigt. Ist das Verhalten der Komponente noch spezieller, kann man eventuell von der Klasse `HtmlInputText` ableiten – diese Klasse und der zugehörige Renderer erledigen auch das Decodieren des Werts aus der HTTP-Anfrage, das Setzen des Werts als Submitted-Value und das Schreiben der Komponentenansicht in die HTTP-Antwort.

Die Klasse `UIInput` bietet sich ebenfalls an, wenn eine vom Benutzer ausgelöste Veränderung eines Komponentenattributs gespeichert werden soll. Damit kann zum Beispiel eine einklappbare Panel-Komponente realisiert werden, die ihren Einklappzustand im Attribut `value` ablegt. Dadurch kann der Zustand auch an eine Bean-Eigenschaft gebunden werden.

Die `UICommand`-Klasse wird man als Basis für die eigene Komponente verwenden, wenn diese »Aktionen« auslöst. Die Behandlung von Action-Methoden, Action-Listenern und das Auslösen von Ereignissen werden durch diese Basisklasse bereits erledigt.

Die Wahl der Basisklasse für den Input-Spinner fällt eindeutig aus. Nachdem es sich um ein »getuntes« Eingabefeld handelt, drängt sich `UIInput` auf.

Komponententyp, Komponentenfamilie und Renderertyp

Jede Komponente ist im System eindeutig über ihren Komponententyp identifiziert. Es darf keine andere Komponente mit demselben Komponententyp existieren. Üblicherweise wird der Komponententyp als statische Konstante definiert. Unsere Input-Spinner-Komponente, deren Komponentenklasse `InputSpinner` wir im nächsten Abschnitt erstellen, hat folgenden Komponententyp:

```
public static final String COMPONENT_TYPE =
    "at.irian.InputSpinner";
```

Beim Registrieren der Komponente im System wird ihr Komponententyp als Bezeichner verwendet. Dieser kommt dann zum Beispiel bei der Definition des Tags der Komponente in der Tag-Bibliothek zum Einsatz.

Darüber hinaus können wir den Komponententyp übergeben, wenn wir eine Komponente erzeugen wollen und dazu nicht direkt den Konstruktor, sondern die Factory-Methode `createComponent()` der Application-Klasse aufrufen. Tatsächlich sollte man immer über diesen

Weg gehen, damit zentral die Implementierung einer Komponente ausgetauscht werden kann. Hier das Beispiel dafür:

```
FacesContext.getCurrentInstance().getApplication()
    .createComponent(InputSpinner.COMPONENT_TYPE);
```

Der nächste Schritt ist die Definiton der Komponentenfamilie – hier kann entweder eine bestehende Familie verwendet oder eine neue Familie definiert werden. Die Familie einer Komponente wird mit einem Aufruf von `UIComponent.getFamily()` bestimmt. Wenn Sie eine eigene Familie für Ihre Komponente erstellen wollen, müssen Sie diese Methode überschreiben. In einer Komponentenfamilie können mehrere Komponenten enthalten sein. Nachdem es sich bei unserer Beispielkomponente um ein Eingabefeld handelt, belassen wir es bei der von `UIInput` geerbten Familie `javax.faces.Input`.

Die Komponentenfamilie wird gemeinsam mit dem Renderertyp verwendet, um einen Renderer auszuwählen. Würde hier der Komponententyp benutzt werden, könnte ein Renderer immer nur eine Art von Komponente rendern – durch die Definition der Komponentenfamilie kann für eine ganze Gruppe von Komponenten derselbe Renderer zum Einsatz kommen. Der Renderertyp wird bei der Definition des Tags gemeinsam mit dem Komponententyp angegeben und beim Erzeugen der Komponente gesetzt – damit wird der oft im Komponentenkonstruktor gesetzte »Default«-Renderertyp überschrieben.

Im Folgenden sehen Sie den Komponententyp, die Komponentenfamilie und den Renderertyp für ausgewählte Standardkomponenten:

- `javax.faces.component.html.HtmlCommandLink`:
  Die Komponente hinter dem Tag `h:commandLink`.
  Komponententyp: `javax.faces.HtmlCommandLink`
  Komponentenfamilie: `javax.faces.Command`
  Renderertyp: `javax.faces.Link`
- `javax.faces.component.html.HtmlCommandButton`:
  Die Komponente hinter dem Tag `h:commandButton`.
  Komponententyp: `javax.faces.HtmlCommandButton`
  Komponentenfamilie: `javax.faces.Command`
  Renderertyp: `javax.faces.Button`
- `javax.faces.component.html.HtmlInputText`:
  Die Komponente hinter dem Tag `h:inputText`.
  Komponententyp: `javax.faces.HtmlInputText`
  Komponentenfamilie: `javax.faces.Input`
  Renderertyp: `javax.faces.Text`

Unsere Input-Spinner-Komponente erhält den eigenen Renderertyp `at.irian.InputSpinner`.

6.2.2 Komponentenklasse schreiben

Die Komponentenklasse ist das »Herzstück« der Komponentenarchitektur von JSF – die Instanz der Komponentenklasse wird im JSF-Komponentenbaum gespeichert und beinhaltet alle Daten einer Komponente. Nachdem die Komponentenklasse die eigentlich »treibende Kraft« im Ablauf einer JSF-Anfrage ist[1], kann man alle Ereignisse in JSF von hier aus steuern.

Zwei der wichtigsten Aufgaben sind das Auslesen der für die Komponente relevanten Request-Parameter (Decoding) und das Rendern der Komponente (Encoding). Die Komponente kann – wenn das vom Entwickler so vorgesehen ist – diese Aufgaben selbst übernehmen oder an einen Renderer delegieren. Der größte Vorteil eines eigenen Renderers ist die klare Trennung zwischen den in der Komponente enthaltenen Daten und der daraus gerenderten Ausgabe. Die beiden Ansätze schließen sich nicht gegenseitig aus. So wäre es zum Beispiel vorstellbar, in einer ersten Version das Rendering von der Komponente durchführen zu lassen und erst später einen eigenen Renderer zu erstellen.

Wir werden uns in diesem Abschnitt um die Komponentenklasse kümmern und erst in Abschnitt 6.2.3 einen genaueren Blick auf die Rendererklasse werfen.

Komponentenattribute

Eine Komponentenklasse enthält üblicherweise eine Eigenschaft für jedes Attribut des zugehörigen Tags. Es kann aber auch Attribute des Tags geben, die nicht explizit in der Komponente existieren – diese werden dann in einer speziellen Map in der Komponente abgelegt.

Die Zugriffsmethoden auf die Eigenschaften der Komponente müssen gewährleisten, dass die Eigenschaften sowohl direkt als auch über Value-Expressions angegeben werden können. Dabei gilt, dass das direkte Setzen von Attributen stärker »zieht« als das Setzen einer Value-Expression. Beim Lesen des Komponentenattributs muss dann natürlich berücksichtigt werden, ob es direkt gesetzt wurde. Ist das der Fall, wird der Komponentenwert direkt zurückgegeben, ansonsten wird die Value-Expression evaluiert. Klingt kompliziert – ist aber mit JSF 2.0 zum Kinderspiel geworden.

Ab JSF 2.0 werden als Grundlage für das neue Partial-State-Saving Eigenschaften von Komponenten nicht mehr in privaten Feldern, sondern in einer Map verwaltet. Zu diesem Zweck hat jede Komponente eine Instanz der Klasse StateHelper, die den Zustand intern verwaltet.

---

[1] In jeder Phase des Lebenszyklus wird der Komponentenbaum durch rekursive Aufrufe der zuständigen Behandlungsmethoden durchwandert.

6.2 Klassische Komponenten

Was es mit dem Zustand auf sich hat, klären wir etwas weiter unten, jetzt interessiert uns erst einmal das Lesen und Schreiben der Eigenschaften.

Listing 6.19 zeigt die Klasse `InputSpinner` unserer Beispielkomponente. Wie Sie sehen, ist der Code sehr überschaubar und umfasst im Grunde genommen nur die Definition der Eigenschaft `inc`. Den Rest, wie etwa das State-Saving oder das Verwalten der anderen Attribute, erledigen die Basisklassen von JSF. Nachdem wir von `UIInput` abgeleitet haben, können wir auch dessen bereits vorhandenen Funktionsumfang benutzen.

```java
public class InputSpinner extends UIInput {

  public static final String COMPONENT_TYPE =
    "at.irian.InputSpinner";

  enum PropertyKeys {inc}

  public InputSpinner() {
    setRendererType("at.irian.InputSpinner");
  }
  public int getInc() {
    return (Integer)getStateHelper().eval(
      PropertyKeys.inc, 1);
  }
  public void setInc(int inc) {
    getStateHelper().put(PropertyKeys.inc, inc);
  }
}
```

Listing 6.19
Die Klasse InputSpinner

Mit der Methode `put()` wird der Wert der Eigenschaft direkt mit dem Schlüssel `PropertyKeys.inc` gesetzt. Die Methode `eval()` liefert, falls vorhanden, den direkt gesetzten Wert zurück. Existiert ein solcher nicht, wird anschließend eine eventuell vorhandene Value-Expression evaluiert. In unserem Fall wird, falls auch eine solche nicht existiert, der Defaultwert 1 zurückgeliefert.

State-Saving

Neben den Zugriffsmethoden auf die Eigenschaften der Komponente hat die Komponentenklasse noch eine äußerst wichtige Aufgabe: Sie muss ihren Zustand bis zum nächsten Request sichern können. Das State-Saving ist in früheren JSF-Versionen relativ einfach gestrickt und verfolgt den Ansatz, immer den kompletten Zustand des gesamten Komponentenbaums zu speichern und wiederherzustellen. Da diese

Vorgehensweise in Bezug auf Performance und Speicherverbrauch nicht optimal ist, wurde in JSF 2.0 mit dem Partial-State-Saving ein neuer Ansatz realisiert.

Wie der Name bereits erahnen lässt, werden dabei nur noch wirklich relevante Teile des Zustands gespeichert. JSF markiert dazu nach dem Aufbau des Komponentenbaums einen initialen Zustand, der ohnehin durch die Seitendeklaration definiert ist. Der Partial-State setzt sich dann aus allen Änderungen am Komponentenbaum nach Erreichen dieses Zustands zusammen. Voraussetzung für die korrekte Initialisierung ist der Aufbau der Ansicht aus der Seitendeklaration vor jedem Wiederherstellen des Zustands.

Für das State-Saving sind die Methoden saveState() und restoreState() aus dem Interface StateHolder zuständig. Vor JSF 2.0 mussten diese beiden Methoden in mühsamer Kleinarbeit für jede Komponentenklasse erstellt werden – ein fehleranfälliger Prozess, dem wir keine Träne nachweinen. Ab JSF 2.0 sind diese Methoden bereits in UIComponentBase implementiert und müssen nur noch bei speziellen Anforderungen überschrieben werden.

Wie funktioniert das? Die Grundlage für die Aufzeichnung des Zustands bildet der im letzten Abschnitt vorgestellte StateHelper, der den Zustand der Komponente intern verwaltet. Damit ist auch bereits der Grundstein für das Partial-State-Saving gelegt. Die »zentralisierte« Zustandsverwaltung ermöglicht das Festhalten von Änderungen nach Erreichen des initialen Zustands.

Jede Komponente, die Partial-State-Saving einsetzen will, muss das von StateHolder abgeleitete und um Methoden zur Markierung des initialen Zustands erweiterte Interface PartialStateHolder implementieren. Nachdem auch diese Methoden bereits in der Klasse UIComponentBase implementiert und in einigen anderen Basisklassen erweitert werden, müssen Sie sich auch darum keine Gedanken machen.

Komposition klassischer Komponenten

Ein interessanter Aspekt der Komponentenentwicklung ist die Komposition von Komponenten zu einem größeren Ganzen: Dazu ist die geeignete Stelle zu finden, in der Kindkomponenten der Elternkomponente hinzugefügt werden können. Im Wesentlichen gibt es hier zwei Möglichkeiten: Die einfachere Variante ist das Hinzufügen von *transienten* Kindkomponenten beim Rendern der Seite. *Transient* bedeutet, dass das Attribut transient der Komponente auf true gesetzt wurde, und die Komponente daher im *State-Saving*-Prozess verschwindet. Auch wenn diese Art der Komposition funktioniert, ist sie doch nicht in allen Fällen optimal, weil eine Art Komponentenfunktionalität in den Renderer ausgelagert wird.

Mit JSF ab Version 2.0 ist es möglich, Kindkomponenten mithilfe des System-Events `PostAddToViewEvent` zu einer zusammengesetzten Komponente hinzuzufügen. Dieses Ereignis wird ausgelöst, nachdem eine Komponente in den Komponentenbaum eingefügt wurde. Wir werden einen Listener für dieses Ereignis erstellen, in dem wir die zusätzlichen Komponenten hinzufügen.

Listing 6.20 zeigt einen Ausschnitt einer Komponentenklasse, die über die Annotation `@ListenerFor` als Listener für das System-Event `PostAddToViewEvent` registriert ist. Tritt das Ereignis beim Einfügen der Komponente in die Ansicht auf, wird die im Interface `ComponentSystemEventListener` definierte Methode `processEvent` aufgerufen. Da dieses Interface bereits von der Klasse `UIComponent` implementiert wird, müssen wir nur die entsprechende Methode überschreiben und erweitern.

***Listing 6.20** Komposition klassischer Komponenten mit System-Events*

```
1  @FacesComponent("at.irian.MyPanel")
2  @ListenerFor(systemEventClass = PostAddToViewEvent.class)
3  public class MyPanel extends HtmlPanelGroup {
4
5    public void processEvent(ComponentSystemEvent ev)
6      throws AbortProcessingException {
7      if (ev instanceof PostAddToViewEvent) {
8        addComponents();
9      }
10     super.processEvent(ev);
11   }
12   ...
13 }
```

6.2.3 Rendererklasse schreiben

Der Begriff Renderer steht in JSF für eine Klasse, die einer Komponente (oder einer Komponentenfamilie) zugeordnet ist und die Ansicht für diese Komponente erstellt, aber auch den Wert einer Komponente wieder aus der HTTP-Anfrage ausliest und in die Komponenteninstanz überträgt. Jede Rendererklasse muss von der abstrakten Klasse `javax.faces.render.Renderer` abgeleitet werden und die Methoden überschreiben, die nicht die Standardfunktionalität besitzen sollen.

Der Renderer ist letztlich die Klasse, deren Schreiben am meisten Aufwand bedeutet, weil in ihr die ganze Ansichtslogik programmiert werden muss – durch die Vielfalt der in der Webanwendungsentwicklung verwendeten Technologien wie HTML, JavaScript, CSS und XML ist diese Ansichtslogik bei größeren Komponenten sehr komplex und unübersichtlich. Das ist auch der Grund für die Spezifizierung des JSF-Standards – der »normale« Webentwickler muss sich um die Entwicklung dieser Ansichtslogik nicht mehr kümmern.

Folgende Aufzählung zeigt die Methoden der Klasse `Renderer`:

- `void decode(FacesContext ctx, UIComponent comp)`
  Liest den Wert der Komponente aus den Request-Parametern.
- `void encodeBegin(FacesContext ctx, UIComponent comp)`
  Wird beim Rendern der Komponente zuerst aufgerufen.
- `void encodeChildren(FacesContext ctx, UIComponent comp)`
  Wird beim Rendern der Komponente nach `encodeBegin()` aufgerufen, wenn `getRendersChildren()` den Wert true zurückliefert.
- `void encodeEnd(FacesContext ctx, UIComponent comp)`
  Wird beim Rendern der Komponente zuletzt aufgerufen.
- `boolean getRendersChildren()`
  Liefert den Wert true zurück, wenn der Renderer alle Kindkomponenten selbst rendert. Der Defaultwert ist `false`.
- `Object getConvertedValue(FacesContext ctx, UIComponent comp, Object submittedValue)`
  Konvertiert den Submitted-Value von einem String in den für die Komponente benötigten Wert.
- `String convertClientId(FacesContext ctx, String clientId)`
  Konvertiert die Client-ID in eine für den Client gültige Form.

Einige dieser Methoden müssen von (fast) jedem Entwickler einer benutzerdefinierten Komponente überschrieben werden. Je nach Typ der Komponente ist das entweder `encodeBegin()` oder `encodeEnd()`. Diese Methoden werden aufgerufen, wenn das zugehörige Tag in der Seitendeklaration geöffnet respektive geschlossen wird. Hier sollte der zur Komponente gehörige HTML-Code geschrieben werden – wenn es sich überhaupt um einen Renderer für HTML handelt. Prinzipiell sind natürlich auch Renderer für andere Ausgabeformate wie WML, XML, XUL oder SVG denkbar.

Der Renderer für unsere Input-Spinner-Komponente wird in der Klasse `InputSpinnerRenderer` implementiert.

Rendern (Encoding)

Listing 6.21 zeigt die Methode `encodeBegin()` der Rendererklasse `InputSpinnerRenderer`. Als Parameter werden der Methode der Faces-Context und die Komponente, für die das Rendern erfolgen soll, übergeben. Das Schreiben der Ansicht erfolgt in den beiden privaten Methoden `encodeInput()` zum Rendern des Eingabefelds und `encodeButtons()` zum Rendern der beiden Spin-Buttons. Momentan interessiert uns nur encode-Input(), da dort das input-Element über Aufrufe der Klasse Response-Writer geschrieben wird – die wiederum erhält man vom momentanen Faces-Context über einen Aufruf der Methode getResponseWriter().

Listing 6.21 *Die Methode encodeBegin() des Beispielrenderers*

```
public void encodeBegin(FacesContext ctx,
    UIComponent component) throws IOException {
  InputSpinner spinner = (InputSpinner)component;
  String clientId = spinner.getClientId();
  encodeInput(ctx, spinner, clientId);
  encodeButtons(ctx, spinner, clientId);
}
private void encodeInput(FacesContext ctx,
    InputSpinner spinner, String clientId)
    throws IOException {
  ResponseWriter writer = ctx.getResponseWriter();
  writer.startElement("input", spinner);
  writer.writeAttribute("id", clientId, null);
  writer.writeAttribute("name", clientId, null);
  Object value = getValue(ctx, spinner);
  if (value != null) {
    writer.writeAttribute("value", value.toString(), null);
  }
  writer.writeAttribute("class", "inputSpinner-input", null);
  writer.endElement("input");
}
```

In vielen existierenden Komponenten wird üblicherweise die Methode encodeEnd() und nicht die Methode encodeBegin() überschrieben. Das liegt an historischen Gründen in Verbindung mit JSF 1.1 – dort ist erst in der encodeEnd()-Methode sichergestellt, dass alle Kindelemente der gerade geschriebenen JSF-Komponente bereits erstellt und in den Komponentenbaum eingehängt wurden – daher wird üblicherweise die encodeEnd()-Methode für Komponenten mit Kindelementen verwendet. In JSF-Versionen ab 1.2 ist das nicht mehr notwendig, weil hier in der Render-Response-Phase der gesamte Baum bereits aufgebaut ist.

Standardmäßig wird der Komponentenbaum in JSF rekursiv durchlaufen und jede Komponente wird durch einen einmaligen Aufruf der Methode encodeAll() gerendert. Die Methode encodeAll() ruft zuerst die Methode encodeBegin() der aktuellen Komponente auf und überprüft dann, ob die Methode getRendersChildren() den Wert true zurückliefert. Wenn dem so ist, werden nicht die einzelnen Kindkomponenten durchgegangen, sondern die Methode encodeChildren() aufgerufen – damit kann also die Komponente selbst ihre Kinder in die Ansicht schreiben! Ansonsten wird die Methode encodeAll() auf den einzelnen

Kindern aufgerufen und damit rekursiv der Baum einen Schritt tiefer in die Ansicht geschrieben. Für Komponenten, die ihre Kindelemente selbst verwalten und in die HTML-Ansicht schreiben wollen, ist es also wichtig, dass ihr Renderer die Methode `getRendersChildren()` überschreibt und `true` zurückliefert.

ResponseWriter Zurück zum Schreiben der Ausgabe unserer Komponente. Dieser Vorgang funktioniert für HTML (und alle von SGML abgeleiteten Dialekte ähnlich) über das Öffnen, Schließen und Schreiben von Attributen von den zur Komponente gehörenden Tags. Das Öffnen eines Tags ist ein einfacher Aufruf des `ResponseWriter`:

```
writer.startElement("input", spinner);
```

startElement() Zuerst wird an die Methode `startElement()` die Zeichenkette übergeben, die als Name des Tags verwendet werden soll – in unserem Fall `input`. Als zweites Attribut wird die Komponente selbst übergeben. Sehr wichtig – hier soll auf keinen Fall `null` übergeben werden, sondern immer die zugehörige Komponente. Ist das HTML-Tag einer Komponente nicht eins zu eins zuzuordnen – wenn beispielsweise ein Renderer für eine Komponente mehrere HTML-Tags erzeugt –, sollte die Komponente jedem dieser Tags übergeben werden, das Gleiche gilt auch für eventuelle Kind-Tags. Die Information über die dazugehörende Komponente wird von grafischen Entwicklungsumgebungen ausgewertet, um beim Rendering zur Designzeit beispielsweise alle Tags einer Komponente mit einer speziellen Klasse auszuzeichnen.

writeAttribute() Im nächsten Schritt werden die Attribute des Tags in die HTML-Ansicht geschrieben, dazu dient die Methode `writeAttribute()`. Auch hier wird wieder der Name des Attributs zuerst übergeben:

```
writer.writeAttribute("id", clientId, "id");
```

Auf den Attributsnamen folgt der zu schreibende Wert und schließlich wieder das dazugehörende Attribut der Komponente. Auch diese Verbindung wird von Entwicklungsumgebungen genutzt und sollte nach Möglichkeit gesetzt werden, wenn ein entsprechendes Komponentenattribut vorhanden ist. Ein Beispiel für ein Attribut, wo das nicht möglich ist, ist das `onclick`-Attribut. Dieses Attribut hat keine Entsprechung in der Komponente, es wird nur in die Map der Attribute eingetragen.

```
writer.writeAttribute(HTML.ONCLICK_ATTR,
    onClick.toString(), null);
```

value-Attribut Wichtig (und etwas anders als die Behandlung der anderen Attribute) ist die Behandlung des `value`-Attributs. Wenn eine JSF-Anfrage am Server ankommt, wird der Wert einer Komponente decodiert und dieser Wert vorerst in das Feld `submittedValue` geschrieben. Tritt beim Konvertieren oder Validieren einer Komponente des Komponentenbaums ein Fehler auf, wird die weitere Behandlung der Anfrage abgebrochen und direkt in die Render-Response-Phase gesprungen. Statt jetzt den Wert der Komponente auszugeben, den man über den Aufruf von `getValue()` erhält, muss man also beim Rendern zuerst prüfen, ob nur der Submitted-Value gesetzt worden ist. Wenn diese Bedingung zutrifft, darf man nur diesen Submitted-Value schreiben.

Ist nicht der Submitted-Value ausschlaggebend, sondern tatsächlich ein Wert für die Komponente gesetzt, muss vor dem Rendern des Werts noch ein eventuell angegebener Konverter aufgerufen werden, um den Wert in eine Zeichenkette umzuwandeln.

Konvertierung

Listing 6.22 zeigt die Methode `getValue()` der Klasse `InputSpinnerRenderer`, die nach dem soeben beschriebenen Algorithmus den Wert der Komponente für die Anzeige zurückliefert.

```
1  private Object getValue(FacesContext ctx,
2      InputSpinner spinner) {
3    Object submittedValue = spinner.getSubmittedValue();
4    if (submittedValue != null) {
5      return submittedValue;
6    }
7    Object value = spinner.getValue();
8    Converter converter = getConverter(ctx, spinner);
9    if (converter != null) {
10     return converter.getAsString(ctx, spinner, value);
11   } else if (value != null) {
12     return value.toString();
13   } else {
14     return "";
15   }
16 }
17 private Converter getConverter(FacesContext ctx,
18     UIComponent comp) {
19   Converter conv = ((UIInput)comp).getConverter();
20   if (conv != null) return conv;
21   ValueExpression exp = comp.getValueExpression("value");
22   if (exp == null) return null;
23   Class valueType = exp.getType(ctx.getELContext());
24   if (valueType == null) return null;
25   return ctx.getApplication().createConverter(valueType);
26 }
```

Listing 6.22
Auslesen des Werts einer Komponente beim Rendern

Üblicherweise kann man Funktionalitäten von der darunterliegenden JSF-API ohne Probleme übernehmen. Man sollte aber darauf aufpassen, sich nicht von der konkreten JSF-Implementierung, auf der man

Unabhängigkeit von JSF-Implementierung

die Komponente entwickelt, abhängig zu machen – man sollte also tatsächlich nur die Funktionalität der javax.faces.*-API verwenden.

Decodierung (Decoding)

Weiter im Programm: Genauso, wie die Komponente in die HTML-Seite geschrieben wird, muss der Wert der Komponente bei einem Postback wieder aus der HTTP-Anfrage ausgelesen werden können. Auch diese Aufgabe erledigt der Renderer, und zwar mit der Methode decode(). Listing 6.23 zeigt die Methode unseres Beispielrenderers.

Listing 6.23
Decodieren eines Werts

```
public void decode(FacesContext ctx, UIComponent component) {
  Map<String, String> params = ctx
    .getExternalContext().getRequestParameterMap();
  String clientId = component.getClientId();
  String value = params.get(clientId);
  ((UIInput)component).setSubmittedValue(value);
}
```

Die Vorgehensweise ist recht einfach: Die Map der Request-Parameter wird nach der Client-ID der Komponente durchsucht und der zurückgelieferte Wert wird als Submitted-Value der Komponente gesetzt.

Konvertierung und Validierung

Jetzt geht's weiter im Lebenszyklus der HTTP-Anfrage: Die Komponente muss den Submitted-Value jetzt konvertieren und anschließend validieren. Zum Konvertieren des Werts wird die Methode getConvertedValue() des Renderers aufgerufen (siehe Listing 6.24).

Listing 6.24
Konvertieren des Werts im Beispielrenderer

```
public Object getConvertedValue(FacesContext ctx,
    UIComponent component, Object submittedValue)
    throws ConverterException {
  Converter converter = getConverter(ctx, component);
  if (converter != null ) {
    return converter.getAsObject(
        ctx, component, (String) submittedValue);
  } else {
    return submittedValue;
  }
}
```

Rendern von Ressourcen

Das Rendern von Ressourcen wie Bildern, Stylesheets oder Skripten ist ein wichtiger Aspekt bei vielen Komponenten. Ab JSF 2.0 gibt es dafür jetzt endlich auch eine standardisierte Lösung, was das Erstellen von

6.2 Klassische Komponenten

Komponenten erheblich vereinfacht. Das Thema Ressourcen haben wir ja schon in Kapitel 5 ausführlich behandelt. Dort wurde bereits kurz erwähnt, dass Abhängigkeiten zwischen Ressourcen und Komponenten in Form von Annotationen auf der Komponenten- oder Rendererklasse abgebildet werden können.

Sehen wir uns das für unsere Input-Spinner-Komponente etwas genauer an. Aus Gründen der Einfachheit werden wir die Ressourcen der Kompositkomponente inputSpinner aus der Bibliothek mygourmet mitverwenden. Damit die Komponente richtig dargestellt wird und ordnungsgemäß funktioniert, benötigen wir das Stylesheet components.css und das Skript inputSpinner.js. Um die beiden Bilder zum Erhöhen und Reduzieren des Werts kümmern wir uns später. Für jede der beiden Ressourcen annotieren wir die Rendererklasse mit @ResourceDependency unter Angabe der Bibliothek und des Namens. Das Skript wird zusätzlich mit target="head" in den Header der gerenderten Ausgabe verfrachtet. Listing 6.25 zeigt die Rendererklasse mit den Annotationen. Mehr ist nicht notwendig, um JSF die Ressourcen automatisch verwalten zu lassen – vorausgesetzt natürlich, Sie verwenden h:head und h:body. Sie können die Komponente auch mehrfach auf einer Seite einsetzen, JSF wird sie immer nur einmal rendern.

Listing 6.25
Ressourcenannotationen auf der Rendererklasse

```
1  @ResourceDependencies({
2    @ResourceDependency(library = "mygourmet",
3        name = "inputSpinner.js", target = "head"),
4    @ResourceDependency(library = "mygourmet",
5        name = "components.css")}
6  )
7  public class InputSpinnerRenderer extends Renderer {
8    ...
9  }
```

Die automatische Ressourcenverwaltung stellt auch sicher, dass Ressourcen in der gerenderten Ausgabe immer genau dort landen, wo sie sollen. Ein Stylesheet hat zum Beispiel in einem HTML-Dokument außerhalb von head nichts zu suchen.

Die beiden Bilder spin-up.png und spin-down.png, die wir ebenfalls aus der Bibliothek mygourmet der Kompositkomponente übernehmen, können natürlich nicht einfach über eine Annotation mit der Komponente verbunden werden. Nachdem sie einen Teil der gerenderten Ausgabe der Komponente bilden, müssen sie manuell eingefügt werden. Dazu kommt die Klasse ResourceHandler zum Einsatz, mit der JSF intern Ressourcen verwaltet. Der Zugriff auf den für die Anwendung zuständigen Resource-Handler erfolgt über das Applikationsobjekt.

Das Rendern der Ressource selbst ist dann relativ einfach. Der wichtigste Schritt ist das Erzeugen der Ressource über die Methode `createResource()` des Resource-Handlers. Diese Methode nimmt als Parameter entweder nur den Namen oder den Namen und die Bibliothek der Ressource und gibt eine Instanz der Klasse `Resource` zurück, über die wir vollen Zugriff erhalten. Das Bild wird über den Response-Writer als `img`-Element gerendert, dessen `src`-Attribut auf eine spezielle Ressource-URL gesetzt ist. Diese URL wird von der Methode `Resource.getRequestPath()` berechnet. Wenn der Browser beim Darstellen der Seite das Bild mit dieser URL nachlädt, liefert JSF den Inhalt der Ressource an den Client aus. Listing 6.26 zeigt, wie das Rendern eines der beiden Bilder mit dem zugehörigen JavaScript-Code aussieht.

Listing 6.26
Direktes Rendern von Ressourcen

```
1  Application app = ctx.getApplication();
2  ResourceHandler handler = app.getResourceHandler();
3  Resource spinUpRes = handler.createResource(
4      "spin-up.png", "mygourmet");
5  String onclickUp = MessageFormat.format(
6      "return changeNumber(''{0}'', {1});",
7      clientId, spinner.getInc());
8  writer.startElement("img", spinner);
9  writer.writeAttribute("class", "inputSpinner-button", null);
10 writer.writeAttribute("src", spinUpRes.getRequestPath(), null);
11 writer.writeAttribute("onclick", onclickUp, null);
12 writer.endElement("img");
```

Wenn Sie eine große Anzahl von Komponenten schreiben, werden Sie diese wahrscheinlich in Komponentenbibliotheken als Jar-Dateien verpacken. Mit dem Einsatz von JSF-Ressourcen ist das kein Problem mehr, da die benötigten Klassen und Ressourcen in einer Jar-Datei zusammengefasst werden können. Eine detaillierte Beschreibung dazu finden Sie in Abschnitt 6.6.

6.2.4 Registrieren der Komponenten- und der Rendererklasse

Die soeben verfassten Komponenten- und Rendererklassen müssen jetzt noch mit einem Eintrag in der `faces-config.xml` in der Faces-Umgebung registriert werden.

Listing 6.27 zeigt die Registrierung der Komponentenklasse des Beispiels unter dem Komponententyp `at.irian.InputSpinner`.

Wie schon bei Konvertern und Validatoren erlaubt JSF ab Version 2.0 das Registrieren von Komponenten mit einer Annotation. Das Annotieren der Komponentenklasse mit `@FacesComponent` reicht, um die

```
1  <component>
2    <component-type>
3      at.irian.InputSpinner
4    </component-type>
5    <component-class>
6      at.irian.jsfatwork.gui.jsf.component.InputSpinner
7    </component-class>
8  </component>
```

Listing 6.27
Registrierung einer Komponentenklasse

Komponente unter dem im Element value angegebenen Komponententyp zu registrieren. Listing 6.28 zeigt den dazu passenden Code.

```
1  @FacesComponent("at.irian.InputSpinner")
2  public class InputSpinner extends UIInput {
3    ...
4  }
```

Listing 6.28
Registrierung einer Komponentenklasse mittels Annotation

Ab JSF 2.2 ist das Element value der Annotation @FacesComponent optional und wird mit einer Namenskonvention ergänzt. Ist es nicht angegeben, benutzt JSF den Klassennamen mit einem kleinen Anfangsbuchstaben als Komponenten-ID. Für das Beispiel aus Listing 6.28 wäre das die ID inputSpinner.

JSF 2.2

Bei der Registrierung des Renderers muss zuerst ein Renderkit ausgewählt werden, für das die Eintragung der zusätzlichen Rendererklasse erfolgt. Die Auswahl ist meistens einfach, und fast immer bleibt es bei der Verwendung des Standard-Renderkits mit der Renderkit-ID HTML_BASIC.

Listing 6.29 zeigt die Registrierung des Beispielrenderers unter der Komponentenfamilie javax.faces.Input und dem Renderertyp at.irian.InputSpinner.

```
1  <render-kit>
2    <render-kit-id>HTML_BASIC</render-kit-id>
3    <renderer>
4      <component-family>javax.faces.Input</component-family>
5      <renderer-type>at.irian.InputSpinner</renderer-type>
6      <renderer-class>
7        at.irian.jsfatwork.gui.jsf.component.InputSpinnerRenderer
8      </renderer-class>
9    </renderer>
10 </render-kit>
```

Listing 6.29
Registrierung einer Rendererklasse

Ein Renderer kann ab JSF-Version 2.0 auch mit der Annotation @FacesRenderer im System registriert werden. Die notwendigen Daten werden in den Elementen renderKitId, componentFamily und rendererType angegeben. Die Renderkit-ID kann auch weggelassen werden und wird dann auf das Standard-Renderkit gesetzt. Listing 6.30 zeigt den Code.

Listing 6.30
Registrierung einer Rendererklasse mittels Annotation

```
1 @FacesRenderer(componentFamily = "javax.faces.Input",
2     rendererType = "at.irian.InputSpinner")
3 public class InputSpinnerRenderer extends Renderer {
4     ...
5 }
```

6.2.5 Tag-Definition schreiben

Alle bisherigen Schritte, das Erstellen der Komponenten- und Rendererklasse und das Registrieren der beiden Klassen im System, gestalten sich unabhängig von der eingesetzten Seitendeklarationssprache immer gleich. Bei der Definition des Tags der Komponente ist das leider nicht mehr möglich.

Mit JSP ist die Definition des Tags und das damit verbundene Erstellen der Tag-Klasse ein recht mühsames Unterfangen. Da mit Version 2.0 der Spezifikation der Fokus eindeutig auf Facelets gelegt wurde und JSP nur noch eine Nebenrolle spielt, werden wir darauf an dieser Stelle nicht mehr näher eingehen.

Mit Facelets erfordert das Erstellen einer Tag-Definition keinen großen Aufwand. Existiert bereits eine passende Tag-Bibliothek reicht die Angabe des Tag-Namens, des Komponententyps und des Renderertyps, um das Tag zu spezifizieren. Ist das nicht der Fall, muss zuerst eine neue Tag-Bibliothek angelegt und dem System bekannt gemacht werden. Wie das funktioniert, zeigt Abschnitt 4.2.2. Die komplette Definition des Tags für unsere Beispielkomponente zeigt Listing 6.31.

Listing 6.31
Definition des Tags der Beispielkomponente

```
1 <tag>
2     <tag-name>inputSpinner</tag-name>
3     <component>
4         <component-type>at.irian.InputSpinner</component-type>
5         <renderer-type>at.irian.InputSpinner</renderer-type>
6     </component>
7 </tag>
```

JSF 2.2 Mit JSF 2.2 lässt sich der Aufwand zum Erstellen eines Komponenten-Tags auf ein absolutes Minimum reduzieren. Im einfachsten Fall reicht es aus, das Element createTag von @FacesComponent auf true zu setzen. JSF stellt die Komponente dadurch per Konvention im Namensraum http://xmlns.jcp.org/jsf/component zur Verfügung. Der Name des Tags leitet sich dabei automatisch aus dem Klassenname (mit kleinem Anfangsbuchstaben) ab.

Wenn Sie eigene Werte für den Namensraum oder den Tag-Namen verwenden wollen, müssen Sie diese explizit angeben. Der Tag-Name kann im Element `tagName` und der Namensraum im Element `namespace` gesetzt werden. Abbildung 6.32 zeigt ein konkretes Beispiel.

```
1  @FacesComponent(value="at.irian.InputSpinner",
2      createTag=true, tagName="inputSpinner",
3      namespace="http://at.irian/test")
4  public class InputSpinner extends UIInput {
5      ...
6  }
```

Listing 6.32
Definition des Tags mittels Annotation

Diese Methode eignet sich gut zur schnellen Definition von Tags für einzelne Komponenten. Spätestens wenn Sie mehr als eine Handvoll Komponenten haben, sollten Sie aber eine vollständige Tag-Bibliothek inklusive XML-Konfiguration in Betracht ziehen.

Woher weiß Facelets, welche Attribute für das Tag verfügbar sind? Über *Reflection* greift Facelets auf die Komponentenklasse zu und ermittelt die möglichen Attribute aus dieser Klasse.

Attribute über Reflection

6.2.6 Tag-Behandlungsklasse schreiben

In seltenen Fällen wird auch für Facelet-Tags eine Behandlungsklasse benötigt. Das ist beispielsweise dann der Fall, wenn hinter dem Tag keine Komponente existiert, wie das für `c:if` aus der JSTL-Bibliothek von Facelets der Fall ist. Listing 6.33 zeigt den Code dieses Tag-Handlers.

Im Konstruktor wird der Tag-Handler mit den Werten aus der Seite initialisiert. Mit dem Aufruf von `getRequiredAttribute()` wird garantiert, dass das Attribut in der Seitendeklaration gesetzt ist. Ist das nicht der Fall, wirft Facelets eine Exception. Essenziell ist dann die Methode `apply` – die immer dann aufgerufen wird, wenn das Tag beim Bauen des Komponentenbaums intern aufgerufen wird. Hier findet die eigentliche Logik statt, die im Falle von `c:if` die Kindkomponenten des Tags abhängig vom Wert des Attributs `test` in den Komponentenbaum einfügt oder nicht. Da die Kindkomponenten explizit über einen Aufruf von `this.nextHandler.apply()` abgearbeitet werden, ist es ein Leichtes, diesen Vorgang zu beeinflussen.

Tag-Handler wie der soeben beschriebene werden in der Tag-Bibliothek direkt in einer Tag-Definition verwendet und können so in der Seitendeklaration wie eine Komponente eingesetzt werden. Hier gilt es allerdings, zu beachten, dass ein Tag-Handler nur beim Aufbau des

6 Die eigene JSF-Komponente

Listing 6.33
Tag-Handler für c:if

```
1  public final class IfHandler extends TagHandler {
2    private final TagAttribute test;
3    private final TagAttribute var;
4
5    public IfHandler(TagConfig config) {
6      super(config);
7      this.test = this.getRequiredAttribute("test");
8      this.var = this.getAttribute("var");
9    }
10   public void apply(FaceletContext ctx, UIComponent parent)
11       throws IOException, FacesException, ELException {
12     boolean b = this.test.getBoolean(ctx);
13     if (this.var != null) {
14       ctx.setAttribute(var.getValue(ctx), new Boolean(b));
15     }
16     if (b) this.nextHandler.apply(ctx, parent);
17   }
18 }
```

Komponentenbaums aufgerufen wird. Die Definition des Tags sieht in diesem Fall wie folgt aus:

```
1  <tag>
2    <tag-name>if</tag-name>
3    <handler-class>IfHandler</handler-class>
4  </tag>
```

Tag-Handler können aber auch für Komponenten verwendet werden, die ein spezielles Verhalten erfordern. Zur Demonstration erstellen wir einen Tag-Handler für unsere Input-Spinner-Komponente, der das Attribut inc verpflichtend macht. Den Sourcecode des Tag-Handlers finden Sie in Listing 6.34.

Listing 6.34
Tag-Handler für die Beispielkomponente

```
1  public class InputSpinnerTagHandler extends ComponentHandler {
2    private TagAttribute inc;
3    public InputSpinnerTagHandler(ComponentConfig conf) {
4      super(conf);
5      this.inc = getRequiredAttribute("inc");
6    }
7  }
```

Dieser Tag-Handler kann jetzt zusätzlich bei der Definition des Komponenten-Tags angegeben werden. Listing 6.35 zeigt die um den Tag-Handler erweiterte Definition.

```
1  <tag>
2    <tag-name>inputSpinner</tag-name>
3    <component>
4      <component-type>at.irian.InputSpinner</component-type>
5      <renderer-type>at.irian.InputSpinner</renderer-type>
6      <handler-class>
7        at.irian.jsfatwork.gui.jsf.component.InputSpinnerTagHandler
8      </handler-class>
9    </component>
10 </tag>
```

Listing 6.35
Definition des Tags der Beispielkomponente mit Tag-Handler

6.2.7 Tag-Bibliothek einbinden

Zu guter Letzt bleibt nur noch ein Schritt übrig: Bevor die Komponente in einer Deklaration zum Einsatz kommen kann, muss die Tag-Bibliothek eingebunden werden. Wie das funktioniert, haben wir ja bereits bei den Standardkomponenten und diversen anderen Gelegenheiten gezeigt und muss hier nicht mehr wiederholt werden.

An dieser Stelle möchten wir Ihnen noch einmal veranschaulichen, wie JSF beim Aufbau des Komponentenbaums die Komponenten- und Rendererklasse für ein Tag auflöst. Trifft JSF beispielsweise auf das Tag mg:inputSpinner, ist aus der Definition in der Tag-Bibliothek bereits der Komponententyp at.irian.InputSpinner und der Renderertyp at.irian.InputSpinner bekannt. Über den Komponententyp kann jetzt bereits die Komponenteninstanz erstellt und in den Baum eingefügt werden. Mit dieser Information lässt sich auch die Rendererklasse auflösen. Wenn wir davon ausgehen, dass das Standard-Renderkit mit dem Bezeichner HTML_BASIC zum Einsatz kommt, kann mit dem Renderertyp und der Komponentenfamilie die Klasse des Renderers aus der Konfiguration bestimmt werden. Die Komponentenfamilie ist ja jederzeit über einen Aufruf der Methode getFamily() der Komponente abrufbar.

Das ist alles, was man über das Schreiben von eigenen Komponenten wissen muss – viel Erfolg beim Erstellen der dynamischsten, interaktivsten und schönsten JSF-Komponenten!

6.3 Kompositkomponenten und klassische Komponenten kombinieren

Wir haben Ihnen in den letzten beiden Abschnitten die Entwicklung von Kompositkomponenten und klassischen Komponenten nähergebracht. In diesem Abschnitt werden wir Ihnen zeigen, dass sich diese Konzepte nicht gegenseitig ausschließen, sondern ganz im Gegenteil sogar sehr gut harmonieren.

Bei der Entwicklung von Kompositkomponenten tritt immer wieder der Fall ein, dass ein gewünschtes Verhalten nur mit Java-Code realisierbar ist. Wir benötigen also einen Erweiterungspunkt zur Integration dieses Codes. Wie wir Ihnen bereits gezeigt haben, sind Kompositkomponenten intern aus klassischen Komponenten aufgebaut. Der naheliegendste Gedanke ist daher, diesen Java-Code in Form einer klassischen Komponente zu realisieren.

JSF verfolgt exakt diesen Gedanken und erlaubt bei Kompositkomponenten die freie Wahl des Typs der Wurzelkomponente. Über das Attribut `componentType` im Element `cc:interface` kann der Komponententyp dieser Komponente explizit angegeben werden. Die eingesetzte Komponentenklasse muss als einzige Voraussetzung das Interface `NamingContainer` implementieren und in `getFamily()` die Komponentenfamilie `javax.faces.NamingContainer` zurückliefern. Wird `componentType` nicht gesetzt, erzeugt JSF automatisch eine Komponente vom Typ `javax.faces.NamingContainer`.

Genau das werden wir jetzt für die in Abschnitt 6.1.7 vorgestellte Kompositkomponente `collapsiblePanel` machen. Dort haben wir ja bereits kritisch angemerkt, dass Benutzer der Komponente die Logik zum Ein- und Ausblenden selbst bereitstellen müssen. Wir werden diese Funktionalität in der Komponente `CollapsiblePanel` umsetzen, die wir dann mit der Kompositkomponente verknüpfen. Die Komponente selbst kann dabei sehr einfach gehalten werden. Sie muss lediglich über die Eigenschaft `collapsed` und eine Ereignisbehandlungsmethode zum Ein- und Ausblenden verfügen. Listing 6.36 zeigt die Komponentenklasse, die mit `@FacesComponent` unter dem Komponententyp `at.irian.CollapsiblePanel` registriert wird.

Da die Komponentenklasse von `UINamingContainer` abgeleitet ist, brauchen wir keine weiteren Vorkehrungen treffen und können sie direkt in der Kompositkomponente verwenden. Ist Ihre Komponente von einer anderen Klasse wie etwa `UIInput` abgeleitet, muss sie zusätzlich das Interface `NamingContainer` implementieren und in `getFamily()` den Wert `javax.faces.NamingContainer` zurückliefern. Der Wert der Eigenschaft `collapsed` wird intern mit dem bereits bekannten `StateHelper` verwaltet. Ein Aufruf der Ereignisbehandlungsmethode `toggle` ändert lediglich den Wert dieser Eigenschaft. Hat der Benutzer der Kompositkomponente im Attribut `collapsed` eine Value-Expression angegeben, wird mit der Methode `setCollapsedValueExpression()` zusätzlich der aktuelle Einklappzustand zurückgeschrieben.

Wenden wir uns nun der Kompositkomponente selbst zu. Die Interna ändern sich im Vergleich zu Abschnitt 6.1.7 nur minimal und werden

6.3 Kompositkomponenten und klassische Komponenten kombinieren

```
1  @FacesComponent("at.irian.CollapsiblePanel")
2  public class CollapsiblePanel extends UINamingContainer {
3    enum PropertyKeys {collapsed}
4
5    public boolean isCollapsed() {
6      return (Boolean)getStateHelper().eval(
7        PropertyKeys.collapsed, Boolean.FALSE);
8    }
9    public void setCollapsed(boolean collapsed) {
10     getStateHelper().put(PropertyKeys.collapsed, collapsed);
11   }
12   public void toggle(ActionEvent e) {
13     setCollapsed(!isCollapsed());
14     setCollapsedValueExpression();
15   }
16   private void setCollapsedValueExpression() {
17     ELContext ctx = FacesContext.getCurrentInstance()
18       .getELContext();
19     ValueExpression ve = getValueExpression(
20       PropertyKeys.collapsed.name());
21     if (ve != null) ve.setValue(ctx, isCollapsed());
22   }
23 }
```

Listing 6.36
Komponente
CollapsiblePanel

etwas anders verdrahtet. Listing 6.37 zeigt die aktualisierte Komponente collapsiblePanel mit gesetzem componentType-Attribut.

Als erster Schritt wird das verpflichtende Attribut model durch das optionale Attribut collapsed ersetzt. Damit kann der Einklappzustand von außen über eine Value-Expression mit einer Bean-Eigenschaft verknüpft werden. Das eröffnet dem Benutzer die Möglichkeit, einen initialen Wert zu setzen und den aktuellen Einklappzustand abzuspeichern. Das Auswerten des initialen Zustands aus dem Attribut collapsed wird dabei intern automatisch vom StateHelper der Komponente erledigt.

Die zweite Änderung betrifft die Ereignisbehandlungsmethode toggle und die Eigenschaft collapsed. Da beide jetzt direkt von der Wurzelkomponente zur Verfügung gestellt werden, ändern sich die EL-Ausdrücke für den Zugriff auf cc.toggle und cc.collapsed. Das ist möglich, da die mit cc referenzierte Komponente jetzt eine Instanz der zuvor erstellten Klasse CollapsiblePanel ist.

Damit ist die verbesserte Version der Kompositkomponente collapsiblePanel auch schon einsatzbereit. Jetzt können wir tatsächlich von einem eigenständigen und wiederverwendbaren Baustein sprechen. Der nächste logische Schritt wäre jetzt, die Komponente inklusive aller

Listing 6.37
Kompositkomponente collapsiblePanel mit benutzerdefinierter Wurzelkomponente

```
1  <ui:composition xmlns="http://www.w3.org/1999/xhtml"
2    xmlns:h="http://xmlns.jcp.org/jsf/html"
3    xmlns:cc="http://xmlns.jcp.org/jsf/composite"
4    xmlns:ui="http://xmlns.jcp.org/jsf/facelets">
5    <cc:interface componentType="at.irian.CollapsiblePanel">
6      <cc:attribute name="collapsed"/>
7      <cc:actionSource name="toggle"/>
8      <cc:facet name="header"/>
9    </cc:interface>
10   <cc:implementation>
11     <h:panelGroup layout="block"
12         styleClass="collapsiblePanel-header">
13       <h:commandButton actionListener="#{cc.toggle}"
14           id="toggle" styleClass="collapsiblePanel-img"
15           image="#{resource[cc.collapsed
16               ? 'mygourmet:toggle-plus.png'
17               : 'mygourmet:toggle-minus.png']}"/>
18       <cc:renderFacet name="header"/>
19     </h:panelGroup>
20     <h:panelGroup layout="block" rendered="#{!cc.collapsed}">
21       <cc:insertChildren/>
22     </h:panelGroup>
23   </cc:implementation>
24 </ui:composition>
```

Bestandteile als Jar-Datei zur Verfügung zu stellen. Abschnitt 6.6 zeigt, wie das funktioniert.

6.4 Alternativen zur eigenen Komponente

Eine Komponente besteht aus den Teilen Komponentenklasse, Rendererklasse und einem optionalen Tag-Handler. Alle diese Teile sind miteinander verbunden, können aber auch getrennt voneinander ausgetauscht werden. Die einfachste Möglichkeit, eine Komponente zu verändern, ohne eine neue Komponente schreiben zu müssen, ist der Austausch der Rendererklasse.

6.4.1 Austausch der Rendererklasse

Um die Rendererklasse auszutauschen, muss zuerst die Konfiguration in der `faces-config.xml` verändert werden. Listing 6.38 zeigt ein Beispiel.

Beispiel: RequiredLabel

Hier wird der Renderer für die `Label`-Komponente durch die Klasse `mypackage.RequiredLabelRenderer` überschrieben. Jetzt bleibt nur noch, diese Klasse zu implementieren. Listing 6.39 zeigt eine Implementie-

6.4 Alternativen zur eigenen Komponente

```
1  <render-kit>
2    <render-kit-id>HTML_BASIC</render-kit-id>
3    <renderer>
4      <component-family>javax.faces.Output</component-family>
5      <renderer-type>javax.faces.Label</renderer-type>
6      <renderer-class>
7        mypackage.RequiredLabelRenderer
8      </renderer-class>
9    </renderer>
10 </render-kit>
```

Listing 6.38
Konfiguration eines Renderers

rung, in der das required-Attribut der zum Label gehörenden Komponente ausgewertet wird.

```
1  public class RequiredLabelRenderer extends HtmlLabelRenderer {
2    protected void encodeBeforeEnd(FacesContext facesContext,
3        ResponseWriter writer, UIComponent uiComponent)
4        throws IOException {
5      String forAttr = getFor(uiComponent);
6      if (forAttr != null) {
7        UIComponent forComponent =
8            uiComponent.findComponent(forAttr);
9        if (forComponent instanceof UIInput &&
10           ((UIInput) forComponent).isRequired()) {
11         writer.startElement(HTML.SPAN_ELEM, null);
12         writer.writeAttribute(HTML.ID_ATTR,
13             uiComponent.getClientId(facesContext)+
14             "RequiredLabel", null);
15         writer.writeAttribute(HTML.CLASS_ATTR,
16             "requiredLabel", null);
17         writer.writeText("*", null);
18         writer.endElement(HTML.SPAN_ELEM);
19       }
20     }
21   }
22 }
```

Listing 6.39
Rendern eines Labels mit Stern für Pflichtfelder

Je nach dem Wert dieses Attributs wird ein Stern an die Label-Beschreibung angefügt. Zu diesem Zweck wird der Pflichtfeldrenderer von `HtmlLabelRenderer` abgeleitet und die Methode `encodeBeforeEnd()` der Basisklasse überschrieben. In dieser Methode wird zuerst die zum Label gehörende Komponente gesucht; anschließend wird das required-Attribut dieser Komponente abgefragt. Gehört die Komponente zu einem Pflichtfeld, wird ein span-Tag mit einer CSS-Klasse und einem * als Inhalt ausgegeben. Sehr einfach und sehr effektiv! Beachten Sie aber bitte, dass die Klasse `HtmlLabelRenderer` aus *Apache MyFaces* stammt und nicht im Standard enthalten ist. Nichtsdestotrotz ändert sich, auch wenn Sie *Mojarra* einsetzen, an der grundlegenden Funktionalität nichts.

6.4.2 Austausch der Komponentenklasse

Genauso wie der Austausch der Renderklasse ist auch der Austausch der Komponentenklasse möglich – in der `faces-config.xml`-Datei ist ein zusätzlicher Eintrag wie folgt vorzunehmen:

```
<component>
    <component-type>javax.faces.HtmlInputText</component-type>
    <component-class>
        mypackage.SpecialHtmlInputText
    </component-class>
</component>
```

Auto-Converter

Mit dieser Vorgehensweise kann beispielsweise automatisch ein Konverter mit der Komponente verbunden werden, ohne dass dazu ein eigenes Konverter-Tag verwendet wird. Ein Beispiel für eine solche Klasse:

```
public class SpecialHtmlInputText extends HtmlInputText {
    public SpecialHtmlInputText() {
        super();
        setConverter(ConverterFactory.getSpecialConverter());
    }
}
```

Damit kommt dieser Spezialkonverter für alle Elemente dieser Komponenten zum Einsatz!

6.4.3 Benutzerdefinierte Komponente aus den *Backing-Beans* – Component-Binding

Die beiden bisher verwendeten Tricks gelten für alle Elemente eines Komponententyps – was ist zu tun, wenn man nur einzelne Komponenten mit diesem Spezialverhalten auszeichnen möchte und andere nicht?

Beispiel: Zeilenumbruch

Ein Beispiel aus der Praxis: Für eine Applikation wurde eine Verbindung zu einer auf einem AS400-Server laufenden Legacy-Datenbank entwickelt. Die vom Server zurückgegebenen Daten waren mit einem \r zur Markierung des Zeilenumbruchs ausgezeichnet – auf dem Frontend sollte diese Markierung ebenfalls zu einem Zeilenumbruch im HTML-Markup führen, musste also als `<br/>` ausgegeben werden. Da nicht alle Textausgaben geparst werden sollten, wurde das Rendering-Verhalten nur für einen Teil der Komponenten ersetzt.

6.4 Alternativen zur eigenen Komponente

Um diese Ersetzung vorzunehmen, kann man entweder ein eigenes Tag erstellen und über dieses Tag einen neuen Renderer für die Komponente festlegen, man kann aber auch Component-Binding einsetzen, wobei dieser zweite Weg wesentlich einfacher ist. Dazu sind zuerst alle Komponenten, die ein spezielles Rendering-Verhalten aufweisen sollen, mit einem `binding`-Attribut zu versehen. Im nächsten Schritt wird dieses Attribut mit der dahinterliegenden Geschäftslogik verbunden. Das folgende Beispiel zeigt einen Ausschnitt aus einer solcherart veränderten Seitendeklaration:

```
<h:outputText value="#{limitDetail.limitView.comment}"
    binding="#{componentBean.outputWithBreaks}"/>
```

Die referenzierte Methode sieht dabei so aus:

```
UIComponent getOutputWithBreaks() {
  return new OutputTextWithBreaks();
}
```

Jetzt benötigen wir nur noch eine Implementierung dieser Komponente – in Listing 6.40 wird diese gezeigt. Es wird die `encodeEnd()`-Methode überschrieben – wo ja üblicherweise ein Renderer für die Komponente gesucht und dessen `encodeEnd()`-Methode aufgerufen wird. In diesem Fall erledigen wir das Rendering gleich selbst in der Komponente. Das eigentliche Rendering ist in der Abbildung ausgeblendet, da es exakt der Funktionalität in der Rendererklasse entsprechen soll.

```
1  public static final class OutputText extends HtmlOutputText {
2    public OutputText() {
3      super();
4    }
5    public void encodeEnd(FacesContext context)
6        throws IOException {
7      String text = RendererUtils.getStringValue(context, this);
8      text = HTMLEncoder.encode(text, true, true);
9      text = text.replaceAll("\r","<br/>");
10     renderOutputText(context, this, text, false);
11   }
12   public static void renderOutputText(
13       FacesContext ctx, UIComponent component,
14       String text, boolean escape)
15       throws IOException {
16     ...
17   }
18 }
```

Listing 6.40
Verändern des Rendering-Verhaltens einer Komponente durch Component-Binding

6.5 *MyGourmet 13*: Komponenten und Services

Das Beispiel *MyGourmet 13* integriert alle in diesem Kapitel entwickelten Komponenten – sowohl die Kompositkomponenten aus Abschnitt 6.1 als auch die klassische Komponente aus Abschnitt 6.2 und deren Kombination aus Abschnitt 6.3. Neben den vielen neuen Komponenten gibt es noch die neue Ansicht `editProvider.xhtml` zum Bearbeiten eines Anbieters. Im Zuge dieser Änderung haben wir die Architektur der Anwendung ein klein wenig optimiert und eine Serviceklasse für Objekte vom Typ `Provider` eingeführt. Listing 6.41 zeigt das Interface `ProviderService` der Serviceklasse.

Listing 6.41
MyGourmet 13: ProviderService

```
1  public interface ProviderService {
2      Provider createNew();
3      boolean save(Provider entity);
4      void delete(Provider entity);
5      List<Provider> findAll();
6      Provider findById(long id);
7  }
```

Der Grund für diese Optimierung ist schnell erklärt. Nachdem die Managed-Bean `ProviderBean` im View-Scope abgelegt ist, wird sie für jede Ansicht neu erstellt. Das bedeutet aber auch, dass die Liste der Anbieter jedes Mal neu initialisiert wird. Im letzten Beispiel war das noch kein Problem, da die Anbieterdaten nicht veränderbar waren. Mit der neuen Ansicht `editProvider.xhtml` wird es allerdings zum Problem, da die vom Benutzer veränderten Daten beim Verlassen der Seite verloren gehen – sie sind ja nur in der Bean gespeichert. Mit einem Service im Application-Scope wird quasi eine Datenbank simuliert und das Problem tritt nicht mehr auf. Als zusätzlicher Vorteil macht eine bereits existierende Serviceklasse einen Umstieg auf eine echte Datenbank sehr einfach. Mit dieser Änderung ist es auch ohne Weiteres möglich, die für die Ansicht `providerList.xhtml` benötigte Funktionalität in die Managed-Bean `ProviderListBean` im Request-Scope auszulagern.

Die Klasse `ProviderServiceImpl` implementiert das Interface `ProviderService` und stellt den eigentlichen Service dar. Sie steht als Managed-Bean unter dem Namen `providerService` im Application-Scope zur Verfügung. Listing 6.42 zeigt den Rumpf der Klasse mit den Annotationen. Die Implementierung ist sehr einfach gehalten und basiert intern auf einer Liste, die beim Erzeugen der Bean mit drei Objekten vom Typ `Provider` initialisiert wird.

6.5 MyGourmet 13: Komponenten und Services

```
1  @ManagedBean(name = "providerService")
2  @ApplicationScoped
3  public class ProviderServiceImpl implements ProviderService {
4      ...
5  }
```

Listing 6.42
MyGourmet 13: Implementierung des Service

Viel interessanter ist da schon das automatische Setzen des Service in der Managed-Bean `ProviderBean` über eine Managed-Property. Listing 6.43 zeigt das entsprechende Codefragment. Sie müssen sich in dem Fall keine Gedanken mehr über den Service machen. Nach dem Erstellen einer Managed-Bean vom Typ `ProviderBean` setzt JSF den Service automatisch – und das garantiert vor dem ersten Zugriff des Benutzers.

```
1  @ManagedProperty(value = "#{providerService}")
2  private ProviderService providerService;
3  public void setProviderService(
4      ProviderService providerService) {
5      this.providerService = providerService;
6  }
```

Listing 6.43
MyGourmet 13: Setzen des Service in ProviderBean

Aber jetzt zurück zum eigentlichen Thema dieses Kapitels: Komponenten. Die Liste der zur Verfügung stehenden Kompositkomponenten umfasst `mc:panelBox`, `mc:dataTable`, `mc:collapsiblePanel` und `mc:inputSpinner`. Das Präfix `mc` steht dabei für den Namensraum `http://at.irian/mygourmet` der MyGourmet-Tag-Bibliothek. Abbildung 6.6 zeigt den Inhalt der Ressourcenbibliothek `mygourmet` mit allen Kompositkomponenten, Stylesheets, Bildern und Skripten.

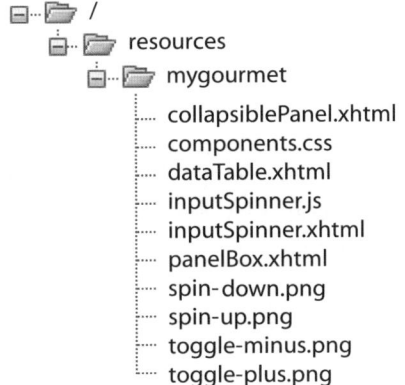

Abbildung 6.6
MyGourmet 13: Ressourcen der Bibliothek `mygourmet`

Die Komponente `mg:inputSpinner`, also die klassische Variante unserer Input-Spinner-Komponente, kann in gleicher Weise wie die Kompositkomponente eingesetzt werden.

6.6 Die eigene Komponentenbibliothek

In diesem Abschnitt zeigen wir, wie einfach das Erstellen einer eigenen Komponentenbibliothek mit JSF 2.0 geworden ist. Dazu packen wir exemplarisch die Kompositkomponente `collapsiblePanel` aus Abschnitt 6.3 inklusive aller benötigten Artefakte in eine Jar-Datei. Nachdem wir die Komponente selbst bereits wiederverwendbar gemacht haben, kann diese Jar-Datei in jeder JSF-Anwendung eingesetzt werden.

Eine erste Version unserer Komponentenbibliothek ist schnell erstellt. Wir müssen lediglich das Verzeichnis der Ressourcenbibliothek `mygourmet` und die Klasse `CollapsiblePanel` der benutzerdefinierten Wurzelkomponente in die Jar-Datei aufnehmen.

Da die Komponente `CollapsiblePanel` mit der Annotation `@FacesComponent` im System registriert wird, brauchen wir eigentlich keine XML-Konfiguration. Im Endeffekt müssen wir aber doch eine leere `faces-config.xml` anlegen. JSF berücksichtigt Annotationen nur in jenen Jar-Dateien, die eine Datei mit dem Namen `faces-config.xml` oder mit der Endung `.faces-config.xml` im Verzeichnis `META-INF` beinhalten. Listing 6.44 zeigt die leere `faces-config.xml` für JSF 2.2.

***Listing 6.44** faces-config.xml für die Komponentenbibliothek*

```
1  <faces-config xmlns="http://xmlns.jcp.org/xml/ns/javaee"
2      xmlns:xsi="http://www.w3.org/2001/XMLSchema-instance"
3      xsi:schemaLocation="http://xmlns.jcp.org/xml/ns/javaee
4          http://xmlns.jcp.org/xml/ns/javaee/web-facesconfig_2_2.xsd"
5      version="2.2">
6  </faces-config>
```

Damit JSF die Ressourcen unserer Bibliothek `mygourmet` aus der Jar-Dateien im Classpath auflösen kann, muss sie im Verzeichnis `META-INF/resources` liegen. Die Komponentenbibliothek ist damit einsatzbereit und kann in jeder beliebigen JSF-Anwendung verwendet werden, sobald das Jar-Archiv im Classpath verfügbar ist. An der Verwendung der Kompositkomponente `collapsiblePanel` hat sich dabei nichts geändert. Sie wird wie bisher über den Namensraum `http://xmlns.jcp.org/jsf/composite/mygourmet` und den Tag-Namen `collapsiblePanel` eingebunden.

Diese zugegeben sehr einfache Komponentenbibliothek bietet sich als Basis für Erweiterungen an. Sie kann neben weiteren Kompositkomponenten auch mit klassischen Komponenten, Konvertern und Validatoren ergänzt werden. Die Tags für diese Artefakte müssen allerdings in einer Tag-Bibliothek konfiguriert werden (siehe Abschnitt 4.2.2). Für unsere Beispiel erstellen wir dazu im Verzeichnis `META-INF` die Tag-Bibliothek `mygourmet.taglib.xml` mit dem Namensraum `http://at.irian/mygourmet`.

6.6 Die eigene Komponentenbibliothek

Die Tags der Kompositkomponenten und die Tags der Tag-Bibliothek sind dann allerdings über unterschiedliche Namensräume erreichbar. Um das zu vermeiden, erlaubt JSF das Importieren von Kompositkomponenten in Tag-Bibliotheken. Dazu muss im Element composite-library-name der Name der Bibliothek – in unserem Fall mygourmet – angegeben werden. Dieser Ansatz funktioniert zwar, es lässt sich aber immer nur eine komplette Ressourcenbibliothek pro Tag-Bibliothek einbinden.

JSF 2.2 schafft hier Abhilfe und ermöglicht die Definition von Tags für einzelne Kompositkomponenten aus unterschiedlichen Bibliotheken. Dazu muss in der Tag-Bibliothek ein Tag für eine Komponente mit einer Ressourcen-ID im Element resource-id hinzugefügt werden. Diese Ressourcen-ID besteht aus dem Bibliotheksnamen und dem durch einen Schrägstrich (/) getrennten Ressourcennamen der Kompositkomponente. Listing 6.45 zeigt die Konfiguration des Tags für die Kompositkomponente collapsiblePanel aus unserer Tag-Bibliothek.

JSF 2.2

```
1  <facelet-taglib version="2.2"
2    xmlns="http://xmlns.jcp.org/xml/ns/javaee"
3    xmlns:xsi="http://www.w3.org/2001/XMLSchema-instance"
4    xsi:schemaLocation="http://xmlns.jcp.org/xml/ns/javaee
5    http://xmlns.jcp.org/xml/ns/javaee/
6    web-facelettaglibrary_2_2.xsd">
7    <namespace>http://at.irian/mygourmet</namespace>
8    <tag>
9      <tag-name>collapsiblePanel</tag-name>
10     <component>
11       <resource-id>mygourmet/collapsiblePanel.xhtml</resource-id>
12     </component>
13   </tag>
14 </facelet-taglib>
```

Listing 6.45
Konfiguration der Tag-Bibliothek für die Komponentenbibliothek

JSF bindet Tag-Bibliotheken aus Jar-Dateien im Classpath automatisch ein – allerdings nur wenn eine Konfigurationsdatei im Verzeichnis META-INF liegt, deren Namen mit der Erweiterung .taglib.xml endet. Das Tag collapsiblePanel ist jetzt in Applikationen unter dem Namensraum http://at.irian/mygourmet verfügbar.

Abbildung 6.7 zeigt abschließend noch die Struktur und den Inhalt der Jar-Datei für unser Beispiel.

In Abschnitt 6.7 finden Sie nochmals das Beispiel *MyGourmet 13* – diesmal allerdings mit einer Tag-Bibliothek, die alle Kompositkomponenten, Komponenten, Validatoren und Konverter in einer eigenen Jar-Datei zusammenfasst.

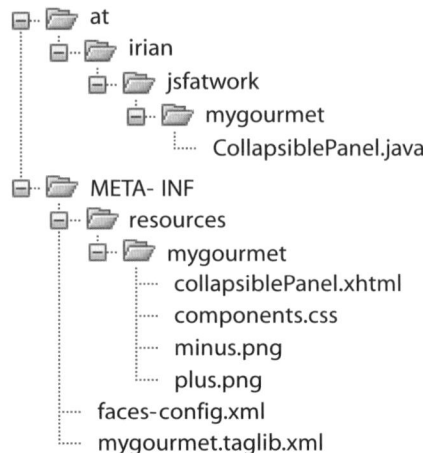

Abbildung 6.7
Struktur der eigenen Komponentenbibliothek

6.7 *MyGourmet 13* mit Komponentenbibliothek

In diesem Abschnitt finden Sie eine kurze Beschreibung zu einer alternativen Version von *MyGourmet 13*. In dieser Version sind die Kompositkomponenten und alle Bestandteile der eingesetzten Tag-Bibliothek in einer Komponentenbibliothek zusammengefasst.

Diese Komponentenbibliothek beinhaltet zum einen im Verzeichnis META-INF/resources die Ressourcenbibliothek mygourmet und zum anderen die Tag-Bibliothek mygourmet.taglib.xml im Verzeichnis META-INF. Dazu kommt noch eine Reihe von Java-Klassen wie Komponenten- und Rendererklassen, Konverter und Validatoren. Die Kompositkomponenten sind, wie im letzten Abschnitt beschrieben, in die Tag-Bibliothek importiert. Damit stehen alle Artefakte unter dem Namensraum http://at.irian/mygourmet zur Verfügung.

Auf der Ebene des Quellcodes ist die Komponentenbibliothek als Maven-Modul realisiert. Die Projektbeschreibung pom.xml des Beispiels *MyGourmet 13 mit Komponentenbibliothek* umfasst zwei Module: mygourmet13-taglib enthält alle Bestandteile der Komponentenbibliothek und mygourmet13-webapp beinhaltet den Rest der Applikation. Die Verbindung zwischen den beiden Modulen ist in mygourmet13-webapp über eine Abhängigkeit auf mygourmet13-taglib definiert.

Um die Applikation zu starten, müssen Sie mvn jetty:run im Verzeichnis des Moduls mygourmet13-webapp aufrufen. Zuvor muss aber das Modul mygourmet13-taglib oder das ganze Projekt mygourmet13 gebaut werden. Das Erstellen von mygourmet13-taglib liefert als Ergebnis eine Jar-Datei mit allen Teilen der Komponentenbibliothek.

7 Ajax und JSF

Ajax hat in den letzten Jahren enorm an Bedeutung gewonnen und ist aus der Webentwicklung nicht mehr wegzudenken. Mit der stark zunehmenden Nutzung des Internets in den letzten Jahren stieg auch der Wunsch nach einer interaktiveren und umfangreicheren Benutzung von Webseiten, wie sie im Bereich herkömmlicher Desktop-Applikationen bereits seit vielen Jahren üblich und Benutzern vertraut ist. Diese Lücke soll durch neue Ansätze in der Webtechnologie geschlossen werden. Das grundlegende Ziel muss lauten, das Web noch stärker an die oft sehr unterschiedlichen Bedürfnisse der Benutzer anzupassen.

In der Geschichte des World Wide Web bestand der erste technologische Ansatz (Web in der Version 1.0) darin, dem Benutzer rein statische HTML-Seiten zu präsentieren. Diese waren schwer wartbar, boten kein dynamisches Verhalten und wiesen für den Benutzer eine oft undurchsichtige Benutzerführung auf.

Geschichte des Web

Die nächste Phase wurde durch den Einsatz von dynamischen Inhalten eingeleitet. Der Benutzer bekommt nach Interaktion mit dem Server dynamische und für ihn spezifische Inhalte aufbereitet. Diesem Ansatz für das World Wide Web wird manchmal die Versionsnummer 1.5 zugeschrieben.

Der Begriff des Web in der Version 2.0 ist eine logische Weiterentwicklung, die den Bedürfnissen der Benutzer folgt. Erstmals im Oktober 2004 für eine Konferenz gebraucht, steht er für vernetzte und personalisierte Plattformen, die Desktop-Applikationen in vielen Bereichen ersetzen sollen.

Web 2.0

Web 2.0 ist ein Begriff, dessen Definition recht breit gefasst ist. Ajax ist eine jener Technologien, die die Realisierung von Anwendungen des Web in der Version 2.0 unterstützen sollen. Im Laufe der letzten Jahre erfreute sich Ajax einer immer größeren Beliebtheit, wobei nicht zuletzt auch Google mit seinen auf dieser Technologie aufsetzenden Applikationen zu einem rasanten Aufschwung beitrug.

Bevor wir uns in Abschnitt 7.2 auf die Details und erste praktische Beispiele stürzen, werden wir in Abschnitt 7.1 den Begriff Ajax etwas genauer unter die Lupe nehmen. In den Abschnitten 7.3 und 7.4 ziehen wir dann alle Register und setzen Ajax mit Kompositkomponenten ein. Abschnitt 7.5 zeigt anschließend die Integration von Ajax in *My-Gourmet*. Zu guter Letzt präsentieren wir in Abschnitt 7.6 noch einige Werkzeuge, die Ihnen bei der Arbeit an Ajax-Anwendungen unter die Arme greifen können.

7.1 Einführung in Ajax – »Asynchronous JavaScript And XML«

Definition von Ajax

Ajax ist an sich keine eigenständige Technologie im Webbereich, sondern vielmehr ein Sammelbegriff für eine Vielzahl von Technologien, die bereits seit mehreren Jahren eingesetzt werden. Der Name wurde zum ersten Mal 2005 in einem Essay über neue Entwicklungen und zukünftige Trends im Bereich von Webapplikationen erwähnt[1]. Ajax steht für »Asynchronous JavaScript And XML« und setzt auf Basistechnologien wie XHTML, Cascading Style Sheets (CSS), Document Object Model (DOM), XML, JavaScript und das XMLHttpRequest-Objekt auf.

Der zentrale Baustein einer Ajax-Applikation ist die Skriptsprache JavaScript. Folglich muss JavaScript im Browser aktiviert sein, um die Ajax-Funktionalität nutzen zu können. Üblicherweise greift jede mit Ajax entwickelte Webseite auf eine bereits vorhandene JavaScript-Bibliothek wie etwa *jQuery* zurück. Eine solche Bibliothek bietet Code für die einfache Verwendung des XMLHttpRequest-Objekts an und behandelt oft auch Unterschiede zwischen einzelnen Browsern.

Beim Einsatz von Ajax in einer Webapplikation gibt es Unterschiede hinsichtlich der Intensität der Verwendung. Die einfachste Möglichkeit ist die minimale Integration von Ajax zur Optimierung der herkömmlichen Abläufe einer Applikation. Der Gebrauch mehrerer Ajax-basierter Komponenten ist schon eine Stufe darüber anzusiedeln. Als letzter Schritt ist die Realisierung einer kompletten Applikation auf Basis von JavaScript und Ajax möglich. Für den Bau solcher Anwendungen ist JSF aber nicht mehr die optimale Wahl – dazu eignen sich reine JavaScript-Bibliotheken oder das *Google Web Toolkit-(GWT-)*Framework besser. Wir werden uns daher nur mit den ersten beiden Ansätzen beschäftigen.

Der Vorteil einer typischen Ajax-Webanwendung ist die wesentlich flüssigere Interaktion zwischen dem Browser und dem Webserver. Möglich ist dies durch die Technik, Daten asynchron vom Server zu laden, während clientseitig das System nicht zum Stillstand kommen muss. Außerdem wird die Oberfläche des Browsers nur mit der angeforderten Information aktualisiert, also nicht komplett neu geladen.

---

[1] http://adaptivepath.com/publications/essays/archives/000385.php

7.2 Ajax ab JSF 2.0

Die rasante Entwicklung von Ajax ist natürlich auch an der JSF-Welt nicht spurlos vorübergegangen. Dass JSF und Ajax sich gut vertragen, bewiesen bereits vor JSF 2.0 eine ganze Reihe von Komponentenbibliotheken und Ajax-Frameworks speziell für JSF. Jede dieser Lösungen funktionierte für sich genommen einwandfrei. Das Problem lag – wie bei vielen Entwicklungen der damaligen Zeit im JSF-Umfeld – an der fehlenden Spezifikation und der daraus entstandenen Inkompatibilität der unterschiedlichen Produkte. Obwohl alle Lösungen das gleiche Ziel – die Integration von JSF und Ajax – verfolgten, unterschieden sich die technische Umsetzung doch teils erheblich. Mit JSF 2.0 war dieses Problem Geschichte, da die Spezifikation eine Standardisierung der Ajax-Unterstützung beinhaltet.

JSF definiert ab Version 2.0 eine JavaScript-Bibliothek, die grundlegende Ajax-Operationen wie das Senden einer Anfrage und das Bearbeiten der Antwort abdeckt. Mit dieser standardisierten Schnittstelle ist gewährleistet, dass alle Komponenten clientseitig dieselbe Funktionalität einsetzen und sich nicht in die Quere kommen.

Diese JavaScript-API bildet auch die Grundlage für die Integration von Ajax in JSF-Anwendungen. JSF bietet grundsätzlich zwei verschiedene Ansätze, um Ansichten mit Ajax-Funktionalität auszustatten. Zum einen können Entwickler zum Absetzen einer Ajax-Anfrage direkt die Funktion der JavaScript-API aufrufen. Zum anderen gibt es mit dem Tag f:ajax eine deklarative Variante, um eine Komponente oder sogar einen ganzen Bereich einer Seitendeklaration mit Ajax-Funktionalität auszustatten.

Die Spezifikation kümmert sich allerdings nicht nur um die Clientseite. Auch die Bearbeitung einer Ajax-Anfrage am Server ist umfassend spezifiziert. JSF 2.0 erweiterte den Lebenszyklus so, dass zum Bearbeiten einer Ajax-Anfrage nur die relevanten Teile des Komponentenbaums ausgeführt (*Partial-View-Processing*) und gerendert (*Partial-View-Rendering*) werden.

Im Laufe dieses Abschnitts gehen wir auf die Details der Ajax-Integration in JSF ab Version 2.0 ein. Nach einem ersten Beispiel mit f:ajax in Abschnitt 7.2.1 folgen in Abschnitt 7.2.2 noch weitere Beispiele und Abschnitt 7.2.3 zeigt, wie sich Ereignisse und Listener bei Ajax-Anfragen verhalten. Abschnitt 7.2.4 widmet sich anschließend der JavaScript-API für Ajax und Abschnitt 7.2.5 gibt Einblicke in den partiellen Lebenszyklus. Abschließend zeigt Abschnitt 7.2.7 noch wie und vor allem warum, ab JSF 2.2 Eingabefelder bei Ajax-Anfragen zurückgesetzt werden können.

7.2.1 Ein erstes Beispiel mit f:ajax

Als erstes Beispiel werden wir das Ein- und Ausblenden der Kreditkartendaten in der Ansicht `editCustomer.xhtml` auf Ajax umstellen. Bis jetzt löste ein Klick auf das Auswahlfeld »Kreditkarte angeben« über JavaScript ein Übermitteln des Formulars aus. Am Server fand dadurch natürlich ein Durchlauf des Lebenszyklus über den kompletten Komponentenbaum statt. Eigentlich wollen wir aber nur die Eigenschaft `useCreditCard` neu setzen und die zwei Labels und Eingabekomponenten der Kreditkartendaten abhängig davon ein- oder ausblenden.

Wir wollen erreichen, dass ein Klick auf das Auswahlfeld eine Ajax-Anfrage an den Server auslöst. Als Reaktion auf die Anfrage soll der registrierte Value-Change-Listener ausgeführt und der Bereich mit den Kreditkartendaten neu gerendert werden. JSF erleichtert uns ab Version 2.0 diese Aufgabe enorm. Mit dem Tag `f:ajax` kann eine Komponente mit Ajax-Funktionalität ausgestattet werden, indem es als Kind-Tag des mit Ajax-Unterstützung zu versehenden Elements in die Deklaration eingefügt wird. In unserem Beispiel ergibt sich die gewünschte Funktionalität durch das Hinzufügen des `f:ajax`-Elements zur Auswahlkomponente `h:selectBooleanCheckbox`. Listing 7.1 zeigt die relevanten Teile der Deklaration `editCustomer.xhtml`. Aus Gründen der einfacheren Handhabung haben wir das Formular in zwei Bereiche geteilt: einen für die Basisdaten und einen für die Kreditkartendaten.

Listing 7.1
Einsatz von `f:ajax` zum Umschalten der Kreditkartendaten

```
1   <h:form id="form">
2     <h:panelGrid id="baseData" columns="2">
3       ...
4       <h:selectBooleanCheckbox id="useCreditCard"
5         value="#{customerBean.customer.useCreditCard}"
6         valueChangeListener=
7           "#{customerBean.useCreditCardChanged}">
8         <f:ajax render="ccData"/>
9       </h:selectBooleanCheckbox>
10    </h:panelGrid>
11    <h:panelGrid id="ccData" columns="2">
12      ...
13    </h:panelGrid>
14  </h:form>
```

Das Hinzufügen des `f:ajax`-Tags bringt bereits den gewünschten Effekt: Wenn der Benutzer im Browser den Wert des Felds »Kreditkarte angeben« ändert, wird nicht mehr die gesamte Seite neu geladen, sondern nur noch der Bereich mit den Kreditkartendaten neu gezeichnet. Sie können sich davon mit einem Werkzeug wie *Firebug* (siehe Abschnitt 7.6.1) überzeugen, indem Sie den Typ der abgesetzten Anfrage analysieren. Genauso gut können Sie aber auch die aktuelle Uhrzeit auf der Seite ausgeben – sie wird sich nicht ändern.

Die kleine Änderung hat einen durchschlagenden Effekt. Wie verarbeitet JSF das Tag f:ajax? Der gewählte Ansatz ist so einfach wie mächtig. JSF setzt das Tag f:ajax beim Rendern unserer Auswahlkomponente als Aufruf der Funktion jsf.ajax.request() im Attribut onchange um. Mit dem Attribut render teilen wir JSF mit, welche Komponente neu gerendert werden soll. In unserem Fall ist das die Panel-Grid-Komponente mit der ID ccData.

> **Tipp:** Auch mit Ajax muss weiterhin h:form in gewohnter Art und Weise eingesetzt werden.

Beachten Sie bitte auch, dass die h:selectBooleanCheckbox-Komponente nicht mehr immediate ist. Zuvor war das notwendig, da bei einem Klick auf das Auswahlfeld immer das komplette Formular im Lebenszyklus ausgeführt wurde und einige der anderen Formularfelder verpflichtend anzugeben sind, und damit unschöne Validierungsmeldungen eingeblendet wurden. Mit Ajax wird der Lebenszyklus nur noch partiell für die eine Komponente ausgeführt, es erscheinen keine Validierungsmeldungen für andere Komponenten.

Schreiben wir das f:ajax-Tag in Listing 7.1 mit den Standardwerten für seine Attribute aus, so erhalten wir:

```
<f:ajax event="valueChange" execute="@this" render="ccData"/>
```

Das Ergebnis der Langschreibweise ist identisch. Der Wert des Attributs event bestimmt das Ereignis, von dem die Ajax-Anfrage ausgelöst wird. Mögliche Werte dafür sind valueChange für Eingabekomponenten, action für Befehlskomponenten und alle anderen HTML-Ereignisse – allerdings ohne das Präfix on. Wir könnten also mit dem Wert click die Ajax-Anfrage genauso gut durch eine Klick auf das Auswahlfeld auslösen. Das Attribut execute definiert, welche Komponenten beim Abarbeiten des Lebenszyklus am Server bearbeitet werden. Die Konstante @this bezeichnet dabei die umschließende Komponente. Die Attribute event und execute können in unserem Fall weggelassen werden, da es sich bei den Werten valueChange und @this um die Defaultwerte für Eingabekomponenten handelt. Was JSF am Server als Reaktion auf diese Anfrage macht, zeigen wir Ihnen in Abschnitt 7.2.5.

Listing 7.2 zeigt die zweite Variante, eine Komponente mit Ajax auszustatten. Nachdem das Absenden einer Ajax-Anfrage immer über die standardisierte JavaScript-API läuft, kann die dafür zuständige Funktion jsf.ajax.request() auch direkt verwendet werden. Die Funktion übernimmt als Parameter das auslösende DOM-Element, das Ereignis und ein assoziatives Array mit Optionen. Mehr dazu in Abschnitt 7.2.4.

Listing 7.2
Umschalten der Kreditkartendaten mittels JavaScript-API

```
1  <h:selectBooleanCheckbox id="useCreditCard"
2      value="#{customerBean.customer.useCreditCard}"
3      valueChangeListener="#{customerBean.useCreditCardChanged}"
4      onchange="jsf.ajax.request(
5          this, event, {render: 'form:ccData'});"/>
```

> **Tipp:** Verwenden Sie in allen Seitendeklarationen `h:head` und `h:body`. Nur so kann JSF die für Ajax benötigten Skript-Ressourcen richtig einbinden.

7.2.2 f:ajax im Einsatz

Mit dem Tag `f:ajax` können eine ganze Reihe von Standardkomponenten in JSF mit Ajax-Verhalten ausgestattet werden. Genauer gesagt sind es alle Komponenten, die das Interface `ClientBehaviorHolder` implementieren, wodurch es relativ einfach möglich ist, auch eigene Komponenten oder solche aus Komponentenbibliotheken für `f:ajax` fit zu machen. Damit steht der Kompatibilität von Komponenten aus unterschiedlichen Quellen in Bezug auf Ajax nichts mehr im Wege.

`f:ajax` kann auf zwei Arten zum Einsatz kommen. Zum einen kann eine einzelne Komponente mit Ajax-Verhalten ausgerüstet werden, indem `f:ajax` als Kind-Tag eingefügt wird. Zum anderen ist es auch möglich, mit `f:ajax` einen ganzen Bereich einer Seite auf Ajax umzustellen.

Hier die wichtigsten Attribute des Tags `f:ajax`:

❑ event:
Name des Ereignisses, das die Ajax-Anfrage auslöst. Mögliche Werte sind `valueChange` für Eingabekomponenten, `action` für Befehlskomponenten und alle anderen HTML-Ereignisse – allerdings ohne das Präfix on. Der Defaultwert dieses Attributs wird von der Komponente bestimmt.

❑ execute:
Eine durch Leerzeichen separierte Liste der IDs jener Komponenten, die beim Bearbeiten der Ajax-Anfrage durch JSF im Lebenszyklus ausgeführt werden sollen. Kann auch die Konstanten `@this` (das Element selbst), `@form` (das Formular des Elements), `@all` (alle Elemente) und `@none` (kein Element) beinhalten. Wenn das Attribut als Value-Expression gesetzt wird, muss der Typ der Eigenschaft `List<String>` sein. Der Defaultwert ist `@this`.

❑ render:
Eine durch Leerzeichen separierte Liste der IDs jener Komponenten, die beim Bearbeiten der Ajax-Anfrage durch JSF im Lebenszyklus gerendert werden sollen. Kann auch die Konstanten @this, @form, @all und @none beinhalten. Wenn das Attribut als Value-Expression gesetzt wird, muss der Typ der Eigenschaft List<String> sein. Der Defaultwert ist @none.

❑ listener:
In diesem Attribut kann eine Methode einer Managed-Bean über eine Method-Expression als Listener registriert werden. Die Methode muss einen Parameter vom Typ AjaxBehaviorEvent haben und wird während der Ajax-Anfrage in der Invoke-Application-Phase ausgeführt. Details folgen in Abschnitt 7.2.3.

❑ onevent:
Erlaubt das Registrieren einer clientseitigen JavaScript-Callback-Funktion für Ajax-Ereignisse. Details folgen in Abschnitt 7.2.4.

❑ onerror:
Erlaubt das Registrieren einer clientseitigen JavaScript-Callback-Funktion für Fehler, die beim Bearbeiten der Ajax-Anfrage auftreten. Details folgen in Abschnitt 7.2.4.

❑ disabled:
Das Ajax-Verhalten wird »abgeschaltet«, wenn dieses Attribut auf true gesetzt ist.

❑ delay:
Erlaubt das Verzögern von Ajax-Anfragen um den in Millisekunden angegebenen Wert. Falls während dieser Zeitspanne mehrere Ajax-Anfrage auftreten, wird nur die aktuellste verarbeitet. Details folgen in Abschnitt 7.2.6.

❑ resetValues:
JSF 2.2 erlaubt das gezielte Zurücksetzen von Eingabefeldern bei Ajax-Anfragen. Details folgen in Abschnitt 7.2.7.

Sehen wir uns dazu einige kurze Beispiele an. Das erste Beispiel beinhaltet eine Form mit zwei Eingabefeldern für den Vornamen und den Nachnamen einer Person und einer Schaltfläche. Unterhalb der Schaltfläche befindet sich noch ein Textfeld, mit dem der komplette Name ausgegeben wird. Ohne Ajax bewirkt ein Klick auf die Schaltfläche einen normalen Submit mit anschließendem Neuaufbau der Ansicht. In diesem Fall ist im Textfeld erst nach dem Übermitteln der eingegebene Name sichtbar.

Listing 7.3 zeigt das Beispiel bereits in einer mit Ajax erweiterten Variante. Das Tag f:ajax bewirkt, dass die Schaltfläche über Ajax das Ausführen der beiden Eingabekomponenten und das Rendern des Textfelds anstößt. Wenn Sie im Browser einen Vor- und Nachnamen eingeben und die Schaltfläche aktivieren, wird das Textfeld ohne Neuaufbau der Ansicht aktualisiert.

Listing 7.3
f:ajax *im Einsatz:*
Beispiel 1

```
1  <h:form id="form">
2    <h:panelGrid columns="1">
3      <h:inputText id="first" value="#{test.first}"/>
4      <h:inputText id="last" value="#{test.last}"/>
5      <h:commandButton value="Show">
6        <f:ajax execute="first last" render="name"/>
7      </h:commandButton>
8    </h:panelGrid>
9    <h:outputText id="name" value="#{test.name}"/>
10 </h:form>
```

Das Attribut execute enthält die IDs first und last der beiden Eingabekomponenten und das Attribut render die ID name der Textkomponente. Diese Werte werden in der Ajax-Anfrage inkludiert und JSF führt den Lebenszyklus nur für die beiden Eingabekomponenten aus und rendert anschließend das Textfeld neu. Das Attribut event ist nicht explizit gesetzt, für h:commandButton ist aber als Defaultereignis action definiert.

> **Tipp:** Komponenten, die mittels Ajax neu gerendert werden – deren IDs also im Attribut render von f:ajax vorkommen –, müssen immer im DOM der Seite vorhanden sein (siehe Abschnitt 7.3).

Im zweiten Beispiel kommt ein zusätzliches f:ajax-Tag zum Einsatz, um einen ganzen Bereich der Deklaration mit Ajax-Verhalten auszustatten. Listing 7.4 zeigt die erweiterte Deklaration.

Listing 7.4
f:ajax *im Einsatz:*
Beispiel 2

```
1  <h:form id="form">
2    <f:ajax render="name">
3      <h:panelGrid columns="1">
4        <h:inputText id="first" value="#{test.first}"/>
5        <h:inputText id="last" value="#{test.last}"/>
6        <h:commandButton value="Show">
7          <f:ajax execute="first last" render="name"/>
8        </h:commandButton>
9      </h:panelGrid>
10   </f:ajax>
11   <h:outputText id="name" value="#{test.name}"/>
12 </h:form>
```

Da f:ajax im Attribut event kein Ereignis definiert, werden nur jene Komponenten innerhalb des Tags mit Ajax-Verhalten ausgestattet, die ein Defaultereignis haben. Konkret sind das die beiden Eingabekomponenten mit dem Ereignis `valueChange`. Das Ajax-Verhalten der Schaltfläche für das Defaultereignis bestimmt bereits das innere `f:ajax`-Tag und ändert sich deshalb nicht. Mit der zusätzlichen Ajax-Funktionalität wird jetzt jedes Mal, wenn sich im Browser eines der beiden Eingabefelder ändert, das Textfeld neu gerendert.

Tabelle 7.1 zeigt eine Übersicht aller Standardkomponenten mit Defaultereignissen.

Komponente	Defaultereignis
`h:commandButton`	action
`h:commandLink`	action
`h:inputText`	valueChange
`h:inputTextarea`	valueChange
`h:inputSecret`	valueChange
`h:selectBooleanCheckbox`	valueChange
`h:selectOneRadio`	valueChange
`h:selectOneListbox`	valueChange
`h:selectOneMenu`	valueChange
`h:selectManyCheckbox`	valueChange
`h:selectManyListbox`	valueChange
`h:selectManyMenu`	valueChange

Tabelle 7.1
Defaultereignisse der Standardkomponenten

Listing 7.5 zeigt das gleiche Beispiel wie Listing 7.4, mit dem Unterschied, dass im äußeren `f:ajax`-Tag das Attribut `event` auf `dblclick` gesetzt ist.

```
1  <h:form id="form">
2    <f:ajax event="dblclick" render="name">
3      <h:panelGrid columns="1">
4        <h:inputText id="first" value="#{test.first}"/>
5        <h:inputText id="last" value="#{test.last}"/>
6        <h:commandButton value="Show">
7          <f:ajax execute="first last" render="name"/>
8        </h:commandButton>
9      </h:panelGrid>
10   </f:ajax>
11   <h:outputText id="name" value="#{test.name}"/>
12 </h:form>
```

Listing 7.5
`f:ajax` *im Einsatz: Beispiel 3*

Durch diese kleine Änderung lösen jetzt alle Komponenten innerhalb `f:ajax` nach einem Doppelklick eine Ajax-Anfrage aus. Das gilt auch für das Panel-Grid und die Schaltfläche, die jetzt für zwei verschiedene Ereignisse mit Ajax-Verhalten ausgestattet ist.

Das nächste Beispiel in Listing 7.6 ist wiederum nur eine Variante des bereits bekannten Formulars. Diesmal gibt es jedoch zwei Textfelder zur Ausgabe des Namens: Das erste liegt innerhalb der Form und hat die ID `inner`. Das zweite Textfeld liegt außerhalb und hört auf die ID `outer`. Das äußere Feld soll immer dann aktualisiert werden, wenn sich der Wert eines der Eingabefelder ändert, wohingegen das innere durch einen Klick auf die Schaltfläche aktualisiert werden soll. Das sollte an und für sich kein Problem darstellen. Wenn das Attribut render des inneren `f:ajax`-Tags auf `inner` und das des äußeren auf `outer` gesetzt wird, sollte sich doch genau dieses Verhalten einstellen. Tut es aber nicht – JSF beschwert sich schon beim Laden der Seite, dass die ID `outer` nicht existiert. Warum das so ist, klären wir gleich.

Listing 7.6
f:ajax *im Einsatz:*
Beispiel 4

```
1  <h:form id="form">
2    <f:ajax render=":outer">
3      <h:panelGrid columns="1">
4        <h:inputText id="first" value="#{test.first}"/>
5        <h:inputText id="last" value="#{test.last}"/>
6        <h:commandButton value="Show">
7          <f:ajax execute="first last" render="inner"/>
8        </h:commandButton>
9      </h:panelGrid>
10   </f:ajax>
11   <h:outputText id="inner" value="#{test.name}"/>
12 </h:form>
13 <h:outputText id="outer" value="#{test.name}"/>
```

Das Problem wird vom Textfeld außerhalb der Form verursacht und liegt an der Berechnung der Client-IDs für Ajax-Anfragen. JSF setzt dazu die Methode `UIComponent.findComponent()` ein, die einen bestimmten Algorithmus zum Auffinden der Komponente mit der übergebenen ID anwendet. Dieser Algorithmus geht davon aus, dass die übergebene ID relativ zum nächsthöheren Naming-Container ist. In unserem Fall wird also versucht, die Komponente mit der ID `outer` als Kind der Form mit der ID `form` aufzulösen. Nachdem das Textfeld aber außerhalb liegt, kann das nicht funktionieren. Die Lösung dieses Problems ist einfach: `findComponent()` behandelt alle IDs mit einem führenden Doppelpunkt als absolute IDs, die beginnend beim Wurzelknoten des Komponentenbaums aufgelöst werden. Wir müssen also nur das render-Attribut im äußeren `f:ajax`-Tag auf `:outer` setzen, um die gewünschte Funktionalität zu erhalten.

7.2.3 Ereignisse und Listener in Ajax-Anfragen

In diesem Abschnitt werfen wir einen genaueren Blick auf Ereignisse und Listener in Ajax-Anfragen. Der Einsatz von Action-Methoden und Ereignisbehandlungsmethoden für Action- oder Value-Change-Events funktioniert grundsätzlich gleich wie in Nicht-Ajax-Anfragen.

Im Beispiel in Listing 7.7 zeigen wir Ihnen, wie Sie mit einfachen Mitteln zwei `h:selectOneMenu`-Komponenten miteinander verknüpfen. Die Auswahlmöglichkeiten der zweiten Komponente sollen von der getätigten Auswahl in der ersten Komponente abhängen und über Ajax aktualisiert werden. Ein gutes Beispiel dafür ist die Auswahl eines Landes und eines dazu passenden Bundeslandes. Mit dem `f:ajax`-Tag verpassen wir der ersten Komponente das dazu nötige Ajax-Verhalten.

Listing 7.7
`h:selectOneMenu` mit `f:ajax` und Value-Change-Listener

```
1  <h:selectOneMenu id="country" value="#{test.country}"
2      valueChangeListener="#{test.countryChanged}">
3      <f:selectItems value="#{test.countryItems}"/>
4      <f:ajax render="state"/>
5  </h:selectOneMenu>
6  <h:selectOneMenu id="state" value="#{test.state}">
7      <f:selectItems value="#{test.stateItems}"/>
8  </h:selectOneMenu>
```

Auf der `h:selectOneMenu`-Komponente zur Auswahl des Landes ist die Methode `test.countryChanged` als Value-Change-Listener registriert. Immer wenn ein Benutzer den Wert im Browser ändert, wird eine Ajax-Anfrage abgesetzt und der Lebenszyklus wird partiell für diese Komponente ausgeführt. Da der Benutzer den Wert geändert hat, ruft JSF auch den Value-Change-Listener auf. In dieser Methode wird zuerst die Liste der Bundesländer abhängig vom gewählten Land neu gesetzt. Dann wird noch das aktuell ausgewählte Bundesland auf `null` zurückgesetzt. Listing 7.8 zeigt den relevanten Code. Die `h:selectOneMenu`-Komponente mit der ID `state` wird anschließend neu gerendert und im Browser mit den neuen Werten aktualisiert.

Das aktuell ausgewählte Land wird in der Methode `countryChanged` aus dem übergebenen Ereignis und nicht aus der Eigenschaft `country` der Managed-Bean geholt. Der Value-Change-Listener wird ja bereits in der Process-Validations-Phase des Lebenszyklus aufgerufen und der vom Benutzer ausgewählte Wert ist daher noch nicht in die Eigenschaft zurückgeschrieben worden.

Als Alternative zum Value-Change-Listener kann hier auch ein Ajax-Listener zum Einsatz kommen. `f:ajax` bietet ja die Möglichkeit, im Attribut `listener` eine Method-Expression anzugeben. Listing 7.9

Listing 7.8
Value-Change-Listener zum Initialisieren der Bundesländer

```
1  public void countryChanged(ValueChangeEvent ev) {
2    state = null;
3    updateStateItems((String)ev.getNewValue());
4  }
5  private void updateStateItems(String country) {
6    if (country != null) {
7      stateItems = stateItemsMap.get(country);
8    } else {
9      stateItems = new ArrayList<SelectItem>();
10   }
11 }
```

zeigt das Beispiel von oben mit einem Ajax-Listener. Der Value-Change-Listener wird in diesem Fall nicht mehr benötigt.

Listing 7.9
h:selectOneMenu mit f:ajax und Ajax-Listener

```
1  <h:selectOneMenu id="country" value="#{test.country}">
2    <f:selectItems value="#{test.countryItems}"/>
3    <f:ajax render="state" listener="#{test.countryChanged}"/>
4  </h:selectOneMenu>
5  <h:selectOneMenu id="state" value="#{test.state}">
6    <f:selectItems value="#{test.stateItems}"/>
7  </h:selectOneMenu>
```

Eine Ajax-Listener-Methode muss einen Parameter vom Typ `AjaxBehaviorEvent` haben, wie Listing 7.10 zeigt. Der Inhalt der Methode unterscheidet sich in einem wesentlichen Punkt vom Value-Change-Listener in Listing 7.8. Nachdem JSF den Ajax-Listener erst in der Invoke-Application-Phase aufruft, ist der Wert in der Eigenschaft `country` bereits aktuell. Die Methode `updateStateItems` hat sich im Vergleich zu Listing 7.8 nicht geändert.

Listing 7.10
Ajax-Listener zum Initialisieren der Bundesländer

```
1  public void countryChanged(AjaxBehaviorEvent ev) {
2    state = null;
3    updateStateItems(country);
4  }
```

In Abschnitt 7.2.5 wird der partielle Lebenszyklus bei Ajax-Anfragen noch einmal genauer unter die Lupe genommen.

7.2.4 JavaScript-API

JSF definiert ab Version 2.0 eine JavaScript-Bibliothek als clientseitige Grundlage für die Integration von Ajax. Die Bibliothek ist in der Ressource mit dem Namen `jsf.js` in der Bibliothek `javax.faces` abgelegt.

Wenn Sie Ajax deklarativ mit dem Tag `f:ajax` einsetzen, müssen Sie sich um das Einbinden dieser Ressource nicht kümmern. Nur bei einem direkten Einsatz der JavaScript-API müssen Sie Folgendes angeben:

```
<h:outputScript name="jsf.js" library="javax.faces"
    target="head"/>
```

Um die Skript-Ressource `jsf.js` selbst müssen Sie sich keine Gedanken machen. Sie gehört zum Standardlieferumfang von JSF und ist in den Jar-Dateien inkludiert. Auch beim Einsatz der JavaScript-API ist es wichtig, `h:head` und `h:body` in der Seitendeklaration zu verwenden. Nur so kann garantiert werden, dass das Skript richtig in der gerenderten Ausgabe am Browser ankommt.

Hier eine Auflistung der wichtigsten Funktionen der JavaScript-API:

- `jsf.ajax.request(source, event, options)`:
  Diese Methode sendet eine Ajax-Anfrage an den Server.
- `jsf.ajax.response(request, context)`:
  Diese Methode bearbeitet die Anwort des Servers auf die Ajax-Anfrage und ist für Endanwender nicht relevant.
- `jsf.ajax.addOnError(callback)`:
  Diese Methode registriert eine Callback-Funktion zum Behandeln von Fehlern, die während der Bearbeitung der Ajax-Anfrage aufgetreten sind.
- `jsf.ajax.addOnEvent(callback)`:
  Diese Methode registriert eine Callback-Funktion zum Behandeln von Ajax-Ereignissen.

Senden von Ajax-Anfragen

Die Methode `jsf.ajax.request(source, event, options)` ist das Herzstück der JavaScript-API von JSF. Sie allein ist für das Senden der asynchronen Ajax-Anfragen an den Server zuständig. Das Tag `f:ajax` ist nur eine einfachere Variante, um das Ajax-Verhalten auf deklarativem Weg in die Ansicht zu bringen. Beim Rendern macht JSF daraus wieder einen Aufruf der Funktion `jsf.ajax.request()`.

Mit den Parametern source und event werden das DOM-Element und das DOM-Ereignis übergeben, die für das Auslösen der Ajax-Anfrage verantwortlich sind. Der dritte Parameter options ist ein assoziatives Array, mit dem weitere Optionen als Schlüssel-Wert-Paare an die Funktion übergeben werden. Diese Optionen entsprechen weitestgehend den bereits bekannten Attributen aus `f:ajax`. Über execute werden IDs auszuführender Komponenten angegeben und über render

IDs von Komponenten, die neu zu zeichnen sind. Während beim Einsatz von `f:ajax` in den meisten Fällen eine relative ID genügt, muss beim Aufruf der JavaScript-Funktion immer die komplette Client-ID angegeben werden. Die Funktion operiert ja direkt auf DOM-Ebene und kann keine relativen IDs über den Komponentenbaum von JSF auflösen.

Die Funktion `jsf.ajax.request()` baut die Ajax-Anfrage zusammen und schickt sie asynchron an den Server. Was JSF dort genau mit dieser Anfrage macht, verraten wir Ihnen in Abschnitt 7.2.5. Sobald die Antwort auf die Anfrage vom Server zurückkommt, wird im Erfolgsfall die Funktion `jsf.ajax.response()` aufgerufen, um die Antwort zu verarbeiten und gegebenenfalls Teile der Ansicht neu aufzubauen.

Listing 7.11 zeigt noch einmal das Beispiel mit den beiden Auswahllisten aus dem letzten Abschnitt. Diesmal ist das Ajax-Verhalten allerdings direkt über die JavaScript-API realisiert. Genau wie vorher löst das Ändern des Werts in der ersten Komponente eine Ajax-Anfrage aus, die ein Neuzeichnen der zweiten Komponente veranlasst.

Listing 7.11
Beispiel 5 mit Ajax über JavaScript

```
1  <h:form id="form">
2    <h:selectOneMenu id="country" value="#{test.country}"
3      valueChangeListener="#{test.changeCountry}"
4      onchange="jsf.ajax.request(
5        this, event, {render: 'form:state'})">
6      <f:selectItems value="#{test.countryItems}"/>
7    </h:selectOneMenu>
8    <h:selectOneMenu id="state" value="#{test.state}">
9      <f:selectItems value="#{test.stateItems}"/>
10   </h:selectOneMenu>
11 </h:form>
```

Status und Fehler von Ajax-Anfragen behandeln

Mit der Funktion `jsf.ajax.addOnEvent(callback)` kann eine Callback-Funktion zum Behandeln des Status von Ajax-Anfragen registriert werden. Die Callback-Funktion bekommt ein Objekt mit genaueren Angaben zum Ereignis übergeben, wobei vor allem die Eigenschaft `status` interessant ist. Sie nimmt die Werte `begin` für das Ereignis, kurz bevor die Anfrage an den Server geschickt wird, `complete` für das Ereignis, nachdem die Antwort vom Server zurückkommt, und `success` für das Ereignis nach erfolgreichem Abschluss der Anfrage an. Die Callback-Funktion wird also dreimal für jede Ajax-Anfrage aufgerufen. Listing 7.12 zeigt eine Funktion, die für jedes Ereignis eine Meldung ausgibt. In Abschnitt 7.4.1 zeigen wir Ihnen, wie Sie mit einfachsten Mitteln eine Kompositkomponente zum Darstellen einer Ajax-Status-Meldung erstellen.

```
1  var processEvent = function processEvent(data) {
2    if (data.status == "begin") {
3      alert('Begin');
4    } else if (data.status == "complete") {
5      alert('Complete');
6    } else if (data.status == "success") {
7      alert('Success');
8    }
9  }
10 jsf.ajax.addOnEvent(processEvent);
```

Listing 7.12
Callback-Funktion für Ajax-Ereignisse

Eine über jsf.ajax.addOnEvent() registrierte Funktion wird bei jeder Ajax-Anfrage aufgerufen. addOnEvent() kann auch ohne Probleme mehrfach hintereinander aufgerufen werden, um mehr als eine Funktion zu registrieren. Wenn Sie eine Callback-Funktion für eine bestimmte Ajax-Anfrage benötigen, können Sie diese mit dem Attribut onevent von f:ajax oder beim Aufruf von jsf.ajax.request() als Option mit dem Schlüssel onevent registrieren.

Mit der Funktion jsf.ajax.addOnError(callback) kann eine Callback-Funktion registriert werden, die beim Auftreten eines Fehlers während der Bearbeitung einer Ajax-Anfrage aufgerufen wird. Die Callback-Funktion wird auch hier mit einem Objekt mit Detailinformationen versehen. Die Eigenschaft status kann die Werte httpError, serverError, malformedXML oder emptyResponse annehmen.

Eine über jsf.ajax.addOnError() registrierte Funktion wird im Fehlerfall bei jeder Ajax-Anfrage aufgerufen. addOnError() kann auch ohne Probleme mehrfach hintereinander aufgerufen werden, um mehr als eine Funktion zu registrieren. Wenn Sie eine Callback-Funktion für eine bestimmte Ajax-Anfrage benötigen, können Sie diese mit dem Attribut onerror von f:ajax oder beim Aufruf von jsf.ajax.request() als Option mit dem Schlüssel onerror registrieren.

7.2.5 Partieller JSF-Lebenszyklus

Eines der entscheidenden Features einer vernünftigen Ajax-Integration ist das partielle Ausführen (*Partial-View-Processing*) und Rendern (*Partial-View-Rendering*) des Komponentenbaums. Als Reaktion auf eine Ajax-Anfrage soll ja im ersten Schritt der Lebenszyklus nicht für den kompletten Komponentenbaum, sondern nur für die in der Anfrage spezifizierten Komponenten ausgeführt werden. Im zweiten Schritt wird als Ergebnis der Anfrage ein weiterer Teil des Komponentenbaums, der nicht mit dem ersten Teil übereinstimmen muss, gerendert.

JSF unterstützt ab Version 2.0 das partielle Ausführen und Rendern direkt mit dem Standardlebenszyklus. Dazu ist der Lebenszyklus, wie in Abbildung 7.1 zu erkennen, in die zwei logischen Bereiche *Ausführen* und *Rendern* aufgeteilt.

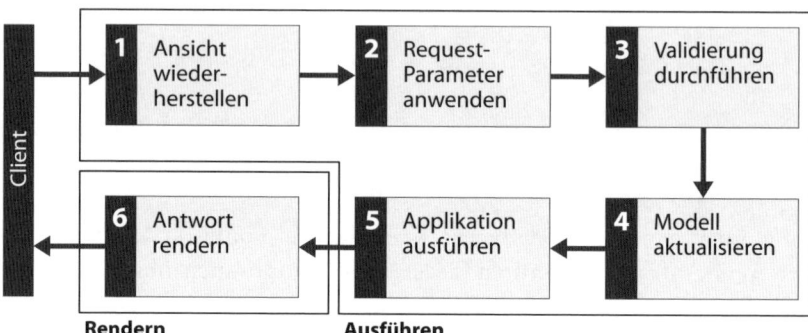

Abbildung 7.1
Lebenszyklus mit Ajax

Welche Komponenten in den beiden Bereichen zum Einsatz kommen, wird über die Parameter der Ajax-Anfrage bestimmt. Deren Werte entsprechen den Werten der f:ajax-Attribute execute und render beziehungsweise den gleichnamigen Parametern im assoziativen Array der Funktion jsf.ajax.request().

Tabelle 7.2 zeigt die wichtigsten Parameter der Ajax-Anfrage aus dem Einführungsbeispiel in Abschnitt 7.2.1. JSF weiß anhand des Parameters javax.faces.partial.ajax, dass es sich um eine Ajax-Anfrage handelt und dass der Lebenszyklus partiell ausgeführt werden muss. Der Parameter javax.faces.source gibt an, welche Komponente die Anfrage ausgelöst hat, und die beiden restlichen Parameter bestimmen, welche Komponenten ausgeführt und gerendert werden.

Tabelle 7.2
Parameter einer JSF-Ajax-Anfrage

Parameter	Wert
javax.faces.partial.ajax	`true`
javax.faces.source	`form:useCreditCard`
javax.faces.partial.execute	`form:useCreditCard`
javax.faces.partial.render	`form:grid`

Sie müssen sich allerdings keine Gedanken um diese Parameter machen. JSF erledigt das Erstellen und Abschicken der Ajax-Anfrage automatisch im Hintergrund. Sie müssen lediglich spezifizieren, welche Komponenten ausgeführt und gerendert werden sollen – und das auch nur, wenn sich diese Daten von den Defaultwerten unterscheiden.

7.2.6 Ajax-Queue kontrollieren

Mit JSF 2.2 ist es möglich, die clientseitige Queue der Ajax-Anfragen zu beeinflussen. Das neue Attribut `delay` von `f:ajax` erlaubt das Verzögern von Ajax-Anfragen um den in Millisekunden angegebenen Wert. Falls während dieser Zeitspanne mehrere Ajax-Anfragen auftreten, wird immer nur die aktuellste verarbeitet. Diese Funktionalität ist wie maßgeschneidert für Ajax-Anfragen, die von Tastaturereignissen ausgelöst werden. Das klassische Einsatzszenario dafür ist das automatische Vervollständigen von Benutzereingaben.

JSF 2.2

Das Beispiel in Listing 7.13 zeigt eine Eingabekomponente, die bei jedem Tastendruck des Benutzers eine Ajax-Anfrage auslöst. Mit dem Wert 300 für `delay` ist gewährleistet, dass der Server nicht mit Anfragen bombadiert wird, wenn der Benutzer schnell tippt. Treten innerhalb der angegebenen 300 Millisekunden mehrere Ajax-Anfragen auf, wird immer nur die aktuellste verarbeitet.

```
1  <h:inputText value="#{bean.product}">
2    <f:ajax event="keyup" render="result" delay="300"/>
3  </h:inputText>
4  <h:panelGroup id="result">
5    <ui:repeat value="#{bean.products}" var="p">
6      #{p}<br/>
7    </ui:repeat>
8  </h:panelGroup>
```

Listing 7.13
Beispiel für `delay` von `f:ajax`

7.2.7 Eingabefelder zurücksetzen

Mit dem neuen Attribut `resetValues` von `f:ajax` lässt sich ab JSF 2.2 ein bereits länger bekanntes Problem elegant lösen. In einigen Fällen kann JSF während Ajax-Anfragen den Wert von Eingabekomponenten nur dann aktualisieren, wenn er zuvor explizit zurückgesetzt wurde. Dazu muss bei `f:ajax` das neue Attribut `resetValues` auf `true` gesetzt werden. In diesem Fall setzt JSF vor der Render-Phase alle im Attribut render angegebenen Eingabekomponenten durch einen Aufruf der Methode `UIViewRoot.resetValues` zurück.

JSF 2.2

Warum das notwendig sein kann, zeigt das Beispiel in Listing 7.14. Der Code sieht auf den ersten Blick einwandfrei aus. Bei näherer Betrachtung zeigt sich aber ein potenzielles Problem.

Listing 7.14
Beispiel für resetValues

```
1  <h:form id="form">
2    <h:messages id="msgs"/>
3    <h:inputText id="v1" value="#{bean.value1}"/>
4    <h:commandLink value="+1" action="#{bean.incValue1}">
5      <f:ajax render="v1"/>
6    </h:commandLink>
7    <h:inputText id="v2" value="#{bean.value2}">
8      <f:validateLongRange minimum="10"/>
9    </h:inputText>
10   <h:commandButton value="Save">
11     <f:ajax execute="v1 v2" render="msgs v1 v2"/>
12   </h:commandButton>
13 </h:form>
```

Solange der Benutzer nur den »+1«-Link klickt, funktioniert alles vorbildlich. Während der Ajax-Anfrage wird zuerst in der Action-Methode die Eigenschaft value1 um eins erhöht und dann das Eingabefeld mit dem neuen Wert gerendert.

Die Probleme beginnen erst, wenn der Benutzer die Schaltfläche zum Speichern mit einem ungültigen Wert für das zweite Eingabefeld betätigt. In diesem Fall schlägt die Validierung für die Komponente mit der ID v2 fehl. Nachdem wir aber die ID von h:messages vorsorglich in das Attribut render mit aufgenommen haben, bekommt der Benutzer wie erwartet eine Fehlermeldung zu sehen.

So weit funktioniert alles wie erwartet, doch jetzt wird bei einem Klick auf den »+1«-Link der aktualisierte Wert nicht mehr angezeigt (obwohl er tatsächlich erhöht wird). Der Grund dafür ist schnell gefunden. Während der Anfrage mit dem ungültigen Wert für v2 hat JSF in der Process-Validations-Phase für beide Komponenten den Local-Value gesetzt. Wegen des Validierungsfehlers wurde dieser aber nie zurückgesetzt. Nachdem der Local-Value beim Rendern immer Vorrang gegenüber dem Wert aus dem Modell hat, wird der nur im Modell aktualisierte Wert der Eigenschaft value1 nicht angezeigt.

Genau dieses Problem lässt sich durch das Setzen von resetValues vermeiden. Folgendes Beispiel zeigt die einwandfrei funktionierende Variante des »+1«-Links.

```
1  <h:commandLink value="+1" action="#{bean.incValue1}">
2    <f:ajax render="v1" resetValues="true"/>
3  </h:commandLink>
```

7.3 Ajax in Kompositkomponenten

Im nächsten Beispiel werden wir die in Abschnitt 6.1.7 erstellte Kompositkomponente `collapsiblePanel` auf Ajax umstellen. In der aktuellen Variante wird bei jedem Klick auf das Icon zum Ein- und Ausklappen des Inhalts die komplette Seite neu aufgebaut – ein nicht mehr zeitgemäßes Verhalten. Vielmehr soll bei einem Klick auf das Icon nur der Inhalt des Panels angezeigt oder ausgeblendet werden.

Nichts leichter als das. Wie schon im letzten Beispiel lässt sich die Ajax-Unterstützung mit einer einzigen Zeile realisieren. Nachdem wir das von der Komponente `h:commandButton` ausgelöste Übermitteln der Seite auf Ajax umstellen wollen, fügen wir dort das Tag `f:ajax` hinzu. Listing 7.15 zeigt den Implementierungsteil der Kompositkomponente mit Ajax-Unterstützung.

```
1  <cc:implementation>
2    <h:panelGroup layout="block"
3        styleClass="collapsiblePanel-header">
4      <h:commandButton id="toggle"
5          actionListener="#{cc.toggle}"
6          styleClass="collapsiblePanel-img"
7          image="#{resource[cc.collapsed ?
8              'mygourmet:toggle-plus.png' :
9              'mygourmet:toggle-minus.png']}">
10       <f:ajax render="@this panel-content"/>
11     </h:commandButton>
12     <cc:renderFacet name="header"/>
13   </h:panelGroup>
14   <h:panelGroup id="panel-content" layout="block">
15     <h:panelGroup rendered="#{!cc.collapsed}">
16       <cc:insertChildren/>
17     </h:panelGroup>
18   </h:panelGroup>
19 </cc:implementation>
```

Listing 7.15
Ajax in der Kompositkomponente `collapsiblePanel`

In der Render-Phase des partiellen Lebenszyklus müssen wir in diesem Fall zwei Komponenten neu rendern lassen. Zum einen die PanelGroup mit dem Inhalt der Komponente und zum anderen auch die Schaltfläche selbst, da sich das Icon abhängig vom Einklappzustand ändert. Das gleichzeitige Rendern mehrerer Komponenten stellt JSF erwartungsgemäß vor keine Probleme. Das Attribut render nimmt eine beliebige Anzahl mit Leerzeichen getrennter IDs auf, wobei auch hier die Konstante `@this` für die umschließende Komponente steht.

Wie Sie vielleicht schon bemerkt haben, ist im Vergleich zur Nicht-Ajax-Version das Tag `cc:insertChildren` von zwei `h:panelGroup`-Tags umschlossen. Es handelt sich dabei nicht um einen Fehler, sondern um eine notwendige Maßnahme, damit Ajax richtig funktioniert. Die Erklärung ist einleuchtend: Da als Antwort auf die Ajax-Anfrage die Panel-Group mit dem Bezeichner `panel-content` neu gerendert und im Browser ersetzt wird, muss sie dort immer existieren. Mit nur einer Panel-Group würde die gerenderte Ausgabe nach dem ersten Einklappen aus dem DOM verschwinden und könnte nicht mehr eingeblendet werden.

Das `f:ajax`-Tag in Listing 7.15 ist eine abgekürzte Form des folgenden Tags:

```
<f:ajax event="action" execute="@this"
    render="@this panel-content"/>
```

Wie schon im letzten Beispiel können die Attribute `event` und `execute` auch hier zugunsten der Standardwerte entfallen. Befehlskomponenten definieren `action` als Defaultereignis für `f:ajax`, falls kein anderer Wert angegeben wird.

Doch damit noch nicht genug. Wir gehen noch einen Schritt weiter und stellen auch einen Teil des in die Kompositkomponente eingefügten Inhalts auf Ajax um. In der Ansicht `showCustomer.xhtml` befindet sich die Liste der Adressen eines Kunden in einer Kompositkomponente vom Typ `dataTable` (siehe Abschnitt 6.1.6). Die Tabelle ist ihrerseits in eine `collapsiblePanel`-Komponente eingebettet. In der Tabelle gibt es für jede Adresse eine `h:commandLink`-Komponente zum Löschen der Adresse. Ein Klick auf diesen Link soll eine Ajax-Anfrage auslösen und das Neuzeichnen der Tabelle veranlassen.

Listing 7.16 zeigt die relevanten Teile der Seitendeklaration `showCustomer.xhtml` mit dem auf Ajax umgestellten Link.

Mit `f:ajax` bekommt die Linkkomponente das Ajax-Verhalten eingeimpft. Wenn der Benutzer den Link im Browser aktiviert, wird eine Ajax-Anfrage an den Server geschickt. JSF führt den Lebenszyklus für die `h:commandLink`-Komponente aus und rendert anschließend die Tabelle neu. Beachten Sie bitte die Form der ID im Attribut `render`: Der führende Doppelpunkt kennzeichnet eine absolute ID. Dieser Schritt wird notwendig, wenn zwischen der auslösenden und der zu rendernden Komponente mehrere Naming-Container liegen.

Dieses Beispiel zeigt sehr schön, wie gut die einzelnen Features in JSF miteinander harmonieren. Die Integration von Ajax in Kompositkomponenten stellt eine einfache Möglichkeit dar, Komponenten mit nach außen transparenter Ajax-Unterstützung zu erstellen.

```
1   <mc:collapsiblePanel id="addressPanel"
2       collapsed="#{customerBean.collapsed}">
3     <f:facet name="header">
4       <h3>#{msgs.title_addresses}</h3>
5     </f:facet>
6     <mc:dataTable id="addresses" var="address"
7         value="#{customerBean.customer.addresses}">
8       ...
9       <h:column>
10        <h:commandLink action="#{addressBean.edit(address)}"
11            value="#{msgs.edit}"/> 
12        <h:commandLink value="#{msgs.delete}"
13            action="#{customerBean.deleteAddress(address)}">
14          <f:ajax render=":form:addressPanel:addresses"/>
15        </h:commandLink>
16      </h:column>
17    </mc:dataTable>
18  </mc:collapsiblePanel>
```

Listing 7.16
Ajax-Kompositkomponente collapsiblePanel *im Einsatz*

7.4 Eigene Ajax-Komponenten

In diesem Abschnitt zeigen wir Ihnen anhand von zwei Kompositkomponenten, wie einfach, aber zugleich mächtig die Ajax-Integration von JSF ist. Die Komponenten ajaxStatus und ajaxPoll nutzen direkt die JavaScript-API, um fortgeschrittene Ajax-Funktionalität anzubieten.

7.4.1 Die Kompositkomponente mc:ajaxStatus

Durch den vermehrten Einsatz von Ajax reduziert sich die Anzahl der Anfragen, die ein komplettes Neuladen der Ansicht nach sich ziehen. Neben den vielen Vorteilen, die Ajax mit sich bringt, gibt es auch einen kleinen Nachteil. Der Browser zeigt keinerlei Statusmeldung an, während eine Ajax-Anfrage bearbeitet wird. Bei jedem kompletten Seitenaufbau sieht der Benutzer einen Fortschrittsbalken oder eine Meldung, die Auskunft über den Status des Seitenaufbaus geben – nicht so bei Ajax-Anfragen. Und obwohl Ajax die Zeit zwischen Anfrage und Antwort erheblich verkürzt, kann es doch zu unklaren Situationen für den Benutzer kommen. Aus diesem Grund erstellen wir eine Komponente, die eine Statusmeldung anzeigt, solange eine Ajax-Anfrage aktiv ist.

Mit den Informationen über die JavaScript-API aus Abschnitt 7.2.4 ist es ein Leichtes, eine solche Komponente zu erstellen. Wir benötigen im Grunde nichts weiter als eine Statusmeldung und eine JavaScript-Funktion, die mit jsf.ajax.addOnEvent() als Callback registriert wird und die Statusmeldung dynamisch ein- und ausblendet. Das packen wir dann gemeinsam in eine Kompositkomponente und fertig ist die Ajax-Status-Komponente. Listing 7.17 zeigt die Deklaration.

Listing 7.17 Kompositkomponente ajaxStatus

```
1  <cc:interface>
2    <cc:attribute name="text" default="Loading"/>
3    <cc:attribute name="style"/>
4    <cc:attribute name="styleClass"
5        default="ajax-progress"/>
6  </cc:interface>
7  <cc:implementation>
8    <h:outputStylesheet library="mygourmet"
9        name="components.css"/>
10   <h:outputScript name="jsf.js" library="javax.faces"
11       target="head"/>
12   <h:outputScript name="ajaxStatus.js"
13       library="mygourmet" target="head"/>
14   <script type="text/javascript">
15     registerAjaxStatus('#{cc.clientId}:msg');
16   </script>
17   <div id="#{cc.clientId}:msg" class="#{cc.attrs.styleClass}"
18       style="display: none;#{cc.attrs.style}">
19     #{cc.attrs.text}
20   </div>
21 </cc:implementation>
```

Die Schnittstelle der Komponente ist nicht besonders spannend. Sie besteht nur aus den drei Attributen text für die Statusmeldung sowie style und styleClass, um das Erscheinungsbild an eigene Bedürfnisse anzupassen.

Im Implementierungsteil werden zuerst benötigte Ressourcen geladen. Dazu zählen das Stylesheet components.css, die JavaScript-Bibliothek jsf.js und das Skript ajaxStatus.js mit der Funktionalität der Komponente. Anschließend wird über einen Aufruf der in ajaxStatus.js definierten Funktion registerAjaxStatus() ein Callback für die aktuelle Komponente registriert. Als Parameter bekommt diese Funktion die ID des div-Elements mit der Statusmeldung. Schließlich soll dieses Element während einer Ajax-Anfrage ein- und dann wieder ausgeblendet werden. Beachten Sie bei der ID einmal mehr den Zugriff auf #{cc.clientId}. Nur so ist gewährleistet, dass auch wirklich die von JSF gerenderte Client-ID zum Einsatz kommt. Das Ein- und Ausblenden ist ganz einfach über die CSS-Eigenschaft display realisiert, wobei das Element initial mit display: none im Attribut style versteckt ist.

Der eigentlich interessante Aspekt der Komponente ist aber der in Listing 7.18 dargestellte JavaScript-Code.

```
1   function processAjaxUpdate(msgId) {
2     function processEvent(data) {
3       var msg = document.getElementById(msgId);
4       if (data.status == "begin") {
5         msg.style.display = '';
6       } else if (data.status == "success") {
7         msg.style.display = 'none';
8       }
9     }
10    return processEvent;
11  };
12  function registerAjaxStatus(msgId) {
13    jsf.ajax.addOnEvent(processAjaxUpdate(msgId));
14  }
```

Listing 7.18
JavaScript für Kompositkomponente ajaxStatus

Die Funktion `registerAjaxStatus()` registriert mit einem Aufruf von `jsf.ajax.addOnEvent()` eine Callback-Funktion, um das Element mit der übergebenen ID ein- und auszublenden. Es wird allerdings nicht die Funktion `processAjaxUpdate()` registriert, wie es auf den ersten Blick scheinen kann, sondern deren innere Funktion `processEvent()`. Durch diese Schachtelung von Funktionen ist es möglich, von außen die ID des Elements zu übergeben, wohingegen die innere Funktion den Parameter `data` bekommt. Da für die innere Funktion eine *Closure* erstellt wird, geht die übergebene ID nicht verloren und wir haben eine elegante Möglichkeit, auch mehrere unabhängige Ajax-Update-Komponenten in einer Ansicht zu definieren.

Um die Komponente einzusetzen, muss einfach nur das Tag `<mc:ajaxUpdate/>` in die Deklaration eingefügt werden – vorausgesetzt das Präfix `mc` ist entsprechend definiert.

7.4.2 Die Kompositkomponente mc:ajaxPoll

Für manche Anwendungsfälle ist es notwendig, Bereiche einer Seite in periodischen Abständen zu aktualisieren. Klassische Beispiele dafür sind Seiten mit Börsenkursen, Auktionen oder aktuellen Sportergebnissen. JSF stellt diese Funktionalität zwar nicht direkt zur Verfügung, sie lässt sich aber mit wenigen Zeilen JavaScript-Code in einer Kompositkomponente realisieren. Erneut erweist sich die JavaScript-API als äußerst nützlich.

Im Implementierungsteil werden zuerst die benötigten Ressourcen geladen. Dazu zählen die von JSF definierte JavaScript-Bibliothek `jsf.js` und das Skript `ajaxPoll.js` mit der notwendigen Funktionalität für die Komponente. Anschließend wird über einen Aufruf der in ajaxPoll.js definierten Funktion startAjaxPoll() das Polling gestartet. Als Parameter bekommt diese Funktion die ID des div-Elements, das über cc:insertChildren mit benutzerdefiniertem Inhalt gefüllt wird, und das Intervall. Beachten Sie bei der ID einmal mehr den Zugriff auf #{cc.clientId}, um die korrekte Client-ID zu erhalten. Listing 7.19 zeigt die Deklaration.

Listing 7.19
Kompositkomponente
ajaxPoll

```
1  <cc:interface>
2    <cc:attribute name="interval" required="true"/>
3  </cc:interface>
4  <cc:implementation>
5    <h:outputScript name="jsf.js" library="javax.faces"
6      target="head"/>
7    <h:outputScript name="ajaxPoll.js"
8      library="mygourmet" target="head"/>
9    <script type="text/javascript">
10     startAjaxPoll('#{cc.clientId}',#{cc.attrs.interval});
11   </script>
12   <div id="#{cc.clientId}">
13     <cc:insertChildren/>
14   </div>
15 </cc:implementation>
```

Die gesamte Ajax-Funktionalität der Komponente steckt in der Skript-Ressource ajaxPoll.js. Der Code ist in Listing 7.20 zu sehen.

Listing 7.20
JavaScript für
Kompositkomponente
ajaxPoll

```
1  function processPollEvent(interval) {
2    return function(data) {
3      if (data.status == 'success') {
4        startAjaxPoll(data.source.id, interval);
5      }
6    };
7  }
8  function poll(clientId, interval) {
9    var element = document.getElementById(clientId);
10   element.mgPoll = true;
11   jsf.ajax.request(element, null, {render: clientId,
12     onevent: processPollEvent(interval)});
13 }
14 function startAjaxPoll(clientId, interval) {
15   setTimeout("poll('"+clientId+"', "+interval+")", interval);
16 }
```

Als Einstiegspunkt dient die Funktion startAjaxPoll(), die als Parameter die ID des zu aktualisierenden DOM-Elements und das Intervall zwischen den Ajax-Anfragen bekommt. Die Ajax-Anfrage selbst wird in der Funktion `poll()` abgesetzt, die in `startAjaxPoll()` über die JavaScript-Funktion `setTimeout()` nach den im Intervall angegebenen Millisekunden aufgerufen wird. Die Funktion `poll()` sucht zuerst das DOM-Element für die übergebene Client-ID und schickt dann die Abfrage mit `jsf.ajax.request()` ab. Der Clou an der Sache ist, dass über eine Callback-Funktion nach erfolgreichem Abschluss der Anfrage über `startAjaxPoll()` der gesamte Prozess nochmals gestartet wird. Dadurch entsteht der Polling-Effekt und es ist gewährleistet, dass im Fall eines Fehlers keine weiteren Anfragen an den Server abgeschickt werden.

Einen kleinen Schönheitsfehler hat die Komponente noch. Wenn gleichzeitig `ajaxStatus` zum Einsatz kommt, wird bei jedem Update die Statusmeldung angezeigt – ein Verhalten, das nicht immer angebracht ist. Doch auch dafür gibt es eine sehr einfache Lösung. Wie Sie vielleicht schon bemerkt haben, wird in `poll()` dynamisch die Eigenschaft `mgPoll` auf das DOM-Element gesetzt. Diese Eigenschaft kann dann in der Callback-Funktion von `ajaxStatus` mit `data.source.mgPoll` abgefragt werden. Ist sie gesetzt, wird die Meldung nicht eingeblendet.

Um die Komponente einzusetzen, muss nur das Tag `mc:ajaxPoll` mit dem gewünschten Inhalt in die Deklaration eingefügt werden – vorausgesetzt das Präfix `mc` ist entsprechend definiert. Hier ein Beispiel, mit dem eine Art Uhr in die Ansicht eingebaut wird:

```
<mc:ajaxPoll interval="950">#{customerBean.time}</mc:ajaxPoll>
```

7.5 MyGourmet 14: Ajax

MyGourmet 14 ist vom Funktionsumfang her identisch mit *MyGourmet 13*. Der große Unterschied liegt in der Integration von Ajax, wodurch an einigen Stellen ein komplettes Neuladen der Ansicht vermieden wird. Die Anwendung wirkt dadurch insgesamt flüssiger. Abbildung 7.2 zeigt einen Screenshot der Ansicht `showCustomer.xhtml` mit aktivierter Ajax-Status-Meldung.

Damit Benutzer immer über den Status einer Ajax-Anfrage informiert sind, fügen wir die Kompositkomponente `ajaxStatus` direkt im Template `customerTemplate.xhtml` in den Header ein. Listing 7.21 zeigt den aktualisierten Header-Bereich.

Listing 7.21
Die Komponente `ajaxStatus` *im Einsatz*

```
1  <ui:define name="header">
2    <h:graphicImage name="images/logo.png"/>
3    <h1>#{msgs.title_main}</h1>
4    <mc:ajaxStatus style="float:right; width: 100px;"/>
5  </ui:define>
```

Abbildung 7.2
MyGourmet 14 mit
Ajax-Status

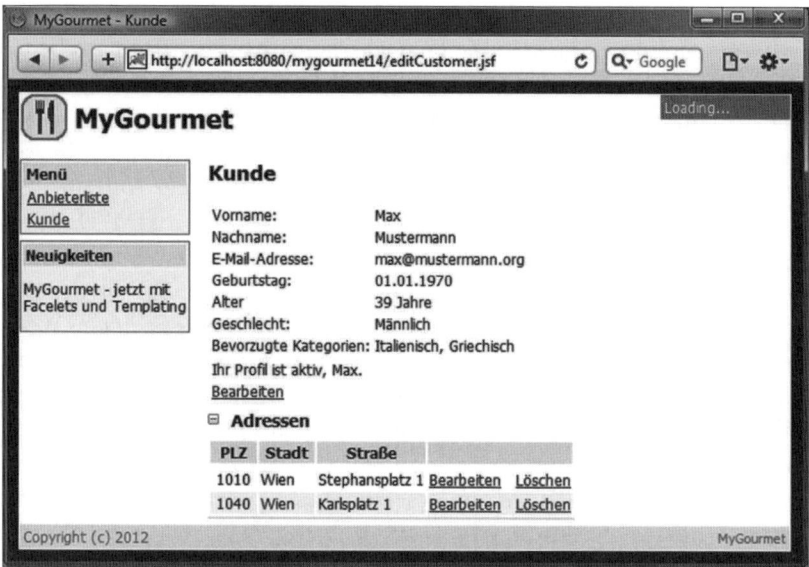

Nachdem die Ajax-Anfragen in *MyGourmet* recht zügig bearbeitet werden, blitzt die Statusmeldung nur kurz auf. Wenn Sie sie in ihrer vollen Pracht betrachten wollen, können Sie zum Beispiel mit Firebug einen Breakpoint in das Skript setzen.

Die Klasse `DebugPhaseListener` hat ebenfalls eine kleine Erweiterung bekommen. Die Logmeldungen zu Beginn und am Ende jeder Phase geben jetzt Auskunft darüber, ob es sich bei der Anfrage um eine Ajax-Anfrage handelt oder nicht. Um das festzustellen, rufen wir die Methode `isAjaxRequest()` des Partial-View-Contexts auf, der über den Faces-Context erreichbar ist. Listing 7.22 zeigt den Sourcecode.

Die restlichen Änderungen umfassen nur die im Laufe des Kapitels mit Ajax erweiterten Ansichten der Anwendung. Dazu zählt neben dem dynamischen Ein- und Ausblenden der Kreditkartendaten in `editCustomer.xhtml` auch das `collapsiblePanel` mit den Adressen in der Seite `showCustomer.xhtml`. Dort gibt es ja sogar die doppelte Ajax-Funktionalität: In der Kompositkomponente selbst und in der darin eingebetteten Tabelle zum Löschen einer Adresse.

In Abschnitt 7.2.1 haben wir bereits eine Lösung zum dynamischen Ein- und Ausblenden der Kreditkartendaten mittels `f:ajax` gezeigt. Die dort präsentierte Umsetzung hat allerdings noch einen kleinen Schönheitsfehler: Wenn im eingeblendeten Zustand die Kreditkartendaten geändert, ausgeblendet und wieder eingeblendet werden, gehen die Änderungen verloren. Ein genauerer Blick auf das eingesetzte `f:ajax`-Tag zeigt den Grund. Nachdem wir das Attribut execute nicht angegeben

```
1  public class DebugPhaseListener implements PhaseListener {
2    private static Log log = LogFactory.getLog(
3      DebugPhaseListener.class);
4
5    public void afterPhase(PhaseEvent ev) {
6      String ajax = getAjaxText(ev.getFacesContext());
7      PhaseId phaseId = ev.getPhaseId();
8      log.debug("After phase: " + phaseId + ajax);
9    }
10   public void beforePhase(PhaseEvent ev) {
11     String ajax = getAjaxText(ev.getFacesContext());
12     PhaseId phaseId = ev.getPhaseId();
13     log.debug("Before phase: " + phaseId + ajax);
14   }
15   public PhaseId getPhaseId() {
16     return PhaseId.ANY_PHASE;
17   }
18   private String getAjaxText(FacesContext ctx) {
19     return ctx.getPartialViewContext()
20       .isAjaxRequest() ? " (Ajax)" : "";
21   }
22 }
```

Listing 7.22
Erweiterte Version des Debug-Phase-Listeners mit Ajax-Support

haben (und somit der Standardwert @this zum Einsatz kommt), bearbeitet JSF bei der partiellen Ausführung des Lebenszyklus nur das Auswahlfeld. Die geänderten Daten kommen nie am Server an und werden durch das erneute Rendern im Browser mit den alten Werten überschrieben.

7.6 Werkzeuge für den Ajax-Entwickler

Ajax ist durch die Vielzahl an verwendeten Basistechnologien nicht gerade einfach einzusetzen. Will man Ajax-Anwendungen bauen, ist eine Unterstützung durch geeignete Entwicklungswerkzeuge unabdingbar. Die folgende Aufzählung von Tools erhebt keinen Anspruch auf Vollständigkeit. Wir wollen Ihnen eine Reihe von Werkzeugen präsentieren, die sich in der täglichen Arbeit mit JSF-Projekten bewährt haben.

7.6.1 Firebug

Firebug[2] ist eine Erweiterung von *Firefox*, die eine ganze Reihe sehr nützlicher Werkzeuge für Webentwickler direkt in den Browser inte-

---
[2]*Firebug* ist unter http://getfirebug.com und als Add-on erhältlich.

griert. *Firebug* ist frei verfügbar und erweist sich in vielen Situationen als unbezahlbar. Besonders dann, wenn es darum geht, den DOM-Baum zu analysieren oder JavaScript-Code zu debuggen. Hier eine Liste der wichtigsten Features:

- Inspizieren und Editieren von HTML-Code
- Inspizieren und Editieren von CSS-Regeln
- Debuggen und Profiling von JavaScript-Code
- Analysieren des DOM
- Analysieren des HTTP-Verkehrs

Der Funktionsumfang und die Benutzerfreundlichkeit verbessern sich mit jeder neuen Version. Mittlerweile gibt es sogar eine Liste von sehr nützlichen Erweiterungen für *Firebug* selbst. Dazu zählt zum Beispiel *YSlow* zur Überprüfung von HTML-Seiten auf Performance-Probleme.

Analyse des DOM-Baums

Versucht man die Aktualisierung durch die Ajax-Antwort mit einem Editor nachzuvollziehen, wird keine Änderung des HTML-Codes sichtbar sein. Die Webseite wurde nicht komplett neu geladen, sondern nur der DOM-Baum aktualisiert. Diesen DOM-Baum rendert der Browser und stellt ihn grafisch dar. Die Veränderung kann nur durch die Visualisierung des Baums selbst sichtbar gemacht werden. *Firebug* bietet die visuelle Darstellung des Baums der HTML-Elemente in Form einer Verzeichnisstruktur. Abbildung 7.3 zeigt die Ansicht `showCustomer.xhtml` mit eingeklapptem Adressen-Panel und aktiviertem *Firebug*.

Es ist auch möglich, Knoten über deren ID, Tag-Name oder Attribute zu suchen, diese im Browser herausheben zu lassen oder deren Eigenschaften zu ändern. *Firebug* zeigt aber nicht nur den aktuellen HTML-Code, sondern hebt sogar Elemente farblich hervor, die sich gerade geändert haben.

Im unteren Panel in Abbildung 7.3 ist der mit der Webseite synchron gehaltene DOM-Baum zu sehen. Das hervorgehobene Element ist der `div`-Block des Panels, in dem die Liste der Adressen angezeigt wird. Bei einer initialen Anfrage auf die Seite ist das Panel immer ausgeklappt. Der in der Abbildung erkennbare, eingeklappte Zustand ist erst als Reaktion auf die Ajax-Anfrage nach dem Klick auf das Icon eingetreten.

Sobald man in der Baumansicht ein Element anwählt, wird dieses im Browser farblich hervorgehoben. Es ist auch möglich, direkt aus dem Browserfenster ein Element anzeigen zu lassen. Auf der rechten Seite sind zusätzliche Informationen über die Knoten, wie Name, `ID`

7.6 Werkzeuge für den Ajax-Entwickler

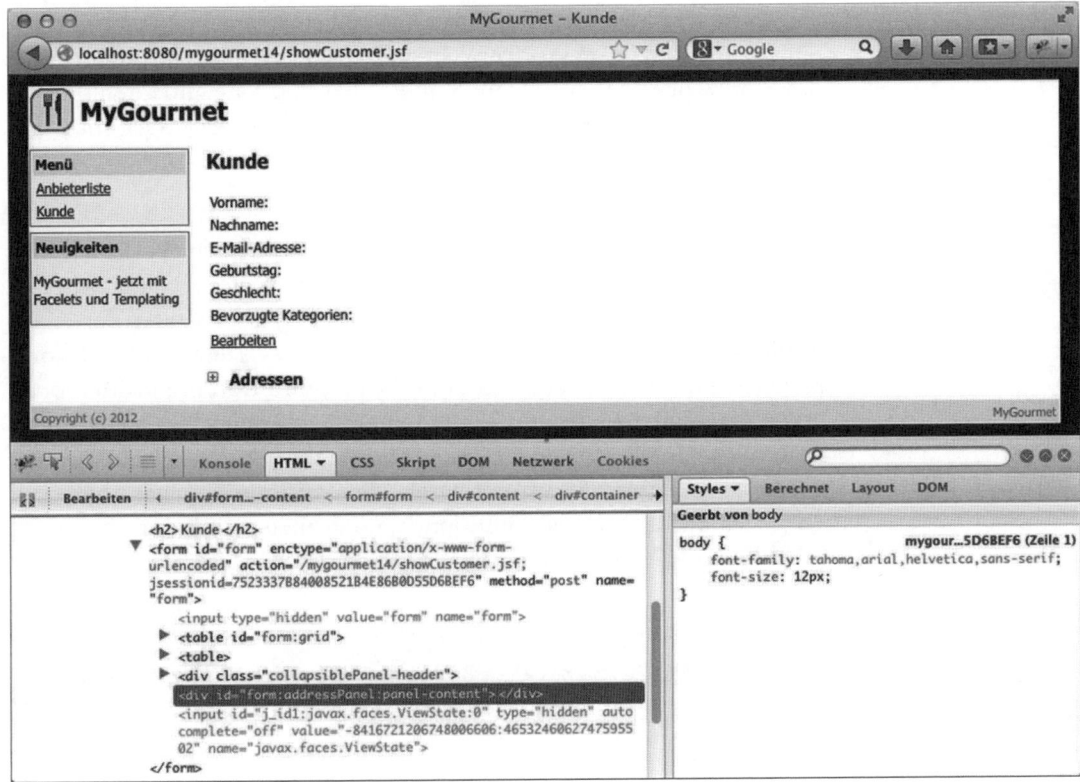

Abbildung 7.3
Firebug mit aktualisierter Komponente

oder die Eigenschaften, abrufbar. Es gibt auch die Möglichkeit, in eine JavaScript-Objektansicht umzuschalten. Wie in Abbildung 7.4 zu sehen, kann in sämtliche Methoden und Attribute eines JavaScript-Objektes Einsicht genommen werden.

Abbildung 7.4
Ansicht mit Attributen und Methoden in Firebug

Auch wenn Sie den Internet Explorer einsetzen, müssen Sie nicht auf einen DOM-Inspektor verzichten. Ab Version 8 ist ein entsprechendes Werkzeug sogar bereits im Standardlieferumfang enthalten. Für ältere Versionen empfiehlt sich die *Internet Explorer Developer Toolbar*[3].

JavaScript-Debugging

Ein unersetzliches Werkzeug für Ajax-Entwickler ist ein JavaScript-Debugger, wie ihn zum Beispiel *Firebug* für *Firefox* bietet. Mit diesem kann zur Laufzeit JavaScript-Code der Webseite oder der Ajax-Bibliothek in einzelnen Schritten durchlaufen werden. So wird komplexer Code leichter verständlich, Objekte, ihre Daten und Methoden erkennbar und fehlerhaftes Verhalten einfach ermittelbar. Wie in herkömmlichen Debuggern ist es möglich, Breakpoints zu setzen und sich an dieser Stelle der Ajax-Applikation den Zustand von Variablen und Objekten anzusehen und Funktionen aufzurufen. Ein Praxisbeispiel ist in Abbildung 7.5 zu sehen.

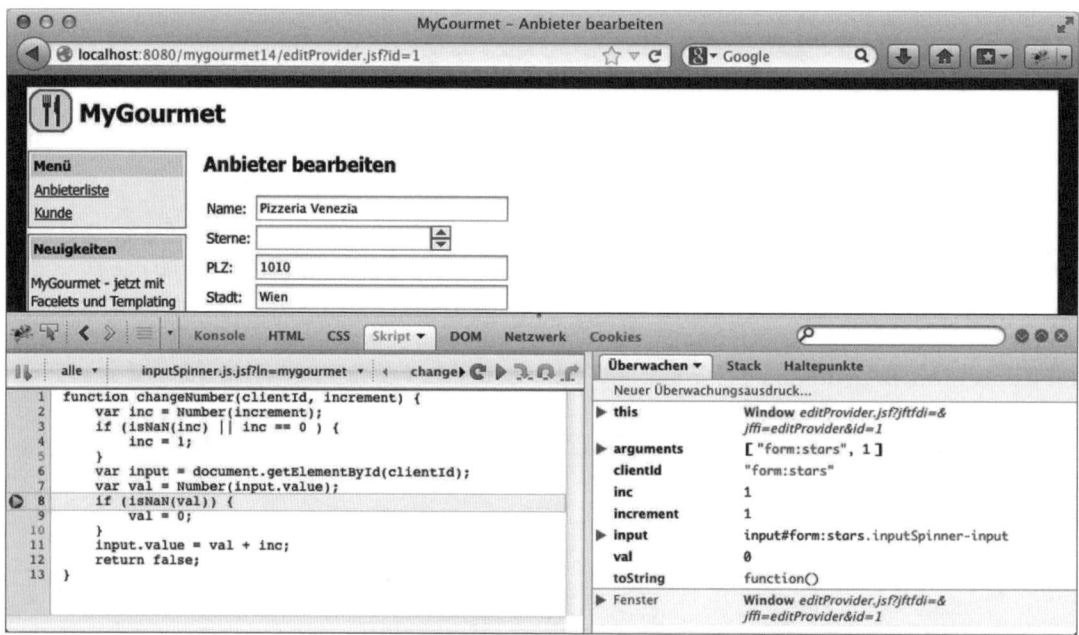

Abbildung 7.5
JavaScript-Debugging in Firebug

Hier wurde ein Breakpoint in das Skript `inputSpinner.js` gesetzt. Sobald der Benutzer auf eines der Bilder zum Erhöhen oder Reduzieren des Werts klickt, springt das Fenster des Debuggers auf und die Abar-

---

[3]Die *Internet Explorer Developer Toolbar* ist unter der Adresse `http://www.microsoft.com/downloads` erhältlich.

beitung des Codes hält genau an dieser Stelle an. Im Fenster *Überwachen* kann jeder erdenkliche JavaScript-Befehl eingegeben werden. Hier zum Beispiel der Code, um das Input-Spinner-Eingabefeld anzuzeigen:
<

    `document.getElementById('form:stars')`

Der Internet Explorer verfügt ab Version 8 bereits im Standardlieferumfang über ein recht brauchbares Entwicklerwerkzeug mit DOM-Browser und JavaScript-Debugger. Für ältere Versionen ist der *Microsoft Script Debugger*[4] als Freeware erhältlich.

7.6.2 HTTP-Debugger

Manchmal kann es recht nützlich sein, sich den Protokollablauf ein wenig näher anzusehen. Mit einem HTTP-Debugger ist es möglich, den kompletten HTTP-Verkehr mitzuschneiden. Eines der bekanntesten Werkzeuge in diesem Bereich ist der frei verfügbare HTTP-Debugger *Fiddler* (Windows)[5]. Die Zusammenarbeit mit dem Browser wird über das Programm selbst geregelt – es stellt einen lokalen Proxy dar. In Firefox muss der Proxy unter den Verbindungseinstellungen mit den Daten `127.0.0.1` und Port `8888` eingetragen werden. Im Internet Explorer sind keine weiteren Einstellungen zu treffen, denn die Zwischenstelle wird automatisch erkannt. *Fiddler* kann so konfiguriert werden, dass das Programm die Abarbeitung vor einer HTTP-Anfrage oder nach einer HTTP-Antwort – ähnlich einem gewöhnlichen Debugger – anhält und so der aktuelle Stand der Interaktion zu sehen ist. Dieser wird im linken Fenster von *Fiddler* protokolliert, wie es Abbildung 7.6 zeigt. In Version 2 ist es sogar möglich, HTTPS-Verbindungen zu debuggen.

Die angezeigten Daten sind der Stand auf eine Ajax-Anfrage nach der HTTP-Antwort. Im rechten oberen Fenster wird die übliche Protokollinformation der vorhergehenden Anfrage angezeigt. In unserem Beispiel handelt es sich um eine POST-Anfrage mit der Protokollversion 1.1 in einer bestimmten HTTP-Sitzung. Das Fenster rechts unten zeigt die Nutzdaten der Antwort an. Zu sehen ist die Liste, die vom `XMLHttpRequest`-Objekt aufgenommen und in weiterer Folge in den DOM-Baum eingefügt wird.

Für Firefox bietet *Firebug* mittlerweile auch eine sehr brauchbare Übersicht aller abgesetzten HTTP-Requests und ermöglicht das einfache Umschalten zwischen »vollen« und Ajax-Requests.

---

[4] *Microsoft Script Debugger* ist unter `http://www.microsoft.com/downloads` erhältlich.

[5] *Fiddler* ist unter `http://fiddler2.com` erhältlich.

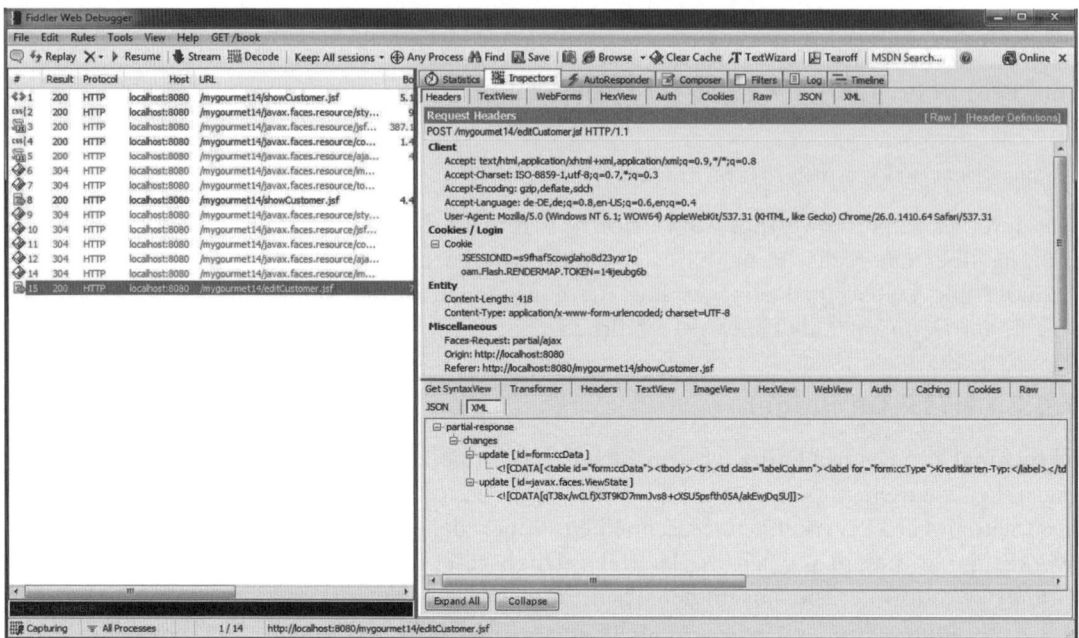

Abbildung 7.6
Der HTTP-Debugger Fiddler protokolliert den HTTP-Verkehr

7.6.3 Web Developer Toolbar

Ein für den Webentwickler unersetzliches Werkzeug für Firefox und Chrome ist das Add-on *Web Developer*[6]. Grob umrissen bietet dieses Add-on folgende Funktionen an:

- Grafische Auszeichnung von einzelnen HTML-Elementen
- Validierung von HTML, CSS und anderen Technologien
- Formatierte Anzeige des Quellcodes
- Frei definierbare Größe des Browserfensters
- Visuelle Ausgabe von HTML-Attributen
- Manipulation von Formularen
- Anzeige der CSS-Stile einzelner HTML-Elemente
- Editieren von CSS und HTML und Anzeigen der Änderungen in Echtzeit

Die wichtigste Funktion der Erweiterung ist die Möglichkeit der Editierung von CSS und die sofortige Anzeige der Änderungen. Das Schreiben und mühsame ständige Umschalten in den Browser kann so vermieden werden. Der Entwickler kann sofort mitverfolgen, welche Auswirkungen einzelne CSS-Befehle haben.

---
[6] *Web Developer* ist als Add-on zu Firefox und Chrome und unter der Adresse http://chrispederick.com/work/web-developer/ erhältlich.

8 JSF und HTML5

HTML5 ist zurzeit in aller Munde und sicher eines der am häufigsten verwendeten und missbrauchten Modewörter im Bereich der Webentwicklung. Aber hinter dem Hype verbergen sich eine ganze Reihe nützlicher Features und Erweiterungen, die das Leben von Webentwicklern einfacher (und aufregender) machen. Höchste Zeit für JSF auf diesen rasenden Zug aufzuspringen.

Es hat zwar bereits in der Vergangenheit einige Ansätze zur Integration von HTML5 in JSF gegeben, die offizielle Variante ist aber erst seit JSF 2.2 Teil der Spezifikation. Unter dem Oberbegriff »HTML5 Friendly Markup« versammelt JSF zwei grundlegend neue Konzepte: Pass-Through-Attribute und Pass-Through-Elemente.

Beginnen werden wir dieses Kapitel allerdings mit einem kurzen Abstecher zu den verschiedenen Verarbeitungsmodi für Facelets-Dateien in Abschnitt 8.1. Danach zeigen wir Ihnen in Abschnitt 8.2 aber auch schon die Pass-Through-Attribute und in Abschnitt 8.3 die Pass-Through-Elemente. Abschnitt 8.4 beschreibt abschließend noch eine Variante von *MyGourmet* mit den zuvor vorgestellten Konzepten.

8.1 Verarbeitungsmodi für Facelets-Dateien

Als erste und einfachste Maßnahme zur Unterstützung von HTML5 verarbeitet JSF 2.2 Facelets-Dateien etwas anders als JSF 2.1. Im Vergleich zur Vorgängerversion rendert JSF 2.2 immer den HTML5-Doctype `<!DOCTYPE html>` – unabhängig davon, welcher Doctype in der XHTML-Datei angegeben ist.

Dazu gibt es seit JSF 2.1 die Möglichkeit, Facelets-Dateien in verschiedenen Modi zu verarbeiten. In JSF 2.2 ist das standardmäßig der Modus `html5`. Wenn Sie den HTML5-Doctype nicht verwenden wollen, können Sie den Verarbeitungsmodus in der `faces-config.xml` wie in Listing 8.1 auf den Modus `xhtml` setzen (Standardmodus in JSF 2.1).

Zusätzlich definiert JSF noch die Modi `xml` zur Verarbeitung von Facelets-Dateien im XML-Modus (XML-Deklaration, Doctype und Kommentare werden entfernt) und `jspx` zum Umstieg von JSP.

Listing 8.1
Modus xhtml *für Facelets-Dateien*

```
1  <faces-config-extension>
2    <facelets-processing>
3      <file-extension>.xhtml</file-extension>
4      <process-as>xhtml</process-as>
5    </facelets-processing>
6  </faces-config-extension>
```

8.2 HTML5 Pass-Through-Attribute

HTML5 definiert eine ganze Reihe neuer Attribute und Attributwerte für bereits existierende HTML-Elemente. JSF 2.2 liefert mit den sogenannten Pass-Through-Attributen das passende Konzept zur Unterstützung dieser Attribute. Das Prinzip ist einfach: Jede Komponente kann neben den »normalen« Attributen noch eine beliebige Anzahl von Pass-Through-Attributen haben. Diese Attribute werden unverändert an das von der Komponente gerenderte Element weitergereicht und von der Komponente selbst nicht weiterverarbeitet.

Der Vorteil dieses Ansatzes liegt klar auf der Hand. JSF kann damit neue und geänderte HTML5-Attribute unterstützen, ohne die existierenden Standardkomponenten zu ändern. Die JSF-Spezifikation ist somit auch nicht von der HTML5-Spezifikation abhängig. Ein wichtiger Punkt – besonders wenn man bedenkt, dass die Arbeit an HTML5 noch nicht abgeschlossen ist.

JSF definiert mehrere Varianten zur Definition von Pass-Through-Attributen. Die einfachste besteht darin, das Attribut im Namensraum http://xmlns.jcp.org/jsf/passthrough zu definieren. Dazu muss das Attribut lediglich mit dem Präfix des Namensraums versehen werden. Das Beispiel in Listing 8.2 zeigt eine h:inputText-Komponente mit den beiden regulären Attributen id und value und den Pass-Through-Attributen type und placeholder.

Listing 8.2
Beispiel mit Pass-Through-Attributen

```
1  <html xmlns="http://www.w3.org/1999/xhtml"
2    xmlns:h="http://xmlns.jcp.org/jsf/html"
3    xmlns:pt="http://xmlns.jcp.org/jsf/passthrough">
4  <h:head><title>JSF 2.2 HTML5</title></h:head>
5  <h:body>
6    <h:form id="form">
7      <h:inputText id="email" value="#{bean.email}"
8        pt:type="email" pt:placeholder="E-Mail eingeben"/>
9      <h:commandButton action="#{bean.save}" value="Save"/>
10   </h:form>
11  </h:body>
12  </html>
```

8.2 HTML5 Pass-Through-Attribute

Bei den Pass-Through-Attributen handelt es sich um HTML5-Erweiterungen für das Element `input`, die von `h:inputText` nicht direkt unterstützt werden. Mit `placeholder` kann ein Text angegeben werden, der im Browser angezeigt wird, solange der Benutzer noch nichts eingegeben hat. Im Attribut `type` kommt mit `email` einer der neuen Typen für Eingabefelder zum Einsatz. Der gerenderte HTML-Code für das `h:inputText`-Tag beinhaltet wie erwartet alle vier Attribute:

```
<input id="form:email" name="form:email" value=""
    placeholder="E-Mail eingeben" type="email"/>
```

Tabelle 8.1 zeigt einige Beispiele, wie das `input`-Element mit den zusätzlichen HTML5-Attributen im Browser dargestellt wird. Die Validierung der Mailadresse wird dabei vom Browser clientseitig beim Submit des Formulars durchgeführt – JSF bekommt davon nichts mit. Aber Achtung: Nicht alle HTML5-Features werden von allen Browsern gleichermaßen unterstützt[1].

Anwendungsfall	Beispiel
Leeres Eingabefeld	E-Mail eingeben
Ungültige E-Email (Chrome 28)	michael.kurz / Geben Sie eine E-Mail-Adresse ein.
Ungültige E-Mail (Firefox 23)	michael.kurz / Bitte geben Sie eine E-Mail-Adresse ein.

Tabelle 8.1
`input` *mit HTML5-Attributen im Browser*

Neben der Variante mit dem Namensraum können Sie Pass-Through-Attribute auch mit dem Tag `f:passThroughAttribute` definieren. Der Name des Pass-Through-Attributs wird dabei in `name` und der Wert in `value` angegeben, wie Listing 8.3 zeigt. Die gerenderte Ausgabe ändert sich dadurch nicht.

```
1  <h:inputText id="email" value="#{bean.email}">
2    <f:passThroughAttribute name="type" value="email"/>
3    <f:passThroughAttribute name="placeholder"
4        value="E-Mail eingeben"/>
5  </h:inputText>
```

Listing 8.3
Pass-Through-Attribute über Tags

Wenn Ihnen diese beiden Varianten noch nicht reichen, können Sie Pass-Through-Attribute mit dem Tag `f:passThroughAttributes` auch aus

---

[1] Eine aktuelle Übersicht, welche Browserversionen welche HTML5-Features unterstützen, finden Sie zum Beispiel unter `http://caniuse.com`.

einer Bean-Eigenschaft mit dem Typ `Map<String, Object>` holen, wie Listing 8.4 zeigt.

Listing 8.4
Pass-Through-Attribute aus Bean-Eigenschaft

```
1  <h:inputText id="email" value="#{bean.email}">
2    <f:passThroughAttributes value="#{bean.attributes}"/>
3  </h:inputText>
```

Listing 8.5 zeigt die zu Listing 8.4 passende Bean-Eigenschaft.

Listing 8.5
Bean-Eigenschaft für Pass-Through-Attribute

```
1  public Map<String, Object> getAttributes() {
2    Map<String, Object> attrs = new HashMap<String, Object>();
3    attrs.put("placeholder", "E-Mail eingeben");
4    attrs.put("type", "email");
5    return attrs;
6  }
```

Pass-Through-Attribute ermöglichen auch den Einsatz von HTML5-Custom-Data-Attributen[2]. Diese Attribute sind dazu gedacht, HTML-Elemente mit zusätzlichen Daten zu versehen. Man erkennt sie sofort an ihrem Namen, der immer mit dem Präfix `data-` beginnt. Custom-Data-Attribute werden im DOM abgelegt und stehen dort für die Verarbeitung mit JavaScript zur Verfügung.

Folgendes Beispiel zeigt ein `h:inputText`-Tag mit dem Custom-Data-Attribut `data-required` in Form eines Pass-Through-Attributs.

```
<h:inputText id="email" value="#{bean.email}"
    pt:type="email" pt:data-required="true"/>
```

Dieses Attribut hat keine spezielle Bedeutung und wird weder von JSF noch vom Browser gesondert behandelt. Es kann allerdings im JavaScript-Code der Applikation beispielsweise zur clientseitigen Validierung verwendet werden.

8.3 HTML5 Pass-Through-Elemente

Traditionell bauen JSF-Entwickler die Seiten einer Anwendung überwiegend mit JSF-Tags auf und kommen nur indirekt mit den gerenderten HTML-Elementen in Kontakt. Mit dem vermehrten Einsatz von clientseitigen Technologien wie JavaScript ist es allerdings immer öfter von Bedeutung, die Struktur der Seite im Detail zu kennen. JSF 2.2 bietet mit den sogenannten Pass-Through-Elementen eine Lösung für dieses Problem an.

---

[2] Details zu HTML5-Custom-Data-Attributen finden Sie zum Beispiel unter `http://html5doctor.com/html5-custom-data-attributes`.

Bei Pass-Through-Elementen handelt es sich um HTML-Elemente, die mit passenden JSF-Komponenten im Komponentenbaum verbunden sind. Ein HTML-Element wird per Definition genau dann zu einem Pass-Through-Element, wenn mindestens eines seiner Attribute im Namensraum http://xmlns.jcp.org/jsf definiert ist.

Listing 8.6 zeigt nochmals das Beispiel aus Listing 8.2. Bei dieser Version wurden allerdings alle JSF-Tags durch Pass-Through-Elemente ersetzt. An der Funktionalität ändert sich dadurch nichts und selbst der Komponentenbaum am Server hat sich nicht entscheidend verändert.

```
1  <html xmlns="http://www.w3.org/1999/xhtml"
2     xmlns:jsf="http://xmlns.jcp.org/jsf">
3  <head jsf:id="head"><title>JSF 2.2 HTML5</title></head>
4  <body jsf:id="body">
5    <form jsf:id="form">
6      <input type="text" placeholder="E-Mail eingeben"
7         jsf:id="email" jsf:value="#{bean.email}"/>
8      <button jsf:action="#{bean.save}">Save</button>
9    </form>
10 </body>
11 </html>
```

Listing 8.6
Beispiel mit Pass-Through-Elementen

Wie funktioniert das? Wenn mindestens ein Attribut eines HTML-Elements im Namensraum http://xmlns.jcp.org/jsf definiert ist, transformiert JSF dieses HTML-Element in ein JSF-Tag und fügt die entsprechende Komponente in den Komponentenbaum ein. Die Entscheidung, welches JSF-Tag verwendet wird, fällt JSF anhand des Elementnamens. Ergibt sich daraus keine eindeutige Zuordnung, wird in einigen Fällen zusätzlich der Wert eines Attributs in die Entscheidung mit einbezogen.

Sehen wir uns das anhand des Beispiels aus Listing 8.6 etwas genauer an. Da das Element head mit id ein Attribut im Namensraum http://xmlns.jcp.org/jsf hat, wird es als Pass-Through-Element behandelt. JSF transformiert das Element head daher in das JSF-Tag h:head und setzt dessen Attribut id auf den angegebenen Wert. Analog wird das Element body in h:body und form in h:form transformiert.

Das Element input lässt sich nur unter Berücksichtigung des Attributs type eindeutig transformieren. Aus der Kombination input und type="text" macht JSF das Tag h:inputText. Werfen wir nochmal einen Blick auf die Attribute von input. Sowohl id als auch value haben ein Präfix und werden somit direkt an die Komponente weitergereicht. Nachdem das HTML5-Attribut placeholder aber kein Präfix besitzt, wird es nicht als normales Attribut, sondern als Pass-Through-Attribut zu h:inputText hinzugefügt. Anders wäre es auch nicht möglich, da h:inputText kein Attribut mit dem Namen placeholder definiert. Anhand dieses Beispiels lässt sich schön erkennen, wie sich Pass-Through-Elemente und Pass-Through-Attribute gegenseitig ergänzen.

Tabelle 8.2 zeigt eine komplette Liste der in JSF 2.2 definierten Zuordnungen von Element-Attribut-Kombinationen zu JSF-Tags. Attribute mit dem Präfix jsf in der zweiten Spalte bezeichnen Attribute im Namensraum http://xmlns.jcp.org/jsf. Ein Stern wiederum bedeutet, dass der Wert des Attributs für die Zuordnung nicht relevant ist.

Nachdem Pass-Through-Elemente in JSF-Tags transformiert werden, können sie auch wie JSF-Tags behandelt werden. Im folgenden Codefragment wird zum Beispiel ein Validator direkt mit f:validateLength zum HTML-Element hinzugefügt. Das sieht zugegebenermaßen auf den ersten Blick etwas befremdlich aus, funktioniert aber einwandfrei.

```
1  <input type="text" jsf:value="#{bean.name}">
2    <f:validateLength minimum="3"/>
3  </input>
```

Im nächsten Beispiel wird das Element a mit dem Attribut jsf:outcome in ein h:link-Tag transformiert. Daher ist es auch möglich, die ID mit f:param als Parameter für den gerenderten Link zu definieren.

```
1  <a jsf:outcome="details" title="Show #{person.name}">
2    #{person.name}
3    <f:param name="id" value="#{person.id}"/>
4  </a>
```

Passen Sie genau auf, welche Attribute von Pass-Through-Elementen Sie im Namensraum http://xmlns.jcp.org/jsf definieren. Im nächsten Beispiel ist das Attribut value ohne Namensraum definiert und wird als Pass-Through-Attribut an die Komponente weitergereicht – ein großer Unterschied, wie wir gleich sehen werden.

```
1  <input jsf:id="name" type="text" value="#{bean.name}">
2    <f:validateLength minimum="3"/>
3  </input>
```

Auf den ersten Blick funktioniert das Beispiel ohne Probleme. Der gerenderte Wert wird aber nicht von der Komponente verwaltet, sondern immer direkt aus der Value-Expression in die gerenderte Ausgabe geschrieben. Bei einem Validierungsfehler bekommt der Benutzer dadurch aber wieder den alten Wert und nicht den Submitted-Value zu sehen.

> **Tipp:** Definieren Sie bei Pass-Through-Elementen unbedingt alle Attribute, die zur Komponente gehören, im Namensraum http://xmlns.jcp.org/jsf.

Tabelle 8.2
Mapping für Pass-Through-Elemente

HTML-Element	Selektor-Attribut	JSF-Tag
a	jsf:action	h:commandLink
a	jsf:actionListener	h:commandLink
a	jsf:value	h:outputLink
a	jsf:outcome	h:link
body		h:body
button		h:commandButton
button	jsf:outcome	h:button
form		h:form
head		h:head
img		h:graphicImage
input	type="button"	h:commandButton
input	type="checkbox"	h:selectBooleanCheckbox
input	type="color"	h:inputText
input	type="date"	h:inputText
input	type="datetime"	h:inputText
input	type="datetime-local"	h:inputText
input	type="email"	h:inputText
input	type="month"	h:inputText
input	type="number"	h:inputText
input	type="range"	h:inputText
input	type="search"	h:inputText
input	type="time"	h:inputText
input	type="url"	h:inputText
input	type="week"	h:inputText
input	type="file"	h:inputFile
input	type="hidden"	h:inputHidden
input	type="password"	h:inputSecret
input	type="reset"	h:commandButton
input	type="submit"	h:commandButton
input	type="*"	h:inputText
label		h:outputLabel
link		h:outputStylesheet
script		h:outputScript
select	multiple="*"	h:selectManyListbox
select		h:selectOneListbox
textarea		h:inputTextArea

JSF kann auch mit Pass-Through-Elementen umgehen, für die keine fixe Zuordnung zu einem JSF-Tag definiert ist. In diesem Fall wird eine generische Komponente in den Komponentenbaum eingefügt. Damit ist es auch möglich, HTML5-Elemente wie progress zu Pass-Through-Elementen zu machen und sie sogar mit Ajax-Verhalten auszustatten, wie das folgende Beispiel zeigt. Jeder Klick auf das progress-Element löst einen Ajax-Request aus und rendert die ihm zugeordnete Komponente neu.

```
<button jsf:action="#{bean.update}">
    Aktualisieren
    <f:ajax render="progress"/>
</button>
<progress jsf:id="progress" max="10" value="#{bean.progress}">
    <f:ajax event="click" render="@this"/>
</progress>
```

8.4 *MyGourmet 15*: HTML5

Bei *MyGourmet 15* handelt es sich um eine erweiterte Variante von *MyGourmet 14*, die an einigen Stellen mit Pass-Through-Attributen und Pass-Through-Elementen erweitert wurde.

In editAddress.xhtml haben zum Beispiel alle Eingabefelder das HTML5-Attribut placeholder über f:passThroughAttribute bekommen. In editProvider.xhtml hingegen wurde placeholder direkt als Attribut im Pass-Through-Namensraum hinzugefügt. Des Weiteren wurde die Kompositkomponente mc:inputSpinner durch ein Eingabefeld mit dem neuen HTML5-Typ number ersetzt, wie das folgende Beispiel zeigt.

```
<h:inputText pt:type="number" pt:min="0" pt:step="1"
    value="#{providerBean.provider.stars}"
    pt:placeholder="#{msgs.enter_stars}"/>
```

Wenn der Browser diesen Typ unterstützt, wird dadurch nativ ein Eingabefeld für Zahlen mit Schaltflächen zum Erhöhen und Reduzieren des Werts angezeigt.

In editCustomer.xhtml wurden soweit möglich alle JSF-Tags durch Pass-Through-Elemente ersetzt. Zusätzlich kommt beim Eingabefeld für die Mailadresse der HTML5-Typ email zum Einsatz.

9 JSF und CDI

Mit *Contexts and Dependency Injection for Java (CDI)* enthält Java EE ab Version 6 einen neuen Standard, um Beans zu verwalten und über Dependency-Injection miteinander zu verbinden. Der Einsatz von CDI in JSF-Projekten bietet eine ganze Reihe von Vorteilen gegenüber dem Einsatz der internen *Managed Bean Creation Facility*. CDI bringt unter anderem einen viel mächtigeren, typsicheren Dependency-Injection-Mechanismus, Unterstützung für Interceptors und Decorators und eine sehr einfache Interaktion über Ereignisse mit, um nur einige der Vorteile zu nennen – und das alles, ohne die Komplexität der Anwendung merklich zu erhöhen. Aus Sicht von JSF macht es keinen Unterschied, ob Beans über CDI oder JSF-intern verwaltet werden. Die Verbindung zwischen der Ansicht und dem Modell erfolgt in beiden Fällen über die *Unified-EL*.

CDI unterstützt den Standard *Dependency Injection for Java* (JSR-330, auch *At Inject* genannt). JSR-330 standardisiert erstmals die wichtigsten Annotationen für die Dependency-Injection und ermöglicht den Einsatz derselben Annotationen aus dem Package `javax.inject` in unterschiedlichen Umgebungen wie *Java EE 6*, *Spring 3* oder *Guice 2*.

Nach einer Einführung in die Konzepte von CDI in Abschnitt 9.1 finden Sie in Abschnitt 9.2 Hinweise zur Konfiguration. Im Anschluss daran zeigt Abschnitt 9.3 Details zum Beispiel *MyGourmet 16*. Abschnitt 9.4 widmet sich der Abbildung von Geschäftsprozessen mit Konversationen. Abschließend zeigen wir Ihnen in Abschnitt 9.5 noch, wie Sie Konversationen mit CDI und dem Projekt *Apache MyFaces CODI* einsetzen.

9.1 Beans und Dependency-Injection mit CDI

Die Hauptaufgabe von CDI besteht in der Verwaltung von Beans mit einem definierten Lebenszyklus. CDI stellt zu diesem Zweck Mechanismen zur Verfügung, um Beans zu definieren und über typsichere Dependency-Injection miteinander zu verknüpfen.

CDI unterstützt unterschiedliche Arten von Beans:

- Beans, die von Klassen definiert werden (auch Managed-Beans genannt – nicht zu verwechseln mit JSF-Managed-Beans).
- Beans, die von Producer-Methoden oder -Feldern definiert werden.
- Beans, die von EJB-Session-Beans oder Java EE-Ressourcen definiert werden.

Wir zeigen Ihnen, wie Sie Beans auf Basis von Klassen und mit Producer-Methoden definieren.

9.1.1 Managed-Beans mit CDI

Der Weg zur ersten CDI-Bean ist ausgesprochen einfach: CDI kennt keine spezielle Annotation, um Beans auf Basis von Klassen zu definieren, und macht aus so gut wie allen Klassen Beans. Ausgenommen sind zum Beispiel nicht statische, innere Klassen oder Klassen, die über keinen geeigneten Konstruktor verfügen. Ein für CDI geeigneter Konstruktor hat entweder keine Parameter oder ist mit `@Inject` annotiert.

Jede CDI-Bean hat einen Gültigkeitsbereich (Scope), der mit einer Annotation auf der Bean-Klasse definiert wird. CDI unterstützt standardmäßig folgende Gültigkeitsbereiche und definiert dafür Annotationen im Package `javax.enterprise.context`:

- *Dependent-Scope* (`@Dependent`):
  Der *Dependent-Scope* ist ein sogenannter Pseudo-Scope – er hat keinen eigenen Lebenszyklus und die Lebensdauer hängt von der Verwendung der Bean ab. Wenn Sie keine Scope-Annotation angeben, verwendet CDI standardmäßig diesen Scope. Er entspricht dem *None-Scope* in JSF.
- *Request-Scope* (`@RequestScoped`):
  Die Bean lebt für die Zeitdauer einer HTTP-Anfrage. Dieser Gültigkeitsbereich entspricht dem *Request-Scope* in JSF.
- *Conversation-Scope* (`@ConversationScoped`):
  Die Bean lebt für die Zeitdauer einer Konversation. Die von CDI direkt angebotenen Konversationen sind allerdings nicht besonders praktisch. Wir empfehlen daher den Einsatz der Konversationen von *Apache MyFaces CODI* (siehe Abschnitt 9.5).
- *Session-Scope* (`@SessionScoped`):
  Die Bean lebt für die Dauer einer Sitzung, in der der Benutzer mit der Anwendung verbunden ist. Dies entspricht dem *Session-Scope* in JSF.

9.1 Beans und Dependency-Injection mit CDI

- *Application-Scope* (`@ApplicationScoped`):
  Für die gesamte Lebensdauer der Anwendung ist nur eine für alle Benutzer gleiche Instanz dieser Bean vorhanden. Dieser Gültigkeitsbereich entspricht dem *Application-Scope* in JSF.

> **Tipp:** CDI-Beans in sogenannten Passivating-Scopes wie `@SessionScoped` oder `@ConversationScoped` müssen serialisierbar sein.

Listing 9.1 zeigt die Definition einer CDI-Bean mit der Klasse `CustomerService` im Application-Scope. Achten Sie bitte speziell auf das Package der Annotation `@ApplicationScoped`. Es handelt sich hier um die von CDI definierte Annotation und nicht um das JSF-Pendant mit dem gleichen Namen.

```
1  import javax.enterprise.context.ApplicationScoped;
2
3  @ApplicationScoped
4  public class CustomerService {
5    ...
6  }
```

Listing 9.1
CDI-Bean

In CDI ist jetzt eine Bean vom Typ `CustomerService` im Application-Scope verfügbar, die in jede andere Bean injiziert werden kann. Das Annotieren eines Feldes mit `@Inject` reicht aus, um eine Abhängigkeit auf eine andere Bean zu definieren. Listing 9.2 zeigt die Bean `CustomerBean` mit einer Abhängigkeit auf die zuvor definierte Bean vom Typ `CustomerService`.

```
1   import javax.enterprise.context.RequestScoped;
2   import javax.inject.Inject;
3   import javax.inject.Named;
4
5   @Named
6   @RequestScoped
7   public class CustomerBean {
8     @Inject
9     private CustomerService customerService;
10    ...
11  }
```

Listing 9.2
Dependency-Injection mit `@Inject`

Beim Erstellen einer Bean-Instanz vom Typ `CustomerBean` löst CDI diese Abhängigkeit auf und injiziert die Bean-Instanz für den Typ `CustomerService` aus dem Application-Scope.

Mit der Annotation @Named erhält die Bean zusätzlich einen Namen, unter dem sie in Unified-EL-Ausdrücken verfügbar ist. Auch hier gilt wie bei Managed-Beans in JSF: Wenn im Element value von @Named kein expliziter Name angegeben wird, erzeugt CDI per Konvention den Namen aus dem Klassennamen mit einem kleinen Anfangsbuchstaben. Aus dem Klassennamen CustomerBean wird zum Beispiel der Name customerBean, der dann wie folgt in einer Ansicht verwendet werden kann:

```
<h:inputText value="#{customerBean.property}"/>
```

Für den Fall, dass es mehrere Beans gleichen Typs gibt, muss die Auswahl weiter eingeschränkt werden. Dazu sieht CDI sogenannte Qualifier vor. Ein Qualifier ist eine beliebige Annotation, die mit @javax.inject.Qualifier annotiert ist. Listing 9.3 zeigt als Beispiel den Qualifier @Special.

Listing 9.3 Qualifier in CDI
```
1  @Retention(RUNTIME)
2  @Target({TYPE, FIELD, METHOD})
3  @Qualifier
4  public @interface Special {
5  }
```

Mit einem solchen Qualifier wird dann einerseits die Klasse der Bean und andererseits der Injektionspunkt annotiert. Aber sehen wir uns das am besten anhand eines Beispiels an. Listing 9.4 zeigt zwei unterschiedliche Implementierungen des Interface Service. Da beide Beans den Typ Service haben (wir gehen davon aus, dass nur das Interface nach außen hin bekannt ist), annotieren wir zur weiteren Unterscheidung die Klasse SpecialServiceImpl mit unserem Qualifier @Special.

Listing 9.4 Service-Beans mit und ohne Qualifier
```
1   @ApplicationScoped
2   public class ServiceImpl implements Service {
3     ...
4   }
5
6   @ApplicationScoped
7   @Special
8   public class SpecialServiceImpl implements Service {
9     ...
10  }
```

Dieselbe Qualifier-Annotation wird auch beim Injektionspunkt benutzt, um die Auswahl der Beans vom Typ Service auf das gewünschte Exemplar einzuschränken. Listing 9.5 zeigt das entsprechende Codefragment.

```
1  public class MyBean {
2    @Inject @Special
3    private Service service;
4  }
```

Listing 9.5
Dependency-Injection mit @Inject und Qualifier

Die Annotation `@Named` ist übrigens auch ein Qualifier, der zum Einschränken der Auswahl anhand des Namens der Bean eingesetzt werden kann. Wir raten allerdings davon ab, das zu tun, da damit der Vorteil der Typsicherheit verloren geht.

Falls Sie den View-Scope in CDI vermissen, haben wir eine schlechte und eine gute Nachricht für Sie. Die schlechte Nachricht ist, dass CDI standardmäßig keinen View-Scope kennt. Die gute Nachricht ist, dass JSF 2.2 hier Abhilfe schafft und den View-Scope für CDI nachreicht. Listing 9.6 zeigt eine von CDI verwaltete Managed-Bean im neuen CDI-View-Scope von JSF 2.2. Verwechseln Sie die Annotation `javax.faces.view.ViewScoped` für den CDI-View-Scope nicht mit der Annotation `javax.faces.bean.ViewScoped` für den JSF-View-Scope.

CDI-View-Scope, JSF 2.2

```
1  @javax.inject.Named
2  @javax.faces.view.ViewScoped
3  public class CustomerBean {
4    @Inject
5    private CustomerService customerService;
6    ...
7  }
```

Listing 9.6
CDI-Managed-Bean im View-Scope

Apache MyFaces CODI bietet mit dem View-Access-Scope eine Alternative zum klassischen View-Scope – auch ohne JSF 2.2. Details dazu finden Sie in Abschnitt 9.5 und im Beispiel *MyGourmet 17*.

9.1.2 Producer-Methoden

Die zweite hier vorgestellte Variante zur Definition von Beans mit CDI sind die sogenannten Producer-Methoden. Wie der Name bereits erahnen lässt, werden Beans mit diesem Konzept über spezielle Methoden definiert. Alle nicht abstrakten Methoden einer Managed-Bean oder Session-Bean, sowohl statische wie auch nicht statische, können als Producer-Methoden fungieren. Damit eine Methode zur Producer-Methode wird, muss sie mit `@Produces` annotiert werden. Der Rückgabetyp der Methode definiert dabei den Typ der Bean und der Rückgabewert wird als Bean-Instanz verwendet. Producer-Methoden können wie Bean-Klassen mit Scope- und Qualifier-Annotationen versehen werden. Listing 9.7 zeigt ein Beispiel, in dem eine Zufallszahl vom Typ `Integer` mit dem Qualifier `@Random` als Bean zur Verfügung gestellt wird.

Listing 9.7
Producer-Methode für eine Zufallszahl

```
1  import javax.enterprise.context.ApplicationScoped;
2  import javax.enterprise.inject.Produces;
3  import javax.inject.Named;
4  import at.irian.Random;
5
6  @ApplicationScoped
7  public class RandomProducer {
8    private java.util.Random random = new java.util.Random();
9    @Produces @Named @Random
10   public int getRandom() {
11     return random.nextInt(1000);
12   }
13 }
```

Der entscheidende Vorteil von Producer-Methoden besteht darin, dass die Erstellung der Bean-Instanz komplett im Verantwortungsbereich der Applikation liegt. Damit lassen sich auch Beans für Klassen definieren, die CDI nicht direkt verwenden kann (wie etwa Klassen aus dem JDK) oder die eine spezielle Initialisierung benötigen.

Die im Beispiel von der Producer-Methode erzeugte Zufallszahl kann in einer anderen Bean verwendet werden, indem ein Feld vom Typ `int` mit `@Inject` und dem Qualifier `@Random` annotiert wird:

```
1  public class MyBean {
2    @Inject @Random
3    private int random;
4  }
```

Nachdem der Scope nicht explizit definiert ist, kommt für die Zufallszahl der Dependent-Scope zum Einsatz. Der Scope der Bean `RandomProducer` und der Scope der erzeugten Bean haben keine direkte Beziehung zueinander. Verwendet eine Producer-Methode aber zum Beispiel Daten aus der Bean, kann deren Scope durchaus eine Rolle spielen.

Da die Producer-Methode zusätzlich mit `@Named` annotiert ist, steht die Zufallszahl auch direkt in Unified-EL-Ausdrücken zur Verfügung:

```
<h:outputText value="#{random}"/>
```

Der Name der Bean leitet sich per Konvention aus dem Methodennamen ab, falls er nicht in `@Named` angegeben ist. Bei Getter-Methoden nach dem *JavaBeans*-Standard wird der Name der Eigenschaft verwendet. Im Beispiel wird daher aus `getRandom()` der Name `random`.

Producer-Methoden können auch Parameter enthalten. Listing 9.8 zeigt eine Producer-Methode mit einem Parameter vom Typ `UserBean`. Beim Aufruf der Methode löst CDI die aktuelle Bean-Instanz für diesen Typ auf und übergibt sie an die Methode. Dort wird aus der übergebenen Bean der Name des aktuell eingeloggten Benutzers ausgelesen und als eigene Bean mit dem Typ String und dem Qualifier @UserName im Dependent-Scope zur Verfügung gestellt.

```
1  @ApplicationScoped
2  public class UsernameProducer {
3    @Produces @Named @UserName
4    public String getUserName(UserBean userBean) {
5      return userBean.getUserName();
6    }
7  }
```

Listing 9.8
Producer-Methode mit Parameter

Listing 9.9 zeigt eine interessante Einsatzmöglichkeit für Producer-Methoden in JSF-Applikationen. Die gezeigte Klasse ConverterProducer stellt über die Methode getCustomConverter() den Konverter mit der Klasse CustomConverter als Bean zur Verfügung.

```
1  @ApplicationScoped
2  public class ConverterProducer {
3    @Produces @Named
4    public CustomConverter getCustomConverter() {
5      return new CustomConverter();
6    }
7  }
```

Listing 9.9
Producer-Methode für Konverter

Der Einsatz des Konverters sieht wie im folgenden Beispiel aus:

```
<h:inputText value="#{bean.property}"
    converter="#{customConverter}"/>
```

In Abschnitt 11.2.3 zeigen wir Ihnen, wie Sie mit JSF 2.2 Faces-Flows über CDI-Producer-Methoden definieren können.

9.2 Konfiguration von CDI

CDI ist wie JSF nur eine Spezifikation, für die es mehrere Implementierungen gibt. Zu den bekanntesten zählen zurzeit *Weld* von *JBoss* (die Referenzimplementierung) und *Apache OpenWebBeans*. Grundsätzlich gibt es zwei Varianten, um CDI einzusetzen. Wenn die Anwendung auf einem Applikationsserver läuft, der Java EE 6 unterstützt (wie *Glassfish 3* oder *JBoss AS 7*), ist CDI bereits integriert und einsatzbereit. Läuft die Applikation hingegen nur auf einem Servlet-Container wie *Tomcat* oder *Jetty*, muss eine CDI-Implementierung manuell integriert werden. Nachdem unsere *MyGourmet*-Beispiele auf *Jetty* laufen, haben wir uns für die zweite Variante mit *OpenWebBeans* entschieden, da sich die Integration in eine JSF-Anwendung sehr einfach gestaltet. Nach dem

Einbinden aller benötigten Jar-Dateien muss nur noch der Listener `WebBeansConfigurationListener` wie in Listing 9.10 in der `web.xml` eingetragen werden. Die Liste aller benötigten Abhängigkeiten finden Sie im Quellcode zu Beispiel *MyGourmet 16* in der `pom.xml`.

Listing 9.10 Listener für OpenWebBeans in web.xml

```
1  <listener>
2      <listener-class>
3          org.apache.webbeans.servlet.WebBeansConfigurationListener
4      </listener-class>
5  </listener>
```

Damit CDI Beans in einer Webapplikation findet, muss die Datei `beans.xml` im Verzeichnis `WEB-INF` existieren. Beans in Jar-Dateien findet CDI hingegen nur, wenn die Datei `beans.xml` im Verzeichnis `META-INF` existiert. Die Datei `beans.xml` kann Konfigurationen für CDI enthalten, bleibt aber im einfachsten Fall leer, wie Listing 9.11 zeigt.

Listing 9.11 Minimale beans.xml

```
1  <beans xmlns="http://java.sun.com/xml/ns/javaee"
2      xmlns:xsi="http://www.w3.org/2001/XMLSchema-instance"
3      xsi:schemaLocation="http://java.sun.com/xml/ns/javaee
4          http://java.sun.com/xml/ns/javaee/beans_1_0.xsd">
5  </beans>
```

> **Tipp:** CDI funktioniert nur, wenn die Datei `beans.xml` im Verzeichnis `WEB-INF` oder `META-INF` existiert.

9.3 *MyGourmet 16*: Integration von CDI

In *MyGourmet 16* dreht sich alles um die Integration von CDI. Dazu wird *OpenWebBeans* über Abhängigkeiten in der `pom.xml` in das Maven-Projekt eingebunden (Details entnehmen Sie bitte direkt dem Sourcecode). Die zusätzlich notwendige Konfiguration in der `web.xml` entspricht genau der im letzten Abschnitt vorgestellten.

Die Umstellung in *MyGourmet* beschränkt sich auf das Austauschen der JSF-Annotationen durch ihre JSR-330- und CDI-Pendants in den Klassen `ProviderServiceImpl`, `AddressBean`, `CustomerBean`, `ProviderBean` und `ProviderListBean`. Die Bean `ProviderBean` wurde mit der Annotation `javax.faces.view.ViewScoped` auf den CDI-View-Scope von JSF 2.2 umgestellt.

Listing 9.12 zeigt die Konfiguration der Beans mit den Klassen `ProviderService` und `ProviderBean`. Die JSR-330-Annotation `@Inject` auf dem Feld `providerService` der Klasse `ProviderBean` bewirkt, dass beim

Erstellen einer Bean mit dem Typ `ProviderBean` die Bean mit dem Typ `ProviderService` in das Feld injiziert wird.

```
1  @ApplicationScoped
2  public class ProviderServiceImpl implements ProviderService {
3    ...
4  }
5
6  @Named @SessionScoped
7  public class ProviderBean implements Serializable {
8    @Inject
9    private ProviderService providerService;
10   ...
11 }
```

Listing 9.12
Bean-Definition und Dependency-Injection mit CDI

Was wir Ihnen hier gezeigt haben, ist die einfachste Form der Bean-Definition mit *CDI* und JSR-330. Sobald CDI läuft und in JSF eingebunden ist, steht Ihnen die komplette Palette der Möglichkeiten offen – und glauben Sie uns, das sind eine Menge. Ein wichtiges Einsatzgebiet für die Verwendung von CDI mit JSF sind Konversationen. In Abschnitt 9.4 finden Sie allgemeine Informationen zu diesem Thema und Abschnitt 9.5 zeigt, wie Sie Konversationen mit CDI und *Apache MyFaces CODI* einsetzen.

9.4 Konversationen mit JSF

In vielen Webanwendungen lassen sich die zugrunde liegenden Geschäftsprozesse nicht direkt auf den Seitenfluss abbilden. Viele Prozesse, die aus Sicht des Benutzers eine abgeschlossene Einheit bilden, erstrecken sich in der Anwendung über mehrere Anfragen oder sogar über mehrere Ansichten hinweg. Denken Sie zum Beispiel an die Registrierung eines Benutzers, bei der im ersten Schritt die Login-Daten und im zweiten Schritt Daten zur Person abgefragt werden. Für den Benutzer der Anwendung ist dieser Vorgang eine in sich abgeschlossene Tätigkeit, die mit dem Anzeigen der ersten Ansicht beginnt und durch das Betätigen der Fertigstellen-Schaltfläche im zweiten Schritt abgeschlossen wird. Aus Sicht der Webanwendung handelt es sich dabei allerdings nur um eine Reihe von Anfragen auf zwei verschiedene Seiten.

Dadurch stellt sich die Frage, in welchem Gültigkeitsbereich die Daten während des Prozesses abgelegt werden müssen, damit sie in jedem Schritt zur Verfügung stehen. Managed-Beans im Request-Scope werden nach jeder Anfrage neu erzeugt und eignen sich daher nicht. Der View-Scope ist auch nur dann ausreichend, wenn der Prozess nicht mehr als eine Ansicht umfasst. Managed-Beans im Application-Scope eignen sich nicht für unsere Zwecke, da sie nur einmal pro Anwendung erzeugt werden und dadurch alle Benutzer dieselben Daten sehen. Bleibt als letzte Alternative nur noch der Session-Scope übrig. Der Session-Scope löst zwar das Verfügbarkeitsproblem während des Prozesses, bringt aber einige entscheidende Nachteile mit sich.

An dieser Stelle kommen Konversationen ins Spiel. Konversationen sind der ideale Speicherort für Managed-Beans, deren Lebensdauer über eine Anfrage oder Ansicht hinausgeht. Bei Webanwendungen tritt dieser Fall öfters ein, da sich Geschäftsprozesse nicht immer direkt auf den Seitenfluss der Applikation abbilden lassen. Konversationen bieten einige entscheidende Vorteile gegenüber der Session:

- Eine Konversation kann im Gegensatz zur Session sehr einfach beendet und aus dem Speicher entfernt werden, ohne andere Konversationen oder Managed-Beans außerhalb der Konversation zu beeinflussen.
- Es kann beliebig viele Konversationen pro Benutzer geben.
- Eine Konversation wird normalerweise für jedes Fenster oder Tab des Browsers neu angelegt. Dadurch kann die Anwendung gleichzeitig in mehreren Fenstern oder Tabs laufen, die sich gegenseitig nicht beeinflussen. Mit der Session ist das nicht so einfach möglich, da bei den meisten Browsern für alle Tabs und oft sogar für Fenster die gleiche Session zum Einsatz kommt[1].

Wenn Sie CDI einsetzen, kann JSF sehr einfach um Konversationen erweitert werden. Das Projekt *Apache MyFaces CODI* bietet neben Konversationen noch eine Vielzahl von Erweiterungen zur nahtlosen Integration von JSF und CDI. Details zu CODI finden Sie in Abschnitt 9.5.

9.5 Apache MyFaces CODI

Das Projekt *Apache MyFaces Extensions CDI* (kurz CODI) ist eine portable Erweiterung von CDI, die unter dem Dach von *Apache MyFaces* entwickelt wird. CODI bietet eine ganze Reihe von Features, um die Integration von JSF und CDI so einfach wie möglich zu gestalten.

CODI besteht aus mehreren Modulen, die sich je nach Bedarf in die Anwendung einbinden lassen. Neben einem Core-Modul für die Basisfunktionalität gibt es unter anderem noch Module für JSF, JPA,

---

[1] Browser benutzen oft für alle Tabs und Fenster dieselben Cookies, wodurch am Server dieselbe Session verwendet wird.

Messaging und Bean-Validation. CODI zeigt sich sehr flexibel, was seine Umgebung betrifft. Es läuft CDI-seitig mit *Apache OpenWebBeans* und *JBoss Weld* und JSF-seitig mit *Apache MyFaces* und *Mojarra*.

CDI kann an und für sich als äußerst gelungen bezeichnet werden, das Konversationskonzept ist allerdings eher dürftig. Als eines der wichtigsten Features bietet CODI daher im JSF-Modul eine erweiterte Unterstützung von Konversationen für CDI. In Abschnitt 9.5.1 werfen wir daher einen etwas genaueren Blick auf dieses Thema.

Ein weiteres interessantes Feature von CODI ist die typsichere Konfiguration von Ansichten und die damit mögliche Definition von Page-Beans. Dabei handelt es sich um Beans, die an eine Ansicht gebunden sind und bei der Ausführung des Lebenszyklus an mehreren Stellen, wie etwa kurz vor dem Rendern der Ansicht, benachrichtigt werden. Details dazu finden Sie in Abschnitt 9.5.2.

Abschließend zeigt Abschnitt 9.5.3 das Beispiel *MyGourmet 17*, in dem einige CODI-Features in die Praxis umgesetzt werden.

9.5.1 Konversationen mit CODI

CODI bietet ein sehr flexibles Konversationskonzept und ermöglicht sogar die Verwendung mehrerer Konversationen auf einer Seite. Eine Konversation ist dabei immer an das aktuelle Browserfenster beziehungsweise an den Browsertab gebunden. Es gibt somit keine Probleme, wenn die Anwendung in mehreren Fenstern oder Tabs läuft.

Eine Konversation ist genau wie die Session oder die HTTP-Anfrage als Gültigkeitsbereich für Managed-Beans einsetzbar. Anders als in CDI beginnt in CODI die Lebensdauer einer Konversation mit dem ersten Zugriff auf eine Bean in der Konversation. Die Lebensdauer hängt in CODI vom Typ der Konversation ab und kann unterschiedlich lange ausfallen. Eine Konversation kann allerdings nie länger als die Session dauern, da sie in der Session abgelegt ist.

Das JSF-Modul von CODI bietet eine ganze Reihe unterschiedlicher Konversationen und bringt auch gleich die passenden Annotationen mit, um sie als Scopes für CDI-Beans zu verwenden:

- Der *Conversation-Scope* (`@ConversationScoped`) definiert eine Konversation mit manueller Lebensdauer.
- Der *View-Access-Scope* (`@ViewAccessScoped`) definiert eine Konversation mit automatischer Lebensdauer. Solange Zugriffe auf eine Bean im View-Access-Scope erfolgen, erstreckt sich ihre Lebensdauer immer über die aktuelle und die nächste Ansicht.
- Der *Window-Scope* (`@WindowScoped`) definiert eine Art Session pro Browserfenster/-tab mit manueller Lebensdauer.

Conversation-Scope

Der Conversation-Scope von CODI definiert eine Konversation mit manueller Lebensdauer für CDI-Beans. Listing 9.13 zeigt die Bean-Klasse `WizardBean` mit den notwendigen Annotationen. Diese Klasse könnte zum Beispiel als Bean für einen mehrstufigen Wizard mit den Seiten `step1.xhtml`, `step2.xhtml` und `step3.xhtml` verwendet werden.

Listing 9.13
CDI-Bean im Conversation-Scope von CODI

```
1  @Named
2  @ConversationScoped
3  public class WizardBean implements Serializable {
4    ...
5  }
```

> **Tipp:** Verwechseln Sie die CODI-Annotation `@ConversationScoped` nicht mit der gleichnamigen CDI-Annotation. Sie unterscheiden sich lediglich durch das Package.

Wie verhält sich diese Bean in der Praxis, wenn ein Benutzer zum Beispiel die Seite `step1.xhtml` aufruft? Die Bean und die Konversation werden beim ersten Zugriff auf die Bean erstellt. Da es sich um eine manuelle Konversation handelt, steht sie auch für die Seiten `step2.xhtml` und `step3.xhtml` zur Verfügung, bis sie manuell oder durch einen Timeout beendet wird.

Das manuelle Beenden der Konversation wird über einen Aufruf der Methode `close()` auf der Instanz der aktuellen Konversation erledigt. Die aktuelle Konversation lassen wir uns dabei direkt von CDI in die Bean injizieren. Listing 9.14 zeigt nochmals die Klasse `WizardBean` mit den Methoden `save()` und `cancel()`. In beiden Methoden wird die Konversation beendet.

Listing 9.14
Manuelles Beenden einer Konversation in CODI

```
1  @Named @ConversationScoped
2  public class WizardBean implements Serializable {
3    @Inject
4    private Conversation conversation;
5    public String save() {
6      conversation.close();
7      return "details.xhtml";
8    }
9    public String cancel() {
10     conversation.close();
11     return "overview.xhtml";
12   }
13 }
```

Standardmäßig erstellt CODI für jede Bean im Conversation-Scope eine eigene Konversation. Dadurch ist es auch möglich, mehrere Konversationen auf einer Seite zu haben. Manchmal ist es aber erwünscht, mehrere Beans in einer Konversation zusammenzufassen. Dazu gibt es in CODI das Konzept der sogenannten Konversationsgruppen. Mit der Annotation `@ConversationGroup` kann eine beliebige Java-Klasse als typsichere ID der Konversationsgruppe definiert werden. Listing 9.15 zeigt die Beans WizardStep1 und WizardStep2, die beide in derselben, durch das Interface Wizard identifizierten Konversation liegen.

```
public interface Wizard {}

@ConversationScoped
@ConversationGroup(Wizard.class)
public class WizardStep1 implements Serializable {
    ...
}

@ConversationScoped
@ConversationGroup(Wizard.class)
public class WizardStep2 implements Serializable {
    ...
}
```

Listing 9.15
Konversationsgruppen in CODI

Da sich beide Beans eine Konversation teilen, werden beim Schließen der Konversation auch beide Beans aus dem Speicher entfernt. Technisch gesehen ist die Annotation `@ConversationGroup` ein Qualifier und muss daher auch verwendet werden, wenn eine Abhängigkeit auf eine damit annotierte Bean erstellt wird. Listing 9.16 zeigt ein Beispiel.

```
public class Wizard {
    @Inject @ConversationGroup(Wizard.class)
    private WizardStep1 step1;
    @Inject @ConversationGroup(Wizard.class)
    private WizardStep2 step2;
}
```

Listing 9.16
@Inject mit Konversationsgruppen

Wird keine explizite Konversationsgruppe angegeben, verwendet CODI intern die Klasse der Bean als ID der Konversation.

View-Access-Scope

Der View-Access-Scope von CODI definiert eine Konversation mit automatischer Lebensdauer für CDI-Beans. Grundsätzlich erstreckt sich die Lebensdauer einer Bean im View-Access-Scope immer auf die Ansicht, in der sie momentan verwendet wird, und auf die nächste Ansicht. Listing 9.17 zeigt die Bean `DetailsBean` im View-Access-Scope.

Listing 9.17
CDI-Bean im View-Access-Scope von CODI

```
@Named
@ViewAccessScoped
public class DetailsBean implements Serializable {
  ...
}
```

Sehen wir uns dazu ein Beispiel an. Findet der erste Zugriff auf `Details-Bean` in der Seite `showDetails.xhtml` statt, werden die Konversation und die Bean erstellt. Die Lebensdauer der Konversation erstreckt sich jetzt per Definition auf die Seite `showDetails.xhtml` und auf die nächste Seite. Solange der Benutzer auf dieser Seite bleibt – etwa weil Ajax-Anfragen ausgeführt werden –, ist die Konversation aktiv. Navigiert der Benutzer im nächsten Schritt auf die Seite `editDetails.xhtml`, bleibt die Konversation weiter aktiv. Der entscheidende Punkt ist jetzt, ob auf dieser Seite ein Zugriff auf die Bean erfolgt. Falls ja, verlängert CODI die Laufzeit um eine weitere Ansicht. Falls nein, wird die Konversation aus dem Speicher entfernt, sobald der Benutzer auf eine Seite mit unterschiedlicher View-ID navigiert.

Konversationen mit automatischer Lebensdauer sind zwar sehr praktisch, können aber zu unerwarteten Ergebnissen führen, wenn eine Bean – vielleicht unbeabsichtigt – auf mehreren Seiten referenziert wird.

Window-Scope

Der Window-Scope von CODI definiert eine Konversation mit manueller Lebensdauer für CDI-Beans. Die Konversation ist dabei an ein Browserfenster beziehungsweise an einen Browsertab gebunden und fungiert als eine Art Session pro Fenster beziehungsweise Tab. Listing 9.18 zeigt eine Bean im Window-Scope.

Listing 9.18
CDI-Bean im Window-Scope von CODI

```
@Named
@WindowScoped
public class SettingsBean implements Serializable {
  ...
}
```

Window-Context

Wenn Sie *MyGourmet 17* starten und im Browser durch die Anwendung klicken, werden Sie bemerken, dass jede URL der Anwendung den Request-Parameter mit dem Namen `windowId` aufweist. CODI benutzt den Wert dieses Parameters, um Fenster und Tabs derselben Browserinstanz zu unterscheiden. Damit sich Konversationen eindeutig auf ein Fenster oder einen Tab des Browsers abbilden lassen, führt CODI den Window-Context ein. Der Wert des Parameters `windowId` ist die ID des aktuellen Window-Contexts, in dem alle Konversationen eines Fensters oder Tabs in der Session abgelegt sind.

Den Window-Context kann man sich wie die Konversation direkt von CDI einimpfen lassen. Ein Schließen des Window-Contexts beendet alle darin befindlichen Konversationen. Listing 9.19 zeigt ein Beispiel.

```
1  @WindowScoped
2  public class WindowBean implements Serializable {
3
4    @Inject
5    private WindowContext windowContext;
6
7    public void closeWindow() {
8      windowContext.close();
9    }
10 }
```

Listing 9.19
CODI Window-Context

9.5.2 View-Config und Page-Beans

Ein weiteres interessantes Feature von CODI ist die typsichere Konfiguration von Ansichten mit View-Config-Klassen. Dank impliziter Navigation erlaubt ja JSF ab Version 2.0 an vielen Stellen die direkte Verwendung der View-ID zur Navigation. Das ist zwar sehr praktisch, kann aber mit steigender Größe der Applikation zu Problemen führen, wenn XHTML-Dateien umbenannt oder umstrukturiert werden.

View-Config

Die grundlegende Idee einer View-Config ist, Seiten nicht mehr über ihre View-IDs, sondern über spezielle Klassen zu referenzieren. Eine View-Config-Klasse wird einmal zentral definiert und dann im gesamten Projekt stellvertretend für eine Seite verwendet. Intern bildet CODI die View-Config wieder auf eine View-ID ab.

Listing 9.20 zeigt eine erste View-Config. Die Klasse muss nur das Interface `ViewConfig` implementieren und mit `@Page` annotiert werden.

```
1  @Page
2  public class Overview implements ViewConfig {}
```

Listing 9.20
View-Config mit CODI

Die Verbindung zwischen der Klasse und der View-ID erfolgt per Konvention über den Klassennamen. Aus der Klasse `Overview` leitet CODI zum Beispiel die View-ID /overview.xhtml ab.

Listing 9.21 zeigt, wie die View-Config aus Listing 9.20 in einer Action-Methode zur Navigation eingesetzt wird. Statt der View-ID wird jetzt einfach die View-Config-Klasse zurückgeliefert. Dazu muss natürlich der Rückgabewert der Methode angepasst werden, was mit JSF ab Version 2.0 aber kein Problem darstellt.

Listing 9.21
View-Config im Einsatz

```
1  @ViewAccessScoped
2  public class DetailsBean implements Serializable {
3    public Class<? extends ViewConfig> save() {
4      return Overview.class;
5    }
6  }
```

Im vorherigen Beispiel sind wir davon ausgegangen, dass alle Seitendeklarationen im Wurzelverzeichnis der Applikation liegen. CODI ermöglicht mit der typsicheren Konfiguration aber auch das Abbilden von Verzeichnisstrukturen in Form von Klassenhierarchien. Sehen wir uns dazu als Beispiel in Listing 9.22 die Konfiguration für die Seiten details.xhtml und overview.xhtml im Verzeichnis pages an.

Listing 9.22
View-Config mit CODI

```
1  public interface Pages extends ViewConfig {
2    @Page
3    public final class Overview implements Pages {}
4    @Page
5    public final class Details implements Pages {}
6  }
```

Das Interface `Pages` repräsentiert das Verzeichnis pages und ist vom Interface `ViewConfig` abgeleitet. Die konkreten View-Config-Klassen `Overview` und `Details` sind als innere Klassen umgesetzt, die jetzt nicht mehr direkt `ViewConfig`, sondern `Pages` implementieren. Aus der Klasse `Details` macht CODI intern die View-ID /pages/details.xhtml – genau was wir erreichen wollten.

Als angenehmer Nebeneffekt sind die View-Config-Klassen dadurch übersichtlich in einem Interface zusammengefasst. Eine solche Gruppierung ist übrigens auch dann möglich, wenn die Seiten nicht in einem Verzeichnis liegen. Dazu muss das Interface lediglich mit der Annotation `@Page(basePath="")` versehen werden, wie Listing 9.23 zeigt. Aus der Klasse `Details` wird wieder die View-ID /details.xhtml.

Page-Beans

Mit den View-Config-Klassen bietet CODI die Möglichkeit, Page-Beans für Ansichten zu definieren. Dabei handelt es sich um eine Bean, die an eine Ansicht gebunden ist und bei der Ausführung des Lebenszyklus an mehreren Stellen benachrichtigt wird. Die Verbindung zwischen Ansicht und Page-Bean wird mit der Annotation @PageBean auf der View-Config-Klasse definiert. Listing 9.23 zeigt ein Beispiel.

Listing 9.23
View-Config mit Page-Beans

```
@Page(basePath = "")
public interface Pages extends ViewConfig {
  @Page
  @PageBean(OverviewBean.class)
  public final class Overview implements Pages {}
  @Page
  @PageBean(DetailsBean.class)
  public final class Details implements Pages {}
}
```

Sobald eine Ansicht mit einer Page-Bean verbunden ist, wird die Bean von CODI zu bestimmten Zeitpunkten während des Lebenszyklus benachrichtigt. Dabei werden folgende Methoden aufgerufen:

- Nach dem Erstellen der Ansicht wird die mit @InitView annotierte Methode aufgerufen.
- Vor dem Aufrufen der Action-Methode wird die mit @PrePageAction annotierte Methode aufgerufen.
- Vor der Render-Response-Phase wird die mit @PreRenderView annotierte Methode aufgerufen.
- Nach der Render-Response-Phase wird die mit @PostRenderView annotierte Methode aufgerufen.

Listing 9.24 zeigt ein Beispiel für eine Page-Bean mit zwei annotierten Methoden.

Listing 9.24
Page-Bean

```
@ViewAccessScoped
public class OverviewBean {
  @InitView
  public void init() {...}
  @PreRenderView
  public void loadData() {...}
}
```

9.5.3 *MyGourmet 17*: Apache MyFaces CODI

MyGourmet 17 integriert *Apache MyFaces CODI* und zeigt einige Anwendungsfälle. Das Beispiel verwendet das Core- und das JSF-2.0-Modul von CODI. Beide Module werden über Abhängigkeiten in der pom.xml in das Maven-Projekt eingebunden. Details entnehmen Sie bitte direkt dem Sourcecode. Auf die Konfiguration von CDI werden wir hier nicht mehr näher eingehen.

In *MyGourmet 17* haben wir den Kundenbereich der Anwendung leicht umgebaut. Die Startseite ist jetzt customerList.xhtml, auf der eine Liste aller Kunden mit mc:dataTable dargestellt wird. Von dieser Ansicht aus kann der Benutzer zur Detailseite eines Kunden navigieren, einen neuen Kunden anlegen oder einen vorhandenen Kunden löschen.

Die Bean CustomerListBean im View-Access-Scope ist als Page-Bean der Ansicht definiert. Listing 9.25 zeigt die Klasse. Die Liste der Kunden wird in der Methode preRenderView geladen. Da sie mit @PreRenderView annotiert ist, wird sie vor jedem Rendern der Ansicht von CODI aufgerufen. Zum Löschen eines Kunden wird über eine h:commandLink-Komponente die Methode deleteCustomer aufgerufen. Der zu löschende Kunde wird dabei direkt als Parameter übergeben:

```
1  <h:commandLink value="#{msgs.delete}"
2      action="#{customerListBean.deleteCustomer(customer)}">
3    <f:ajax render=":form:addressPanel:addresses"/>
4  </h:commandLink>
```

Das Löschen eines Kunden wird als Ajax-Anfrage ausgeführt. Der View-Access-Scope der Bean bedeutet, dass die Konversation der Bean so lange offen bleibt, bis nicht mehr auf sie zugegriffen wird.

Listing 9.25 *MyGourmet 17*: Page-Bean der Kunden-Übersichtsseite

```
1  @Named @ViewAccessScoped
2  public class CustomerListBean implements Serializable {
3    @Inject
4    private CustomerService customerService;
5    private List<Customer> customerList;
6    @PreRenderView
7    public void preRenderView() {
8      customerList = customerService.findAll();
9    }
10   public List<Customer> getCustomerList() {
11     return customerList;
12   }
13   public void deleteCustomer(Customer customer) {
14     customerService.delete(customer);
15   }
16 }
```

Wir haben im Zuge der Änderungen in *MyGourmet 17* alle Operationen für Objekte vom Typ `Customer` im Interface `CustomerService` zusammengefasst. Die Implementierung `CustomerServiceImpl` dieses Interface steht als CDI-Bean zur Verfügung. Listing 9.25 zeigt, wie die Abhängigkeit zum Service mit `@Inject` definiert wird.

Listing 9.26 zeigt Teile der View-Config für *MyGourmet 17* im Interface `View`. Aus `showCustomer.xhtml` wird zum Beispiel die Klasse `ShowCustomer`. Da alle Klassen `View` implementieren, muss dort über `basePath` in der Annotation `@Page` der Pfad überschrieben werden. Ohne diese Anpassung würde CODI davon ausgehen, dass die Seiten im Verzeichnis `/view` liegen und die View-IDs dementsprechend anpassen. Alternativ könnten wir natürlich die XHTML-Dateien in das Verzeichnis `/view` verschieben. Die Definition der Page-Beans finden Sie ebenfalls in der View-Config in Listing 9.26.

Listing 9.26
MyGourmet 17: View-Config

```
1  @Page(basePath = "")
2  public interface View extends ViewConfig {
3    @Page @PageBean(AddCustomerBean.class)
4    public class AddCustomer1 implements View {}
5    @Page @PageBean(AddCustomerBean.class)
6    public class AddCustomer2 implements View {}
7    @Page @PageBean(CustomerListBean.class)
8    public class CustomerList implements View {}
9    @Page @PageBean(CustomerBean.class)
10   public class ShowCustomer implements View {}
11 }
```

Die Detailseite `showCustomer.xhtml` ist über eine `h:commandLink`-Komponente in der Übersichtsseite erreichbar. Bei einem Klick auf den Link wird die Methode `showCustomer` der Bean `CustomerBean` mit der ID des Kunden aufgerufen. Die Methode lädt den Kunden und gibt die View-Config der Detailseite für die Navigation zurück. Die Klasse `AddressBean` ist in der Klasse `CustomerBean` aufgegangen. Listing 9.27 zeigt die relevanten Teile der Klasse `CustomerBean`.

Listing 9.27
MyGourmet 17: Page-Bean der Kundenansichten

```
1  @Named @ViewAccessScoped
2  public class CustomerBean extends CustomerBeanBase {
3    @Inject
4    private CustomerService customerService;
5    public Class<? extends ViewConfig> showCustomer(long id) {
6      this.customer = customerService.findById(id);
7      return View.ShowCustomer.class;
8    }
9  }
```

Wenn der Benutzer auf die Detailseite navigiert, wird eine Instanz der Bean `CustomerBean` im View-Access-Scope inklusive der Konversation erstellt. Die Konversation bleibt aktiv, bis während einer Anfrage keine Zugriffe mehr auf die Bean `CustomerBean` erfolgen.

Der Wizard zum Anlegen eines neuen Kunden ist ebenfalls von der Übersichtsseite aus erreichbar. Der Ablauf besteht aus den beiden Ansichten `addCustomer1.xhtml` zur Eingabe der Basisdaten des Kunden und `addCustomer2.xhtml` zur Eingabe einer Adresse. Die Bean `AddCustomerBean` ist die Page-Bean für beide Ansichten und liegt im Conversation-Scope von CODI. Listing 9.28 zeigt die relevanten Teile der Klasse `AddCustomerBean`. Die Bean bekommt den Service `CustomerService` injiziert, der zum Erzeugen einer neuen `Customer`-Instanz in der Methode `createCustomer` verwendet wird. Da diese Methode mit `@InitView` annotiert ist, wird sie von CODI nach der Restore-View-Phase aufgerufen, wenn der Lebenszyklus für eine der beiden verknüpften Ansichten ausgeführt wird. So ist gewährleistet, dass immer eine Instanz der Klasse `Customer` existiert.

Listing 9.28 MyGourmet 17: Page-Bean des Wizards zum Anlegen eines Kunden

```
1  @Named @ConversationScoped
2  public class AddCustomerBean extends CustomerBeanBase {
3    @Inject
4    private CustomerService customerService;
5    @Inject
6    private Conversation conversation;
7    @InitView
8    public void createCustomer() {
9      if (customer == null) {
10       customer = customerService.createNew();
11     }
12   }
13   public Class<? extends ViewConfig> save() {
14     customerService.save(customer);
15     conversation.close();
16     return View.CustomerList.class;
17   }
18   public Class<? extends ViewConfig> cancel() {
19     conversation.close();
20     return View.CustomerList.class;
21   }
22 }
```

Da die Bean `AddCustomerBean` im Conversation-Scope liegt, müssen wir uns selbst um das Beenden der Konversation kümmern. Dazu wird in den Action-Methoden `save()` und `cancel()` die Methode `close()` auf der Konversation aufgerufen, die wir uns von CDI injizieren lassen.

10 PrimeFaces – JSF und mehr

Komponenten sind ein essenzieller Bestandteil von *JavaServer Faces* und bilden einen zentralen Erweiterungspunkt. Der JSF-Standard definiert bereits eine ganze Reihe von Komponenten und Tags für die grundlegenden Anforderungen einer Webapplikation. Darüber hinausgehend sind im Laufe der letzten Jahre diverse Komponentenbibliotheken entstanden. Die meisten dieser Bibliotheken bieten neben einem erweiterten Angebot von Komponenten auch noch andere Konzepte, die das Entwickeln von JSF-Anwendungen teils erheblich vereinfachen. Eine der zurzeit populärsten und am aktivsten weiterentwickelten Komponentenbibliotheken ist *PrimeFaces*. In diesem Kapitel werden wir Ihnen zeigen, welche Funktionalitäten *PrimeFaces* in Version 3.5 über den JSF-Standard hinaus anbietet.

Nach einem kurzen Überblick in Abschnitt 10.1 gibt Abschnitt 10.2 einen Einblick in die Welt der *PrimeFaces*-Komponenten. In Abschnitt 10.3 zeigen wir Ihnen anschließend, wie Sie das Aussehen einer *PrimeFaces*-Applikation mit Themes anpassen. *PrimeFaces* bietet auch im Ajax-Bereich einige Erweiterungen gegenüber dem JSF-Standard – Abschnitt 10.4 zeigt die Details. Abschließend werfen wir in Abschnitt 10.5 noch einen Blick auf das Beispiel *MyGourmet 18*.

10.1 PrimeFaces – ein Überblick

PrimeFaces hat sich seit seiner Veröffentlichung im Jahr 2010 zu einer der populärsten Open-Source-Komponentenbibliotheken für JSF entwickelt. Der Kernbestandteil von *PrimeFaces* ist ein Set von momentan etwa 100 aufeinander abgestimmter Komponenten, deren Erscheinungsbild mit Themes an eigene Bedürfnisse angepasst werden kann. Die Palette der angebotenen Funktionalität geht weit über den JSF-Standard hinaus und reicht von diversen Eingabekomponenten über Komponenten zur Darstellung von Daten in Form von Listen, Bäumen oder Tabellen bis hin zu Komponenten für Diagramme oder *Google-Maps*. Als Zugabe gibt es unter anderem noch Erweiterungen im Bereich Ajax und die Unterstützung von Ajax-Push. Mit *PrimeFaces Mo-*

bile existiert zusätzlich eine angepasste Variante, um die Entwicklung von Webapplikationen für mobile Endgeräte zu vereinfachen.

Neben der Funktionalität legen die Entwickler von *PrimeFaces* einen starken Fokus auf Themen wie Leichtgewichtigkeit und Performance – ein Unterfangen, das durchaus als gelungen bezeichnet werden kann. Die Integration von *PrimeFaces* in die eigene Webapplikation gestaltet sich daher äußerst einfach. Für die Basisversion muss lediglich eine einzige Jar-Datei in das Projekt eingebunden werden. Nur beim Einsatz von optionalen Features wie dem Export nach PDF oder Excel oder dem File-Upload sind weitere Abhängigkeiten notwendig. Details dazu entnehmen Sie bitte der Dokumentation von *PrimeFaces*.

Falls Sie in Ihrem Projekt *Maven* einsetzen, müssen Sie nur die in Listing 10.1 gezeigte Abhängigkeit zur `pom.xml` hinzufügen. Andernfalls finden Sie die aktuellste Version von *PrimeFaces* unter `http://primefaces.org/`.

Listing 10.1
Maven-Abhängigkeit für PrimeFaces

```
1  <dependency>
2    <groupId>org.primefaces</groupId>
3    <artifactId>primefaces</artifactId>
4    <version>3.5</version>
5  </dependency>
```

Damit Maven die Abhängigkeit auflösen kann, muss das *PrimeFaces*-Repository mit der URL `http://repository.primefaces.org` in der `pom.xml` eingetragen werden. Details dazu finden Sie im Quellcode zu *MyGourmet 18*.

Ansonsten ist keine weitere Konfiguration notwendig – weder in der `web.xml` noch in der `faces-config.xml`. Hier zeigt sich deutlich der Fokus auf die Leichtgewichtigkeit in allen Belangen.

10.2 Komponenten

PrimeFaces bietet in Version 3.5 etwa 100 Komponenten für die unterschiedlichsten Anwendungsfälle an, die unter dem Namensraum `http://primefaces.org/ui` verfügbar sind. Die Vorstellung aller Komponenten würde den Rahmen des Buches sprengen, weshalb wir hier nur eine repräsentative Auswahl zeigen. Eine Übersicht aller verfügbaren Komponenten finden Sie unter der Adresse `http://www.primefaces.org/showcase`.

Listing 10.2 zeigt ein erstes Beispiel mit der Panel-Komponente von *PrimeFaces*, die über das Tag `p:panel` in die Seite eingebunden wird. Das Präfix p muss mit dem Namensraum `http://primefaces.org/ui` verknüpft sein, damit JSF die Tags der *PrimeFaces*-Komponenten auflösen kann. Im Beispiel bekommt das Panel über das Attribut header noch eine Überschrift und wird durch das Setzen von toggleable auf true im Browser ein- und ausblendbar gemacht. Vergessen Sie auch mit *PrimeFaces* nicht, h:head und h:body zu verwenden: Nur so ist gewährleistet, dass alle Stylesheets und Skripte in die Seite eingebunden werden.

Listing 10.2
PrimeFaces-Beispiel mit p:panel

```
<html xmlns="http://www.w3.org/1999/xhtml"
    xmlns:h="http://xmlns.jcp.org/jsf/html"
    xmlns:p="http://primefaces.org/ui">
<h:head><title>Test</title></h:head>
<h:body>
  <p:panel header="Test" toggleable="true">
    <h:outputText value="Hallo, hier spricht PrimeFaces!"/>
  </p:panel>
</h:body>
</html>
```

Abbildung 10.1 zeigt die gerenderte Ausgabe des Beispiels aus Listing 10.2. Die Panel-Komponente wird automatisch mit den Einstellungen vom aktuellen Theme dargestellt. Sie müssen dazu weder ein Stylesheet einbinden (das macht JSF automatisch) noch eine CSS-Klasse auf der Komponente setzen. Details zu Themes finden Sie in Abschnitt 10.3.

Abbildung 10.1
p:panel *im Browser*

Sie können in einer Applikation und sogar innerhalb einer Seite Komponenten und Tags aus *PrimeFaces* beliebig mit jenen aus dem JSF-Standard kombinieren. In den meisten Fällen müssen Sie das sogar machen, da es für Tags wie h:form, h:outputText, h:head oder h:body keine Alternativen gibt. Probleme sind dadurch nicht zu erwarten, da sich *PrimeFaces* sehr strikt an den JSF-Standard hält. Für andere Standardkomponenten gibt es allerdings sehr wohl Alternativen, wie der nächste Abschnitt zeigt.

10.2.1 Erweiterte Standardkomponenten

PrimeFaces bietet für eine ganze Reihe von Komponenten aus dem JSF-Standard erweiterte Varianten an. Komponenten wie p:inputText, p:selectOneRadio, p:messages oder p:outputLabel verfügen über dieselbe Grundfunktionalität wie die gleichnamigen Standardkomponenten. In den meisten Fällen sind die erweiterten Komponentenklassen sogar von den JSF-Klassen abgeleitet. Die *PrimeFaces*-Komponenten sollten aber trotzdem bevorzugt zum Einsatz kommen, da sie Themes unterstützen und meist zusätzliche Funktionen bereitstellen.

Listing 10.3 zeigt ein Beispiel mit erweiterten Standardkomponenten aus *PrimeFaces*. Im Vergleich zu bisherigen Beispielen mit Tags aus dem JSF-Standard hat sich bis auf das Präfix nicht viel geändert – selbst die Namen der Attribute bleiben gleich. Ein genauerer Blick auf das Tag `p:inputText` mit der ID `birthday` zeigt, dass Konverter und Validatoren aus JSF oder aus eigenen Tag-Bibliotheken problemlos weiterverwendet werden können. Ähnliches gilt für `p:selectOneRadio`: Die Definition der Auswahlmöglichkeiten wird wie gehabt mit `f:selectItem` oder `f:selectItems` erledigt.

Listing 10.3 Beispiel mit erweiterten Standardkomponenten in PrimeFaces

```
1  <p:messages showDetail="true" showSummary="false"/>
2  <h:form id="form">
3    <h:panelGrid id="baseData" columns="2">
4      <p:outputLabel for="name" value="Name"/>
5      <p:inputText id="name" value="#{bean.name}"/>
6      <p:outputLabel for="birthday" value="Geburtstag"/>
7      <p:inputText id="birthday" value="#{bean.birthday}">
8        <f:convertDateTime pattern="dd.MM.yyyy"/>
9        <mg:validateAge minAge="18"/>
10     </p:inputText>
11     <p:outputLabel for="gender" value="Geschlecht"/>
12     <p:selectOneRadio id="gender" value="#{bean.gender}">
13       <f:selectItems value="#{bean.genderItems}"/>
14     </p:selectOneRadio>
15   </h:panelGrid>
16 </h:form>
```

Abbildung 10.2 zeigt die gerenderte Ausgabe des Beispiels aus Listing 10.3 mit fehlerhaften Benutzereingaben. Hier sieht man deutlich den Unterschied zu Standard-JSF, da die Komponenten automatisch mit den Einstellungen vom aktuellen Theme dargestellt werden.

Abbildung 10.2 Gerenderte Ausgabe zum Beispiel mit erweiterten Standardkomponenten

> ⊠ Alter muss mindestens 18 Jahre betragen.
> Geschlecht: Validierungsfehler: Eingabe erforderlich.
>
> Name | Michael Kurz
> Geburtstag | 1.1.2012
> Geschlecht | ○ Weiblich ○ Männlich

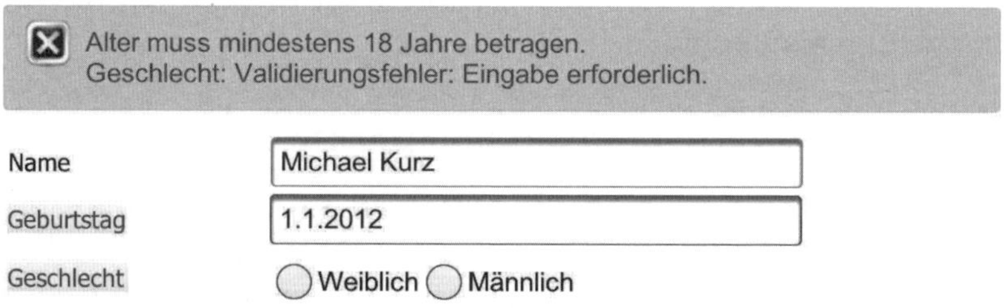

In Abbildung 10.2 lassen sich noch weitere Vorteile von *PrimeFaces* erkennen. Die beiden Komponenten mit fehlerhafter Benutzereingabe werden inklusive der zugeordneten Labels in roter Farbe dargestellt.

Wenn Sie ganz genau hinsehen, werden Sie noch etwas entdecken: Die Fehlermeldung für die fehlende Auswahl des Geschlechts enthält automatisch den Wert der zugeordneten Label-Komponente. In Standard-JSF würde hier die Client-ID der Komponente stehen – außer das Attribut label ist explizit gesetzt. Gerade solche Details erleichtern die tägliche Entwicklungsarbeit oft enorm.

10.2.2 Auswahl einiger *PrimeFaces*-Komponenten

PrimeFaces stellt eine große Zahl von Komponenten zur Verfügung, deren Funktionalität weit über den JSF-Standard hinausgeht. Im Laufe dieses Abschnitts stellen wir eine zugegeben sehr kleine Auswahl dieser Komponenten vor.

AccordionPanel – p:accordionPanel

Die AccordionPanel-Komponente mit dem Tag p:accordionPanel stellt mehrere auf- und zuklappbare Tabs untereinander dar. Ein Tab gruppiert beliebigen Inhalt und wird mit dem Tag p:tab definiert. Die einzelnen Tabs können mit einem Klick auf ihre Titelzeile auf- und zugeklappt werden, wobei im Standardfall maximal ein Tab aktiv ist. Klickt der Benutzer auf die Titelleiste eines geschlossenen Tabs, wird dieses aufgeklappt und das zuvor aktive zugeklappt. Abbildung 10.3 zeigt ein Beispiel mit drei Tabs, von denen der erste aktiv ist und der dritte komplett deaktiviert wurde (mehr dazu später).

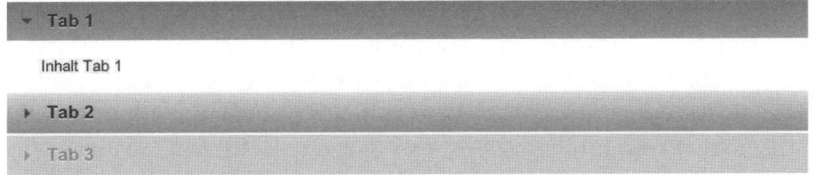

Abbildung 10.3
p:accordionPanel *im Browser*

Listing 10.4 zeigt den Code zum Beispiel aus Abbildung 10.3. Innerhalb von p:accordionPanel wird jeder Tab in einem p:tab-Tag mit beliebigem Inhalt definiert. Der Titel wird im Attribut title oder alternativ in einem Facet mit dem Namen title angegeben. Der dritte Tab ist durch das Setzen des Attributs disabled auf true komplett deaktiviert und kann im Browser nicht aufgeklappt werden. Wenn Sie einen Tab dynamisch deaktivieren wollen, können Sie hier natürlich auch eine Value-Expression verwenden.

Standardmäßig werden alle Tabs von p:accordionPanel gerendert und im Browser auf- und zugeklappt. Bei komplexeren Tabs kann das

Listing 10.4
p:accordionPanel

```
1  <p:accordionPanel>
2    <p:tab title="Tab 1">
3      Inhalt Tab 1
4    </p:tab>
5    <p:tab title="Tab 2">
6      Inhalt Tab 2
7    </p:tab>
8    <p:tab title="Tab 3" disabled="true">
9      Inhalt Tab 3
10   </p:tab>
11 </p:accordionPanel>
```

aber durchaus die Ladezeit der Seite verlängern. *PrimeFaces* bietet daher die Möglichkeit, Tabs dynamisch über Ajax nachzuladen. Dazu muss lediglich im Tag `p:accordionPanel` das Attribut `dynamic` auf `true` gesetzt werden. Initial inaktive Tabs werden dann erst beim ersten Aktivieren nachgeladen. Um einen Tab bei jedem Aktivieren neu zu laden – zum Beispiel wegen dynamischer Inhalte –, muss zusätzlich das Attribut `cache` auf `false` gesetzt werden.

`p:accordionPanel` erlaubt das Aufklappen mehrerer Tabs, wenn das Attribut `multiple` auf `true` gesetzt wird.

Calendar – p:calendar

Eine Komponente zur komfortablen Auswahl eines Datums darf natürlich in keiner Komponentenbibliothek fehlen. *PrimeFaces* macht da keine Ausnahme und bietet zu diesem Zweck die Calendar-Komponente mit dem Tag `p:calendar` an. `p:calendar` hat zwei verschiedene Darstellungsmodi, die über das Attribut `mode` gesetzt werden. Im Modus `inline` wird die Komponente rein als Auswahlfeld für ein Datum ohne Texteingabemöglichkeit durch den Benutzer dargestellt. Im Modus `popup` wird die Komponente hingegen als Eingabefeld angezeigt. Das Auswahlfeld wird dann nur bei Bedarf als Pop-up eingeblendet. Abbildung 10.4 zeigt die gerenderte Ausgabe von `p:calendar` im Modus `popup` mit geöffnetem Auswahlfeld.

`p:calendar` verfügt über einige Attribute, um das Verhalten und die Darstellung der Komponente anzupassen. Im Modus `popup` lässt sich zum Beispiel über das Attribut `showOn` das Öffnen des Auswahlfeldes steuern: Mit `button` wird die Datumsauswahl über eine Schaltfläche neben dem Eingabefeld geöffnet, mit `focus`, wenn das Eingabefeld im Browser den Fokus erhält, und mit `both` in beiden Fällen.

Die Titelleiste des Datumsauswahlfeldes zeigt standardmäßig den ausgewählten Monat und das Jahr an. Alternativ kann an dieser Stelle

Kalender (mit Pop-up):

Abbildung 10.4
p:calendar *im Browser*

auch ein Navigator mit Auswahlfeldern für den Monat und das Jahr eingeblendet werden. Der Navigator wird durch das Setzen des Attributs navigator auf true aktiviert.

Listing 10.5 zeigt das Tag für das Beispiel in Abbildung 10.4 im Modus popup mit Öffnen über eine Schaltfläche und aktiviertem Navigator. Im Attribut pattern wird außerdem noch das Datumsformat festgelegt.

```
<p:calendar value="#{bean.date}" mode="popup" navigator="true"
    showOn="button" pattern="dd.MM.yyyy"/>
```

Listing 10.5
p:calendar

Aus Sicht von JSF ist die Kalenderkomponente eine Eingabekomponente wie jede andere auch (die Klasse Calendar ist eine Subklasse von HtmlInputText) und unterstützt beliebige Konverter und Validatoren für den Datentyp java.util.Date. Wenn die Komponente keinen expliziten Konverter findet, wird der Wert intern konvertiert.

PrimeFaces liefert standardmäßig nur eine Lokalisierung für Englisch aus. Wenn Sie den Kalender wie in Abbildung 10.4 mit deutschen Texten (und Montag als ersten Tag) haben wollen, müssen Sie noch ein kurzes Stück JavaScript in Ihre Seite einbinden. Den entsprechenden Code für eine ganze Reihe von Sprachen finden Sie im *PrimeFaces*-Wiki[1].

DataTable – p:dataTable

Ein weiterer Klassiker für Komponentenbibliotheken im JSF-Umfeld ist eine leistungsfähige Komponente zur tabellarischen Darstellung dynamischer Daten. Nachdem die DataTable-Komponente aus dem JSF-Standard Pagination nur halbherzig unterstützt und Features wie Sortierung oder Filterung komplett fehlen, besteht in diesem Bereich enor-

---
[1] http://code.google.com/p/primefaces/wiki/PrimeFacesLocales

mes Verbesserungspotenzial. In *PrimeFaces* gibt es dazu die DataTable-Komponente mit dem Tag `p:dataTable`, die all diese Features (und noch viel mehr) mitbringt.

Abbildung 10.5 zeigt die gerenderte Ausgabe von `p:dataTable` mit aktivierter Pagination und Sortierung für eine Liste von Personen. Wie Sie sehen, wird auch `p:dataTable` gemäß dem aktuellen Theme dargestellt.

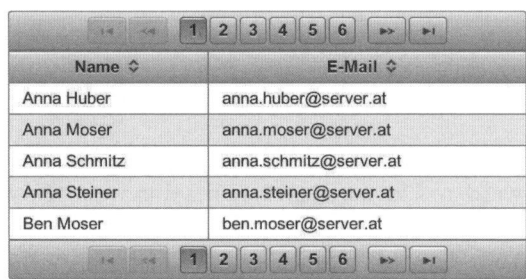

Abbildung 10.5
`p:dataTable` *im Browser*

Die grundlegende Funktionsweise von `p:dataTable` entspricht jener der DataTable-Komponente aus dem JSF-Standard (wie in Abschnitt 3.4 beschrieben). Analog zu `h:dataTable` verfügt auch `p:dataTable` über die Attribute `value` und `var`. In unserem Beispiel referenziert `value` eine Liste von Instanzen der Klasse `Person` mit den Eigenschaften `name` und `email`. Beim Einsatz von `p:dataTable` werden die Spalten der Tabelle mit dem Tag `p:column` definiert. Listing 10.6 zeigt das XHTML-Fragment für die Tabelle aus Abbildung 10.5.

Listing 10.6
`p:dataTable` *mit Pagination und Sortierung*

```
1  <p:dataTable var="person" value="#{bean.persons}"
2      paginator="true" rows="5">
3    <p:column headerText="Name" sortBy="#{person.name}">
4      <h:outputText value="#{person.name}"/>
5    </p:column>
6    <p:column headerText="E-Mail" sortBy="#{person.email}">
7      <h:outputText value="#{person.email}"/>
8    </p:column>
9  </p:dataTable>
```

Das Hinzufügen eines Paginators für die seitenweise Darstellung großer Datenmengen ist mit `p:dataTable` äußerst einfach. Dazu muss nur das Attribut `paginator` auf den Wert `true` gesetzt werden. Die Anzahl der Zeilen pro Seite wird dann im Attribut `rows` definiert. *PrimeFaces* rendert standardmäßig einen Paginator mit Schaltflächen für bestimmte Seiten im Umfeld der aktuellen Seite und zur Navigation auf die erste, letzte, vorherige und nächste Seite. Das Umschalten zwischen den einzelnen Seiten erfolgt automatisch mittels Ajax.

Fall Sie den Paginator nicht wie in Abbildung 10.5 am Anfang und am Ende der Tabelle haben wollen, müssen Sie lediglich das Attribut `paginatorPosition` auf den Wert `top` oder `bottom` setzen (der Standardwert ist `both`).

Das Sortieren der Daten nach den Werten in einzelnen Spalten ist ähnlich einfach. Für jede Spalte kann im Attribut `sortBy` von `p:column` eine Eigenschaft der dargestellten Objekte als Sortierkriterium angegeben werden. In unserem Beispiel sind das die Eigenschaften `name` für die Spalte mit den Namen und `email` für die Spalte mit den Mailadressen. Intern benutzt die Komponente zum Vergleich zweier Werte einfach einen Java-Comparator. Sobald `sortBy` angegeben ist, rendert *PrimeFaces* ein Icon zum Sortieren der Daten, basierend auf den Werten der Spalte. Die Sortierung der Daten über einen Klick auf das Icon erfolgt ebenfalls mittels Ajax.

`p:dataTable` bietet noch eine Vielzahl weiterer Features wie das Filtern der Daten, die Selektion von Zeilen, das Verschieben von Spalten oder das Verändern der Spaltenbreite. Aus Platzgründen müssen wir für weitere Details allerdings auf die Dokumentation von *PrimeFaces* verweisen.

Menu – p:menu

PrimeFaces stellt eine ganze Reihe von Komponenten für die verschiedensten Menüs zur Verfügung. Wir erläutern stellvertretend die Menu-Komponente mit dem Tag `p:menu` – die restlichen Menükomponenten funktionieren sehr ähnlich. Abbildung 10.6 zeigt die gerenderte Ausgabe eines mit `p:menu` definierten Menüs mit diversen Menüeinträgen.

Abbildung 10.6
`p:menu` *im Browser*

Die Einträge eines Menüs werden in *PrimeFaces* mit dem Tag `p:menuitem` zu einer Menükomponente hinzugefügt. Dabei unterstützt `p:menuitem` Einträge mit unterschiedlichem Navigationsverhalten:

❏ Für einen Menüeintrag mit GET-Navigation im Stil von `h:link` wird das Ziel der Navigation im Attribut `outcome` eingetragen.

❏ Für einen Menüeintrag im Stil von `p:commandLink` wird wie gewohnt das Attribut `action` verwendet. Standardmäßig wird eine Ajax-Anfrage ausgelöst, wenn das Attribut `ajax` nicht auf `false` gesetzt

ist. Im Ajax-Fall können im Attribut update IDs von Komponenten angegeben werden, die JSF neu rendern soll.
- Für einen Menüeintrag im Stil von h:outputLink muss im Attribut url eine komplette URL eingetragen werden.

Mit dem Tag p:submenu können zusätzlich mehrere Einträge gruppiert werden. Listing 10.7 zeigt das XHTML-Fragment für das Menü aus Abbildung 10.6 mit vier unterschiedlichen Typen von Einträgen.

Listing 10.7
p:menu mit verschiedenen Menüeinträgen

```
1  <p:menu>
2    <p:menuitem value="Anbieter" outcome="providerList"/>
3    <p:menuitem value="Kunden" action="#{bean.goToCustomers}"
4      ajax="false"/>
5    <p:menuitem value="Aktualisieren" action="#{bean.update}"
6      update="form"/>
7    <p:submenu label="Extern">
8      <p:menuitem value="JSF@Work" url="http://jsfatwork.irian.at"
9        target="_blank"/>
10   </p:submenu>
11 </p:menu>
```

Das Aufbauen eines Menüs mit den beiden Tags p:menuitem und p:submenu funktioniert für andere Menükomponenten wie p:menubar, p:menuButton oder p:tabMenu exakt gleich.

PanelGrid – p:panelGrid

Die PanelGrid-Komponente mit dem Tag p:panelGrid bietet eine einfache Möglichkeit, andere Komponenten in Form einer Tabelle anzuordnen. p:panelGrid lässt sich auf die gleiche Art und Weise wie h:panelGrid aus dem JSF-Standard verwenden (Details dazu finden Sie in Abschnitt 3.8). Die *PrimeFaces*-Alternative verwendet für die Darstellung allerdings automatisch die Einstellungen vom aktuellen Theme.

Der größte Pluspunkt von p:panelGrid ist die Unterstützung von Tabellenzellen, die sich über mehrere Zeilen oder Spalten erstrecken. Dazu müssen die Zeilen allerdings mit dem Tag p:row und die Spalten mit p:column definiert werden. Abbildung 10.7 zeigt die gerenderte Ausgabe einer mit p:panelGrid definierten Tabelle.

Abbildung 10.7
p:panelGrid *im Browser*

Überschrift 1	Überschrift 2	
Zelle 1	Zelle 2	
	Zelle 3	Zelle 4

In Listing 10.8 finden Sie das XHTML-Fragment für die Tabelle aus Abbildung 10.7. Die Zeilen und Spalten der Tabelle sind explizit mit den Tags `p:row` und `p:column` definiert – auch im Header-Facet von `p:panelGrid`. Damit sich eine Zelle innerhalb einer Zeile über mehrere Spalten erstreckt, muss im Tag `p:column` das Attribut `colspan` entsprechend gesetzt werden. Die Anzahl der Spalten sollte natürlich in jeder Zeile gleich sein. Analog erstreckt sich eine Zelle über mehrere Zeilen, wenn das Attribut `rowspan` entsprechend gesetzt wird.

Listing 10.8 p:panelGrid

```
1  <p:panelGrid>
2    <f:facet name="header">
3      <p:row>
4        <p:column>Überschrift 1</p:column>
5        <p:column colspan="2">Überschrift 2</p:column>
6      </p:row>
7    </f:facet>
8    <p:row>
9      <p:column rowspan="2">Zelle 1</p:column>
10     <p:column colspan="2">Zelle 2</p:column>
11   </p:row>
12   <p:row>
13     <p:column>Zelle 3</p:column>
14     <p:column>Zelle 4</p:column>
15   </p:row>
16 </p:panelGrid>
```

Rating – p:rating

Mit `p:rating` können Bewertungen in Form von anklickbaren Sternen abgegeben werden. Der Wert der Rating-Komponente entspricht der Anzahl der ausgewählten Sterne. Die Komponente kann sowohl für die Eingabe als auch rein für die Ausgabe einer Bewertung dienen. Abbildung 10.8 zeigt die gerenderte Ausgabe von zwei Rating-Komponenten: einmal ohne und einmal mit Icon zum Zurücksetzen des Werts auf 0.

Rating (ohne Cancel):

Rating (mit Cancel):

Abbildung 10.8 p:rating *im Browser*

Listing 10.9 zeigt einige Beispiele für das Tag `p:rating`. Die Anzahl der auswählbaren Sterne wird im Attribut `stars` angegeben (der Standardwert ist 5). Das Icon zum Zurücksetzen des Werts wird standardmäßig gerendert, wenn nicht das Attribut `cancel` explizit auf `false` gesetzt wird. Mit dem Setzen des Attributs readonly auf true kann die Komponente zur reinen Ausgabekomponente umfunktioniert werden.

Listing 10.9
Beispiele zu p:rating

```
1 <p:rating value="#{bean.value}" cancel="false" stars="5"/>
2 <p:rating value="#{bean.value}" stars="5"/>
3 <p:rating value="#{bean.value}" readonly="true" stars="5"/>
```

Slider – p:slider

Die Slider-Komponente mit dem Tag `p:slider` stellt einen Schieberegler für Zahlenwerte zur Verfügung, ist selbst aber keine Eingabekomponente. `p:slider` muss daher immer mit einer Eingabekomponente wie `p:inputText` oder `h:inputHidden` verbunden werden. Abbildung 10.9 zeigt zwei mögliche Einsatzszenarien: einmal in Kombination mit einem Eingabefeld und einmal in Kombination mit einer reinen Textausgabe des aktuellen Werts.

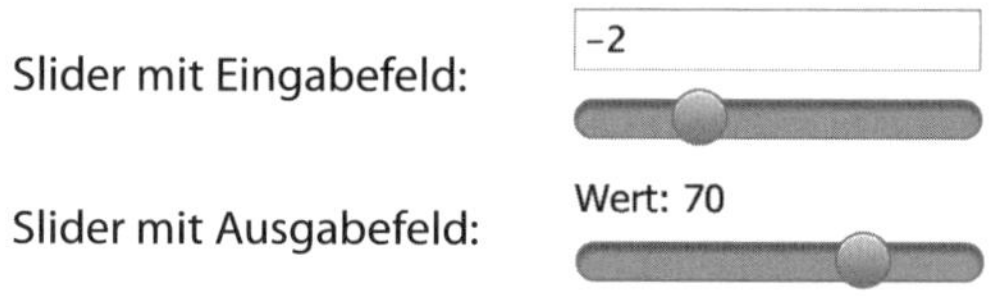

Abbildung 10.9
p:slider im Browser

Die ID der verbundenen Eingabekomponente wird im Attribut `for` von `p:slider` eingetragen. Jede Betätigung des Schiebereglers aktualisiert dann den Wert des Eingabefelds im Browser. Umgekehrt funktioniert das natürlich auch: Der Schieberegler wird jedes Mal angepasst, wenn der Benutzer den Wert im Eingabefeld ändert.

Listing 10.10 zeigt ein Beispiel für die Kombination von `p:slider` und `p:inputText`. Im Tag `p:slider` definieren dabei die Attribute `minValue` und `maxValue` den minimalen und maximalen Wert des Schiebereglers. Der Regler lässt sich zwischen diesen beiden Werten in Schritten bewegen, die durch das Attribut `step` bestimmt sind. In unserem Beispiel ergibt das die möglichen Werte -5, -4, ..., 5.

Listing 10.10
p:slider mit Eingabefeld

```
<p:inputText id="value" value="#{bean.value}"/>
<p:slider for="value" minValue="-5" maxValue="5" step="1"/>
```

Wenn Sie die direkte Eingabe des Werts durch den Benutzer verhindern wollen, können Sie `p:slider` mit `h:inputHidden` verbinden. In diesem Fall kann der aktuelle Wert des Schiebereglers als Text ausgegeben werden. Dazu muss lediglich die ID einer Ausgabekomponente wie `h:outputText` im Attribut `display` eingetragen werden. Listing 10.11 zeigt ein entsprechendes Beispiel.

```
1  <h:inputHidden id="value" value="#{bean.value}"/>
2  <h:outputText value="Wert: "/>
3  <h:outputText id="out" value="#{bean.value}"/>
4  <p:slider for="value" display="out"
5      minValue="0" maxValue="100"/>
```

Listing 10.11
p:slider mit Textausgabe

Spinner – p:spinner

Die Spinner-Komponente mit dem Tag `p:spinner` ist eine Eingabekomponente für Zahlen mit zwei Schaltflächen zum Erhöhen und Reduzieren des Zahlenwerts. Abbildung 10.10 zeigt die gerenderte Ausgabe eines Beispiels.

Abbildung 10.10
p:spinner im Browser

In Listing 10.12 finden Sie ein Beispiel für das Tag `p:spinner`. Das Attribut `stepFactor` definiert den Betrag, der addiert beziehungsweise subtrahiert wird. Mit den Attributen `min` und `max` lassen sich eine untere und obere Grenze für den Zahlenwert definieren.

```
<p:spinner value="#{bean.value}"
    stepFactor="2" min="1" max="20"/>
```

Listing 10.12
p:spinner

10.3 Themes

Das visuelle Erscheinungsbild einer *PrimeFaces*-Applikation lässt sich mit sogenannten Themes sehr einfach ändern. Ein Theme definiert das Aussehen einer Anwendung und bestimmt unter anderem das Farbschema oder die verwendeten Zeichensätze. *PrimeFaces* bietet in der aktuellen Version über 30 verschiedene Themes mit etlichen Farbkombinationen für die unterschiedlichsten Geschmäcker an. Eine Übersicht aller verfügbaren Themes finden Sie unter http://www.primefaces.org/themes.html. Abbildung 10.11 zeigt einen kleinen Vorgeschmack.

Abbildung 10.11
Ausgewählte PrimeFaces-Themes

Afterdark   Aristo (Standard)   UI- Lightness

PrimeFaces benutzt standardmäßig das Theme mit dem Namen *Aristo*. Alle weiteren Themes sind nicht im Standardumfang enthalten und müssen als Jar-Datei in die Applikation eingebunden werden. Die einzelnen Themes stehen als Download auf der *PrimeFaces*-Seite und als Maven-Abhängigkeit im *PrimeFaces*-Repository zur Verfügung. Listing 10.13 zeigt zum Beispiel die Abhängigkeit für das Theme *Afterdark*.

Listing 10.13 Maven-Abhängigkeit für PrimeFaces-Theme

```
1  <dependency>
2    <groupId>org.primefaces.themes</groupId>
3    <artifactId>afterdark</artifactId>
4    <version>1.0.9</version>
5  </dependency>
```

Das aktuell von *PrimeFaces* verwendete Theme wird über den Kontextparameter `primefaces.THEME` in der `web.xml` definiert. Als Wert des Parameters kommt der kleingeschriebene Theme-Name zum Einsatz. Mit dem Kontextparameter in Listing 10.14 wird zum Beispiel das Theme *Afterdark* aktiviert.

Listing 10.14 Kontextparameter für PrimeFaces-Theme

```
1  <context-param>
2    <param-name>primefaces.THEME</param-name>
3    <param-value>afterdark</param-value>
4  </context-param>
```

PrimeFaces unterstützt auch das dynamische Umschalten zwischen Themes zur Laufzeit. Dazu muss lediglich im Kontextparameter `primefaces.THEME` eine Value-Expression angegeben werden, die den Theme-Name als String zurückliefert. Listing 10.15 zeigt ein Beispiel, in dem die Eigenschaft theme der Bean preferences referenziert wird. In Listing 10.16 finden Sie die dazu passende CDI-Bean.

Listing 10.15 Dynamischer Kontextparameter für PrimeFaces-Theme

```
1  <context-param>
2    <param-name>primefaces.THEME</param-name>
3    <param-value>#{preferences.theme}</param-value>
4  </context-param>
```

Listing 10.16 CDI-Bean für PrimeFaces-Theme

```
1  @Named @SessionScoped
2  public class Preferences implements Serializable {
3    public String getTheme() {
4      return "afterdark";
5    }
6  }
```

Wenn Sie trotz der großen Auswahl kein passendes Theme für Ihre Applikation finden, können Sie mit relativ geringem Aufwand ein eigenes erstellen.

Benutzerdefinierte Themes erstellen

Das Erstellen eigener Themes gestaltet sich mit *PrimeFaces* relativ einfach. Sie können dazu das Online-Tool *jQuery ThemeRoller*[2] verwenden. *ThemeRoller* ist ein einfach zu bedienender Editor mit eingebauter Vorschau für *jQuery UI*-Themes, die sich auch für den Einsatz in *PrimeFaces* eignen. Abbildung 10.12 zeigt den *ThemeRoller* in Aktion.

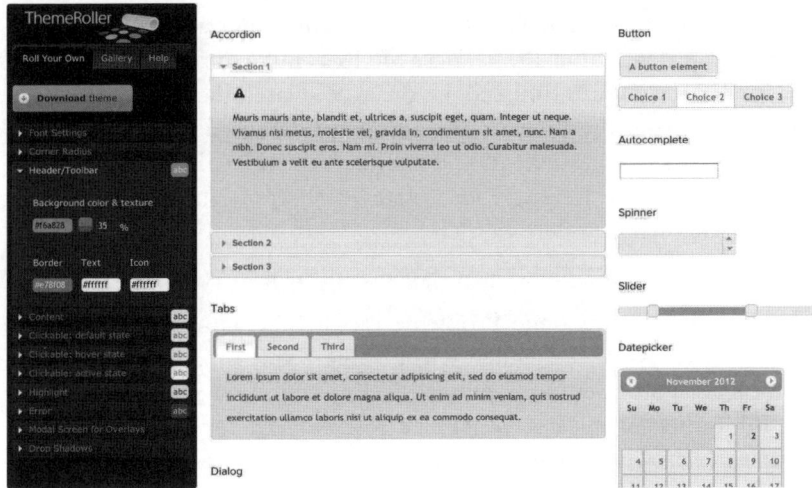

Abbildung 10.12
JQuery-ThemeRoller

ThemeRoller stellt im Tab `Gallery` eine ganze Reihe vorgefertigter Themes als Grundlage für eigene Entwürfe zur Verfügung. Einige der dort aufgelisteten Themes finden sich auch in *PrimeFaces* wieder. Nachdem Sie das Theme gemäß Ihren Wünschen gestaltet haben, müssen Sie es über einen Klick auf die Schaltfläche als Zip-Datei downloaden. In der daraufhin angezeigten Downloadseite können Sie das Auswahlfeld `Toggle all` deselektieren und im Eingabefeld `Theme Folder Name` den Namen des Theme-Verzeichnisses in der Zip-Datei angeben.

In der von *ThemeRoller* erzeugten Zip-Datei finden Sie im Verzeichnis `css` das Verzeichnis mit dem auf der Downloadseite angegebenen Namen. Dort liegt zum einen die für uns relevante CSS-Datei in einer lesbaren Variante mit der Endung `custom.css` und in einer optimierten Variante mit der Endung `custom.min.css` und zum anderen das Verzeich-

---

[2]*ThemeRoller* ist unter `http://jqueryui.com/themeroller/` verfügbar.

nis `images` mit Bildern und Icons. Aus diesen Daten erstellen wir jetzt das Theme mit dem Namen `mygourmet`.

PrimeFaces lädt die Daten zu einem Theme als JSF-Ressourcen (Details zur Ressourcenverwaltung finden Sie in Kapitel 5). Per Konvention liegt jedes Theme in einer eigenen Bibliothek, deren Name aus dem Präfix `primefaces-` und dem Theme-Namen zusammengesetzt wird – für unser Beispiel ist das `primefaces-mygourmet`.

Im ersten Schritt legen wir daher das Verzeichnis der Bibliothek `primefaces-mygourmet` unter `/resources` im Wurzelverzeichnis der Webapplikation oder unter `/META-INF/resources` in einer Jar-Dateien an. Dorthin kopieren wir im nächsten Schritt die CSS-Datei mit der Endung `custom.css` und das Verzeichnis `images` aus der von *ThemeRoller* erstellten Zip-Datei. Die CSS-Datei muss unbedingt auf `theme.css` umbenannt werden, damit *PrimeFaces* die Ressource auflösen kann.

Im letzten Schritt müssen in der CSS-Datei `theme.css` noch alle URL-Referenzen für Bilder auf Value-Expressions umgebaut werden. Damit wird sichergestellt, dass die Bilder von JSF als Ressourcen geladen werden. Die Referenz `url(images/icons.png)` muss zum Beispiel folgendermaßen geändert werden:

```
url("#{resource['primefaces-mygourmet:images/icons.png']}")
```

Wie Sie sehen, ist es ohne Probleme möglich, in einer CSS-Datei, die von JSF als Ressource geladen wird, Value-Expressions zu verwenden. Im Beispiel von oben wird damit die Ressource `images/icons.png` aus der Bibliothek `primefaces-mygourmet` referenziert. Diese Art der Referenzierung haben wir bereits in Abschnitt 5.2 vorgestellt.

Das Theme ist damit fertig und einsatzbereit. Sie müssen nur den Kontextparameter `primefaces.THEME` auf den Wert `mygourmet` setzen.

10.4 PrimeFaces und Ajax

PrimeFaces verfügt über eine sehr leistungsfähige Integration von Ajax, die auf der standardisierten Ajax-Integration von JSF 2 basiert. Die in Kapitel 7 vorgestellten Grundprinzipien gelten somit auch beim Einsatz von *PrimeFaces*. Wie nicht anders zu erwarten, bietet *PrimeFaces* allerdings auch im Ajax-Bereich einige über den JSF-Standard hinausgehende Features an. Details dazu finden Sie in Abschnitt 10.4.1.

Bei zahlreichen *PrimeFaces*-Komponenten ist das Ajax-Verhalten bereits eingebaut. Dazu zählen neben Komponenten wie `p:dataTable` und `p:accordionPanel` auch Komponenten mit spezifischer Ajax-Funktionalität wie `p:ajaxStatus` und `p:poll`. In Abschnitt 10.4.2 finden Sie einige dieser Ajax-Komponenten. Eine Reihe von Komponenten verfügt außerdem über spezielle Attribute, um direkt Ajax-Anfragen zum

Aktualisieren der Seite auszulösen oder um auf Ajax-Anfragen zu reagieren. Abschnitt 10.4.3 gibt dazu einen kurzen Überblick.

10.4.1 Erweiterungen im Vergleich zu Standard-JSF

Das Pendant zu f:ajax in *PrimeFaces* ist p:ajax. Die Handhabung von f:ajax und p:ajax sind bis auf ein paar kleine Abweichungen identisch. Der größte Unterschied zwischen den beiden Tags ist die Benennung der Attribute: execute und render von f:ajax werden zu process und update in p:ajax.

Das Beispiel in Listing 10.17 demonstriert den gemeinsamen Einsatz von f:ajax und p:ajax anhand zweier Eingabekomponenten mit Ajax-Verhalten. Bei beiden Komponenten löst das Ereignis onChange eine Ajax-Anfrage aus, um das Textfeld mit der ID out neu zu rendern. Im ersten Fall wurde das Ajax-Verhalten allerdings mit f:ajax und im zweiten Fall mit p:ajax zur Komponente hinzugefügt – das Resultat bleibt gleich.

```
1  <p:inputText value="#{bean.first}">
2    <f:ajax event="change" execute="@this" render="out"/>
3  </p:inputText>
4  <p:inputText value="#{bean.last}">
5    <p:ajax event="change" process="@this" update="out"/>
6  </p:inputText>
7  <h:outputText id="out" value="#{bean.first} #{bean.last}"/>
```

Listing 10.17
f:ajax *versus* p:ajax

Bei Ajax-Anfragen benachrichtigt *PrimeFaces* standardmäßig eventuell vorhandene Ajax-Status-Komponenten mit dem Tag p:ajaxStatus. Ist das nicht gewünscht, muss in p:ajax lediglich das Attribut global auf den Wert false gesetzt werden. Details zu p:ajaxStatus finden Sie in Abschnitt 10.4.2.

Per Definition werden in JSF bei jeder Ajax-Anfrage die Daten des gesamten Formulars an den Server geschickt. Das gilt zum Beispiel auch dann, wenn von 100 Eingabekomponenten nur eine einzige im partiellen Lebenszyklus ausgeführt wird. Standardmäßig zeigt *PrimeFaces* dasselbe Verhalten, bietet aber die Möglichkeit, hier einzugreifen. Wird in p:ajax das Attribut partialSubmit auf true gesetzt, werden nur die Daten der für die Ajax-Anfrage relevanten Komponenten an den Server geschickt. Dieses Verhalten lässt sich auch global aktivieren, indem in der web.xml der Kontextparameter primefaces.SUBMIT auf den Wert partial gesetzt wird.

10.4.2 Ajax-Komponenten

In diesem Abschnitt stellen wir die Ajax-Komponenten p:ajaxStatus und p:poll vor.

AjaxStatus – p:ajaxStatus

Die AjaxStatus-Komponente mit dem Tag p:ajaxStatus ermöglicht das Einblenden von Statusmeldungen (oder komplexeren Komponenten) für verschiedene Ereignisse während einer Ajax-Anfrage in *PrimeFaces*. Die Komponente unterstützt ein Facet für jedes mögliche Ereignis (eine vollständige Liste finden Sie in der Dokumentation zu *PrimeFaces*). Tritt das entsprechende Ereignis ein, wird der Inhalt des Facets mit dem gleichen Namen eingeblendet.

Im Beispiel in Listing 10.18 wird beim Start einer Ajax-Anfrage (Ereignis start) der Text Loading eingeblendet. Nach dem Beenden der Ajax-Anfrage (Ereignis complete) wird ein leerer Text angezeigt.

Listing 10.18
p:ajaxStatus

```
1  <p:ajaxStatus>
2    <f:facet name="start">
3      <h:outputText value="Loading"/>
4    </f:facet>
5    <f:facet name="complete">
6      <h:outputText value=""/>
7    </f:facet>
8  </p:ajaxStatus>
```

Poll – p:poll

Die Poll-Komponente mit dem Tag p:poll erlaubt das periodische Senden von Ajax-Anfragen. Das Intervall zwischen zwei Anfragen wird dabei im Attribut interval als Sekundenwert angegeben. Die restlichen Attribute zum Steuern der Ajax-Anfrage wie etwa process, update oder global sind identisch zu p:ajax.

Listing 10.19 zeigt ein Beispiel für p:poll, in dem alle fünf Sekunden eine Ajax-Anfrage gesendet wird.

Listing 10.19
p:poll

```
1  <p:poll interval="5" process="@none" update="time"
2      listener="#{bean.touch}" global="false"/>
3  <h:outputText id="time" value="#{bean.timeStamp}"/>
```

Während der Abarbeitung dieser Anfrage am Server wird zuerst die im Attribut listener referenzierte Listener-Methode aufgerufen. Listing 10.20 zeigt die Details der Methode. Anschließend rendert JSF die

Komponente mit der ID time neu und aktualisiert die Ausgabe am Client. Nachdem global auf false gesetzt ist, bleibt die Benachrichtigung einer eventuell vorhandenen Ajax-Status-Komponente aus.

```
1  private Date timestamp = new Date();
2
3  public void touch() {
4    timestamp = new Date();
5  }
```

Listing 10.20
Listener-Methode für p:poll

10.4.3 Komponenten mit Ajax-Unterstützung

Bei einigen Komponenten wie p:commandButton oder p:commandLink sind die Attribute von p:ajax bereits integriert. p:commandButton und p:commandLink senden sogar standardmäßig Ajax-Anfragen, wenn nicht explizit das Attribut ajax auf false gesetzt wird.

Listing 10.21 zeigt ein Beispiel mit p:commandLink. Ein Klick auf diesen Link löst ohne spezielle Vorkehrungen automatisch eine Ajax-Anfrage aus. Durch die Angaben in den Attributen process und update werden serverseitig die Komponenten mit den IDs first und last ausgeführt und die Komponente mit der ID out wird neu gerendert.

```
1  <p:inputText id="first" value="#{bean.first}"/>
2  <p:inputText id="last" value="#{bean.last}"/>
3  <p:commandLink value="Aktualisieren"
4      process="first last" update="out"/>
5  <h:outputText id="out" value="#{bean.first} #{bean.last}"/>
```

Listing 10.21
Ajax-Anfrage mit p:commandLink

Für Inhalte, die bei jeder Ajax-Anfrage aktualisiert werden müssen, bietet sich die OutputPanel-Komponente mit dem Tag p:outputPanel an. Die Komponente wird inklusive aller Kindkomponenten automatisch bei jeder Ajax-Anfrage neu gerendert, wenn das Attribut autoUpdate auf true gesetzt wird.

10.5 MyGourmet 18: PrimeFaces

Das Beispiel *MyGourmet 18* basiert auf dem Vorgängerbeispiel *MyGourmet 17* und bietet auch denselben Funktionsumfang. Allerdings haben wir in *MyGourmet 18* die komplette Anwendung auf *PrimeFaces* umgestellt. Das Ziel der Migration war eine Anwendung, die in Funktionalität und Aussehen *MyGourmet 17* sehr ähnlich ist, die aber das volle Potenzial von *PrimeFaces* zur Verfügung hat.

Die Umstellung von *MyGourmet 17* auf *PrimeFaces* erfolgt in mehreren Schritten, die in den folgenden Abschnitten näher erklärt werden. Zuerst widmet sich Abschnitt 10.5.1 der Integration von *PrimeFaces*. Anschließend zeigt Abschnitt 10.5.2 in groben Zügen die Umstellung der einzelnen Seiten. Zu guter Letzt finden Sie in Abschnitt 10.5.3 noch Hinweise zum benutzerdefinierten Theme für *MyGourmet*.

10.5.1 Integration von *PrimeFaces*

Die Integration von *PrimeFaces* in *MyGourmet* gestaltet sich äußerst einfach und umfasst das Eintragen der entsprechenden Abhängigkeit und des dazu notwendigen Repositories in die `pom.xml`. Details dazu finden Sie in Abschnitt 10.1 und im Code des Beispiels.

Wie in Abschnitt 10.2.2 beim Tag `p:calendar` bereits erwähnt, liefert *PrimeFaces* standardmäßig nur eine Lokalisierung für Englisch aus. Das Hinzufügen weiterer Sprachen ist allerdings kein Problem – ein kurzes Stück JavaScript aus dem *PrimeFaces*-Wiki[3] genügt.

Da *MyGourmet* auch auf Deutsch funktionieren soll, haben wir den dazu notwendigen Code in der Ressource `primeFacesLoc.js` in der Bibliothek `scripts` abgelegt und im Template `template.xhtml` mit dem Tag `h:outputScript` eingebunden. Damit ist der Code in allen Seiten verfügbar und der Umstellung der einzelnen Seiten auf *PrimeFaces*-Komponenten steht nichts mehr im Weg.

10.5.2 Umstellung auf *PrimeFaces*-Komponenten

Die Umstellung der einzelnen Seiten der Anwendung gestaltet sich relativ unspektakulär. Im ersten Schritt haben wir wie in Abschnitt 10.2.1 beschrieben alle Standardkomponenten – soweit vorhanden – mit erweiterten Alternativen aus *PrimeFaces* ersetzt. Bei vielen Komponenten wie `outputLabel` oder `inputText` genügt es, dazu das Präfix von `h` auf `p` zu ändern – vorausgesetzt `p` ist korrekt mit dem Namensraum `http://primefaces.org/ui` verknüpft.

Manche Komponenten verlangen nach zusätzlichen Anpassungen. `p:commandButton` und `p:commandLink` senden zum Beispiel standardmäßig Ajax-Anfragen. Wenn dieses Verhalten nicht gewünscht ist, muss explizit das Attribut `ajax` auf `false` gesetzt werden. Im Ajax-Fall kann dafür aber auf `f:ajax` oder `p:ajax` verzichtet werden, da die Tags bereits die entsprechenden Attribute mitbringen (siehe Abschnitt 10.4.3).

Die Umstellung von `h:dataTable` beziehungsweise `mc:dataTable` auf `p:dataTable` benötigt geringfügig mehr Aufwand. Dafür bietet `p:dataTable` aber auch einige zusätzliche Features, wie Listing 10.22

---

[3] http://code.google.com/p/primefaces/wiki/PrimeFacesLocales

anhand eines Ausschnitts aus der Seite `customerList.xhtml` zeigt. Details zu `p:dataTable` finden Sie in Abschnitt 10.2.2.

```
1  <p:dataTable value="#{customerListBean.customerList}" var="cust"
2      paginator="true" rows="10" paginatorPosition="bottom"
3      emptyMessage="#{msgs.customers_empty}">
4    <p:column headerText="#{msgs.name}" sortBy="#{cust.fullName}">
5      <p:commandLink value="#{cust.fullName}" ajax="false"
6          action="#{customerBean.showCustomer(cust.id)}"/>
7    </p:column>
8    <p:column headerText="#{msgs.email}" sortBy="#{cust.email}">
9      <h:outputText value="#{cust.email}"/>
10   </p:column>
11   <p:column>
12     <p:commandLink value="#{msgs.delete}" update="@form"
13         action="#{customerListBean.deleteCustomer(cust)}"/>
14   </p:column>
15 </p:dataTable>
```

Listing 10.22 *MyGourmet 18:* `p:dataTable` *in* `customerList.xhtml`

Ansonsten haben wir noch an einigen Stellen Standard- oder Kompositkomponenten mit *PrimeFaces*-Komponenten ersetzt. In `showProvider.xhtml` finden Sie zum Beispiel `p:rating`, in `editProvider.xhtml` `p:spinner` und in `editCustomer.xhtml` `p:calendar`. Im Template `customerTemplate.xhtml` wird statt der Kompositkomponente `mc:ajaxStatus` die flexiblere Alternative `p:ajaxStatus` verwendet.

In der linken Seitenleiste `leftSideBar.xhtml` gibt es ebenfalls einige Änderungen. Anstatt der ersten Kompositkomponente `mc:panelBox` mit den `h:link`-Tags zur Navigation kommt `p:menu` zum Einsatz. Die einzelnen Einträge des Menüs werden mit `p:menuitem` hinzugefügt, wobei das Ziel der Navigation im Attribut `outcome` definiert wird. So ist gewährleistet, dass die Navigation weiter über GET-Anfragen läuft. Das zweite `mc:panelBox`-Tag muss `p:panel` weichen. Listing 10.23 zeigt den relevanten Inhalt der Seitenleiste (ohne lokalisierte Labels).

```
1  <p:menu>
2    <p:submenu label="Menü">
3      <p:menuitem outcome="providerList" value="Anbieterliste"/>
4      <p:menuitem outcome="customerList" value="Kundenliste"/>
5    </p:submenu>
6  </p:menu>
7  <p:panel header="Neuigkeiten">
8    <p>MyGourmet - jetzt mit Facelets und Templating</p>
9  </p:panel>
```

Listing 10.23 *MyGourmet 18:* `leftSideBar.xhtml`

Damit sich p:menu harmonisch in die Seitenleiste einfügt, muss das Styling noch etwas angepasst werden. *PrimeFaces* definiert dazu für jede Komponente eine ganze Reihe von CSS-Selektoren (eine Übersicht für jede Komponente finden Sie in der Dokumentation). Die gerenderte Ausgabe der Menükomponente kann unter anderem über die CSS-Klasse .ui-menu angepasst werden. Listing 10.24 zeigt zum Beispiel eine CSS-Regel, um das Menü innerhalb eines Elements mit der ID left_sidebar (die ID der Seitenleiste) anzupassen. Alle notwendigen Anpassungen finden Sie in mygourmet.css.

Listing 10.24
MyGourmet 18: Styling für p:menu

```
1  #left_sidebar .ui-menu {
2    width: 134px;
3    padding: 2px;
4    margin-bottom: 5px;
5  }
```

10.5.3 Benutzerdefiniertes Theme

Als letzten Schritt haben wir mit *ThemeRoller* ein benutzerdefiniertes Theme für *MyGourmet* erstellt und in die Anwendung integriert. Alles Wissenswerte zu diesem Thema inklusive einer kurzen Anleitung finden Sie in Abschnitt 10.3.

11 Faces-Flows

In Webanwendungen gibt es immer wieder Abläufe, die eine abgeschlossene Einheit bilden, sich aber über mehrere Ansichten erstrecken. Denken Sie zum Beispiel an die Registrierung eines Benutzers, bei der in einer ersten Seite die Login-Daten und in einer zweiten Seite Daten zur Person abgefragt werden. Nachdem dieser Vorgang in sich abgeschlossen ist und immer gleich abläuft, liegt die Idee nahe, daraus ein wiederverwendbares Modul zu erstellen. Genau an dieser Stelle kommen die sogenannten Flows ins Spiel.

Bei Flows handelt es sich um eine Gruppierung mehrerer Seiten, die in einer bestimmten Reihenfolge miteinander verknüpft sind. Ein Flow kann von außen über einen definierten Einstiegspunkt gestartet werden. Einmal gestartet werden die Seiten des Flows bis zum Erreichen eines Ausstiegspunkts in der intern definierten Reihenfolge abgearbeitet. Abbildung 11.1 zeigt als Beispiel einen Flow zum Auschecken eines Warenkorbs.

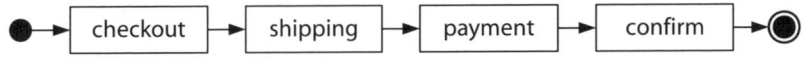

Abbildung 11.1
Checkout-Flow

Der Flow besteht aus den Seiten `checkout`, `shipping`, `payment` und `confirm`. Die Seite `checkout` ist dabei als Startseite definiert und bildet den Einstiegspunkt in den Flow. Von der Seite `confirm` aus kann der Flow beendet werden.

Erweiterungen wie *Spring Web Flow* oder *ADF Task Flows* ermöglichen bereits seit mehreren Jahren den Einsatz von Flows in Kombination mit JSF. Mit Version 2.2 haben Flows unter dem Namen »Faces-Flows« auch ihren Weg in die JSF-Spezifikation gefunden.

Im restlichen Kapitel widmen wir uns dem Einsatz von Faces-Flows mit JSF 2.2. Zum Einstieg in das Thema zeigen wir in Abschnitt 11.1 ein erstes, einfaches Beispiel. Im Anschluss daran werfen wir in Abschnitt 11.2 einen genaueren Blick auf die Definition von Flows mit XML und mit Java. Zur optimalen Verwaltung von Daten innerhalb von Flows liefert JSF auch gleich den passenden Scope für Managed-Beans mit, wie Abschnitt 11.3 zeigt. In Abschnitt 11.4 folgt eine kurze Anleitung zum Verpacken von Flows in Jar-Dateien. Abschließend zeigt Abschnitt 11.5 noch ein etwas umfangreicheres Beispiel.

11.1 Ein erstes Beispiel

Ein Faces-Flow besteht aus mehreren Knoten, die über die interne Navigation des Flows miteinander verbunden sind. JSF definiert verschiedene Arten von Knoten – für das erste Beispiel sind allerdings nur Knoten für Seiten und Knoten zum Beenden des Flows von Interesse.

Im ersten Beispiel werden wir den Flow mit der ID `flow1` erstellen. Dieser Flow besteht aus zwei Seiten, die jeweils einen kurzen Text und einen Link zur Navigation auf die nächste Seite enthalten. Aus Sicht der Funktionalität gibt dieses Beispiel nicht viel her – es eignet sich aber sehr gut zur Demonstration der grundlegenden Struktur und der Funktionsweise von Faces-Flows.

Die Definition unseres Flows mit der ID `flow1` erfolgt im gleichnamigen Verzeichnis innerhalb der Webapplikation. Darin legen wir die leere Konfigurationsdatei `flow1-flow.xml` an – JSF kann den Flow ansonsten nicht korrekt auflösen. Bei unserem Beispiel handelt es sich um einen sogenannten impliziten Flow, der auf einigen Konventionen von JSF aufbaut und dadurch mit einer leeren Konfigurationsdatei auskommt. In Abschnitt 11.2 füllen wir die Konfiguration dann mit Leben.

Nachdem das Grundgerüst steht, können wir uns um die Seiten des Flows kümmern. Dazu legen wir im Flow-Verzeichnis die Dateien `flow1.xhtml` und `page2.xhtml` an. Per Konvention erstellt JSF für jede XHTML-Datei im Flow-Verzeichnis einen Seitenknoten, dessen ID dem Dateinamen ohne der Erweiterung `.xhtml` entspricht. JSF definiert automatisch den Knoten mit der selben ID wie der Flow selbst zum Startknoten des Flows. Zusätzlich definiert JSF einen Knoten zum Beenden des Flows, dessen ID sich aus der Flow-ID und der Zeichenkette `-return` zusammensetzt. Unser Flow besteht somit aus den Knoten `flow1`, `page2` und `flow1-return`.

Abbildung 11.2 zeigt den Inhalt unseres Flows mit dem Namen `flow1` im Wurzelverzeichnis der Webapplikation.

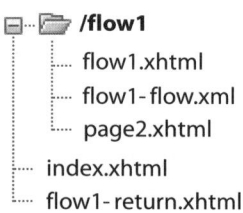

Abbildung 11.2
Struktur des Flows
flow1

JSF 2.2 integriert Faces-Flows nahtlos in das bestehende Navigationssystem. Zum Starten eines Flows reicht es aus, dessen ID bei der Navigation anzugeben. Dazu gibt es grundsätzlich zwei Varianten. Soll der Flow über eine GET-Anfrage gestartet werden, muss seine ID im Attribut outcome von h:link oder h:button eingetragen werden. Soll der Flow hingegen über eine POST-Anfrage gestartet werden, muss seine ID im Attribut action von h:commandLink oder h:commandButton angegeben werden. Im zweiten Fall kann die Flow-ID auch der Rückgabewert einer Action-Methode sein.

Unser Flow mit der ID flow1 kann zum Beispiel mit einem der folgenden Tags gestartet werden:

```
<h:link value="Start flow1" outcome="flow1"/>
<h:commandLink value="Start flow1" action="flow1"/>
```

JSF navigiert beim Starten des Flows auf die im Startknoten angegebene Seite flow1.xhtml. Für die Navigation innerhalb des Flows werden einfach die IDs der Knoten benutzt. Zum Verlassen des Flows auf der Seite page2.xhtml muss die ID flow1-return des Knotens zum Beenden benutzt werden. Unser Flow kann dann zum Beispiel mit einem der folgenden Tags beendet werden.

```
<h:button value="Flow beenden" outcome="flow1-return"/>
<h:commandButton value="Flow beenden" action="flow1-return"/>
```

Nach dem Beenden navigiert JSF automatisch auf die Seite /flow1-return.xhtml.

11.2 Definition von Flows

Das volle Funktionsspektrum der Faces-Flows lässt sich nur mit einer expliziten Definition des Flows entfalten. In dieser Definition wird der Flow mit seinen Knoten konfiguriert. Eine Übersicht aller verfügbaren Knotentypen finden Sie in Abschnitt 11.2.1. Die Definition von Flows kann wahlweise mit XML (siehe Abschnitt 11.2.2) oder mit Java (siehe Abschnitt 11.2.3) erfolgen.

In diesem Abschnitt konzentrieren wir uns auf Flows, die direkt in der Webapplikation definiert sind. Faces-Flows können aber auch in einer Jar-Datei definiert werden. Details dazu finden Sie etwas später in Abschnitt 11.4.

11.2.1 Typen von Flow-Knoten

JSF 2.2 bietet folgende Knotentypen für Faces-Flows:

- *View-Knoten*:
  Knoten für eine Facelets-Seite innerhalb eines Flows
- *Return-Knoten*:
  Knoten zum Beenden eines Flows
- *Flow-Call-Knoten*:
  Knoten zum Starten eines Flows aus einem anderen Flow heraus. Hier besteht die Möglichkeit, Parameter an den aufgerufenen Flow zu übergeben.
- *Method-Call-Knoten*:
  Knoten zum Aufrufen einer Managed-Bean-Methode, deren Rückgabewert – falls vorhanden – die weitere Navigation bestimmt.
- *Switch-Knoten*:
  Knoten zur dynamischen Navigation, basierend auf einer Liste von Value-Expressions mit zugeordneten Navigationszielen. JSF verwendet die erste Value-Expression mit dem Wert true zur Navigation.

11.2.2 Definition mit XML

Zur Definition eines Flows mit XML kommt die bereits bekannte XML-Datei im Flow-Verzeichnis zum Einsatz. Der Name dieser Datei setzt sich aus der Flow-ID und der Erweiterung `-flow.xml` zusammen. Syntaktisch handelt es sich bei dieser Konfigurationsdatei um eine stark eingeschränkte `faces-config.xml`. Das Wurzelelement `faces-config` darf nur ein einziges `flow-definition`-Element mit der Definition des Flows enthalten.

Im Element `flow-definition` muss im Attribut `id` die Flow-ID angegeben werden. Innerhalb dieses Elements werden die Knoten des Flows definiert. JSF 2.2 sieht dazu für jeden Knotentyp ein eigenes XML-Element vor. Als erstes Beispiel finden Sie in Listing 11.1 eine Konfiguration für unseren Flow `flow1` aus Abschnitt 11.1.

Listing 11.1
Flow `flow1` mit XML

```
1  <faces-config xmlns="http://xmlns.jcp.org/xml/ns/javaee"
2      xmlns:xsi="http://www.w3.org/2001/XMLSchema-instance"
3      xsi:schemaLocation="http://xmlns.jcp.org/xml/ns/javaee
4         http://xmlns.jcp.org/xml/ns/javaee/web-facesconfig_2_2.xsd"
5      version="2.2">
6    <flow-definition id="flow1">
7      <flow-return id="flow1-return">
8        <from-outcome>index</from-outcome>
9      </flow-return>
10   </flow-definition>
11 </faces-config>
```

Die gezeigte Konfiguration definiert im Element `flow-return` einen Return-Knoten mit der ID `flow1-return`. Das Navigationsziel für diesen Knoten wird im Element `from-outcome` auf den Wert `/index` festgelegt. Wird der Flow über diesen Knoten beendet, benutzt JSF den Wert `/index`, um eine Seite außerhalb des Flows aufzulösen. Ohne explizite Navigationsregeln ergibt sich daraus die Seite `/index.xhtml` – mit einer entsprechenden Navigationsregel in der `faces-config.xml` kann dieser Wert aber auf eine beliebige Seite abgebildet werden.

Auch mit einer expliziten Konfiguration bleiben die in Abschnitt 11.1 vorgestellten Konventionen bestehen. Die über die Konventionen definierten Knoten des Flows bleiben also erhalten. In der Konfiguration definierte Knoten haben aber immer Vorrang und überschreiben per Konvention definierte Knoten mit der gleichen ID.

> **Tipp:** Achten Sie darauf, für das Flow-Verzeichnis, für den Namen der Konfigurationsdatei und für die ID in der Konfiguration immer die selbe Flow-ID zu verwenden.

In Listing 11.2 finden Sie die komplette Definition unseres Flows inklusive aller View-Knoten und der Definition des Startknotens. Bei den View-Knoten wird die View-ID der anzuzeigenden Seite inklusive des Flow-Verzeichnisses im Element `vdl-document` eingetragen. Der Startknoten des Flows wird im Element `start-node` über seine ID bestimmt.

```
1  <flow-definition id="flow1">
2    <start-node>start</start-node>
3    <view id="start">
4      <vdl-document>/flow1/flow1.xhtml</vdl-document>
5    </view>
6    <view id="final">
7      <vdl-document>/flow1/page2.xhtml</vdl-document>
8    </view>
9    <flow-return id="return">
10     <from-outcome>/index.xhtml</from-outcome>
11   </flow-return>
12 </flow-definition>
```

Listing 11.2
Komplette Definition von Flow `flow1` mit XML

Mit einem Flow-Call-Knoten kann ein Flow aus einem anderen Flow heraus gestartet werden. Dabei ist es sogar möglich, Parameter an den aufzurufenden Flow zu übergeben. Listing 11.3 zeigt, wie aus Flow `flow1` heraus der Flow `flow2` mit dem Parameter `param1` aufgerufen wird.

Der Parameter wird nur korrekt an den aufgerufenen Flow übergeben, wenn dieser einen eingehenden Parameter mit dem selben Namen

Listing 11.3
Flow-Definition mit Flow-Call-Knoten und ausgehendem Parameter

```
1  <flow-call id="flow2">
2    <flow-reference>
3      <flow-id>flow2</flow-id>
4    </flow-reference>
5    <outbound-parameter>
6      <name>param1</name>
7      <value>#{flow1Bean.value}</value>
8    </outbound-parameter>
9  </flow-call>
10 </flow-definition>
```

definiert. Listing 11.4 zeigt die Definition des eingehenden Parameters `param1` im Flow `flow2`.

Listing 11.4
Flow-Definition mit eingehendem Parameter

```
1  <flow-definition id="flow2">
2    <inbound-parameter>
3      <name>param1</name>
4      <value>#{flow2Bean.value}</value>
5    </inbound-parameter>
6  </flow-definition>
```

JSF ermöglicht das Registrieren von Methoden, die beim Starten oder Beenden des Flows ausgeführt werden. Die entsprechenden Methoden müssen dazu in der Konfiguration als Method-Expression in den Elementen `initializer` oder `finalizer` eingetragen werden (JSF erwartet eine Methode ohne Parameter mit dem Rückgabewert void):

```
<initializer>#{bean.initializeFlow}</initializer>
<finalizer>#{bean.finalizeFlow}</finalizer>
```

11.2.3 Definition mit Java

Nachdem sich ausufernde XML-Konfigurationen immer geringerer Beliebtheit erfreuen, sieht JSF 2.2 zusätzlich die Möglichkeit zur Definition von Flows mit Java vor. JSF setzt dabei ganz auf *Contexts and Dependency Injection* (CDI), das ab Version 6 ebenfalls Teil von Java EE ist, und erwartet die Definition von Flows in sogenannten Producer-Methoden. Informationen zu CDI finden Sie in Kapitel 9 – Abschnitt 9.1.2 zeigt Details zu Producer-Methoden im Speziellen.

Jeder Flow wird in einer eigenen Producer-Methode als Instanz vom Typ `javax.faces.flow.Flow` erstellt. Die Producer-Methode kann in einer beliebigen serialisierbaren Klasse definiert werden und muss mit `@Produces` und dem von JSF definierten Qualifier `@FlowDefinition` annotiert sein. Der Name der Methode kann ebenfalls beliebig

11.2 Definition von Flows

gewählt werden. Die Methode muss einen Parameter vom Typ `javax.faces.flow.builder.FlowBuilder` haben, der mit dem Qualifier `@FlowBuilderParameter` annotiert ist. Nur so ist gewährleistet, dass CDI beim Aufruf der Methode eine einsatzbereite Instanz für diesen Typ an die Methode übergibt.

Listing 11.5 zeigt die Definition unseres Flows `flow1` mit Java. Der daraus resultierende Flow entspricht dem in Listing 11.2 mit XML definierten Flow.

```
1  public class Flow1 implements Serializable {
2    @Produces @FlowDefinition
3    public Flow buildFlow(
4        @FlowBuilderParameter FlowBuilder flowBuilder) {
5      flowBuilder.id("", "flow1");
6      flowBuilder.viewNode("start", "/flow1/flow1.xhtml")
7          .markAsStartNode();
8      flowBuilder.viewNode("final", "/flow1/page2.xhtml");
9      flowBuilder.returnNode("return").fromOutcome("/index");
10     return flowBuilder.getFlow();
11   }
12 }
```

Listing 11.5
Komplette Definition von Flow `flow1` mit Java

Der Flow wird innerhalb der Producer-Methode mit dem von CDI übergebenen `FlowBuilder` zusammengestellt. Mit einem Aufruf der Methode `id` wird die ID des zu erstellenden Flows gesetzt. Die Methode erwartet als ersten Parameter die ID des definierenden Dokuments und erst als zweiten Parameter die Flow-ID. Auf diese Dokumenten-ID kommen wir nochmals in Abschnitt 11.4 zurück – sie bleibt im Moment leer (Achtung: `null` ist nicht erlaubt).

Die Knoten unseres Flows werden ebenfalls mit Methoden der Klasse `FlowBuilder` definiert. Die Methode `viewNode` erstellt einen View-Knoten und erwartet die Knoten-ID als ersten Parameter und die View-ID der anzuzeigenden Seite inklusive des Flow-Verzeichnisses als zweiten Parameter. Analog erzeugt ein Aufruf der Methode `returnNode` einen Return-Knoten mit der übergebenen Knoten-ID. Das Navigationsziel wird dann über einen Aufruf von `fromOutcome` direkt in der erzeugten Knoteninstanz gesetzt. Über die Methode `markAsStartNode` kann ein beliebiger Knoten des Flows als Startknoten festgelegt werden.

Ganz zum Schluss wird der Flow mit einem Aufruf von `getFlow()` erzeugt und zurückgeliefert.

Die Definition eines Flow-Call-Knotens mit Parameter sieht in der Java-Konfiguration folgendermaßen aus:

```
flowBuilder.flowCallNode("flow2").flowReference("", "flow2")
    .outboundParameter("param1", "#{flow1Bean.value}");
```

Ein eingehender Parameter wird mit Java wie folgt definiert:

```
flowBuilder.inboundParameter("param1", "#{flow2Bean.value}");
```

Auch in der Java-Konfiguration können Methoden registriert werden, die JSF beim Starten oder Beenden des Flows aufruft:

```
flowBuilder.initializer("#{bean.initializeFlow}");
flowBuilder.finalizer("#{bean.finalizeFlow}");
```

11.3 Flow-Scope

Bis jetzt haben wir uns noch keine Gedanken über die innerhalb eines Flows benutzten Daten gemacht. In Abschnitt 9.4 haben wir dieses Thema bereits aus Sicht von Geschäftsprozessen behandelt und den Einsatz von Konversationen empfohlen. Managed-Beans in Konversationen funktionieren natürlich auch im Zusammenspiel mit Faces-Flows. JSF 2.2 bietet aber mit dem Flow-Scope eine maßgeschneiderte Lösung für Managed-Beans, die in Flows zum Einsatz kommen.

In JSF hat jeder Flow seinen eigenen Flow-Scope, dessen Lebensdauer beim Starten des zugeordneten Flows beginnt und sich bis zum Beenden des Flows erstreckt. Der Flow-Scope ist dabei immer an das aktuelle Browserfenster beziehungsweise an den Browsertab gebunden. Es gibt somit keine Probleme, wenn die Anwendung in mehreren Fenstern oder Tabs läuft. Die Unterscheidung von Browserfenstern und Browsertabs wird ab Version 2.2 von JSF intern über sogenannte Client-Windows gemacht[1].

11.3.1 Managed-Beans im Flow-Scope

In JSF ist eine Managed-Bean im Flow-Scope immer genau einem Flow zugeordnet. Dadurch hängt ihre Lebensdauer von der Ausführung des Flows ab. Die Bean-Instanz wird beim ersten Zugriff nach dem Starten des Flows erstellt und beim Beenden des Flows wieder aus dem Speicher entfernt.

JSF setzt auch beim Flow-Scope voll auf CDI und stellt die Scope-Annotation `javax.faces.flow.FlowScoped` für CDI-Beans zur Verfügung. Da jeder Flow seinen eigenen Scope hat, muss im Element `value` von `@FlowScoped` die ID des verknüpften Flows angegeben werden. Listing 11.6 zeigt eine CDI-Bean im Flow-Scope des Flows `flow1`.

---
[1] Achten Sie auf den Parameter `jfwid` in der URL.

```
1  @Named
2  @FlowScoped(value="flow1")
3  public class Flow1Bean {
4      ...
5  }
```

Listing 11.6
Managed-Bean im Flow-Scope

11.3.2 Direkter Zugriff auf den Flow-Scope

Für kleinere Datenmengen muss nicht unbedingt eine Managed-Bean erstellt werden. JSF bietet direkten Zugriff auf den Flow-Scope über Java und über das implizite Objekt flowScope in Unified-EL-Ausdrücken.

Java-seitig erfolgt der Zugriff auf den aktuellen Flow-Scope über folgenden Code:

```
1  FacesContext ctx = FacesContext.getCurrentInstance();
2  Map<Object, Object> flowScope = ctx.getApplication()
3      .getFlowHandler().getCurrentFlowScope();
4  flowScope.put("userName", "Michael Kurz");
```

Der Zugriff auf den Flow-Scope in einer Value-Expression erfolgt über das implizite Objekt flowScope:

```
<h:outputText value="#{flowScope.userName}"/>
```

11.4 Faces-Flows in Jar-Dateien

Spätestens dann, wenn ein Faces-Flow in mehreren Applikationen eingesetzt werden soll, muss man sich Gedanken über dessen Wiederverwendbarkeit machen. JSF 2.2 bietet dazu die Möglichkeit, Faces-Flows in Jar-Dateien zu verpacken – und das unabhängig davon, ob der Flow mit XML oder mit Java definiert ist. Die Definition eines Flows in einer Jar-Datei funktioniert ähnlich einfach wie die Definition in einer Applikation, wenn man einige Details beachtet.

Der erste Unterschied ist der Ablageort des Flow-Verzeichnisses. In Jar-Dateien erwartet JSF das Flow-Verzeichnis mit den XHTML-Dateien immer im Verzeichnis /META-INF/flows. Hier ist zu beachten, dass die in Abschnitt 11.1 gezeigten Konventionen für Flows in Jar-Dateien nicht gelten. Daher muss jeder einzelne Knoten explizit in der Konfiguration definiert sein.

Das führt uns auch schon zum nächsten Punkt: Die Definition von Flows mit XML erfolgt in Jar-Dateien zentral für alle Flows in der Datei /META-INF/faces-config.xml. In dieser faces-config.xml kann im Element name ein Name für die Konfiguration bestimmt werden. JSF verwendet diesen Namen als zusätzliche ID für den Flow – die sogenannte

11 Faces-Flows

Defining-Document-ID. Damit lassen sich Namenskonflikte mit Flows aus anderen Jar-Dateien vermeiden. Listing 11.7 zeigt die Definition des Flows mit der ID `flow1` und der Defining-Document-ID `project1`.

Listing 11.7
Definition eines Flows mit Defining-Document-ID

```
1  <faces-config ...>
2    <name>project1</name>
3    <flow-definition id="flow1">
4      ...
5    </flow-definition>
6  </faces-config>
```

Wenn ein Flow mit einer Defining-Document-ID definiert ist, muss diese beim Starten des Flows angegeben werden. Dazu muss auf der startenden Komponente mit dem Tag `f:attribute` das Attribut `to-flow-document-id` mit der Defining-Document-ID als Wert gesetzt werden. Der Flow aus Listing 11.7 wird wie folgt gestartet:

```
<h:link value="Flow1 starten" outcome="flow1">
  <f:attribute name="to-flow-document-id" value="project1"/>
</h:link>
```

11.5 Beispiel *Faces-Flows*

Das Beispiel *Faces-Flows* enthält neben dem bereits bekannten Flow `flow1` in einer XML- und einer Java-Variante zusätzlich den neuen Flow `login` zum Einloggen eines Benutzers. Anhand dieses Login-Flows wollen wir Ihnen zeigen, wie ein Flow aus einem anderen Flow heraus mit Parametern aufgerufen wird. Den kompletten Quellcode des Beispiels *Faces-Flow* finden Sie gemeinsam mit den *MyGourmet*-Beispielen unter http://jsfatwork.irian.at.

Listing 11.8 zeigt die Definition des Login-Flows mit XML. Dieser Flow liegt direkt in der Applikation im Verzeichnis `login`. Dort gibt es die Seiten `login.xhtml`, `success.xhtml` und `error.xhtml`, für die JSF per Konvention einen View-Knoten erstellt. Der interessanteste Teil der Definition ist aber der Flow-Call-Knoten für den Flow `forgotPassword` mit dem Parameter `username`. Beim Aufruf des zweiten Flows wird der Wert des Parameters aus der Eigenschaft `username` der Bean `loginBean` im Flow-Scope ausgelesen und an den Flow übergeben.

Der Flow definiert zusätzlich eine Navigationsregel für den Outcome `forgotPassword-return`, der beim Beenden von Flow `forgotPassword` zurückgeliefert wird. In diesem Fall wird wieder die Seite `login.xhtml` angezeigt.

Listing 11.9 zeigt die Java-Variante des Login-Flows.

Listing 11.8
Definition von Flow
`login` *mit XML*

```xml
<flow-definition id="login">
  <flow-return id="login-return">
    <from-outcome>/index</from-outcome>
  </flow-return>
  <navigation-rule>
    <from-view-id>*</from-view-id>
    <navigation-case>
      <from-outcome>forgotPassword-return</from-outcome>
      <to-view-id>/login/login.xhtml</to-view-id>
    </navigation-case>
  </navigation-rule>
  <flow-call id="forgotPassword">
    <flow-reference>
      <flow-id>forgotPassword</flow-id>
    </flow-reference>
    <outbound-parameter>
      <name>username</name>
      <value>#{loginBean.username}</value>
    </outbound-parameter>
  </flow-call>
</flow-definition>
```

Listing 11.9
Definition von Flow
`login-java` *mit Java*

```java
public class LoginJavaFlow implements Serializable {
  @Produces @FlowDefinition
  public Flow buildFlow(
      @FlowBuilderParameter FlowBuilder flowBuilder) {
    flowBuilder.id("", "login-java");
    flowBuilder.viewNode("start", "/login-java/login-java.xhtml")
        .markAsStartNode();
    flowBuilder.viewNode("success", "/login-java/success.xhtml");
    flowBuilder.viewNode("error", "/login-java/error.xhtml");
    flowBuilder.flowCallNode("forgotPassword")
        .flowReference("", "forgotPassword")
        .outboundParameter("username",
            "#{loginJavaBean.username}");
    flowBuilder.navigationCase().fromViewId("*")
        .fromOutcome("forgotPassword-return")
        .toViewId("/login-java/login-java.xhtml");
    flowBuilder.returnNode("login-return").fromOutcome("/index");
    return flowBuilder.getFlow();
  }
}
```

Nachdem beide Varianten in der selben Applikation definiert sind, haben wir für die Java-Variante die Flow-ID `login-java` gewählt. Aus Sicht der Funktionalität gibt es keinen Unterschied zwischen den beiden Ausführungen des Login-Flows.

Der Flow `forgotPassword` liegt in einem eigenen Maven-Modul und wird in der Applikation als Jar-Datei eingebunden. Der Flow besteht nur aus der Seite `forgotPassword.xhtml`, die im Verzeichnis `/META-INF/flows/forgotPassword` abgelegt ist. Die Definition des Flows befindet sich in der Konfigurationsdatei `/META-INF/faces-config.xml`.

Listing 11.10 zeigt die Definition des Flows mit dem eingehenden Parameter. Der Wert des übergebenen Parameters wird beim Starten des Flows im Flow-Scope unter dem Schlüssel `username` abgelegt.

Listing 11.10 Definition von Flow forgotPassword

```
1  <flow-definition id="forgotPassword">
2    <flow-return id="return">
3      <from-outcome>forgotPassword-return</from-outcome>
4    </flow-return>
5    <inbound-parameter>
6      <name>username</name>
7      <value>#{flowScope.username}</value>
8    </inbound-parameter>
9  </flow-definition>
```

12 *MyGourmet Fullstack* – JSF, CDI und JPA mit CODI kombiniert

In diesem Kapitel werden wir anhand unseres *MyGourmet*-Beispiels die Architektur einer JSF-Anwendung mit CDI und *Apache MyFaces CODI* vorstellen, die sich in dieser oder ähnlicher Form in der Praxis bewährt hat. Sie stellt eine optimale Ausgangsbasis für Ihre eigenen JSF-Webapplikationen dar – auch für komplexere Anwendungen. Das Beispiel *MyGourmet Fullstack* ist eine Erweiterung des Beispiels *MyGourmet 17*, in dem zum einen die Funktionalität der Anwendung ausgebaut wird und zum anderen die Architektur der Anwendung auf den derzeitigen Stand der Technologie gebracht wird.

Als JSF-Implementierung kommt standardmäßig *Apache MyFaces* zum Einsatz. Das Beispiel funktioniert aber auch mit der aktuellen Version von *Mojarra*. Wie in allen anderen Beispielen können Sie auch hier die JSF-Implementierung über ein Profil in der Datei pom.xml bestimmen (siehe Anhang A für Details). Zur Persistierung von Daten wird die *Java Persistence API* (JPA) in Version 2.0 mit dem *Hibernate EntityManager* als Implementierung eingesetzt. Datenbankseitig steht *HyperSQL DataBase* (HSQLDB) bereit – es kann aber jede Datenbank, die von *Hibernate* unterstützt wird, verwendet werden.

Den Quellcode zu *MyGourmet Fullstack* finden Sie wie den Code aller bisherigen Beispiele unter http://jsfatwork.irian.at.

12.1 Architektur von *MyGourmet Fullstack*

In *MyGourmet Fullstack* kommt eine bei der Java-Webentwicklung weitverbreitete Architektur mit drei übereinanderliegenden Schichten zum Einsatz. Die *Präsentationsschicht* ist die oberste Schicht und beinhaltet die Benutzerschnittstelle. Sie greift auf die *Serviceschicht* zu, in der die Geschäftslogik der Anwendung definiert ist. Ganz unten liegt die *Datenzugriffsschicht*, in der sämtliche in der Serviceschicht getätigten Zugriffe auf die Daten der Anwendung gekapselt sind. Die Entitäten des hinter der Anwendung liegenden Modells sind schichtübergreifend verfügbar. Abbildung 12.1 zeigt eine grafische Darstellung der Architektur von *MyGourmet Fullstack*.

Abbildung 12.1
Architektur von
MyGourmet Fullstack

Ein Vorteil der Schichtenarchitektur ist die strikte Trennung der Zuständigkeiten (Separation of Concerns, SOC). Jede Schicht ist dabei für einen bestimmten Bereich der Anwendung zuständig. Eine Schicht kann auf die Funktionalität der direkt unter ihr liegenden Schicht zugreifen und kann Funktionalität für die direkt über ihr liegende Schicht anbieten. Nachdem es nie Abhängigkeiten nach oben geben darf, bildet jede Schicht mit den unter ihr liegenden Schichten ein abgeschlossenes Subsystem.

Wir empfehlen Ihnen, immer eine saubere Schichtentrennung einzuhalten – auch wenn das im ersten Moment wie ein unnötiger Mehraufwand aussieht. Die Trennung (natürlich nur an vernünftigen Stellen) zahlt sich spätestens in der Wartung aus.

In den nächsten Abschnitten werden wir einen kurzen Blick auf alle Schichten von *MyGourmet Fullstack* inklusive der schichtübergreifenden Entitäten werfen. Die Struktur des Maven-Projekts ist etwas einfacher gehalten und entspricht nicht direkt den Schichten der Anwendung. Aus Gründen der Einfachheit haben wir die Entitäten, die Datenzugriffsschicht und die Serviceschicht im Modul `mygourmet-service` zusammengefasst. Die Präsentationsschicht befindet sich im Modul `mygourmet-webapp`. Für umfangreichere Projekte macht es aber durchaus Sinn, jede Schicht in einem eigenen Maven-Modul unterzubringen.

12.1.1 Entitäten

Entitäten bilden das Modell der Geschäftsobjekte und sind ein zentraler Bestandteil jeder Applikation. Entitäten sind einfache JavaBeans mit Eigenschaften und deren *Getter*- und *Setter*-Methoden. Sie stellen die objektorientierte Repräsentation der Tabellen in der Datenbank dar. Da sie in allen Schichten verwendet werden, sind sie aus Sicht der Architektur außerhalb der Schichten angesiedelt. Die Entitätsklassen finden Sie im Package `at.irian.jsfatwork.domain` im Modul `mygourmet-service`.

Die Information über die Zuordnung zwischen den Tabellen und Spalten der Datenbank und den Entitäten und Eigenschaften ist direkt in den Klassen enthalten. JPA bietet dazu eine Reihe von Annotationen an. Dadurch ist es nicht mehr nötig, Unmengen von XML-Dateien zur Konfiguration dieser Zuordnung anzulegen.

Die benutzerdefinierten Bean-Validation-Validatoren müssen sich ebenfalls im Modul `mygourmet-service` befinden, da sie in den Entitäten benutzt werden. Nachdem Bean-Validation aber nicht von JSF abhängig ist, stellt das kein Problem dar. Die Validatorklassen und Annotationen finden Sie in `at.irian.jsfatwork.validation`.

12.1.2 Datenzugriffsschicht

In der Datenzugriffsschicht wird die Schnittstelle zur Datenbank mit einem generischen CRUD-Service realisiert. Dieser Service ist in der Klasse `CrudService` als CDI-Bean im Application-Scope umgesetzt und nutzt die JPA-Unterstützung von CODI. Der CRUD-Service stellt generische Methoden für die wichtigsten Funktionen des Entity-Managers von JPA bereit. Für *MyGourmet* reicht diese simple Umsetzung aus – in komplexeren Applikationen kann ein solcher CRUD-Service dann zum Beispiel als Grundlage für Repositories dienen. Listing 12.1 zeigt Teile der Klasse `CrudService`.

Listing 12.1
MyGourmet Fullstack:
`CrudService`

```
@ApplicationScoped
public class CrudService {
  @Inject
  private EntityManager em;

  public <T extends BaseEntity> void persist(T entity) {
    em.persist(entity);
  }

  public <T extends BaseEntity> T findById(
      Class<T> clazz, long id) {
    return em.find(clazz, id);
  }

  public <T extends BaseEntity> void delete(T entity) {
    em.remove(entity);
  }
}
```

Die zentrale Stelle zur Interaktion mit dem Persistenzkontext von JPA ist die Klasse `EntityManager`. In *MyGourmet* wird der Entity-Manager wie üblich in der `persistence.xml` konfiguriert und von CDI verwaltet. Der CRUD-Service bekommt den Entity-Manager dann direkt als CDI-Bean in ein mit `@Inject` annotiertes Feld eingeimpft.

Der Entity-Manager wird allerdings nicht automatisch als CDI-Bean zur Verfügung gestellt – darum müssen wir uns selbst kümmern. Mit einer Producer-Methode ist das aber mit wenigen Zeilen Code erledigt. Listing 12.2 zeigt die Klasse `EntityManagerProducer` mit der Producer-Methode `createEntityManager()`, die eine Bean vom Typ `EntityManager` im Request-Scope zur Verfügung stellt. Damit ist gewährleistet, dass alle Beans, die eine Abhängigkeit auf den Entity-Manager definiert haben, pro Request immer dieselbe Instanz eingeimpft bekommen.

Die von der Producer-Methode zur Verfügung gestellte Entity-Manager-Instanz kommt aus der Bean `EntityManagerProducer`. CDI wertet dazu beim Erzeugen der Bean die Annotation `@PersistenceContext` aus und setzt den Entity-Manager in die annotierte Eigenschaft. Die Bean ist im Dependent-Scope definiert, damit die Producer-Methode wirklich für jeden Request einen neuen Entity-Manager zur Verfügung stellt.

Listing 12.2
MyGourmet Fullstack: Producer für Entity-Manager

```
1  @Dependent
2  public class EntityManagerProducer {
3
4    @PersistenceContext(unitName = "mygourmet")
5    private EntityManager entityManager;
6
7    @Produces
8    @RequestScoped
9    public EntityManager createEntityManager() {
10     return this.entityManager;
11   }
12
13   public void dispose(@Disposes EntityManager em) {
14     if (em.isOpen()) {
15       em.close();
16     }
17   }
18 }
```

Am Ende des Requests wird der Entity-Manager zuerst in der Disposer-Methode `dispose()` ordnungsgemäß geschlossen und dann aus dem Speicher entfernt. CDI unterstützt Disposer-Methoden für alle von Producer-Methoden erzeugten Beans. Die Methode muss genau einen mit `@Disposes` annotierten Parameter vom Typ der zu beseitigenden Bean haben.

Die Konfiguration des JPA-Persistenzkontexts erfolgt in der Datei `/META-INF/persistence.xml` im Maven-Modul `mygourmet-service`. Dort ist neben der JDBC-Verbindung zu HSQLDB und einigen Einstellungen für *Hibernate* auch ein Connection-Pool, in unserem Fall *C3P0*, eingetragen. *Hibernate* ist so konfiguriert, dass bei jedem Start der Applikation die Datenbank aus den Mappings in den Entitäten neu erstellt wird. Details finden Sie im Sourcecode des Beispiels.

12.1.3 Serviceschicht

Die Geschäftslogik der Anwendung ist in der Serviceschicht untergebracht und von der Benutzerschnittstelle entkoppelt. Die Serviceschicht bekommt den CRUD-Service injiziert und ruft ihn bei Bedarf, wie zum Beispiel bei einer Persistierung, auf. Der Weg zur Datenbank sollte in der Präsentationsschicht ausschließlich über die Serviceschicht und nicht direkt über die Datenzugriffsschicht erfolgen. Die Serviceklassen befinden sich im Package at.irian.jsfatwork.service und sind als CDI-Beans im Application-Scope definiert. Listing 12.3 zeigt exemplarisch einen Ausschnitt der Klasse ProviderService.

Die Serviceschicht ist in *MyGourmet Fullstack* auch für die Transaktionskontrolle der Applikation zuständig. Die Transaktionen sind an einzelnen Servicemethoden ausgerichtet und werden von CODI mit einem Interceptor verwaltet. Jede Methode einer Serviceklasse, die mit der CODI-Annotation @Transactional annotiert ist, wird in einer Transaktion ausgeführt. Wenn die Serviceklasse selbst mit @Transactional annotiert ist, werden alle Methoden der Klasse in einer Transaktion ausgeführt.

Die Serviceschicht ist der ideale Ort zur Definition der Transaktionen, da sie für die Benutzerschnittstelle das Tor zu Geschäftslogik darstellt. Wenn Sie nochmals einen Blick auf Listing 12.1 werfen, werden Sie bemerken, dass es dort kein @Transactional gibt. Nachdem CRUD-Operationen nur im Service verwendet werden, laufen sie automatisch in den dort definierten Transaktionen ab.

Die Schichtentrennung ist beispielsweise auch für das Testen außerordentlich wichtig. Die Applikation kann dann nämlich (ohne Ausführung der GUI selbst) über die Serviceschicht direkt getestet werden. Wir empfehlen Ihnen, die Serviceschicht von Beginn an zu testen und die Tests immer auf gleichem Stand wie die GUI-Logik zu halten. Gerade bei der Entwicklung von Webanwendungen kostet jeder zu einem Neustart des Servers führende Fehler, der mit der Ausführung eines Tests verhindert hätte werden können, wertvolle Entwicklungszeit.

Listing 12.3
MyGourmet Fullstack:
Serviceimplementierung

```
1  @ApplicationScoped
2  public class ProviderService {
3
4    @Inject
5    private CrudService crudService;
6
7    @Transactional
8    public void save(Provider entity) {
9      if (entity.isTransient()) {
10       crudService.persist(entity);
11     } else {
12       crudService.merge(entity);
13     }
14   }
15   @Transactional
16   public void delete(Provider provider) {
17     provider = crudService.merge(provider);
18     for (Order order : provider.getOrders()) {
19       order.setCustomer(null);
20       crudService.delete(order);
21     }
22     provider.getCategories().clear();
23     crudService.delete(provider);
24   }
25   @Transactional
26   public Provider findById(long id) {
27     return crudService.findById(Provider.class, id);
28   }
29   @Transactional
30   public List<Provider> findAll() {
31     return crudService.findAll(Provider.class);
32   }
33  }
```

12.1.4 Präsentationsschicht

Die *Präsentationsschicht* umfasst die Benutzerschnittstelle der Applikation und bildet die oberste Schicht der Architektur. In *MyGourmet Fullstack* besteht die Präsentationsschicht aus der JSF-Webanwendung und ist im *Maven*-Modul mygourmet-webapp untergebracht. Dieses Modul enthält alle Seitendeklarationen inklusive ihrer Page-Beans sowie alle Komponenten, Konverter, Validatoren und Phase-Listener.

Die Präsentationsschicht ist nur für die Benutzerschnittstelle zuständig und greift zur Ausführung von Geschäftslogik auf die Serviceschicht zu. Umgekehrt darf es aber keine Abhängigkeiten der Service-

12.1 Architektur von *MyGourmet Fullstack*

schicht oder gar der Datenzugriffsschicht auf die Präsentationsschicht geben. GUI/JSF-Spezifika haben dort natürlich nichts verloren.

Sehen wir uns diesen Vorgang anhand der Anbieter-Übersichtsseite und ihrer Page-Bean etwas genauer an. Listing 12.4 zeigt die Klasse `ProviderListBean` der Page-Bean. Beim initialen Zugriff auf die Ansicht wird die Bean inklusive der Konversation erstellt. Beim Laden der Anbieterliste in der Methode `preRenderView` kommt beim Aufruf von `providerService.findAll()` im dahinterliegenden CRUD-Service der von der Producer-Methode erzeugte Entity-Manager für den aktuellen Request zum Einsatz. Da die Servicemethode mit `@Transactional` annotiert ist, startet CODI vor dem eigentlichen Aufruf der Methode eine Transaktion. Beim Verlassen der Methode kümmert sich CODI weiterhin um das korrekte Beenden der Transaktion mit einem Commit im Normalfall und einem Rollback, falls die Methode eine Exception wirft.

Listing 12.4
MyGourmet Fullstack: Page-Bean der Anbieter-Übersichtsseite

```
1  @Named
2  @ViewAccessScoped
3  public class ProviderListBean implements Serializable {
4    @Inject
5    private ProviderService providerService;
6    private List<Provider> providerList;
7
8    @PreRenderView
9    public void preRenderView() {
10     providerList = providerService.findAll();
11   }
12   public List<Provider> getProviderList() {
13     return providerList;
14   }
15   public void deleteProvider(Provider provider) {
16     providerService.delete(provider);
17   }
18 }
```

Dasselbe gilt für das Löschen eines Anbieters in `deleteProvider`. Beim Aufruf von `providerService.delete(provider)` wird im dahinterliegenden CRUD-Service ebenfalls die Entity-Manager-Bean aus dem aktuellen Request verwendet. Der zu löschende Anbieter wird beim Aufruf der Action-Methode direkt über die Method-Expression als eine der zuvor geladenen Entitäten übergeben. Im `ProviderService` muss die Entität daher zuerst mit einem Aufruf der Methode `merge` an den aktuellen Entity-Manager gebunden werden. Nachdem die Methode `delete` im Service mit `@Transactional` annotiert ist, läuft die Operation in einer Transaktion ab.

Damit ist *MyGourmet Fullstack* fertig konfiguriert und einsatzbereit. Wir möchten Sie dazu einladen, den Quellcode der Anwendung genau unter die Lupe zu nehmen. Betrachten Sie das Beispiel als Basis für eigene Experimente und erkunden Sie die Details der Zusammenarbeit von JSF, JPA, CDI und CODI in der Praxis.

A Eine kurze Einführung in Maven

Apache Maven ist ein äußerst hilfreiches Werkzeug, um Java-basierte Projekte zu verwalten. Es kann unter anderem Applikationen verwalten, erstellen, verteilen, automatisch testen, Abhängigkeiten verwalten und Webseiten des Projekts erstellen. Neben einer standardisierten Beschreibung von Projekten im *Project Object Model* (pom.xml) und einem standardisierten Build-Prozess bietet *Maven* unter anderem noch eine automatische Auflösung von Abhängigkeiten zu anderen Projekten und Bibliotheken. Die Funktionalität lässt sich durch verschiedenste Plug-ins erweitern, von denen wir in weiterer Folge einige zeigen.

Zunächst sollte man wissen, dass *Maven* sämtliche für den Build-Prozess benötigte Dateien, seien es normale Bibliotheken oder Plug-ins, automatisch von zentralen Stellen aus dem Internet – den sogenannten *Maven-Repositories* – lädt[1]. In einem solchen *Repository* sind die Bibliotheken von vielen Open-Source-Projekten in einer speziellen *Maven*-Struktur (unterteilt nach Group-ID, Artifact-ID und Version) abgelegt.

Ein großer Pluspunkt von *Maven* ist die automatische Verwaltung von Abhängigkeiten auf Bibliotheken. Die Abhängigkeiten eines Projekts werden in seiner pom.xml in Form von dependency-Elementen definiert. Listing A.1 zeigt die Abhängigkeiten für *Mojarra* in Version 2.2.2.

Wie Sie sehen, werden Abhängigkeiten auf Bibliotheken über ihre Group-ID, Artifact-ID und Version definiert. Im *Repository* spiegelt sich diese Struktur in der Verzeichnishierarchie wider.

Die benötigten Bibliotheken werden nach dem Ladevorgang in einem lokalen Repository abgelegt und können bei Bedarf von dort bezogen werden. Dieses lokale Verzeichnis befindet sich standardmäßig im Homeverzeichnis des Benutzers, das je nach Betriebssystem variieren kann. Unter Windows liegt das lokale Repository beispielsweise in folgendem Verzeichnis:

```
C:\Benutzer\Benutzername\.m2\repository
```

---

[1]Das zentrale *Maven-Repository* finden Sie zum Beispiel unter der Adresse http://search.maven.org/. Dort können Sie auch sehr bequem nach *Maven*-Artefakten suchen.

Listing A.1
Maven-Abhängigkeit
für Mojarra 2.2.2

```
1  <dependencies>
2    <dependency>
3      <groupId>com.sun.faces</groupId>
4      <artifactId>jsf-api</artifactId>
5      <version>2.2.2</version>
6      <scope>compile</scope>
7    </dependency>
8    <dependency>
9      <groupId>com.sun.faces</groupId>
10     <artifactId>jsf-impl</artifactId>
11     <version>2.2.2</version>
12     <scope>compile</scope>
13   </dependency>
14 </dependencies>
```

A.1 Installation von Maven

In diesem Abschnitt beschreiben wir Schritt für Schritt, wie *Maven* auf einem Windows-System eingerichtet wird:

1. *Laden von Maven*
   Eine komprimierte Datei der aktuellen Version von *Maven* ist auf der Projektwebseite http://maven.apache.org zu finden. Die aktuelle Version ist 3.0.5, mit der auch alle Beispiele getestet wurden.
2. *Entpacken des Archivs*
   Zuerst müssen Sie die heruntergeladene Zip-Datei apache-maven-3.x.x-bin.zip in ein Verzeichnis Ihrer Wahl entpacken. Im weiteren Verlauf nehmen wir folgendes Verzeichnis an, das abhängig von der konkreten Versionsnummer auf Ihrem Rechner anders aussehen kann:

   ```
   C:\Programme\maven-3.x.x
   ```

3. *Setzen der benötigten Umgebungsvariablen*
   Für den einwandfreien Betrieb von Maven müssen einige Umgebungsvariablen gesetzt werden. Zuerst setzen wir die Variable MAVEN_HOME auf das Installationsverzeichnis von Maven. Öffnen Sie dazu

   ```
   Systemeinstellungen (Windows-Taste + Pause)
       -> Erweitert -> Umgebungsvariablen
   ```

   und fügen Sie unter den Benutzervariablen eine Variable mit dem Namen MAVEN_HOME und folgendem Wert hinzu:

   ```
   C:\Programme\maven-3.x.x
   ```

Des Weiteren muss das `bin`-Verzeichnis der Maven-Installation in den Systempfad aufgenommen werden. Setzen Sie dazu die Benutzervariable `PATH` auf folgenden Wert:

```
%MAVEN_HOME%\bin;%PATH%
```

Im selben Dialog muss auch `JAVA_HOME` zum Pfad des Java-JDK gesetzt sein, also zum Beispiel auf:

```
C:\Programme\Java\jdk1.7.0_21
```

4. *Maven überprüfen*
   In der Konsole kann nun überprüft werden, ob *Maven* korrekt aufgesetzt wurde:

   ```
   mvn --version
   ```

   Wird eine Versionsnummer ausgegeben, kann der nächste Schritt erfolgen, falls nicht, müssen die vorherigen Punkte noch einmal auf Korrektheit überprüft werden.

Ihr System verfügt jetzt über eine lauffähige Version von *Maven*. Als Einstiegspunkte für vertiefende Informationen zum Thema *Maven* bieten sich dessen Projektseite `http://maven.apache.org` und die frei verfügbaren Bücher *Maven: The Complete Reference* und *Maven by Example*[2] an.

A.2 Maven und *MyGourmet*

Alle *MyGourmet*-Beispiele sind als *Maven*-Projekte angelegt und dadurch sehr einfach zu handhaben. Wir werden in diesem Abschnitt kurz die Möglichkeiten von *Maven* anhand von *MyGourmet* präsentieren. Der Quellcode aller *MyGourmet*-Beispiele ist unter der URL `http://jsfatwork.irian.at` verfügbar.

Beginnen wir mit der grundlegendsten Aufgabe: Der Build-Prozess des Projekts wird mit folgendem Befehl im Wurzelverzeichnis des Projekts angestoßen:

```
mvn clean install
```

Maven löscht daraufhin alle bisher generierten Dateien, kompiliert alle Klassen und packt sie zusammen mit allen Ressourcen und Bibliotheken, die über Abhängigkeiten in der Datei `pom.xml` definiert sind, in ein WAR-Archiv. Diese Dateien landen im ersten Schritt im Verzeichnis `target`. Das WAR-Archiv wird dann im lokalen Repository unter der

---

[2]*Maven by Example* und *Maven: The Complete Reference* finden Sie unter `http://www.sonatype.com/resources/books`.

Group-ID, der Artifact-ID und der Version, die in der `pom.xml` angegebenen sind, abgelegt. Für das Beispiel *MyGourmet 1* ergibt sich daraus der in Abbildung A.1 ersichtliche Verzeichnisbaum.

Abbildung A.1
MyGourmet 1 im lokalen Repository

```
C:\Dokumente und Einstellungen\Benutzer\.m2\repository
  at
    irian
      jsfatwork
        mygourmet01
          1.0-SNAPSHOT
            mygourmet01-1.0-SNAPSHOT.war
```

Standardmäßig benutzen alle *MyGourmet*-Beispiele *Mojarra* als JSF-Implementierung. Wir haben allerdings die Projektbeschreibung in der Datei `pom.xml` so gestaltet, dass Sie ohne Änderungen an der Datei selbst auf *MyFaces* umschalten können. Dazu gibt es zwei Profile mit den jeweils für die Implementierung benötigten Abhängigkeiten. Wenn Sie keines der Profile explizit auswählen, kommt immer *Mojarra* zum Einsatz. Wollen Sie *MyFaces* einsetzen, müssen Sie das Profil mit der ID `myfaces` wie folgt beim Aufruf von *Maven* aktivieren:

```
mvn clean install -P myfaces
```

Falls im Browser Probleme auftreten, wenn Sie dasselbe Projekt direkt hintereinander mit *MyFaces* und *Mojarra* ausführen (oder umgekehrt), sollten Sie den Cache des Browsers löschen. Manchmal führen in diesem Fall gecachte JavaScript-Dateien zu Problemen.

Alle *MyGourmet*-Beispiele sind über ihre `pom.xml` so konfiguriert, dass sie mit folgendem Befehl im Wurzelverzeichnis des Projekts ausgeführt werden können:

```
mvn jetty:run
```

Das *Jetty-Maven-Plug-in* startet daraufhin den Servlet-Container *Jetty* und rollt die Anwendung aus. *MyGourmet 1* kann dann zum Beispiel unter folgender Adresse im Browser aufgerufen werden:

```
http://localhost:8080/mygourmet01
```

Sie müssen das Projekt vorher nicht kompilieren oder im lokalen Repository installieren. *Maven* kümmert sich automatisch darum, falls das noch nicht geschehen ist.

Auch hier gilt, dass Sie *Apache MyFaces* über das Profil mit der ID `myfaces` aktivieren können:

```
mvn jetty:run -P myfaces
```

Alle gängigen Entwicklungsumgebungen unterstützen mittlerweile den direkten Import von Maven-Projekten. Wie das im Detail mit Eclipse funktioniert, können Sie in Abschnitt B.2 nachlesen.

A.3 Erstellen eines JSF-Projekts

Mit *Maven* ist es sehr einfach, eine *HelloWorld*-Anwendung zu generieren. Für diesen Zweck gibt es in *Maven* das Konzept der so genannten *Archetypes*. Das sind Vorlagen, auf deren Basis sich aus vorhandenen Bibliotheken Maven-Projekte mit der grundlegenden Struktur einer Applikation generieren lassen.

Der Vorlagenkatalog von *MyFaces* enthält zurzeit folgende acht Archetypes zum Generieren von JSF-Projekten:

1. *MyFaces-Hello-World*
   Vorlage für das Grundgerüst eines Projekts mit *MyFaces* in Version 1.2 inklusive aller Abhängigkeiten und JSP als Seitendeklarationssprache.
2. *MyFaces-Hello-World mit Facelets*
   Vorlage für das Grundgerüst eines Projekts mit *MyFaces* in Version 1.2 inklusive aller Abhängigkeiten und Facelets als Seitendeklarationssprache.
3. *MyFaces-Hello-World mit Portlets*
   Vorlage für das Grundgerüst eines Portlets-Projekts mit *MyFaces* in Version 1.2 inklusive aller Abhängigkeiten und JSP als Seitendeklarationssprache.
4. *MyFaces-Hello-World 2.0*
   Vorlage für das Grundgerüst eines Projekts mit *MyFaces* in Version 2.1 inklusive aller Abhängigkeiten und Facelets als Seitendeklarationssprache.
5. *MyFaces-Hello-World 2.0 mit OWB*
   Vorlage für das Grundgerüst eines Projekts mit *MyFaces* in Version 2.1 und *Apache OpenWebBeans*[3] inklusive aller Abhängigkeiten und Facelets als Seitendeklarationssprache.
6. *JSF-Komponente*
   Eine spezielle Vorlage, aus der Maven-Projekte für Komponentenbibliotheken mit *MyFaces* in Version 1.2 generiert werden können.
7. *MyFaces-Hello-World mit Trinidad*
   Vorlage für das Grundgerüst eines Maven-Projekts mit *MyFaces* in

---

[3]*Apache OpenWebBeans* ist eine Implementierung des Standards *Contexts and Dependency Injection for Java* (CDI, JSR-299).

Version 1.2 und *Trinidad* in Version 1.2 inklusive aller Abhängigkeiten und JSP als Seitendeklarationssprache.
8. *MyFaces-Hello-World mit Trinidad 2.0*
Vorlage für das Grundgerüst eines Maven-Projekts mit *MyFaces* in Version 2.1 und *Trinidad* in Version 2.0 inklusive aller Abhängigkeiten und Facelets als Seitendeklarationssprache.

Erstellen wir also jetzt ein Maven-Projekt für eine einfache Webanwendung in JSF. Der Vorgang ist denkbar einfach: Rufen Sie dazu in der Konsole in einem beliebigen Verzeichnis folgenden Befehl auf:

```
mvn archetype:generate
    -DarchetypeCatalog=http://myfaces.apache.org
```

Dieser Befehl startet die Projektgenerierung mit dem Vorlagenkatalog von *Apache MyFaces*. Das Erstellen des Projekts besteht aus folgenden drei Schritten:

1. Maven stellt alle Vorlagen aus dem oben angegebenen Katalog `http://myfaces.apache.org` in einer nummerierten Liste dar. Wählen Sie die Nummer der Vorlage mit dem Namen `myfaces-archetype-helloworld20` aus.
2. Nach der Auswahl müssen Sie die Anwendung konfigurieren. Geben Sie als Group-ID `at.irian.jsfatwork`, als Artifact-ID `helloworld`, als Version `1.0-SNAPSHOT` und als Package des Projekts `at.irian.jsfatwork.helloworld` ein.
3. Nach dem Bestätigen der Einstellungen legt Maven die Projektstruktur unter dem Verzeichnis `/helloworld` an.

Die generierte Applikation baut auf *MyFaces* in Version 2.1 mit allen benötigten Abhängigkeiten auf – diese wurden bereits in die *Maven*-Projektdatei `pom.xml` eingetragen. Genauso befinden sich unter

```
\helloworld\src\main\webapp\WEB-INF\
```

die für die Anwendung benötigten Konfigurationsdateien `web.xml` und `faces-config.xml` mit den erforderlichen Parametern. Je nach Bedarf sind diese wie in Abschnitt 4.6 beschrieben abzuändern.

B Eclipse

Eclipse ist zurzeit eine der populärsten Entwicklungsumgebungen für Java-Applikationen, die noch dazu unter einer Open-Source-Lizenz verfügbar ist. Seinen Siegeszug trat *Eclipse* im Jahr 2001 an, als IBM die Sourcen veröffentlichte. Seit 2004 zeichnet die *Eclipse-Foundation* verantwortlich für die Weiterentwicklung von *Eclipse*. Sie hat sich neben der *Apache-Software-Foundation* zu einer der größten Open-Source-Gemeinschaften im Java-Bereich entwickelt.

Seit dieser Zeit hat sich *Eclipse* weg von einer reinen Entwicklungsumgebung für Java hin zu einer Plattform für diverse Programmiersprachen und Rich-Client-Applikationen aller Art entwickelt – und das mit stetig wachsendem Erfolg. Es entstand eine Vielzahl von Plug-ins, mit denen die Basisfunktionalität um viele Aspekte erweitert werden kann.

Mit der im Jahr 2006 erschienenen Version 3.2 wurde die Veröffentlichung der wichtigsten Eclipse-Projekte aufeinander abgestimmt. Seitdem erscheint einmal jährlich ein neues Release von *Eclipse* – momentan ist die unter dem Namen *Juno* bekannte Version 4.2 aktuell.

Eclipse selbst bietet mit dem Projekt *Web Tools Platform (WTP)* bereits eine gute Unterstützung für die Entwicklung von JSF-Anwendungen an.

B.1 Installation von Eclipse mit Maven-Unterstützung

Seit der im Jahr 2006 stattgefundenen Konsolidierung der einzelnen Projekte wird *Eclipse* in mehreren Version für unterschiedliche Anwendungszwecke zum Download auf http://www.eclipse.org angeboten. Für unsere Zwecke eignet sich das Paket *Eclipse IDE for Java EE Developers* am besten. Es umfasst neben den Werkzeugen zum Entwickeln von Java-Anwendungen auch die bereits erwähnte *Web Tools Platform (WTP)*.

Die hier beschriebene Anleitung bezieht sich auf *Eclipse* in der Version Juno (4.2) SR2. Die Installation von *Eclipse* gestaltet sich sehr einfach, die einzige Voraussetzung ist eine lauffähige Java-Runtime in einer

Version ab 6.0. Nach dem Herunterladen des oben genannten Softwarepakets muss dieses in ein beliebiges Verzeichnis entpackt werden. Sie können die Anwendung anschließend bereits starten.

Eclipse bietet mittlerweile ein sehr gutes Plug-in für die Integration von *Maven* mit dem Namen *Maven Integration for Eclipse*. In dem von uns gewählten Paket der *Eclipse IDE* wird dieses Plug-in standardmäßig leider nicht mitgeliefert.

Die aktuelle Version der Maven-Integration kann allerdings sehr einfach über den *Eclipse Marketplace* bezogen werden. Gehen Sie dazu auf Help|Eclipse Marketplace... und geben Sie im Suchfeld einfach den Namen des Plug-ins ein. Nach dem Betätigen der Enter-Taste sollte eine Auswahl von verfügbaren Erweiterungen angezeigt werden. Abbildung B.1 zeigt das Eclipse-Marketplace-Fenster mit den entsprechenden Auswahlmöglichkeiten.

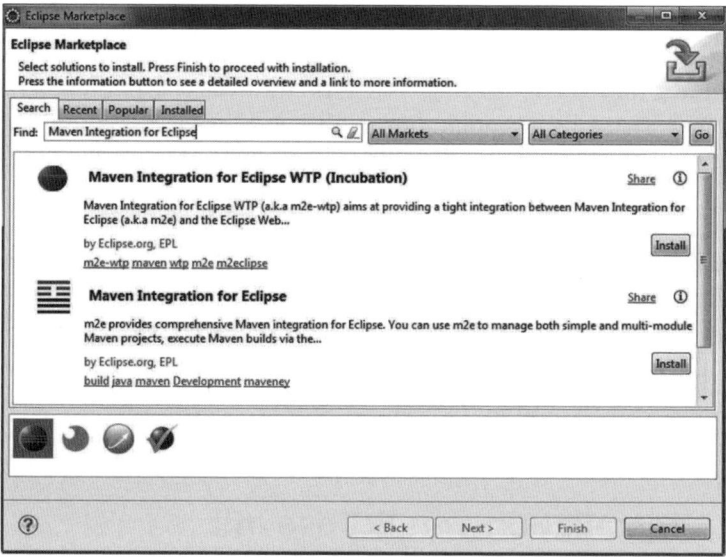

Abbildung B.1
Eclipse-Marketplace mit Plug-in Maven Integration

Jetzt ist es besonders wichtig, dass Sie mit einem Klick auf die Schaltfläche Install das Paket *Maven Integration for Eclipse* WTP und nicht *Maven Integration for Eclipse* installieren. Nur so ist eine optimale Integration von *Maven* und der *Web Tools Platform (WTP)* gewährleistet. Nach einem Neustart von *Eclipse* ist die Maven-Integration mit der Möglichkeit zum direkten Import von Maven-Projekten verfügbar.

B.2 Eclipse und *MyGourmet*

Eclipse bietet die optimale Plattform zum Experimentieren mit den *MyGourmet*-Beispielen. Bevor es allerdings losgehen kann, müssen Sie die Beispiele in *Eclipse* importieren. Folgende Schritte sind dazu notwendig:

1. Holen Sie sich unter http://jsfatwork.irian.at das Archiv mit dem Quellcode der Beispiele, falls Sie das noch nicht gemacht haben.
2. Entpacken Sie das Archiv mit den Beispielen in ein beliebiges Verzeichnis.
3. Importieren Sie das Maven-Projekt direkt in Eclipse. Rufen Sie dazu den Menüeintrag File|Import... auf und wählen Sie im sich öffnenden Fenster den Eintrag Maven|Existing Maven Project. Im daraufhin erscheinenden Fenster wählen Sie zuerst das Beispielverzeichnis aus, woraufhin eine Liste aller *MyGourmet*-Projekte wie in Abbildung B.2 angezeigt werden sollte. Wählen Sie dort alle Projekte aus und bestätigen Sie die Auswahl mit Finish.

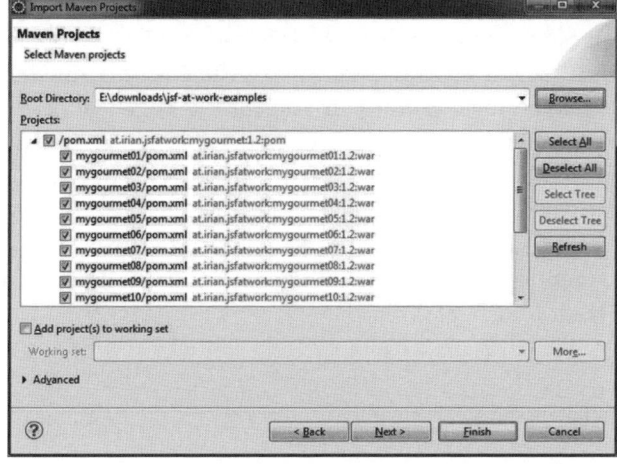

Abbildung B.2
Import von *MyGourmet* in Eclipse

Wenn alles geklappt hat, sehen Sie jetzt eine Liste aller Beispiele im Projekt-Explorer von *Eclipse*. Sie können die Projekte jetzt über den Eintrag Run As|Run on Server im Kontextmenü oder im Menü Run auf einem Server wie etwa *Apache Tomcat 7* starten. Zum Starten im Debug-Modus müssen Sie statt Run As|Run on Server den Menüeintrag Debug As|Debug on Server aufrufen. Falls Sie noch keine Serverumgebung konfiguriert haben, finden Sie im nächsten Abschnitt eine detaillierte Anleitung zum Einrichten von *Apache Tomcat 7* in *Eclipse*.

B.3 Apache Tomcat 7 in Eclipse einrichten

Falls Sie zuvor noch keinen Server konfiguriert haben, öffnet *Eclipse* beim ersten Starten der Webapplikation einen Wizard zum Einrichten eines neuen Servers. Für die Buchbeispiele eignet sich *Apache Tomcat 7.0* besonders gut. Abbildung B.3 zeigt die drei Schritte zum Anlegen einer Debug-Konfiguration mit *Tomcat 7.0*.

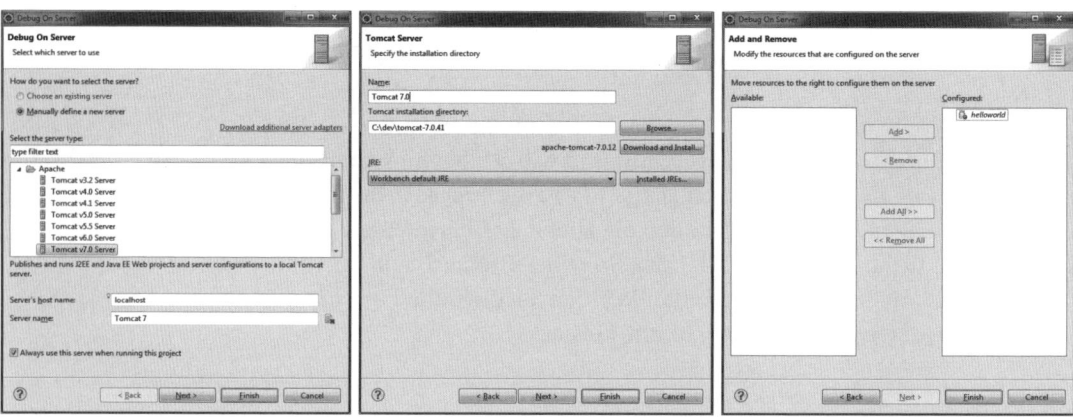

Abbildung B.3
Debug-Konfiguration in Eclipse WTP anlegen

Wählen Sie im ersten Schritt Apache|Tomcat v7.0 Server als Servertyp aus und klicken Sie auf Next. Im zweiten Schritt müssen Sie den Pfad einer lokalen Installation von *Tomcat 7.0* angeben. Falls Sie *Tomcat 7.0* noch nicht installiert haben, finden Sie die aktuellste Version unter http://tomcat.apache.org. Nachdem Sie den Pfad angegeben haben, klicken Sie wiederum auf Next. Im letzten Schritt können Sie noch festlegen, welche Projekte auf den Server deployt werden. Mit einem abschließenden Klick auf die Schaltfläche Finish wird der Server fertig eingerichtet und hochgefahren.

Stichwortverzeichnis

action-Attribut, 46
Action-Events, 56, 59
Action-Methode, 22, 26
ActionEvent, 46
actionListener-Attribut, 46
Ajax, 249, 250
    Client-IDs, 258
    Defaultereignisse, 257
    Delay, 265
    Eingabefelder zurücksetzen, 265
    Ereignisse, 259
    Events, 259
    f:ajax, 254
    Fehler behandeln, 263
    in Kompositkomponenten, 267
    JavaScript-API, 253, 260
    Listener, 259
    Partieller JSF-Lebenszyklus, 263
    Queue kontrollieren, 265
    Status auswerten, 262
Ajax-Listener, 259
Aktionen, 26
Ansicht, 24
Apache Maven, *siehe* Maven
Apache MyFaces CODI, *siehe* CODI
applicationScope-Objekt, 40
Applikationsentwickler, 23
Applikationsobjekte anlegen, 175
Apply Request Values, 43
Architektur, 343
    Datenzugriffsschicht, 345
    Entitäten, 344
    Präsentationsschicht, 348
    Schichtenmodell, 343
    Serviceschicht, 347
Ausgabekomponenten, 120
Austausch
    Komponentenklasse, 242

Rendererklasse, 240
automatische ID, 77

Backing-Beans, 25
Bean-Validation, 87, 345
    Benutzerdefinierte Constraints, 89
    Nachrichten, 103
    Standard-Constraints, 88
Bean-Validation-Constraints, 88
Befehlskomponente, 46, 51, 115
Benutzerabfrage, 176
Benutzerdefinierte Konverter, 81
Bildausgabekomponente, 123
binding-Attribut, 242
Bookmarks und GET-Anfragen, 165

cc:actionSource, 203
cc:attribute, 203
cc:editableValueHolder, 203
cc:facet, 203
cc:implementation, 201, 207
cc:insertChildren, 202, 207
cc:insertFacet, 207, 211
cc:interface, 201, 203, 238
cc:renderFacet, 207, 211
cc:valueHolder, 203
CDI, 289, 336, 343
    Konfiguration, 295
    Managed-Beans, 290
    Producer-Methoden, 293, 336
    Scopes, 290
    Transaktionskontrolle, 347
    View-Scope, 293
Client-ID, 76
CODI, 290, 298, 343
    JPA-Unterstützung, 345
    Konversationen, 299
    Page-Beans, 303, 307
    Scopes, 299

Stichwortverzeichnis

View-Config, 303, 307
column-Tag, 115
commandButton-Tag, 115
commandLink-Tag, 115
Component, 24
Component-Binding, 97, 242
componentType-Attribut, 238
Composite-Components, 200
Contexts and Dependency Injection,
   siehe CDI
Control, 24
Conversations, 297
Converter, 25
cookie-Objekt, 40
Cookies, 43
Core-Tag-Library, 111
Cross-Component-Validierung, 94

dataTable-Tag, 115
DataTable-Komponente, 115
Datentransfer, 23
Datentypen, 25
Datenzugriffsschicht, 345
Decodieren, 43
Decodierung, 230
Decoding, 43, 230
Dependency Injection for Java, 289
DoubleRangeValidator, 44

Eclipse, 9, 14
   Starten der Anwendung, 16
   WYSIWYG-Seiten-Editor, 14
Eigene Komponente schreiben, 199
Eingabekomponenten, 124
EL-Funktionen, 154
EL-Resolver, 184
ELContext, 175
Encoding, 226
Entitäten, 344
Ereignis, 25, 55
Ereignisbehandlung, 23, 25, 46
Ereignisbehandlungsmethode, 55
Event, 55
Event-Listener, 55
Expression Language, 36
Expression-Factory, 184
External-Context, 39, 174
ExtVal, 89

f:actionListener-Tag, 111
f:ajax
   delay, 265
   resetValues, 265
f:ajax-Tag, 111, 252, 254
f:attribute-Tag, 111
f:attributes-Tag, 111
f:convertDateTime-Tag, 79, 111
f:converter, 82
f:converter-Tag, 111
f:convertNumber-Tag, 79, 112
f:event-Tag, 112
f:facet-Tag, 112
f:loadBundle-Tag, 104, 112
f:metadata-Tag, 112, 167, 169
f:param-Tag, 112
f:passThroughAttribute, 112, 283
f:passThroughAttributes, 112, 283
f:phaseListener-Tag, 112
f:resetValues-Tag, 112, 113
f:selectItem-Tag, 112, 133
f:selectItems-Tag, 112, 134
f:setPropertyActionListener, 112
f:validateBean-Tag, 112
f:validateDoubleRange-Tag, 92, 112
f:validateLength-Tag, 91, 113
f:validateLongRange-Tag, 92, 113
f:validateRegex-Tag, 92, 113
f:validateRequired-Tag, 92, 113
f:validator-Tag, 113
f:valueChangeListener-Tag, 113
f:view-Tag, 113, 138
f:viewAction-Tag, 113, 169
f:viewParam-Tag, 113, 167
Facelets, 73, 151
   EL-Funktionen, 154
   Konverter-Tag, 156
   Resource-Library-Contracts, 192
   Tag-Bibliothek erstellen, 153
   Templating, 158, 192
   Validator-Tag, 157
Facelets-Processing, 281
Facelets-Tag-Library, 151
faces-config.xml, 53, 69, 177, 182, 232
   application, 182
Faces-Context, 174
Faces-Flows, 331
   Defining-Document-ID, 340
   Definition, 333
   Definition mit Java, 336
   Definition mit XML, 334
   Flow-Call-Knoten, 334, 335, 337
   Flow-Scope, 338

Knotentypen, 333
Method-Call-Knoten, 334
Return-Knoten, 334
Startknoten, 335
Switch-Knoten, 334
View-Knoten, 334, 335
Faces-Servlet, 174, 177
FacesContext-Klasse, 174
facesContext-Objekt, 40
FacesMessage, 139
Facets, 110
Firebug, 252, 275
Flow-Scope, 338
Flows, *siehe* Faces-Flows
flowScope-Objekt, 339
form-Tag, 114
Formularkomponente, 114
from-action-Element, 54
from-outcome-Element, 54
from-view-id-Element, 53

Geschichte, 1
GET-Anfragen mit JSF, 165
graphicImage-Tag, 123

h:body-Tag, 141
h:button-Tag, 140, 166
h:column-Tag, 115
h:commandButton-Tag, 19, 115
h:commandLink-Tag, 115
h:dataTable-Tag, 115
h:form-Tag, 19, 114
h:graphicImage-Tag, 123, 187, 208
h:head-Tag, 141
h:inputFile-Tag, 126
h:inputHidden-Tag, 126
h:inputSecret-Tag, 125
h:inputText-Tag, 19, 125
h:inputTextArea-Tag, 126
h:link-Tag, 140, 166
h:message-Tag, 139
h:messages-Tag, 139
h:outputFormat-Tag, 123
h:outputLabel-Tag, 19, 121
h:outputLink-Tag, 122
h:outputScript-Tag, 141, 187, 208
h:outputStylesheet-Tag, 141, 187, 208
h:outputText-Tag, 120
h:panelGrid-Tag, 19, 136
h:panelGroup-Tag, 136
h:selectBooleanCheckbox-Tag, 128

h:selectManyCheckbox-Tag, 131
h:selectManyListbox-Tag, 132
h:selectManyMenu-Tag, 132
h:selectOneListbox-Tag, 129
h:selectOneMenu-Tag, 129
h:selectOneRadio-Tag, 129
header-Objekt, 40
headerValues-Objekt, 40
HTML5, 281
    Custom-Data-Attribute, 284
    Facelets-Processing, 281
    Pass-Through-Attribute, 282
    Pass-Through-Elemente, 284
HtmlInputFile, 126
HtmlInputHidden, 126
HtmlInputSecret, 125
HtmlInputText, 125
HtmlInputTextArea, 126
HtmlOutputFormat, 123
HtmlOutputLabel, 121
HtmlOutputLink, 122
HtmlOutputText, 120
HtmlSelectBooleanCheckbox, 128
HtmlSelectManyCheckbox, 131
HtmlSelectManyListbox, 132
HtmlSelectManyMenu, 132
HTTP-Debugger, 279
HTTP-Header, 43
HTTP-Request, 39, 41

id-Attribut, 76
immediate-Attribut, 47, 48
implizite Objekte, 39
initParam-Objekt, 40
IntelliJ IDEA, 9, 14
Internationalisierung, 101
    von Bean-Validation, 103
    von Nachrichten, 102
Invoke Application, 46
isUserInRole, 176

Java Community Process, 5
JavaScript-Debugging, 278
JavaServer Faces, 23
JavaServer Pages, 73
JCP, 5
JDK, 9
Jetty-Maven-Plug-in, 13
JPA, 345
    Entity-Manager, 345
    JPA und CDI, 345

Stichwortverzeichnis

Transaktionskontrolle, 347
JSF 2.0, 6
    Ajax, 251
    Bean-Validation, 87
    Bedingte Navigation, 54
    Bookmarks und GET-Anfragen, 165
    Implizite Navigation, 52
    Kompositkomponenten, 200
    Project-Stage, 149
    Resource-Handler, 187
    Ressourcen, 185
    System-Events, 63
    View-Parameter, 165
JSF 2.1, 6
    Facelets-Processing, 281
    Ressourcenbibliothek this, 208
    targetAttributeName, 217
JSF 2.2, 7
    CDI-View-Scope, 293
    Client-Windows, 338
    f:passThroughAttribute, 283
    f:passThroughAttributes, 283
    f:resetValues-Tag, 113
    f:viewAction-Tag, 169
    Faces-Flows, 331
    h:inputFile-Tag, 126
    HTML5, 281
    Namensräume, 109
    Pass-Through-Attribute, 282
    Pass-Through-Elemente, 284
    Resource-Library-Contracts, 192
    View-Actions, 165
JSF Expression Language, 36
JSP, 2, 73

Kombination von Validatoren, 93
Komponenten, 23
    Kompositkomponenten, 200
    schreiben, 199
Komponentenattribute, 111
Komponentenbaum, 24
Komponentenentwickler, 23
Komponentenfamilie, 221
Komponentenklasse, 222
Komponentenorientierung, 4
Komponententyp, 220
Kompositkomponenten, 200
    Ajax, 267
    Kombination mit klassischen Komponenten, 237

Konfiguration, 177
Kontextparameter, 178
Konversationen, 297
Konverter, 25
Konvertierung, 77, 230
    Benutzerdefinierte Konverter, 81
    converter-Attribut, 82
    f:converter, 82
    Konverter konfigurieren, 82
    Konverter registrieren, 82
Konvertierungsfehler, 26

Lebenszyklus, 26
    HTTP-Request, 41
    mit View-Parametern, 169
LengthValidator, 44
Life-Cycle HTTP-Request, 41
Locale, 101

Managed Bean Creation Facility, 31
Managed-Beans, 25, 29
    Dependency-Injection, 33
    Grundlagen, 29
    Konfiguration, 31
    Managed Bean Creation Facility, 31
    Managed-Properties, 33
    Rolle, 35
    Scope, 32
Managed-Properties, 33
Maven, 9, 351
    Abhängigkeiten Mojarra, 11
    Abhängigkeiten MyFaces, 10
    Projektstruktur, 10
    Starten der Anwendung, 13
Maven-Modul, 344
Mehrstufiges Templating, 161
Message-Format, 123
Messages, 98
Method-Expression, 36, 175
Model-View-Controller, 4
Model2, 4
MVC, 4
MyFaces Extensions Validator, 89
MyGourmet
    01: Einführung, 17
    02: immediate-Attribut, 50
    03: Ereignisse, 60
    04: Phase-Listener und System-Events, 68
    05: Konvertierung, 84

Stichwortverzeichnis

06: Validierung, 95
07: Internationalisierung, 105
08: Standardkomponenten, 143
09: UIData und Detailansicht, 145
10: Advanced Facelets, 157
11: Templating mit Facelets, 163
12: GET-Unterstützung, 173
13 mit Komponentenbibliothek, 248
13: Komponenten & Services, 244
14: Ajax, 273
15: HTML5, 288
16: Integration von CDI, 296
17: Apache MyFaces CODI, 306
18: PrimeFaces, 327
Fullstack, 343
Fullstack-Architektur, 343

Nachrichten, 26, 98
    auslesen, 174
    hinzufügen, 174
    Internationalisierung, 102
Nachrichtenkomponenten, 139
Naming-Container, 76
    h:dataTable, 76
    h:form, 76
    Kompositkomponenten, 76, 202, 238
Navigation, 26, 51
    Bedingte Navigation, 54
    Implizite Navigation, 52
Navigation aus Action-Listener, 54
Navigation-Handler, 54, 183
Navigationsfall, 51, 53
Navigationsregel, 26, 51
NetBeans, 9, 14

outputFormat-Tag, 123

Panel-Komponenten, 136
panelGrid-Tag, 136
panelGroup-Tag, 136
param-Objekt, 40
Parameter, 43
Parametrisierung, 123
paramValues-Objekt, 40
Partial-State-Saving, 43, 222, 224
Partieller JSF-Lebenszyklus, 263
Pass-Through-Attribute, 282
Pass-Through-Elemente, 284
Phase-Events, 56, 66
Phasen

1: Ansicht wiederherstellen, 42
2: Request-Parameter anwenden, 43
3: Konvertierung und Validierung durchführen, 44
4: Modell aktualisieren, 45
5: Applikation ausführen, 46
6: Antwort rendern, 46
Postfix-Mapping, 177
Präfix-Mapping, 177
Präsentationsschicht, 348
prependId-Attribut, 77
PrimeFaces, 309
    Ajax, 324
    Benutzerdefinierte Themes, 323
    Komponenten, 310
    Lokalisierung, 315
    Themes, 321
Process Validations, 44
processDecodes-Methode, 43
Producer-Methoden, 293, 336
Project-Stage, 149, 180

Registrierung Komponentenklasse, 232
Registrierung Renderklasse, 232
remoteUser, 176
Render Response, 46
rendered-Attribut, 115
Renderer, 24, 225
Rendererklasse, 225
Renderertyp, 221
Rendern, 226
Request, 39
Request-Parameter, 40
requestScope-Objekt, 39
required-Attribut, 45
resource-bundle-Element, 104
Resource-Handler, 187
Resource-Library-Contracts, 192
Ressourcen, 185, 192, 230
    Identifizierung, 185, 189
    Positionierung, 188
    Rendering, 230
    Ressourcen im Einsatz, 187
Restore View, 42
Rollenberechtigung, 176

Schreiben einer Komponente, 199
Seitendeklaration, 26
Seitendeklarationssprache, 24, 73
selectItem-Tag, 133

Stichwortverzeichnis

selectItems-Tag, 134
Serviceschicht, 347
Servlet-Context, 176
Servlets, 2
sessionScope-Objekt, 40
showDetail-Attribut, 100
showSummary-Attribut, 100
Softwareumgebung, 9
Stamping, 116
Standard-JSF-Komponenten, 109
Standardkonverter, 44, 79
Standardlebenslauf, 48
Standardvalidatoren, 91
State-Manager, 183
Submitted-Value, 43
System-Events, 56, 63, 98, 171, 225

Tag-Bibliothek, 237
Tag-Definition schreiben, 234
Templating, 158, 192
    Mehrere Templates pro Seite, 162
    Mehrstufiges Templating, 161
to-view-id-Element, 54
Transaktionskontrolle, 347

ui:composition-Tag, 152, 159, 162, 201
ui:decorate-Tag, 162
ui:define-Tag, 159
ui:include-Tag, 151, 158, 165
ui:insert-Tag, 158, 163, 164
ui:param-Tag, 151, 162
UIColumn, 115
UICommand, 46, 115
UIComponent, 24
UIData, 115
UIForm, 114
UIGraphic, 123
UIInput, 124
UIMessage, 139
UINamingContainer, 202, 238
UIOutcomeTarget, 140, 166
UIOutput, 120
UIPanel, 136
UISelectBoolean, 128
UISelectItem, 133
UISelectItems, 134
UISelectMany, 130
UISelectOne, 129
UIViewRoot, 24, 138
Unified Expression Language, 36
Unified-EL, 25, 184

Konfiguration, 184
Update Model Values, 45

Validator, 25
validator-Attribut, 93
Validierung, 86, 230
Validierungsfehler, 26
Validierungsmethoden, 44
Value-Change-Events, 45, 56, 57
Value-Change-Listener, 48
Value-Expression, 36, 175
VDL, 24, 73
Verhaltens-Interfaces, 143
Verwaltung von Ressourcen, 185, 192
View-Actions, 165, 169
View-Handler, 183
View-Identifier, 27
view-Objekt, 40
View-Parameter, 165, 167
    Lebenszyklus, 169
    Templating, 168
viewScope-Objekt, 40

Web Developer Toolbar, 280
web.xml, 12, 177
Webdesigner, 23
Webentwicklung, 1
Webkonfiguration, 177
Weiterleitung, 26

Zustandsspeicherung, 23

Michael Kurz · Martin Marinschek

JavaServer Faces 2.2

Eine perfekte Webapplikation bedeutet hervorragende Interaktion mit dem Benutzer. Es ist nie einfach, eine solche Anwendung zu erstellen. Wir wollen Ihnen dabei helfen. Wir – das sind die Autoren dieses Buches, die Expertengruppe, die JavaServer Faces (JSF) spezifiziert hat, und die Entwickler des Apache-MyFaces-Projekts. Gemeinsam stellen wir Ihnen eine ausgereifte Technologie für die komponentenbasierte Entwicklung von Webapplikationen zur Verfügung.

Die Grundlagen des JavaServer-Faces-Standards werden auf einem für Einsteiger geeigneten Niveau erklärt und an einem durchgängigen Entwicklungsbeispiel erläutert. Ein Kickstart-Kapitel zeigt anhand eines kleinen Beispiels, wie einfach sich der Einstieg in JavaServer Faces (JSF) bewerkstelligen lässt. Begleitende Tipps & Tricks zeigen mögliche Probleme und deren Lösungen auf.

Neben den Grundlagen und Neuerungen von JSF 2.2 wie der HTML5-Unterstützung, einer Dateiuploadkomponente, Resource-Library-Contracts und Faces-Flows werden auch Themen wie Facelets, Templating, Kompositkomponenten und die Verwendung von Ajax mit JSF praxisnah behandelt. Das Buch zeigt außerdem die Integration von JSF und CDI und stellt die Komponentenbibliothek PrimeFaces vor.

Durch die langjährige Entwicklungsarbeit an MyFaces und die gleichzeitige Entwicklung von kleinen und großen Webprojekten mit JavaServer Faces kennen wir als Autoren exakt die Reibungsstellen beim Einsatz der neuen Technologie – und Sie als Leser können davon profitieren.

Thema
- Webprogrammierung

Leser
- Programmierer
- Webprogrammierer

Website
- http://jsfatwork.irian.at/

€ 38,90 (D)
€ 40,00 (A)
ISBN 978-3-86490-009-9

www.dpunkt.de